HISTOIRE
DE JÉSUS

ARTHUR NISIN

HISTOIRE DE JÉSUS

ÉDITIONS DU SEUIL
27, rue Jacob, Paris, VIe

NIHIL OBSTAT. LOUVAIN, 12 DÉCEMBRE 1960
P. SCHRUERS

IMPRIMATUR. LOUVAIN, 16 DÉCEMBRE 1960
J. HEUSCHEN, V. G.

INTRODUCTION

Il est un fait paradoxal, un paradoxe essentiel dont le grand
public n'a pas encore pris conscience : alors que les découvertes
de Qumrân continuent à susciter un intérêt général, alors qu'une
bibliographie américaine recense trois cent cinquante vies de Jésus
écrites entre 1910 et 1953, les exégètes ne croient plus guère possible d'écrire une *Vie de Jésus* !

Voilà longtemps déjà que Lagrange avait conclu, à la fin d'une
vie de travail : « Les évangiles sont la seule vie de Jésus qu'on
puisse écrire. Il n'est que de les comprendre le mieux possible. »
Rien n'est venu infirmer cette conclusion. Au contraire. Les discussions autour de la *Formgeschichte* ont encore accentué la
réserve habituelle des exégètes.

Ce mot de *Formgeschichte* est passé dans l'usage — dans celui
des spécialistes du moins — depuis la publication, en 1919, de
l'ouvrage de Martin Dibelius : *Die Formgeschichte des Evangeliums.* Il avait été suivi, en 1921, de l'ouvrage non moins important de Rudolf Bultmann : *Die Geschichte der synoptischen Tradition.* Le mot peut se traduire, littéralement, par « Histoire
de la Forme », à condition de l'entendre de la forme finalement
prise par nos évangiles. Il désigne une méthode de critique interne
basée sur l'étude du style et du vocabulaire. Cette méthode insiste
sur le caractère communautaire de la littérature biblique et sur la
relation de certaines formes stylistiques à certaines fonctions (prédication, culte, catéchèse) ou à certains milieux. Elle tâche de
situer les textes dans le contexte de leur origine ou de leur emploi,
dans leur *Sitz im Leben.*

Les initiateurs de cette méthode étaient des protestants de tendance « libérale ». Leurs conclusions ont suscité les plus nettes

réserves dans les milieux catholiques et protestants « conservateurs ». Non sans raison, car elles étaient entachées d'apriorismes philosophiques. Toutefois, ceci ne condamne pas la méthode en soi, qui démontre son efficacité sur nombre de points concrets. C'est ainsi qu'il est devenu courant de subdiviser les textes évangéliques en une suite de petites péricopes, de distinguer l'état rédactionnel de l'état primitif des traditions, etc. Ceci fait paraître ambitieuses les reconstitutions d'ensemble et rend, en effet, pratiquement impossible une vie de Jésus du modèle habituel. On notera toutefois ce fait remarquable : bien que née protestante-libérale, la *Formgeschichte* a été amenée, par la force des choses, à mettre en valeur l'importance de la tradition vivante et de la communauté. Si d'un côté elle « subdivise » les textes, d'un autre côté elle les regroupe dans leur transmission et pose l'Église primitive comme intermédiaire et garante nécessaire entre le croyant et Jésus.

En fait, il est devenu de plus en plus évident qu'une vie de Jésus, au sens de la biographie suivie qu'on attend naïvement, est effectivement impossible. Par ailleurs, tout en rendant caduques les vies de Jésus historicistes, la méthode formelle fait prendre une si nette conscience des difficultés de l'entreprise que plusieurs la déclarent impossible. En conséquence, le public, même cultivé, n'a plus le choix qu'entre des monographies peu lisibles, écrites par des spécialistes pour d'autres spécialistes, et des vies de Jésus d'un « concordisme » désuet et indéfendable, combinant les quatre évangiles selon une probabilité de première vue qui ne résiste pas à la critique.

Si toute « biographie » de Jésus est ainsi impossible, il reste place cependant pour une « histoire de Jésus », du « fait » Jésus, un fait inébranlé qui a bouleversé l'Histoire et reste vivant parmi nous. Cette histoire de Jésus, dans la mesure même où on reconnaît l'impossibilité d'une biographie de Jésus, peut désormais se bâtir, de façon plus difficile mais plus assurée.

Car les évangiles ne sont ni des reportages ni même des œuvres historiques au sens moderne du mot. Les vouloir tels, c'est commettre un grave anachronisme. Témoignages de la foi pour la foi, les évangiles ne se laissent pas séparer d'une Église qui les transmet. Ils sont une forme continuée du premier message apostolique, de « la Bonne Nouvelle concernant Jésus-Christ ». La proclamation de cette Nouvelle et sa mise par écrit ont une histoire, des garants, un but. Ceci nous force à replacer les évangiles dans l'histoire de leur transmission et de leur rédaction, à en entendre « la voix vivante ». Loin du temps cyclique des Anciens et du temps immobile du Moyen Age, cette réintégration dans le Devenir nous rapproche du temps linéaire de la Bible, déroulant l'histoire d'un salut orienté vers l'eschatologie.

Si on ne peut faire l'histoire de Jésus sans faire d'abord l'histoire des évangiles, un renversement de la perspective habituelle s'impose bientôt. On ne peut plus commencer par les évangiles de l'enfance, composés les derniers. On doit commencer au contraire par cela qui a été proclamé d'abord et a jeté sa lumière sur tout ce qui précédait, par cela qui termine les vies de Jésus mais qui a été le premier contenu du kérygme — on commencera par la Résurrection. Qu'annonce Pierre à ses premiers auditeurs, quelle première et essentielle Bonne Nouvelle sinon que, Jésus le Nazaréen, « Dieu l'a ressuscité, dénouant pour lui les filets du shéol » ? (Act. ii, 24.) Et, sous une forme adaptée à un auditoire grec, qu'est-ce que Paul annonce d'autre devant l'Aréopage ?

Historiquement comme théologiquement, c'est bien de là que tout part, de Jésus ressuscité que « Dieu a fait Seigneur et Messie ». (Act. ii, 36.) Ces hommes qui vont mourir martyrs plutôt que de renier celui qu'ils ont revu, où étaient-ils après l'arrestation à Gethsémani ? En fuite, terrés, dispersés... Paul, qui les persécutera avant de se joindre à eux, ne craint pas de l'affirmer : « Si le Christ n'est pas ressuscité, alors notre prédication est vide, vide aussi votre foi. » (I Cor. xv, 14.)

A l'Annonce de la Résurrection était nécessairement liée l'histoire de la Passion, et c'est en effet l'ensemble le plus anciennement constitué de nos évangiles, dont on a pu dire qu'ils n'étaient en somme qu'une longue introduction à la Passion et à la Résurrection. C'est seulement à partir de la Résurrection qu'il devient vital de savoir qui est Jésus le Nazaréen, ce qu'il a fait et ce qu'il a dit, « en commençant au baptême de Jean ». (Act. i, 22.) Les évangiles de l'enfance voudront remonter jusqu'à la conception (et l'évangile de Jean le théologien partira enfin de la pré-existence du Verbe). Mais, du point de vue de l'histoire des évangiles, ces « débuts » sont un point d'aboutissement plutôt qu'un point de départ.

Il s'agit donc, au point de départ, de prendre une conscience nette de la nature de ces évangiles qui sont, pratiquement, nos seuls documents directs. Ils visent, certes, à restituer l'histoire de Jésus. Mais dans la seule mesure où cette histoire fait partie de la foi. Or, l'objet de la foi est la personne du Christ plutôt que sa « biographie ». La façon dont le Christ a vécu n'intéresse les évangélistes que dans la mesure où cette façon de vivre éclaire ce qu'il était et ce qu'il est.

L'historien moderne regrette d'abord les lacunes d'ordre chronologique. Mais déjà les évangélistes n'en sont plus responsables. Ils n'ont pu travailler (et cela en vue de la foi, pour prolonger le premier témoignage) que sur des traditions orales ou écrites liées à la vie de l'Eglise. Or, la mémoire des traditions, comme celle des souvenirs, est une mémoire d'épisodes plutôt que de dates. Aucune chronologie rigoureuse ne réglant la succession des épisodes, il est normal que seules les grandes lignes, que seuls les points marquants, les « tournants », aient conservé le squelette d'une « histoire ». Pour le reste, le lien n'a pu être que thématique et, à son tour, la disposition des thèmes a dépendu du point de vue des rédacteurs. Qu'ils l'aient voulu ou non, ils n'ont pu situer les épisodes, schématisés par la tradition, que dans des cadres larges qui reflètent leur théologie.

Telle est la situation.

Et tel est le problème : étant données ces perles répandues et assemblées différemment, reconstituer le collier original. Dois-je ajouter que toutes les reconstitutions, jusqu'à présent, ne peuvent prétendre qu'à l'approximation plus ou moins heureuse ? Les reconstitutions « concordistes » du passé étaient des enfilages disparates de toutes les perles, quelle que fût leur valeur. Les derniers venus ont choisi de les disperser toutes et de les calibrer plus ou moins, non sans en écarter plus d'une. Quant à les réassembler, ils préfèrent déclarer que c'est impossible — sinon en petits bracelets, dans des études « par thèmes ». Certains pourtant, qui gardent la nostalgie de l'ensemble, recommencent, à partir de ces perles dispersées (mais mieux classées, il faut l'avouer) à rêver du collier unique.

C'est ici qu'interviennent les raisons de s'attacher particulièrement à Marc. Non seulement, dans la forme actuelle de nos évangiles, il apparaît comme le plus ancien, mais aussi comme celui qui s'intéresse le plus au récit des événements dans leur suite ; comme celui aussi — mais les deux faits se tiennent — dont l'élaboration théologique personnelle est la plus discrète. Il n'a pas, ou guère, de parti-pris doctrinal. Tout au plus souligne-t-il la volonté de secret messianique ou l'aspect eschatologique du message et du messager. Encore ces traits particuliers sont-ils des traits anciens.

Il est, de plus, particulièrement fidèle à ses sources, les juxtaposant au lieu de les combiner ou de les interpréter. D'où la présence probable de doublets (conservés aussi chez Matthieu), qui contribuent bien à l'enchevêtrement mais nous assurent un accès aux sources les plus primitives. C'est ainsi qu'il rapporte à la fois la tempête apaisée (ignorée par Jean) et la marche sur les eaux (ignorée par Luc) ; c'est ainsi qu'il rapporte, à court intervalle, deux multiplications des pains fort semblables et suivies d'événements similaires.

C'est lui aussi qui nous a conservé de Jésus les traits les plus humains, les plus vécus — au point de créer des difficultés théologiques, voire de choquer les autres évangélistes, qui le censurent discrètement en certains passages. Bref, pour reprendre la formule de X. Léon-Dufour, « Marc est l'évangile d'avant Pâques ». Mais c'est celui-là, précisément, qui intéresse le plus l'historien [1].

1. Dois-je le faire remarquer à l'intention des théologiens ? Instituée dans un but historique, l'analyse littéraire des évangiles n'implique, de soi, aucune position théologique. Si même il lui arrive de rencontrer sur son chemin la théologie implicite des évangélistes, elle ne vise ici qu'à restituer le Jésus « vrai homme », le seul qui puisse avoir une « histoire ».

LA RÉSURRECTION

On a peine à mesurer toute l'importance de la Résurrection. Pour qui la nie, le christianisme tombe au rang d'une gigantesque mystification ; pour qui l'affirme, il donne au contraire son sens à l'histoire humaine et à nos vies individuelles. L'affirmer suffit pour pouvoir se dire chrétien car c'est affirmer, avec la première communauté, que Jésus a été fait Christ et Seigneur ; la nier, à quelque confession qu'on appartienne, retranche automatiquement de la communion.

Pâques est de toute évidence la plus grande fête de l'Église, celle qui se prolonge dans chaque dimanche, dans chaque « jour du Seigneur ». La chrétienté orthodoxe le sentait si bien que dimanche se dit en russe *voskricénié* : jour de la Résurrection ; et à la sortie de la messe de Pâques, avant de s'embrasser, on s'abordait et se répondait par ce salut : « Christ est ressuscité ! — En vérité, il est ressuscité ! »

En fait, depuis près de vingt siècles, et quelque reproche qu'on ait pu faire à ses pasteurs, la seule existence de l'Église exige de chacun qu'il réponde pour son compte à la question de savoir si Jésus est ressuscité. Qui répond oui affirme un sens du monde qui jugera sa vie ; qui répond non s'engage à trouver un autre sens du monde et affirme implicitement que l'Église se trompe ou nous trompe. Et qui ne s'intéresse pas assez à la question pour y répondre y répond encore en pratique. Négativement. Et le devoir missionnaire de l'Église est de faire en sorte que tout homme venant en ce monde soit mis en mesure de répondre pour son compte à cette question. Saint Paul le proclamait avec une audace et une intransigeance qui donnent la mesure de sa certitude :

« Si le Christ n'est pas ressuscité, votre foi est vaine ; vous êtes encore dans vos péchés. Alors aussi ceux qui sont morts dans le Christ ont péri. Si c'est pour cette vie seulement que nous avons mis notre espoir dans le Christ, nous sommes les plus malheureux des hommes. Mais non : le Christ est ressuscité des morts, prémices de ceux qui se sont endormis. Car, la mort étant venue par un homme, c'est par un homme aussi que vient la résurrection des morts. De même en effet que tous meurent en Adam, tous aussi revivront dans le Christ. Mais chacun à son rang : en tête le Christ, comme prémices ; ensuite ceux qui seront au Christ, lors de son avènement. » (I Cor. xv, 17-23.)

On voit à plein, ici, le caractère cosmique et transcendant de l'événement de la Résurrection. Cet événement, surnaturel par nature, est soustrait, comme tel, aux prises de l'histoire — ou, plus exactement, il s'y soustrait dans la mesure où il la dépasse. Car, en même temps, il s'insère en un point précis du temps historique et sur ce point, dans son aspect phénoménal, est sujet au témoignage et aux vérifications de l'histoire.

Mettons-nous donc en face des textes et commençons par les répertorier.

Une évidence préliminaire nous frappera, une constatation fort simple, rarement soulignée et pourtant scandaleuse : le peu de place, le peu de pages qu'occupent, en regard de leur suprême importance, les récits de la Résurrection : 4%, au maximum, de l'ensemble des évangiles ! Soit 2,4% de Matthieu, 3,6% de Luc, 4,5% de Marc (si on inclut la finale deutérocanonique) et 6,1% de Jean (si on inclut l'Appendice). Et nous arrivons à peu près aux mêmes 4% de moyenne si nous consultons les vies de Jésus les plus récentes, celles de Mgr Ricciotti et de Daniel-Rops du côté catholique, et celles de Taylor, Bornkamm et Stauffer du côté protestant.

Mais cet espace si étonnamment mesuré ne contraste pas seulement avec l'importance primordiale de l'événement. Une seconde constatation s'impose, qui éclaire la première : la proclamation de la Résurrection emplit le livre entier des Actes comme elle est au centre de l'Apocalypse et des Épîtres et de toute la vie de l'Église, comme elle est à son point de naissance et au point de naissance de l'Évangile tétramorphe.

Cette double constatation, l'une corrigeant l'autre, nous situe dans la perspective réelle : le message pascal explique bien la naissance de l'Église et des évangiles mais son contenu porte essentiellement sur *un fait*, un fait on ne peut plus lourd de conséquences mais enfin, purement et simplement, sur un fait dont on témoigne et dont la proclamation tient à la rigueur dans les quelques lignes d'un symbole de foi. Or ceci, dès l'abord, est rassurant : un mythe tendrait à proliférer en épisodes. En nous armant de la critique la plus rigoureuse, peut-être serons-nous amenés à reconnaître le caractère secondaire de certaines traditions pascales, mais cette admission ne saurait primer la constatation préliminaire, massive, que cet immense édifice du christianisme part de la proclamation d'un fait qui tient essentiellement en quelques lignes.

Ainsi donc, à partir d'un fait, d'un fait unique, non seulement cet immense édifice mais cette longue histoire et son avenir et la seule espérance des hommes . . .

Un fait ? Un fait seulement ? Il faut ici se reprendre et préciser : à partir d'un fait unique mais pas seulement à partir d'un fait. L'aspect phénoménal de la Résurrection, sa dimension d'événement historique, est si loin d'épuiser sa réalité qu'elle n'atteint son essence qu'avec les yeux de la foi. Il nous faut affirmer simultanément que le Christ de la foi n'est pas séparable du Jésus historique et, en même temps, que l'histoire n'a prise sur le Christ de la foi que dans la mesure où il est présent au temps historique. Fussent-ils positifs, les constats de l'histoire ne dispensent pas le croyant de la foi. Les témoins eux-mêmes qui ont connu Jésus puis l'ont vu ressuscité ont dû croire, sur cette preuve, que « Dieu l'a fait Seigneur et Christ », événement qui échappe par nature à la vérification historique et qui est la face transcendante, surnaturelle, d'un événement dont la seule face terrestre, phénoménale, était saisissable par les yeux humains. L'enquête historique peut donc bien vérifier des affirmations et donner des motifs de croire. Mais, de par sa nature même, elle ne peut donner ni la foi ni le moyen d'en faire l'économie.

LA RÉSURRECTION
COMME FAIT TRANSCENDANT

L'importance unique de la Résurrection de Jésus ne tient pas à ce qu'elle serait un retour à la vie (si extraordinaire que soit ce fait). Elle tient au contraire à ce qu'elle ne peut être définie comme un simple retour à la vie. Elle tient à ce qu'elle est une « exaltation à la Droite de Dieu », elle tient à sa signification quand on la replace dans son contexte, qui est l'histoire du salut à travers l'histoire et la foi d'Israël. Que l'on compare, dans les Actes, la proclamation aux Juifs et la proclamation aux Gentils : on verra immédiatement quelle plus grande richesse prend immédiatement la première. Qu'on lise de ce point de vue les Épîtres de Paul. Pour faire comprendre aux païens « le Mystère du Christ », pour qu'ils reçoivent « la force de comprendre avec tous les saints ce qu'est la longueur, la hauteur et la profondeur » du message (il emprunte cette énumération à la philosophie stoïcienne) Paul, « prisonnier du Christ-Jésus à cause des païens », doit d'abord leur apprendre à quel héritage ils sont admis, de quelle promesse ils deviennent bénéficiaires « dans le Christ Jésus, par le moyen de l'Évangile ». (Eph. III, 7.)

En milieu juif au contraire, l'affirmation chrétienne est immédiatement saisie dans l'essentiel de ses implications. Les Juifs se savent enfants de la Promesse et ils attendent sa réalisation comme la terre desséchée attend la pluie. Ils ne se gausseront pas, comme les Athéniens de l'Aréopage, quand ils entendront parler du Ressuscité mais réagiront immédiatement dans des sens extrêmes. Pour ces Israélites, il est émouvant jusqu'aux moelles — ou affreusement blasphématoire — d'entendre proclamer par Pierre que « Dieu a fait Seigneur et Christ ce Jésus qu'ils ont crucifié » (Act. II, 37.) Aussitôt, « le cœur transpercé », les premiers convertis se font baptiser « au nom de Jésus-Christ » — mais d'autres au contraire mettront à mort Étienne et Jacques. Saül aura successivement l'une et l'autre attitude.

Pour comprendre leur réaction, il faut entendre ce que signifient ces mots que nous écoutons d'une oreille habituée. Parlant du « nom de Jésus-Christ le Nazaréen », Pierre affirme devant le Sanhédrin : « Il n'y a pas sous le ciel d'autre nom donné aux hommes par lequel il nous faille être sauvés. » (Act. ɪv, 12.) Ceci doit être rapproché d'une citation de Joël invoquée par Pierre dans son premier discours : « Et quiconque alors invoquera le nom du Seigneur sera sauvé. » Une oreille juive devait saisir l'énormité de la prétention, et seul le jeu de mots que suppose l'hébreu a pu préserver Pierre de la fureur des Sanhédrites : le nom de Jésus, équivalent de Josué, signifie « Yahvé sauve ». Il n'empêche que le « salut par le Nom » est, strictement, une prérogative divine. Voici donc que le nom de Jésus est devenu l'équivalent du Nom sacré ! Or, pour un Juif, le nom est, plus directement que pour nous, lié à l'être. Voici que Jésus, fait « Seigneur », est devenu l'image exacte du seul Seigneur et qu'on lui applique le fameux passage du psaume 110 au sens le plus entier : « Le Seigneur a dit à mon Seigneur : siège à ma droite... » Il saute aux yeux qu'il s'agit non seulement de la réalisation des « promesses faites aux Pères » mais, dépassant l'attente messianique ordinaire, qu'il s'agit de leur réalisation dans un sens inouï, et tellement inouï qu'elle fait frémir le monothéisme farouche d'Israël. C'est de cette imprévisible surabondance de la réalisation que débordent les épîtres de saint Paul (mais elle l'aura d'abord scandalisé). C'est elle, révélée dans la vision de Damas, qui lancera Saül sur toutes les routes de l'Empire oriental avant de l'amener à Rome, dans les fers, pour y avoir finalement la tête tranchée. Et n'est-ce pas précisément le verset de Joël qu'il évoque dans l'épître aux Romains (x, 14-15) : « Quiconque invoquera le nom du Seigneur sera sauvé. Mais — continue-t-il — comment l'invoquer sans d'abord croire en lui ? Et comment croire sans d'abord entendre ? Et comment entendre sans prédicateur ? Et comment prêcher sans être d'abord envoyé ? Selon le mot de l'Écriture : Qu'ils sont beaux les pieds des messagers de Bonne Nouvelle. »

Tout nous ramène de partout à ce centre, Paul comme Pierre : c'est le Ressuscité qui envoie porter la Bonne Nouvelle du salut en son Nom. Dans le milieu et au moment où elle est proclamée, on aperçoit les dimensions que prend immédiatement sa résurrec-

LA RÉSURRECTION

tion : elle prolonge, hors de toute mesure, une histoire qui l'attendait sans pourtant la prévoir.

Que ce soit bien là la réaction du tout premier milieu et non une élaboration des âges suivants, l'historien en a autant de preuves qu'il peut normalement en attendre. C'est ainsi que les exégètes de toutes tendances admettent maintenant que Luc a rédigé la première partie des Actes, et notamment les discours de Pierre, selon des documents plus anciens. Ces discours ne reflètent pas le seule style de Luc et sont émaillés d'aramaïsmes dont nous avons vu un exemple.

Une autre preuve nous est fournie par une prière toute primitive que Paul nous a conservée sous sa forme araméenne à la fin de la Première aux Corinthiens : *Maranatha !* Seigneur, viens ! — prière qu'on retrouve sous forme grecque à la fin de l'Apocalypse : « Oh ! oui, viens, Seigneur Jésus. » Cette invocation nous fait revivre la foi intense des premières communautés tendues vers la proche Parousie et réunies autour du repas eucharistique « annonçant la mort du Seigneur jusqu'à ce qu'il vienne » (I Cor. XI, 26), à peu de distance de la Résurrection et des dernières apparitions (au cours d'un repas peut-être eucharistique). Il ne s'agissait guère à ce moment-là de tout mettre par écrit à l'intention des siècles futurs ! A quoi bon, puisque, pour cette première génération, le Siècle Futur était aux portes ? Et pourtant, cette formule araméenne du *Maranatha* nous prouve ce qu'était Jésus ressuscité non seulement pour Paul, lui-même fort proche des événements, converti moins de dix ans après la mort du Christ, mais pour les toutes premières communautés qui lui ont transmis cette prière.

Telle est bien, dès le début, la portée du message essentiel, celui que nous retrouvons partout et par exemple dans l'épître aux Romains (x, 9) : « Si tu confesses de ta bouche que Jésus est le Seigneur, et si tu crois dans ton cœur que Dieu l'a ressuscité des morts, tu seras sauvé. »

Une expression plus complète de cette foi primitive se trouverait dans l'hymne au Christ de l'épître aux Philippiens (II, 6-11), écrite vers 56-7. Lohmeyer et d'autres lui ont reconnu un substrat araméen et donc une origine pré-paulinienne :

18

« Lui qui se trouvait dans la forme de Dieu,
il ne regarda pas comme une proie
l'égalité avec Dieu.

Mais il se vida de lui-même,
prenant condition d'esclave
et devenant semblable aux hommes.

Trouvé tel qu'un homme par son aspect,
il s'humilia plus encore,
obéissant jusqu'à la mort,
et à la mort de la croix.

Aussi Dieu l'a-t-il surexalté
et lui a-t-il donné le Nom
qui est au dessus de tout nom

pour que tout, au nom de Jésus,
s'agenouille au plus haut des cieux,
sur la terre et dans les enfers,

et que toute langue proclame
de Jésus-Christ qu'il est Seigneur,
à la gloire de Dieu le Père. »

Texte admirable qui, porté sur un mouvement de l'âme, formule la christologie essentielle : la première strophe affirme la préexistence, les deux suivantes l'Incarnation puis l'humiliation jusqu'à la mort. Mais à l'humiliation par les hommes et les princes de ce monde répondra, dans les trois dernières strophes, la « surexaltation », la « plus-qu'élévation » de Jésus à qui est donné « le Nom qui est au-dessus de tout Nom », le propre nom du Seigneur (ce qui correspond exactement à l'usage chrétien du psaume 110 : « Le Seigneur a dit à mon Seigneur »). Ce Nom lui est donné pour que tout s'agenouille devant lui selon la parole qu'Isaïe appliquait au nom de Yahvé : « C'est devant moi que tout genou fléchira, par moi que jurera toute langue. » (XLV, 23.)

LA RÉSURRECTION
COMME FAIT HISTORIQUE

Nous venons de suivre un instant les cercles immenses qui s'élargissent instantanément autour d'un seul fait : la Résurrection de Jésus le Nazaréen. Ils sont, sans aucun doute, du domaine de la foi. Mais du moins l'histoire établit-elle qu'ils appartiennent bien à la foi primitive. C'était le premier point à établir.

Nous allons bientôt interroger les documents pour voir ce qu'ils peuvent nous apprendre de l'aspect humain, phénoménal, de la Résurrection, mais au préalable il importe de disqualifier immédiatement deux attitudes opposées (qui du reste, par réaction l'une à l'autre, se fortifient mutuellement) :

1° La foi ne peut se passer du fait sous peine de se dégrader en fidéisme.

2° A l'opposé, mais parallèlement, le rejet du fait sans examen, parce qu'on le tient *à priori* pour impossible, n'est pas une attitude plus objective.

Cette attitude s'exprime, sous une forme extrême et naïve, dans l'Introduction à la *Vie de Jésus* de Renan. Pour lui, « un récit surnaturel ... implique toujours crédulité ou imposture ». Il ne croirait que sous le contrôle suivant : « Une commission composée de physiologistes, de physiciens, de chimistes, de personnes exercées à la critique historique (?), serait nommée. Cette commission choisirait le cadavre, s'assurerait que la mort est bien réelle, désignerait la salle où devrait se faire l'expérience ... Si, dans de telles conditions, la résurrection s'opérait, une probabilité presqu'égale à la certitude serait acquise. Cependant, comme une expérience doit toujours pouvoir se répéter ... le thaumaturge serait invité à reproduire son acte merveilleux dans d'autres circonstances, sur d'autres cadavres, dans un autre milieu. »

On reste confondu. Ainsi, le miracle ne serait avéré que dans les conditions de l'expérimentation scientifique, le surnaturel ne serait admis qu'à condition de se plier aux lois du naturel. Avant de le reconnaître, on exige qu'il se renie. N'est-ce pas beaucoup lui demander ? Ainsi donc, pour faire un miracle, Dieu aurait dû attendre le XIXe siècle et prendre la précaution de faire nommer une commission scientifique. Sinon ses miracles ne seraient pas homologués, seraient des miracles non officiels, non recommencés sous contrôle, pratiquement inexistants. Quelque Résurrection . . .

Ce refus *a priori* conduit inévitablement à supposer la crédulité ou l'imposture. Les Juifs, déjà, avaient crié à l'imposture — et inventé des légendes pour la dénoncer ! Une variante moderne, plus romanesque, suppose une mort apparente de Jésus mais Renan ne l'avait pas retenue : « La meilleure garantie que possède l'historien sur un point de cette nature est la haine soupçonneuse des ennemis de Jésus. » Il préférait croire à la crédulité. Mais c'était déjà la position du païen Celse.

A Renan, tourné vers les physiologistes, nous aurions beau jeu d'opposer un Alexis Carrel, converti à Lourdes pour avoir dû constater une guérison miraculeuse. Nous préférerons lui opposer un autre homme de science, Blaise Pascal.

Pascal n'a guère parlé de la Résurrection mais il a bien vu l'exact ajustement de la foi sur une raison qui garde tous ses droits, ajustement qui garantit la liberté et le risque du choix : « Il y a assez de lumière pour ceux qui ne désirent que de voir et assez d'obscurité pour ceux qui ont une disposition contraire. » (430) C'est là, face à la libre décision de l'individu, toute l'économie de la Révélation. Pascal le reconnaît d'autant plus volontiers — *ne evacuata sit crux Christi* — que le contraire rendrait la foi inutile : « Les prophéties, les miracles mêmes, et les preuves de notre religion ne sont pas de telle nature qu'ils sont absolument convaincants . . . Mais l'évidence est telle qu'elle surpasse, ou égale pour le moins, l'évidence du contraire ; de sorte que ce n'est pas la raison qui puisse déterminer à ne pas la suivre. » (564) L'hypothèse des apôtres trompés ou trompeurs, il l'a réfutée en quelques lignes qui disent l'essentiel : « L'hypothèse des apôtres fourbes est bien absurde. Qu'on la suive tout au long ; qu'on imagine ces douze hommes assemblés après la mort de Jésus-Christ, faisant le complot de dire qu'il est ressuscité. Ils s'attaquent par là à toutes les puissances. Le cœur des hommes est étrangement penchant à la légèreté, au changement, aux promesses, aux biens. Si peu qu'un de ceux-là se fût démenti par tous ces attraits et qui plus est, par les prisons, par les tortures et par la mort, ils étaient perdus. Qu'on suive cela.

LA RÉSURRECTION

« Les apôtres ont été trompés ou trompeurs ; l'un ou l'autre est difficile, car il n'est pas possible de prendre un homme pour être ressuscité... Tandis que Jésus-Christ était avec eux, il les pouvait soutenir ; mais après cela, s'il ne leur est apparu, qui les a fait agir ? » (801-2)

La question s'impose, car Dieu sait s'ils ont agi, ces simples gens de Galilée, de ce petit canton perdu dans l'immense Empire. Ils n'ont été, c'est trop clair, que des instruments. Mais des instruments de quoi ?

Au moment de se tourner vers les témoignages, il faut donc écarter tout a-priorisme et les passer au crible d'une critique exigeante mais non prévenue. Cette attitude seule peut permettre d'établir, dans la mesure du possible, le ou les faits historiques de la Résurrection.

Qu'entendre par là ?

Au plan vérifiable, la Résurrection n'est évidemment pas l'acte divin qui ressuscite, comme elle n'est pas non plus cet acte observé dans son objet (Jésus *ressuscitant*) ; elle ne peut être que le résultat visible, reconnaissable, voire tangible, de cet acte inouï : Jésus *ressuscité*. C'est dire que la découverte du tombeau vide ne peut passer pour une preuve formelle. Elle est, de soi, ambiguë et ouvre voie à toutes les hypothèses (celle de la Résurrection étant, « naturellement », la dernière à envisager, si même elle est envisageable). Le tombeau vide est indice, pièce à conviction, confirmation matérielle, mais ce n'est pas lui qui fournit la preuve décisive.

LES PREMIERS TÉMOIGNAGES

Historiquement, le premier document en date n'est pas le texte des évangiles mais la première épître aux Corinthiens. Paul, lui aussi, lui le dernier, mais le premier dont le témoignage nous parvienne, a été un témoin du Christ ressuscité. « Ne suis-je pas apôtre ? N'ai-je donc pas vu Jésus, notre Seigneur ? » (IX, 1.) Or, son témoignage est le même que celui du collège apostolique et de la première prédication. Et ce témoignage est d'une importance si capitale qu'il doit être gardé et transmis tel qu'il a été reçu.

« Je vous rappelle, frères, l'Évangile que je vous ai annoncé, que vous avez reçu et dans lequel vous demeurez fermes, par lequel vous serez sauvés si vous le gardez tel que je vous l'ai annoncé — autrement, vous auriez cru en vain. Je vous ai donc transmis tout d'abord ce que j'avais moi-même reçu, à savoir que le Christ est mort pour nos péchés selon les Écritures, qu'il a été mis au tombeau, qu'il est ressuscité le troisième jour selon les Écritures, qu'il est apparu à Céphas puis aux Douze. Ensuite, il est apparu à plus de cinq cents frères à la fois — la plupart d'entre eux vivent encore et quelques-uns sont morts ; ensuite, il est apparu à Jacques, puis à tous les apôtres. Et en tout dernier lieu, il m'est apparu à moi aussi, comme à l'avorton. Oui, je suis le moindre des apôtres ; je ne mérite pas le nom d'apôtre parce que j'ai persécuté l'Église de Dieu. C'est par la grâce de Dieu que je suis ce que je suis... Bref, eux ou moi, voilà ce que nous prêchons. Et voilà ce que vous avez cru. » (xv, 1-11.)

Le texte est clair et précis. Il constitue une affirmation solennelle de l'essentiel de la foi. Et, si nous mettons entre parenthèses les formules dogmatiques (pour nos péchés selon les Écritures, le troisième jour selon les Écritures), cette affirmation porte sur des faits de caractère historique, dont on cite les témoins encore vivants.

Ce texte est capital, non seulement par son contenu mais par la date à laquelle il nous oblige à remonter. Paul l'écrit à Éphèse au printemps de l'année 57 ou 56. Il y rappelle aux Corinthiens ce qu'il leur a enseigné pendant son séjour parmi eux, qui se situe à une date qui peut varier de la fin de 50 au milieu de 52. Et que leur transmet-il à ce moment-là sinon, comme il le dit expressément, ce qu'il a lui-même reçu ? Où et quand ? Évidemment, lors de sa propre conversion, à Damas, ou, pour certains détails, trois ans plus tard, lors de son premier séjour à Jérusalem auprès des Apôtres. Or, ceci nous renvoie aux années 36-39, toutes proches des événements dont on témoigne. Et dès cette époque, il s'est trouvé en face de quelques affirmations constituées en premier Credo, fixation qui suppose de nouveau un minimum de quelques années à en juger par toute expérience comparable. Si peu qu'on en accorde, on arrive précisément — ce qui est remarquable — aux dates que *par ailleurs*, partant du synchronisme de Luc, des dates du gouvernement de Pilate, etc., les historiens attribuent à la mort du Christ : année 30 généralement, 33 selon d'autres mais 32 selon Stauffer. On voit jusqu'à quelle proximité immédiate de l'événement le texte de saint Paul nous force à remonter. Ce n'est pas dans ces conditions que naît une légende et elle ne pense pas à accorder tant d'importance à des témoins encore vivants. Pour qui connaît les conditions dans lesquelles nous parviennent d'ordinaire les témoignages de cette époque, l'authenticité de celui-ci est exceptionnellement bien garantie. Qui le refuse doit logiquement refuser la majorité des témoignages de l'Antiquité profane.

Par comparaison avec les récits évangéliques, une chose peut étonner à première vue : Paul passe sous silence le témoignage des femmes mais mentionne par contre une assemblée de cinq cents frères et une apparition à Jacques. Mais c'est que Paul dépose ici un témoignage solennel et que, selon le droit juif, les femmes ne sont pas des témoins valables ; de plus, leur rôle est d'abord lié à la découverte du tombeau vide et ce n'est pas sur ce point de fait, par lui-même ambigu, que porte l'attestation de Paul. Cette attestation n'est pas non plus liée au genre du récit, qui est celui des évangiles. Elle n'a donc pas à rapporter les circonstances mais plutôt à donner une liste complète des témoins (alors au contraire que, pour les évangélistes, un récit typique d'apparition peut suffire).

LE TOMBEAU VIDE

Si nous passons de ce document inattaquable aux récits évangéliques, nous rencontrons d'abord la découverte du tombeau vide. Elle n'est, pratiquement, contestée par personne.

Bien que la première prédication, à Jérusalem, ait rencontré bientôt une violente résistance, on ne voit pas, dans les Actes, que ce fait ait été contesté. Notre texte de Matthieu (qui date de 65-70 ?) connaît bien une polémique à propos du tombeau vide, mais elle porte sur l'interprétation du fait et non sur le fait lui-même : les disciples auraient enlevé le corps. Au moment où Justin écrit son *Dialogue* avec le Juif Tryphon, vers 132-135, cette polémique est encore vivante et le restera longtemps, agrémentée de détails légendaires, en milieu juif. Une variante d'origine tardive, motivée peut-être par le fait que ces témoins qui acceptaient la mort n'étaient pas des imposteurs probables, est supposée par Jean xx, 15 et combattue par Tertullien. Les apôtres ne seraient plus trompeurs mais trompés : un jardinier aurait enlevé le corps de peur que la foule des visiteurs ne vienne piétiner son jardin ! L'anachronisme de « la foule des visiteurs » est évident dans cette légende, comme aussi son illogisme (on viendra voir le mystérieux tombeau vide aussi bien et plus longtemps que le corps) ; ils ne permettent pas de la discuter.

D'après le même Tertullien (*Apologétique*, xxi), Pilate aurait fait rapport à Rome à propos du tombeau vide et de l'accusation de vol du corps. La publication, en 1930, de l'Inscription de Nazareth pourrait soutenir cette tradition. Elle date en effet du début de l'époque impériale, sans doute du règne de Claude, et prévoit, mesure d'exception, la peine de mort contre les détrousseurs de tombeaux. La localisation à Nazareth n'est pas une objection sans réplique si on se souvient que l'ordre part de Rome et que Jésus est normalement appelé « de Nazareth ».

Mais au reste, il n'importe guère : le fait du tombeau vide, rapporté par les quatre évangélistes, n'est contesté par personne. Qui plus est, ni les apôtres ni les premiers chrétiens n'avaient guère d'intérêt à rapporter ce fait. Non seulement parce qu'il a donné lieu à l'accusation que l'on sait mais aussi parce qu'il implique un rôle peu glorieux des apôtres.

Qui, en effet, a constaté que le tombeau était vide ? Marie de Magdala, l'autre Marie, mère de Jacques, et Salomé (selon Marc) ou Jeanne (selon Luc, qui leur adjoint d'autres femmes mais il s'agit là d'un doublet). Ce sont elles, et non les apôtres, qui ont été témoins de la crucifixion et de l'ensevelissement. Il est impossible que la première communauté ait inventé ou même accentué ce rôle des femmes, non seulement parce qu'elles ne sont pas des témoins juridiquement valables (les rabbis, à la différence de Jésus, vont jusqu'à éviter leur contact et saint Paul ne leur laisse pas prendre la parole dans l'assemblée) mais surtout parce que leur rôle découvre l'absence des apôtres au moment décisif de la Rédemption que proclamera le Credo. Et sans doute étaient-ils plus exposés qu'elles. Il n'empêche qu'il y a là un fait gênant

pour la communauté fondée par eux et qui révère leur autorité :
ils n'ont pas été les premiers à suivre Jésus jusqu'au bout ni à
découvrir le premier indice encore trouble de la Résurrection.
Dieu fondera son Église sur la faiblesse d'apôtres en fuite depuis
Gethsémani, désespérés, terrés dans les environs de Jérusalem ou,
plus probablement, en Galilée. Les rédacteurs évangéliques s'ef-
forceront charitablement de recouvrir ce moment de doute du
manteau de Noé. Pour qu'ici un pan du manteau se soulève, il
faut que ce soit sous la pression d'un fait indéniable.

Un raisonnement analogue rend pratiquement certain que la
découverte a bien eu lieu le premier jour de la semaine juive : non
seulement les chrétiens ont fait de ce jour leur « Jour du Seigneur », mais, dans un milieu tellement préoccupé d'un accord
littéral avec les Écritures et qui s'appuie sur l' « après trois jours
et trois nuits » de Jonas, on ne peut avoir maintenu la date du
dimanche matin, troisième jour, malgré son accord imparfait, que
sous la pression, encore une fois, de la donnée historique.

D'autres éléments du récit sont secondaires : l'achat d'aromates
pour oindre le corps (motivation de la venue des femmes) ou leur
question de savoir qui leur ôterait la pierre de l'entrée (question
qui montre que l'ouverture du tombeau, punissable de mort d'après
l'Inscription de Nazareth, n'avait pas été leur fait). Ceci n'implique d'ailleurs pas que ces éléments soient inventés mais qu'ils
sont, pour notre enquête, d'importance négligeable.

LES FEMMES AU TOMBEAU

Le récit de Marc est visiblement premier. C'est donc lui que
nous suivrons pour cet épisode — mais pour cet épisode seulement
car le texte authentique de Marc se termine en XVI, 8 et la finale,
bien que canonique, soulève des problèmes de critique textuelle.

L'épisode (et le texte authentique de Marc) se termine sur ce
verset : « Et, étant sorties, elles s'enfuirent [loin] du tombeau car
elles étaient toutes tremblantes et hors d'elles-mêmes ; et elles ne
dirent rien à personne car elles craignaient... »

Marc est seul à donner cette version mais c'est elle qui doit être
suivie car les notations sont nettement archaïques. Ce premier

sentiment de peur, sur lequel on insiste tellement, il est naturel devant le fait brutal et inattendu du tombeau vide. Cette peur dure au-delà de la fuite loin du tombeau. Que craignaient-elles au point de ne rien oser dire, sinon la haine des Juifs ? Au premier abord, elles ont dû interpréter l'enlèvement du corps comme une manifestation extrême de la haine des ennemis de Jésus. Elles finiront certes par parler et par transmettre le message aux disciples — tous les autres témoignages l'affirment — mais où et quand ? Après une première apparition de Jésus ?

Une chronologie précise serait ici importante. La crainte de parler aux apôtres et de n'en pas être crues est manifestement futile devant la terreur panique que décrit Marc, et il est certain par ailleurs qu'elles ont fini par leur parler. Le plus vraisemblable paraît, ici, qu'elles ne savent pas d'abord où les joindre. Quant au premier apôtre auquel le message a été communiqué, il ne fait pas de doute, à se reporter au verset 7, que cet apôtre a été Pierre, resté plus près peut-être des lieux de son reniement.

Revenons aux versets qui précèdent celui que nous citons.

« Étant entrées dans le tombeau, elles virent un jeune homme assis à la droite, vêtu d'une robe blanche, et elles furent saisies de stupeur. Mais il leur dit : Ne vous effrayez pas. C'est Jésus le Nazaréen que vous cherchez, le crucifié : il est ressuscité, il n'est pas ici ; voici le lieu où on l'avait placé. Mais allez dire à ses disciples, et notamment à Pierre, qu'il vous précède en Galilée ; là vous le verrez comme il vous l'a dit. »

Le narrateur n'a pas besoin de le dire expressément à des lecteurs habitués aux angélophanies de l'Écriture : ce jeune homme mystérieux est un *angelus interpres,* chargé de traduire le sens d'une manifestation divine. Nous avons affaire ici à une narration qui trahit non un témoin oculaire mais un narrateur qui revêt, semble-t-il, les données historiques de thèmes conventionnels courants dans l'hagiographie et surtout dans les récits de théophanie. Vêtements blancs, crainte révérentielle suivie d'une invitation à ne pas craindre sont des clichés dans ce genre de récits. De son côté, la session à la droite peut avoir valeur symbolique. Assez nettement, la scène de l'ange interprète après coup les événements, mais c'est la découverte du tombeau vide et la peur des femmes qui est première historiquement. Le verset 7, toutefois, contient un élément de chronique, d'histoire. C'est un élément archaïque que ce souci des femmes de porter le message aux apôtres (et spécialement à Pierre). Une des significations de ce récit est certainement que les saintes femmes sont médiatrices entre l'événement et les disciples.

Une autre chose nous intéresse encore dans ce verset : l'affirmation implicite que les apparitions aux apôtres ont eu lieu en Galilée. Le rédacteur jette un pont entre la découverte du tombeau vide à Jérusalem et ces apparitions de Galilée en en plaçant l'annonce au tombeau. Mais son but n'est pas seulement de rassembler les événements, il est aussi apologétique ; la communauté veut justifier le séjour des apôtres en Galilée : Jésus approuve leur séjour en Galilée, ce séjour qui suivait une fuite manifestant que les apôtres avaient perdu confiance.

Tels sont les faits que dégage la lecture critique de Marc XVI, 1-8, notre meilleur document en la matière.

Pour la suite, il devient impossible de suivre un seul texte de base. Matthieu confirme la découverte du tombeau vide par les femmes et la situation des apparitions aux apôtres en Galilée ; pour le reste, son récit se situe dans un climat de polémique avec les Juifs qui le gauchit. De là l'importance du récit de Luc, dont les contacts sont certains et avec le récit de Jean et avec la finale deutérocanonique de Marc. Luc lui-même cependant, préoccupé de tout centrer sur Jérusalem (et qui supprime en conséquence l'apparition aux femmes) n'est pas exempt de certain gauchissement. Avant donc d'entrer dans une matière plus complexe, il convient de prendre une vue d'ensemble du problème.

VUE D'ENSEMBLE

En abordant l'exégèse des récits de Pâques, le lecteur non averti éprouve normalement une surprise de première vue à constater des variations pouvant aller jusqu'à la contrariété apparente. Cette surprise peut brouiller les perspectives et faire sous-estimer les accords fondamentaux.

La pire solution serait de vouloir combiner à toute force les différentes versions, un peu à la façon d'un puzzle. On ne peut plus songer à s'engager dans cette impasse concordiste (assez peuplée, du reste). Il faut choisir une voie plus étroite pour rendre compte et de l'unanimité et de la variété des récits de la Résurrection.

Je ne peux guère songer à faire entrer le lecteur dans le détail de cette étude. D'autre part, je me résigne difficilement à lui communiquer des résultats qu'il n'aurait aucun moyen de contrôler. C'est risquer de disposer arbitrairement de son adhésion ou du moins risquer de lui en donner l'impression. En conséquence, je m'arrête à cette solution moyenne : donner d'abord une vue d'ensemble des conditions dans lesquelles se présente le donné, puis, au point où nous sommes arrivés, analyser en détail un verset central mais discuté. Je pourrai ensuite esquisser à plus larges traits : en une matière qui engage plus que le simple jeu de son esprit, le lecteur aura été mis à même de juger en connaissance de cause.

Une vue d'ensemble doit d'abord tenir compte des conditions réelles où nous a été transmis le message pascal. Sa mise par écrit dans la quadruple rédaction actuelle remonte assez haut pour en faire un document de haute valeur, mais à condition de tenir compte que cette rédaction est séparée des faits (des faits, non des témoins) par l'espace approximatif d'une génération — ce qui est facilement explicable par l'importance de la tradition orale en milieu juif (le Talmud est séparé de ses sources par un temps beaucoup plus long) et par la croyance de la première génération chrétienne à la proximité de la Parousie. Il faut, aussi, se rendre compte des influences qui ont pu jouer sur les différents rédacteurs et orienter leur point de vue. A ces conditions, les diversités rédactionnelles font, à seconde vue, bonne impression : elles assurent le caractère non prémédité des accords de base. Par contre, elles rendent la tâche difficile quand il s'agit d'établir une chronologie ou une localisation précise.

Il arrive aussi que le rédacteur prenne des libertés qui choquent notre sens historique. Mais il serait anti-historique précisément de leur attribuer des préoccupations critiques que n'avaient pas les historiens de leur époque. Luc par exemple, l'évangéliste qui épargne le plus les apôtres, prouve par ses versets XXIV, 6-7 qu'il connaissait la tradition de Marc XVI, 6-7 et XIV, 28, ce qui ne l'empêche pas de ramener à Jérusalem les apparitions galiléennes.

Toutes les variations ne s'expliquent évidemment pas de cette façon. En général, des causes plus naturelles ont joué :

1° Bien que leur propos soit de proclamer le message sous forme de récit, les évangélistes, pas plus que les apôtres, ne sont préoccupés au premier chef de chronologie précise ni non plus (autre préoccupation moderne) de psychologie. Ce qui leur importe d'abord, c'est l'objet de la foi à travers la « geste » du salut.

2° A distance, des événements dont ils n'avaient pas été les témoins directs (au stade en tout cas de la rédaction actuelle) ont tendu à se rapprocher, à se condenser dans leur souvenir. D'où une sorte de télescopage qui rapproche les plans ou une condensation dans tel récit typique.

3° Dès les premiers témoins, du reste, un problème a dû se poser devant la tâche de transmettre des événements d'une portée aussi extraordinaire, le problème non pas du « que dire ? » mais du « comment le dire ? » Suivant une optique commandée par toute leur vie religieuse, ils ont choisi instantanément, non de raconter par le menu leur « expérience » (cette mise en valeur du sujet, d'eux-mêmes, ne leur serait pas venue à l'esprit), mais de proclamer le fait inouï essentiel : la résurrection de Jésus et sa signification. Plus tard, les évangélistes, qui racontent, sont bien obligés d'organiser le témoignage en récit suivi. D'où l'importance de l'élément rédactionnel, en particulier pour cette période pascale où se passent en plusieurs endroits et en succession relativement rapide des événements bouleversants, complètement inattendus, et d'un type tout à fait nouveau.

CARACTÈRE DES APPARITIONS

Alors que le Nouveau Testament connaît fort bien des visions de type ordinaire (dans les Actes, notamment), les évangélistes sont unanimes à ne pas décrire les apparitions pascales comme de simples visions. Comme Kittel l'a fait remarquer, l'hypothèse de pures visions n'explique pas que, dans un milieu où les dons charismatiques ne sont pas rares, « très tôt, après quelques semaines, sans motif discernable, sans que cessent les présupposés *psychiques*, les prétendues visions pascales cessent subitement. Cette hypothèse n'éclaire pas le donné tel qu'il ressort des sources mais le rend au contraire plus énigmatique ».

Les apparitions pascales se distinguent de toute autre :

1° Au plan phénoménal, par leur caractère familier, réel.

2° Au plan théologique, par leur contenu et leur intention : confirmation de la foi, fondation de l'Église, envoi en mission.

La finale de Matthieu résume puissamment ce dernier aspect ; par contre les deux récits de l'Ascension, chez Luc, s'accordent pour nous montrer une dernière apparition familière à peine plus solennelle, une prise de congé imprévue qui laissera les apôtres dans l'attente de la Parousie.

Tous les textes insistent sur l'incrédulité des apôtres au récit des femmes. Par ailleurs, la version des Actes, nous les montre, encore au moment de l'Ascension, en train de questionner : « Seigneur, est-ce maintenant que tu vas restaurer la royauté d'Israël ? » (Act. i, 6.) Ainsi, au moment même où ils sont témoins, autant qu'il est humainement possible, de l'intronisation céleste que décrira l'Apocalypse, ils sont encore tout préoccupés d'une intronisation juive et terrestre. Ceci, qui est fort humain, est un indice de réalité. Ils ont été éduqués dans la pensée juive de leur époque et la Résurrection elle-même ne va pas suffire, immédiatement, à les transformer. Il y faudra la descente de l'Esprit. Au Jardin des Oliviers, malgré l'enseignement de Jésus, ils n'ont pu interpréter son arrestation que comme un abandon par Dieu. Pierre seul s'est accroché un peu plus longtemps, de loin. Et après la prédiction de Jésus rappelée par le chant du coq, entre le moment de ses larmes de repentir et la première apparition, il a dû se trouver écartelé entre l'impossibilité de croire et l'impossibilité de ne pas croire. C'est de lui que partira l'étincelle (parmi les apôtres du moins, car l'amour de ces pauvres femmes était resté fidèle au-delà de l'espoir). C'est lui qui sera favorisé de la première apparition aux apôtres. Mais tout l'Évangile témoigne que sa première foi et celle de ses compagnons a été très humaine. Les apparitions familières, si différentes de toute vision, ont été nécessaires pour amener les disciples à une foi plus éclairée. Et peut-être pour nous amener, après eux, à admettre la réalité des apparitions pascales.

Certes, théologiquement, la corporéité des apparitions ne les rend pas plus réelles et peut même passer pour une concession. Mais aux yeux de l'histoire, nécessairement liée à l'espace et au temps, cette corporéité n'est pas secondaire.

Tout en la supposant, les deux premiers évangiles insistent moins sur elle que les deux derniers. Leurs récits, fort brefs, reflètent encore une époque où la Parousie est la seule victoire messianique vraiment définitive. La vie publique, la mort et la Résurrection sont en quelque sorte sur un même plan par rapport auquel la Parousie seule se détachera complètement.

Luc et Jean donnent plus de relief aux récits de la Résurrection, sans doute parce que s'éloigne l'idée d'une proche Parousie mais aussi cet élargissement des récits et la dialectique sur la Résurrection (preuves corporelles et scripturaires) évoquent un contexte de discussion avec les Juifs. Le Christ mange, se laisse toucher. Par ailleurs, les disciples d'Emmaüs et Marie de Magdala (chez Jean) ne le reconnaissent pas immédiatement. Peut-on deviner dans l'insistance sur la réalité coporelle une réaction contre la gnose docète qui niera la réalité corporelle du Christ ? Ou n'est-ce là qu'une réaction contre la théorie d'une pure vision ? Par ailleurs, la non-reconnaissance immédiate constituerait une correction attirant l'attention sur le changement d'existence intervenu chez le Christ.

Comment concevoir en effet la corporéité de ces apparitions ? La question est des plus difficiles, s'agissant d'un cas unique dans les annales de l'humanité. Il ne s'agit pas purement et simplement d'une identité entre le nouveau corps et l'ancien. De l'un à l'autre subsiste l'identité de la personne mais le corps ressuscité, s'il est réel, est soustrait pourtant aux nécessités ordinaires du monde physique. « On sème de la corruption, il ressuscite de l'incorruption, écrira saint Paul. On sème de l'ignominie, il ressuscite de la gloire... De même que nous avons revêtu l'image de l'Adam terrestre, il nous faut revêtir aussi l'image du céleste. » (I Cor. xv, 42 s.) Seul le Christ, qui n'a pas connu le péché, a échappé à la corruption, selon la parole du psaume 16 que les Actes citent deux fois à son propos : « Ma chair même reposera dans l'espérance ; tu n'abandonneras pas mon âme au shéol et tu ne laisseras pas ton saint voir la corruption. »

Cette conception voit dans la Résurrection un changement complet d'existence mais il ne s'agit pas, comme chez les Grecs, de la simple survie de l'âme. Un corps réel, non plus chair et sang toutefois, est porteur ou participant de cette nouvelle existence de la seconde création. Bien qu'elle offre des affinités avec certaines croyances de l'ancien monde, cette conception n'est spécifiquement ni grecque, ni juive ni perse. Saint Paul ne l'a trouvée ni en Iran ni en Asie Mineure mais dans une réflexion (selon les catégories de son époque évidemment) sur son expérience de Jésus ressuscité.

LUC, XXIV, 12.

Nous pouvons à présent continuer à établir la suite des événements. Nous repartirons du tombeau vide découvert par les femmes en examinant un verset central mais contesté : « A leur retour du tombeau, elles rapportèrent tout cela aux Onze, ainsi qu'à tous les autres... mais ces propos leur semblèrent pur radotage et ils ne les crurent pas. *Pierre cependant partit et courut au tombeau. Mais se penchant il ne vit que des bandelettes et il s'en retourna chez lui, tout surpris de ce qui était arrivé.* » Vient ensuite l'histoire, propre à Luc, des disciples d'Emmaüs.

La première chose à remarquer à propos du verset 12, celui que j'ai souligné, c'est que Jean xx, 2-10 connaît la même tradition à ceci près que, chez lui, « l'autre disciple » tient, à côté de Pierre, un rôle finalement accessoire. Malgré la priorité générale de Luc par rapport à Jean, certains exégètes (dont Loisy) accordent ici la priorité à Jean parce qu'ils estiment le verset de Luc interpolé.

Du point de vue qui est le nôtre, la priorité respective importe moins que l'historicité de l'épisode mais il reste que la première question à poser est celle de l'authenticité textuelle de Luc xxiv, 12. Le verset manque dans certains témoins du texte mais est attesté par la majorité des meilleurs manuscrits. Les spécialistes étant divisés, nous admettrons la possibilité d'un doute sur l'authenticité textuelle. Mais cela ne tranche pas la seule question qui nous intéresse, celle de l'authenticité historique. (L'authenticité textuelle ne portant que sur l'attribution à l'auteur, un verset textuellement authentique peut, en effet, ne pas assurer un fait. Par contre, un verset non authentique textuellement peut représenter une tradition ancienne valable historiquement.) Il faut donc nous tourner vers la critique interne.

Ici, la majorité serait sans doute défavorable à notre verset mais la décision en ces matières dépend des arguments et non du nombre des suffrages. Pour présenter les arguments de la position majoritaire, nous nous adresserons à Hans Grass, un des plus récents exégètes protestants de la Résurrection [1]. Il voit dans Luc XXIV, 12 un résumé de Jean d'où « l'autre disciple » aurait été supprimé parce qu'il ne joue aucun rôle particulier dans Luc et parce que Pierre sera seul mentionné au verset 34. Enfin, si Pierre est « surpris », c'est que Luc aura encore besoin de l'incrédulité des disciples aux versets 24 sq., 38 et 41. (Luc, et non l'éventuel interpolateur, car Grass admet l'authenticité textuelle). Plus généralement, certains exégètes se méfient du verset sur la base du silence de Marc et de Matthieu et, subsidiairement, de la liberté de Luc quand il est personnel.

Répondons point par point :

1. Ce n'est pas Luc qui supprime « l'autre disciple » mais c'est Jean qui l'ajoute et développe le verset de Luc. C'est la nette tendance de Jean, plusieurs fois attestée, d'adjoindre à Pierre « l'autre disciple » et cela, chaque fois, dans un rôle avantageux qui ne va pourtant jamais jusqu'à lui contester la primauté : cf. par exemple Jean XIII, 23-5 ; XXI, 7-8. C'est ainsi encore qu'il le mentionne au reniement de Pierre, où les trois Synoptiques sont unanimes à ne pas le voir.

2. Luc a si peu besoin de l'incrédulité des disciples aux versets 38 et 41 qu'il leur fait dire au verset 34 : « C'est bien vrai ! Le Seigneur est ressuscité et il est apparu à Simon. » Il faut retourner la position : ce qui fait question, c'est l'incrédulité du verset 41 après l'affirmation du verset 24.

3. On ne peut tirer argument, sur ce point, du silence de Marc

---

1. *Ostergeschehen und Osterberichte*, Göttingen, 1956, p. 34.

dont le texte authentique se termine en XVI, 8, la suite apparaissant comme un résumé qui laisse tomber les détails. Je trouverais bien plutôt un appui en Marc XVI, 7. La mention spéciale qui y est faite de Pierre, et de Pierre seul, concerne sans doute la première apparition à Pierre, rapportée par Luc et par Paul. Mais le sens obvie est d'abord celui d'un message à adresser immédiatement, et spécialement à Pierre. En ce sens, c'est Luc, et Luc avec le verset 12, qui continue le mieux le texte authentique de Marc.

Quant au silence de Matthieu, il n'est pas convaincant sur ce point. Il ignore tout d'un message à Pierre et d'une apparition à Pierre, pourtant certains chez Marc. Ses préoccupations apologétiques concernant le tombeau l'empêchent si évidemment d'y faire entrer Pierre qu'il n'y fait même pas entrer les femmes, contrairement à la tradition ancienne de Marc, et qu'il bloque toutes les apparitions aux apôtres en une seule apparition galiléenne.

En ce qui concerne la liberté de composition de Luc, elle ne serait soutenable ici que dans l'hypothèse de l'emprunt à Jean.

Mais il y a, en faveur de l'authenticité historique du verset, d'autres arguments que ces arguments négatifs.

Au sentiment de bon nombre d'exégètes, les apôtres se seraient enfuis en Galilée après la tragédie de l'arrestation. C'est la thèse la plus vraisemblable car elle s'appuie sur la tradition la plus ancienne, celle des premières apparitions aux apôtres en Galilée. En ce qui concerne Pierre, cependant, mais Pierre uniquement, il y a bien des difficultés à accepter son absence de Jérusalem (ou des environs) le matin de Pâques. Lui seul n'a certainement pas fui dès le jeudi soir car il est encore à Jérusalem le lendemain matin pour le reniement à l'aube. Ensuite, étant sorti, « il pleura amèrement » (Mc., Mt., Lc.). Dans l'extrême sobriété des évangiles, ces mots importent : Simon est bouleversé jusqu'au fond de l'âme, dégrisé de sa peur, atterré. Est-il humainement vraisemblable que ce soit à ce moment-là qu'il fuie Jérusalem sans plus se préoccuper de ce qu'il va advenir de Jésus ? Sans doute ne signale-t-on au Calvaire la présence d'aucun disciple, mais il a dû attendre, terré dans quelque coin de la ville fourmillante,

dans quelque campement de Galiléens peut-être (car le refuge
de Béthanie a pu être trahi par Judas), attendre d'apprendre la
mort et l'ensevelissement, attendre le vendredi soir. Or, le vendredi soir commence le sabbat. Une fuite de Pierre, ce jour du
sabbat juif, où le nombre de pas est compté, est automatiquement
exclue. De tout le poids de la vraisemblance, nous devons supposer
que Pierre du moins est présent à Jérusalem le dimanche matin.

C'est à la lueur de cet ensemble d'indices que nous devons
analyser le verset 12 et ses environs. Le verset s'isole assez facilement, ce qui donne occasion de plaider l'interpolation. Mais cet
isolement se retrouve dans le cas de plus d'un verset qui n'a jamais été soupçonné : Luc IX, 22 et 27, Matthieu VII, 12, etc.
Cette position isolée peut tout aussi bien expliquer que quelques
manuscrits l'aient laissé tomber sans en sentir le manque.

Par ailleurs, les versets précédents trahissent une rédaction embarrassée, peu habituelle chez Luc. Cet embarras est visiblement
causé par l'existence d'une double tradition car les versets 9 et
10 b ont nettement l'allure de doublets. Verset 9 : « A leur retour du tombeau, elles rapportèrent cela aux Onze ainsi qu'à
tous les autres. » Verset 10 b : « Les autres femmes qui étaient
avec elles le dirent aussi aux apôtres. » Cet embarras remarquable
exige une explication. Plusieurs sont possibles mais la plus vraisemblable me paraît celle d'un double message des femmes plutôt
que celle d'un même message par deux groupes de femmes. Ce
double message ne peut guère être double par son contenu.
Comment dès lors serait-il double sinon parce que l'un d'eux aurait été délivré à Jérusalem et l'autre en Galilée ?

Luc, le premier, ignore délibérément la localisation galiléenne
et bloque toutes les apparitions à Jérusalem. Or, s'il y a eu des
apparitions aux apôtres en Galilée, il y a eu, à Jérusalem ou aux
environs, des apparitions aux femmes et peut-être à d'autres disciples. Rassemblées au même endroit, ces apparitions se font pour
ainsi dire concurrence. Luc — et lui seul — ne mentionnera donc
pas les apparitions aux femmes. Et il prendra soin de faire précéder le récit des deux disciples revenus d'Emmaüs par l'annonce
d'une apparition survenue à Simon (apparition qu'il ne raconte
pas, sans doute parce qu'elle ne se situe pas à Jérusalem). Mais
il ne supprime pas sans scrupules les apparitions aux femmes.

D'où son insistance maladroite sur leur rôle de messagères. Mais d'où aussi son raccrochement à une donnée qui confirme son optique : le message (mais non l'apparition) qui atteint Pierre à Jérusalem le dimanche matin, le seul apôtre dont nous soyons pratiquement certains qu'il y était en effet.

Aussi, après avoir affirmé, absolument et sans exception, que les apôtres ne les crurent pas, voici au contraire que Pierre est assez ému pour «courir» vérifier la nouvelle (ce qui est bien un trait de son habituelle impétuosité). Et voilà qu'à la fin il s'en va, non pas du tout retrouver les autres comme il serait normal, mais «chez lui ». Le verset suppose donc clairement, contrairement aux précédents, si embarrassés, l'absence des autres apôtres. Ceci est le contraire d'un trait d'habileté rédactionnelle, c'est un lapsus révélateur.

Au reste, quels sont les sentiments de Pierre devant le tombeau vide et les bandelettes ? La foi, l'illumination ? Pas du tout : l'extrême surprise. Le trait est nettement archaïque et tout proche de la peur des femmes dans le récit ancien de Marc. Ce trait n'est pas d'un interpolateur [2].

Ma conclusion sera nette : Luc a encadré un récit qui lui est propre (celui des disciples d'Emmaüs, remplaçant chez lui l'apparition aux femmes) par deux versets, les versets 12 et 34, qui représentent une tradition plus ancienne. Cette tradition, il la traite si peu librement qu'après le verset 34 de l'apparition à Simon il reparlera, anachroniquement, d'une incrédulité des disciples (v. 41).

Nous admettrons donc l'authenticité historique de Luc XXIV, 12.

La visite de Pierre au tombeau vide n'importe guère du point de vue apologétique. Elle a même embarrassé Matthieu qui n'en parle pas. Mais elle importe à l'historien qui cherche à reconstituer la suite des événements de Pâques. Elle peut en outre avoir une incidence sur le seul point de chronologie mentionné dans les symboles de foi, celui du « troisième jour ».

Ce qui est assuré « selon les Écritures », c'est le fait de la Ré-

2. Un interpolateur aurait sans doute modifié dans le sens de Jean, supposant curieusement la foi chez « l'autre disciple » avant d'ajouter qu' « ils n'avaient pas encore compris ». C'est évidemment Jean XX, 8 qui interpole une source plus ancienne.

surrection beaucoup plus que cette date du troisième jour, qui ne peut se baser sur Jonas que d'une façon approximative. A la rigueur, elle se base sur le psaume 16, cité deux fois dans le premier discours de Pierre (Act. II, 27 et 31) : « Tu n'abandonneras pas mon âme à l'Hadès et tu ne laisseras pas ton saint voir la corruption. » Ce texte est celui de la version grecque des LXX, un peu différent du texte hébreu : « Ma chair reposera en sûreté, car tu ne peux abandonner mon âme au shéol ni laisser ton ami voir la fosse. » De toute façon, ce texte ne permet de retrouver le troisième jour qu'en faisant intervenir la croyance juive de l'âme restant trois jours auprès du cadavre avant que n'intervienne l'abandon définitif. Bref, la base scripturaire de cette affirmation importante — ressuscité le troisième jour — est fort mince. Elle n'a pu passer dans les symboles de foi que sous la pression de l'événement. Cet événement, nécessairement localisé à Jérusalem, ne peut guère être que la découverte du tombeau vide, corroborée éventuellement par l'apparition aux femmes. Mais si les femmes sont bien, historiquement, les premiers témoins de la Résurrection, elles n'en peuvent être, en droit juif, les témoins officiels. Paul, qui mentionne le troisième jour, ne les cite même pas. Les apôtres sont les seuls témoins officiels de la Résurrection. Si donc le « troisième jour » est passé partout dans l'expression officielle de la foi, c'est qu'un événement au moins a pu avoir pour témoin, ce jour-là, au moins un des leurs. Et qui donc alors sinon Céphas ? Or, à moins de situer l'apparition aux apôtres à Jérusalem le jour même de Pâques —ce qui n'est possible que selon la tradition la moins ancienne, celle de Luc-Jean — cet événement ne peut guère être que la constatation par Pierre que le tombeau était vide.

L'APPARITION AUX FEMMES

Les apparitions étant beaucoup plus fermement attestées que la visite de Pierre au tombeau, nous pourrons désormais brosser à traits plus larges.

Le plus ancien récit de l'apparition aux femmes est celui de Matthieu XXVIII, 9-10. « Et voici que Jésus vint à leur rencontre :

Je vous salue, dit-il. Et elles de s'approcher et d'étreindre ses pieds en se prosternant devant lui. Alors Jésus leur dit : Ne craignez point. Allez annoncer à mes frères qu'ils doivent partir pour la Galilée et là ils me verront. » Ce passage est confirmé par l'apparition à Marie de Magdala en Marc XVI, 9 et Jean XX, 11-18.

Cette apparition ne doit pas être conçue comme immédiatement rattachée à l'épisode du tombeau vide : non seulement Jean prend soin de les séparer mais l'analyse stylistique de Matthieu s'oppose à ce qu'on le soude (de même d'ailleurs que la finale authentique de Marc). Le verset 9 de Matthieu n'est rattaché au précédent que de façon artificielle (*Et voici que* ...). Par ailleurs, il est inutile, voire inconvenant, de faire répéter par Jésus les paroles de l'ange auxquelles elles sont en train d'obéir (ou même auxquelles elles ont déjà obéi). Il y a de même une certaine contradiction entre la promesse de l'ange : « C'est là, en Galilée, que vous le verrez » et le démenti immédiat de l'apparition dont elles sont peu après favorisées. Sans doute sont-ce les disciples — nouvelle preuve de leur absence de Jérusalem — qui ne peuvent voir Jésus qu'en Galilée. Il n'en subsiste pas moins une contrariété au stade de la rédaction. Un autre indice de diversité littéraire entre les versets 1-8 et 9-10 est la désignation des apôtres par deux termes différents : les « disciples » au verset 7 mais les « frères » au verset 10.

Ainsi donc, cette apparition se situe plus tard que la visite au tombeau. Mais peut-être le même jour.

Penchons-nous un moment sur ce récit schématique.

A remonter à l'araméen, le « je vous salue » du Christ prend une coloration que ne peut rendre la traduction. Il s'agit du salut oriental, du *shalom* juif qui souhaite la paix (cette paix qu'on retrouve dans le nom même de Jérusalem, la cité de la paix). *Pax vobis* : c'est le premier mot du Ressuscité aux apôtres chez Luc et Jean. Jean en a souligné la signification dans un passage dont le ton post-pascal conviendrait au Ressuscité promettant la venue de l'Esprit : Il « vous enseignera tout et vous rappellera tout ce que je vous ai dit. Je vous laisse la paix ; je vous donne ma paix. Je ne vous la donne pas comme le monde la donne. Que votre cœur cesse de se troubler et de craindre. » (XIV, 26-7).

La prosternation des femmes, en opposition avec l'incrédulité première des disciples, le reconnaît immédiatement comme Seigneur. D'où la crainte révérentielle qui se mêle au geste de l'amour.

Mais quiconque a vu et reconnu Jésus ressuscité sera chargé de l'annoncer. Leur mission sera de l'annoncer à ses « frères », qui le verront à leur tour en Galilée et seront envoyés au monde entier.

Dans le passage parallèle de Jean, le schéma essentiel reste le même. « Jésus lui dit : Marie ! Elle le reconnut et lui dit en hébreu : Rabbouni ! c'est-à-dire Seigneur ! Jésus lui dit : Ne me retiens pas ainsi car je ne suis pas encore monté vers le Père. Mais va trouver mes frères et dis-leur : je monte vers mon Père et votre Père, vers mon Dieu et votre Dieu. » (xx, 16-7.)

Outre le mot de « frère », qu'on retrouve dans Matthieu, on relèvera le terme araméen « Rabbouni », qui équivaut ici à la prosternation des deux Maries dans Matthieu. Le mot ne se retrouve que dans Marc x, 51, à côté du titre messianique de « Fils de David », exprimant la foi de l'aveugle de Jéricho. Contrairement au grec et à la plupart des traductions, il faut donc traduire par « Seigneur » et non par « Maître ». Le mot équivaut, ici, à la profession de foi de Thomas plus loin [3].

On retrouve le même schéma essentiel dans le récit qui remplace, chez Luc, l'apparition aux femmes : c'est Jésus qui prend l'initiative et se fait finalement reconnaître. Et la mission d'avertir les apôtres est implicite dans le retour à Jérusalem.

Ici, un moment, dégageons-nous de l'attitude critique pour penser à ces humbles femmes dont l'amour et la peine et la fidélité par-delà tout espoir humain trouvent ici leur récompense surhumaine dès avant la manifestation aux apôtres fondateurs. Femmes obscures de Galilée. Marie elle-même, la mère de Jésus, dont il n'est même pas parlé à cette heure glorieuse, qui a mesuré la profondeur de son obscurité avant que ne viennent la magni-

3. Du point de vue philologique, Swete, Lagrange, Schniewind, Lohmeyer et Dalman défendent cette traduction par « Seigneur ».

fier les évangiles de l'enfance ? Mais du vendredi sanglant au dimanche radieux, dans le déchirement et l'abandon, puis dans la frayeur et la perplexité devant le tombeau vide, enfin dans la foi contre tous, même les plus proches, c'est à ces femmes obscures qu'a été confiée un moment toute l'espérance du monde.

Quant aux disciples d'Emmaüs, tout aussi obscurs... Une tradition rapportée par Hégésippe (IIe siècle) fait d'un de ces disciples, Cléophas, l'oncle de Jésus. Il est curieux de rapprocher cette tradition, peut-être légendaire, du groupe des « frères de Jésus » (dont Jacques, favorisé d'une apparition) que les Actes connaissent à côté du groupe des Onze et de celui des femmes. On peut la rapprocher aussi du mot « frères », attesté chez Matthieu et Jean pour désigner les destinataires du message. Cette base fragile n'autorise qu'une hypothèse. La voici : après la diffusion foudroyante de l'Évangile chez les Gentils, le groupe judéochrétien dont Jacques était le porte-parole s'est trouvé fort minoritaire et sa tradition particulière a pu se perdre. C'est ainsi qu'on ne raconte nulle part ni l'apparition aux cinq cents ni même (sauf dans un apocryphe) l'apparition à Jacques. Le récit de Luc, le seul qui nous raconte une apparition qui ne soit ni aux femmes ni aux apôtres, nous conserve sans doute quelque chose de cette tradition perdue.

L'APPARITION A SIMON-PIERRE

Le cas de la première apparition à Pierre est typique en ce sens que, d'une part, elle est des mieux attestées et que, d'autre part, nous n'en possédons aucun récit.

C'est la première apparition que signale notre document historiquement le plus sûr, la Première aux Corinthiens : « Il est apparu à Céphas puis aux Douze. » Cette affirmation est confirmée implicitement par Marc XVI, 7 et explicitement par Luc XXIV, 34. Le fait est donc des plus assurés mais par ailleurs nous ne savons presque rien du « comment » — date, lieu, circonstances — sinon par inférences et hypothèses. L'historien est ainsi amené à consacrer plus de temps à rechercher les circonstances qu'à établir

41

le fait. Il est bon de le rappeler ici pour maintenir les perspectives.

Tâchons de reconstituer ces circonstances.

Il est hautement improbable que cette apparition ait eu lieu à Jérusalem. La tradition, qui finira par tout centrer sur Jérusalem et qui y connaît l'apparition aux femmes, n'eût été que trop heureuse de pouvoir y situer une apparition à Pierre. Mais non. Tout ce qui peut se situer à Jérusalem, le dimanche de Pâques, c'est sa visite au tombeau vide.

Après quoi, le texte de Luc dit qu'« il s'en alla chez lui, tout étonné de ce qui était arrivé ». Mais il n'a pas de « chez lui » à Jérusalem et le verbe grec traduit ici par « s'en alla » (ἀπηλθεν) suggère un mouvement d'éloignement. Pierre n'a vu le Ressuscité que plus tard, une fois revenu au bord de la mer de Galilée et il n'a pas su, en quittant Jérusalem, ce qu'il devait penser.

La seule imagination peut le suivre sur ce chemin du retour, retraçant en sens inverse la dernière montée à Jérusalem, revoyant l'arrestation nocturne puis le triple reniement dont ses larmes ne l'ont pas lavé, le calvaire du Messie dont ils attendaient la manifestation. Comment Dieu a-t-il pu l'abandonner ? Ce ne sont pourtant pas les morts qui te loueront, Seigneur !

C'est ici l'épreuve de la foi, la traversée de la nuit.

Et puis il y a eu ces femmes effrayées et ce fait en effet troublant, surprenant, du tombeau vide où un fol espoir l'a fait courir, tout danger oublié. Mais non. Tourner le dos à cette Jérusalem qui tue les prophètes et qui lui a arraché son âme à lui, en faisant l'ami qui renie quand triomphent les ennemis. Si le Jour de Dieu doit se lever, il se lèvera en Galilée.

Il réentend la moquerie des impies : « Il se vante d'avoir Dieu pour Père... Condamnons-le à une mort infâme puisqu'à l'entendre le secours lui viendra. » (Sap. ii, 16, 20.) Et le secours n'est pas venu. Jésus est mort crucifié, comme un rebelle ou un esclave. Où donc resterait-il la moindre lueur ? Sans doute, dans une parole obscure, Yahvé a fait une promesse à son Serviteur humilié : « S'il offre sa vie en expiation, il verra une postérité... Il verra la lumière et sera comblé... Je lui attribuerai des foules. » (Is. liii, 10-12.) Mais comment cela se fera-t-il sinon au dernier

Jour, quand « le juste se tiendra debout, plein d'assurance en face de ceux qui l'ont opprimé » ? (Sap. V, I.) [4]

En Galilée, il a dû retourner pêcher, revoir ses compagnons, discuter de ce qui les obsédait et de ce mystérieux tombeau vide, recevoir enfin la nouvelle d'une apparition aux femmes...

Mais — le Christ leur reprochera leur incrédulité — ils n'ont pas cru à cette nouvelle, ils n'ont pas pu y croire. Ils n'étaient pas préparés à un événement de cette sorte. Non pas seulement à cause de son caractère extraordinaire mais surtout parce que, selon la pensée juive de l'époque, c'était tout autre chose qu'ils attendaient : la venue en gloire et le rétablissement miraculeux d'Israël. Ils en parleront encore au Ressuscité : « Seigneur, est-ce en ce temps-ci que tu vas restaurer la royauté d'Israël ? » (Act. I, 6.) En ce sens, la Résurrection et l'Ascension resteront pour eux une épreuve et ils n'en apercevront pas aussitôt toute la signification.

Au moment où les atteint le message des femmes, il faut nous les représenter un peu dans l'attitude du discours eschatologique : « Si on vous dit : Tenez, voici le Christ ou tenez, Le voilà, n'en croyez rien. » (Mc. XIII, 21.) Ils n'étaient donc nullement portés à croire les femmes. Des femmes ! « Ces propos leur semblèrent pur radotage et ils ne les crurent pas. » (Lc XXIV, 11.) Les Juifs n'attendaient que la résurrection générale de la Fin. Cette résurrection en quelque sorte « privée », ces « prémices » selon le mot de saint Paul, n'entraient pas dans leur système de pensée. C'est là d'abord, liée à leur « manque d'intelligence » (des Écritures, que leur ouvrira l'Esprit), l'« incrédulité » des disciples, incrédulité qui se traduit dans les faits par leur absence de Jérusalem (plus tard ressentie comme gênante). Seule la vaincra une expérience personnelle bouleversante et irréfutable.

Un apocryphe du IIe siècle, l'*Évangile de Pierre,* décrit ainsi l'état d'âme des disciples entre la crucifixion et le moment de la première apparition : « C'était le dernier jour des Azymes et

---

4. J'imagine, certes. Mais dès avant la Pentecôte, Pierre, à propos de Judas, fait allusion à ce passage du Livre de la Sagesse (IV, 17-9) : « Les foules voient la fin du sage sans comprendre les desseins de Dieu sur lui... le Seigneur les précipitera, muets, la tête la première. » (Act. I, 18).

beaucoup s'en allaient et retournaient chez eux car la fête était
terminée. Quant à nous, les douze disciples du Seigneur, nous
pleurions et nous étions dans le trouble et chacun, ainsi troublé
de ce qui était arrivé, se retira chez soi. » On notera la ressemblance de cette dernière phrase avec Luc xxiv, 12 et Jean xx, 10.
Le texte continue : « Quant à moi, Simon Pierre, et à mon frère
André, prenant nos filets, nous nous dirigeâmes vers la mer ;
et il y avait avec nous Lévi, le fils d'Alphée, que le Seigneur ... »
(xiv, 58-60.) Ici se termine le fragment mais cette finale semble
introduire à l'apparition que rapporte l'Appendice de Jean (tout
en rappelant les circonstances de la vocation de Simon et André
et de Lévi. Mc. i, 16-8 et ii, 13-4). Et on ne peut sans doute
fonder rien de certain sur un texte de date si tardive. Mais du
moins vient-il confirmer la tradition galiléenne et l'idée d'un certain temps avant la première apparition, résultat auquel on parvient par ailleurs en analysant les textes canoniques.

Si les évangiles canoniques ne racontent pas l'apparition à
Pierre, il est probable cependant qu'ils en gardent des reflets en
quelques endroits. C'est ainsi par exemple que Luc fait précéder
la vocation de Pierre d'une pêche miraculeuse (v, 1-11) qui
rappelle le dernier chapitre de Jean. C'est dans la barque de
Simon qu'entre Jésus et c'est à lui qu'il donne l'ordre de jeter les
filets. C'est Simon encore, appelé ici de façon anachronique Simon-
Pierre, qui tombe, seul, aux pieds de Jésus en disant d'une façon
qui s'adresserait mieux au Ressuscité qu'au rabbi de Capharnaüm :
« Éloigne-toi de moi, Seigneur, car je suis un pécheur. » La seconde
vocation, la vocation définitive d'après la Résurrection, se reflète
ici dans la première. Nous y retrouvons le schéma essentiel des
apparitions : initiative de Jésus, reconnaissance par Simon, dans
la position adorante de qui a à se faire pardonner ; enfin, sous
forme de pardon et de promesse, nous retrouvons le troisième
point du schéma, qui est la mission confiée : « Rassure-toi ; désormais, ce sont des hommes que tu prendras. » Le mot, d'après les
récits parallèles, appartiendrait plutôt à la première vocation
mais les circonstances par ailleurs appartiennent plutôt à la vocation post-pascale, et ceci chez le seul Luc. Or Luc est aussi le seul
à avoir complètement éliminé la tradition galiléenne. N'en aurait-

il pas, ici, lors de la première vocation, gardé expressément un reflet ?

Dans le récit de la marche sur les eaux, de la même teinte galiléenne et post-pascale, Matthieu, de son côté, est le seul à conserver un trait qui concerne le seul Pierre. Les disciples prennent pour un fantôme le Christ qui marche sur la mer (idée qui serait plus naturelle après sa mort). « Pris de peur, ils se mirent à crier. Mais aussitôt Jésus leur adressa ces mots : Rassurez-vous, c'est moi ; n'ayez pas peur. Sur quoi Pierre lui répondit : Seigneur [5], si c'est bien toi, ordonne-moi de venir à toi sur les eaux. — Viens, dit Jésus. Et Pierre, descendant de la barque, se mit à marcher sur les eaux en venant vers Jésus. Mais, voyant la violence du vent, il s'effraya et, commençant à couler, s'écria : Seigneur, sauve-moi ! Aussitôt, Jésus tendit la main et le saisit, disant : Homme de peu de foi, pourquoi as-tu douté ? Et quand ils furent montés dans la barque, le vent tomba. Ceux qui étaient dans la barque se prosternèrent devant lui en disant : Vraiment tu es le Fils de Dieu. » (Mt. xiv, 26-33.)

Ici aussi on reconnaît le schéma essentiel : initiative de Jésus, doute des disciples, puis reconnaissance du « Fils de Dieu ». Mais c'est Pierre en particulier qui le reconnaît le premier comme le Seigneur et, dans son cri de détresse, comme le Seigneur qui sauve. C'est à lui particulièrement que Jésus s'adresse, le sauvant de son moment de faiblesse : « Homme de peu de foi, pourquoi as-tu douté ? »

Un seul texte canonique raconte explicitement une apparition où Simon joue le rôle essentiel : l'Appendice — ou chapitre xxi — de Jean. Sa situation est fort bonne dans l'histoire du texte : à l'exception d'un manuscrit syrien, on ne connaît pas de manuscrits de Jean non muni de l'Appendice. Il mérite donc considération.

Le récit témoigne, dans le style johannique, d'une composition assez élaborée mais qui laisse apercevoir les traces d'une tradition

5. *Seigneur* : ici, comme dans le passage de Luc, le mot semble anachronique à l'époque du ministère. Dans son sens fort, il ne convient à Jésus qu'après que Dieu, en le ressuscitant, l'a fait Seigneur.

primitive : la localisation en Galilée, par exemple, impossible à dériver de la tradition de Jérusalem, qui est celle du chapitre précédent. Ensuite, malgré les affirmations des versets 1 et 14 (soucieux de ne pas contredire l'apparition de Jérusalem) il s'agit visiblement d'une première apparition : les disciples ont repris leur premier métier (ceux du moins qui étaient pêcheurs), ils seront surpris, etc. Ces disciples, par ailleurs, ne jouent pratiquement aucun rôle sinon, comme dans l'épisode du tombeau, « le disciple que Jésus aimait », le premier à « voir » mais laissant au seul Pierre toute l'initiative. De même, plus loin, c'est le seul Pierre que Jésus questionnera et chargera de mission.

Comme pour Marie de Magdala et pour les deux disciples d'Emmaüs, Jésus prend l'initiative par une question indirecte : « Enfants, avez-vous du poisson ? » La scène se passe au lever du jour, comme pour l'apparition aux femmes et comme pour la pêche miraculeuse de Luc v, 6. Comme dans la marche sur les eaux, Pierre, aussitôt qu'il l'a reconnu, se jette à l'eau pour le rejoindre : « A ces mots : c'est le Seigneur ! Simon-Pierre mit son vêtement — car il était nu — et se jeta à l'eau. »

Comme dans Luc et dans la finale de Marc, il y a enfin un repas qui rappelle la Cène.

Après le repas commence un nouveau récit, le plus émouvant peut-être, et qui, cette fois, est sans parallèle (versets 15-18). « Après le repas, Jésus dit à Simon-Pierre : Simon, fils de Jean, m'aimes-tu plus que ceux-ci ? Il lui répondit : Oui, Seigneur, tu sais que je t'aime. »

La question sera répétée deux fois selon un procédé d'insistance destiné à en marquer le caractère solennel. Mais il importe davantage de remarquer que cette question, sous sa première forme, fait allusion à la déclaration imprudente de Pierre peu avant l'arrestation. (« Jésus leur dit : Tous vous allez être scandalisés car il est écrit : « Je frapperai le pasteur et les brebis seront dispersées. » Mais après ma résurrection je vous précéderai en Galilée. Pierre lui dit : Même si tous sont scandalisés, du moins pas moi ! » Mc XIV, 27-9.) Si par ailleurs, à la question de Jésus, nous ajoutons sa réponse : « Pais mes brebis », la correspondance semble si précise qu'elle peut suggérer que c'est ici la première

rencontre de Jésus et de Pierre après les événements de la Passion [6].
Et la triple question, dans ces conditions, fait évidemment allusion
au triple reniement de Pierre peu après sa parole présomptueuse.
C'est pourquoi Pierre sera « peiné ». Mais la triple réponse de
Jésus correspond à un triple relèvement. Elle est pardon implicite
et réhabilitation. Elle confirme explicitement la primauté de Césarée et fait de Pierre le Pasteur qui sera frappé à son tour.

LES APPARITIONS AUX APOTRES

Nous n'avons aucun récit de l'apparition aux cinq cents et nous
ne disposons pour l'apparition à Jacques que d'un texte de l'*Évangile aux Hébreux* (apocryphe judéo-chrétien). Jacques aurait pris
part au dernier repas et juré « qu'il ne mangerait plus de pain ...
jusqu'à ce qu'il l'ait vu ressuscité des morts ». A la Résurrection,
c'est auprès de lui que le Seigneur se rend d'abord. « Il prit le
pain, rendit grâce et le donna à Jacques le Juste en disant : Mon
frère, mange ton pain car le Fils de l'Homme est ressuscité des
morts. »

Si vifs qu'en soient le sentiment et la coloration judéo-chré-
tiennes, nous ne pouvons retenir de ce texte que la tradition
continuée d'une apparition à Jacques et le trait qui lie l'apparition
à un repas de caractère eucharistique.

Quant à l'apparition aux apôtres rassemblés, le fait est des
mieux attestés au contraire.

Au reste, comment la nier ? Sans cela, pour peu que l'on renonce
à l'insoutenable hypothèse d'une fourberie concertée, le christianisme devient inexplicable. Car, historiquement, ce qui fonde

---

6. E. Stauffer a supposé que le rédacteur de Jean XXI a connu la finale perdue de Marc. Ce n'est pas impossible mais c'est beaucoup s'avancer. Tout ce
qu'on peut affirmer c'est que, pour l'allusion au reniement et à la parole présomptueuse, c'est avec la rédaction de Marc-Matthieu que le rapprochement se
fait le mieux. Jointe à la situation galiléenne, cette indication donne l'impression
que l'Appendice, quel que soit son degré d'élaboration, se rattache à la « très
bonne tradition ».

l'Église, ce n'est pas tant la vie et la parole de Jésus que sa Résurrection et la mission dont sont investis ceux à qui il apparaît.

Aussi ne conteste-t-on guère ces apparitions. On se contente de les vider de leur portée en leur déniant *a priori* tout contenu réel, selon l'hypothèse des apôtres trompés ou se trompant. La polémique juive parle de nécromancie, Celse, de l'hallucination hystérique de Marie de Magdala, et les modernes, d'hallucination collective. L'hypothèse va contre tous les documents, qui attestent la première incrédulité des disciples (trait peu édifiant, en milieu chrétien, concernant les Pères de la foi). Elle va aussi contre l'évidence que ce n'est pas à l'apparition d'un fantôme qu'ont cru les disciples. Une apparition de type fantômatique eût provoqué leur effroi et non leur foi comme en témoigne le récit de la marche sur les eaux : « Les disciples furent troublés : C'est un fantôme, disaient-ils, et, pris de peur, ils se mirent à crier. » (Mt. XIV, 26.) « Ils crurent que c'était un fantôme et poussèrent des cris. » (Mc. VI, 49.) Ils n'ont pas cru à un fantôme et par ailleurs, selon le mot de Pascal, « il n'est pas possible de prendre un homme pour être ressuscité. »

Sauf Jean qui la dédouble parce qu'il reporte l'incrédulité sur Thomas absent, les évangélistes résument les apparitions aux apôtres en un seul récit que Matthieu situe en Galilée, Luc à Jérusalem et que la finale de Marc ne situe pas. C'est là un procédé de composition qui facilite l'expression du message mais qui ne doit pas, historiquement, être pris au pied de la lettre. C'est ainsi que Luc, dans son évangile, ne semble connaître qu'une apparition aux apôtres, immédiatement suivie par l'Ascension. Mais quand il écrit les Actes (c'est-à-dire un livre qui ne transmet plus le message selon la forme déjà fixée des évangiles mais en raconte plus librement la diffusion) il nous dit au contraire que « pendant quarante jours il leur était apparu et les avait entretenus du Royaume de Dieu » (I, 3). Ici aussi, le fait est mieux assuré que ses circonstances. Mais du moins en avons-nous, cette fois, des récits qui concordent manifestement pour l'essentiel.

La première apparition aux apôtres doit être située en Galilée. La tradition la plus ancienne l'indique et nous avons dit pourquoi il faut lui faire crédit. Sinon sous la pression des faits, on ne voit pas comment la Galilée aurait pu être préférée à Jérusalem, lieu de la mort de Jésus, du tombeau vide et de l'apparition aux femmes, ville sainte par ailleurs et centre de la première communauté (alors qu'on ne nous parle d'aucune communauté importante en Galilée). On comprend fort bien au contraire, surtout si les apôtres revenus à Jérusalem y ont eu d'autres apparitions, comment la ville sainte a pu refouler au second plan une tradition galiléenne nécessairement liée à un moment de doute des apôtres fondateurs.

Un trait commun des récits est en effet leur insistance sur l'incrédulité ou le trouble des disciples. Cette incrédulité est incarnée, chez Jean, dans le seul Thomas mais c'est une tendance du style johannique que d'incarner en une seule personne l'événement significatif ; c'est ainsi par exemple qu'il ne retient, pour l'apparition aux femmes, que la seule Marie Magdala.

Nous avons fait entendre en quel sens il convenait de prendre cette incrédulité. Pour autant que, dans leur trouble, ils aient pu attendre quelque chose, les apôtres n'attendaient pas la Résurrection de Jésus mais sa Parousie glorieuse, quelque événement cosmique. Ils n'étaient pas préparés à l'expérience aussi bouleversante mais plus secrète du vrai triomphe du Christ. Ils devront encore « comprendre » et cette compréhension impliquait une telle reprise d'eux-mêmes qu'elle devait les décider à tourner résolument leur visage vers cette Jérusalem où leur Maître était mort et à y remonter pour le témoignage. Car, après qu'ils l'ont « reconnu », en même temps que la promesse de l'Esprit qui « leur apprendra toute chose » et les fera souvenir des paroles de Jésus, ils reçoivent la mission de le proclamer « à Jérusalem, dans toute la Judée et la Samarie, et jusqu'aux confins de la terre » (Act. i, 8).

Les quarante jours de Luc doivent probablement être pris au sens où il fait dire plus généralement par Paul : « Pendant de nombreux jours, il est apparu à ceux qui étaient montés avec lui de Galilée à Jérusalem, ceux-là mêmes qui sont maitenant ses témoins auprès du peuple. » (Act. xiii, 31.) Historiquement approximatif, ce chiffre de quarante jours est symbolique d'un temps de préparation complète. Il rappelle les quarante ans dans le désert

avant l'entrée dans la Terre Promise et les quarante jours du
jeûne au désert avant le début du Ministère. Ces quarante jours
ouvrent le temps de l'Église, que la Parousie terminera comme la
Résurrection a couronné le Ministère et la Passion.

Au plan des événements, l'Ascension qui marque la fin de ces
quarante jours peut être entendue comme la dernière apparition
de type familier — en ajoutant ce trait particulier que le Christ
disparaît solennellement d'une façon qui évoque la future Parousie. Évocation consolatrice nécessaire, en même temps qu'image
sensible de l'Éxaltation à la Droite ; en effet, l'Ascension, qui
marque la cessation des apparitions, sera une nouvelle épreuve
pour les apôtres, une nouvelle séparation et un nouveau délai de
ce règne messianique qu'ils continuaient vaguement d'espérer.

De l'Ascension à la Pentecôte, nous les retrouvons dans un
temps de retraite et de maturation, réunis pour la prière avec les
saintes femmes, Marie et les frères, regroupant les fidèles aussi
(on cite, en Act. i, 15, le chiffre de 120 personnes) et scrutant les
Écritures dont la Résurrection leur ouvre peu à peu le sens. On
trouverait des traces de ce travail dans l'allocution de Pierre aux
fidèles, dès avant le premier discours public, lors de l'élection de
Mathias pour compléter le groupe des Douze, réduit à Onze par
la défection de Judas.

Car ils se préparent au témoignage dans la méditation et la
prière mais aussi ils organisent le collège apostolique officiellement
chargé de ce témoignage. « Il faut donc que, de ces hommes qui
nous ont accompagnés tout le temps que le Seigneur Jésus a vécu
au milieu de nous, en commençant au baptême de Jean jusqu'au
jour où il nous fut enlevé, il y en ait un qui devienne avec nous
témoin de la Résurrection. » (Act. i, 21-2.)

La première mission de l'apôtre est en effet d'être « témoin de
la Résurrection » mais aussi, préalablement, pour mieux en saisir
le sens, du ministère de Jésus « en commençant au baptême de
Jean jusqu'au jour où il nous fut enlevé » c'est-à-dire jusqu'à
l'Ascension. Ce texte prouve aussi que les Onze ne furent pas les
seuls témoins de la Résurrection pas plus qu'ils n'ont été les seuls
compagnons constants de Jésus durant le ministère public. Mais
seuls les Douze sont investis de la mission officielle. L'importance

qui s'attache à ce chiffre remonte à l'élection par Jésus en Galilée mais il prouve aussi, au moment où nous sommes, l'importance qui continue à être accordée à la perspective eschatologique. Les membres du collège apostolique doivent être douze, comme les douze patriarches pères des tribus, pour s'adresser solennellement à l'ensemble d'Israël et être les patriarches du nouveau peuple de Dieu, les patriarches de la réalisation des promesses et de l'Israël spirituel. Car il va s'agir d'abord d'une proclamation au peuple élu à partir de la ville sainte et le tirage au sort entre Joseph Barsabbas et Mathias est conforme à un usage religieux prévu par la Torah. Et plus tard encore, dans l'Apocalypse, après la proclamation aux Gentils, la Jérusalem céleste aura douze portes (ces douze mêmes apôtres) et l'universalité des élus de toute langue et de toute nation sera groupée encore sous les noms des douze tribus.

Mais, s'ils sont encore foncièrement juifs, les apôtres ne sont plus ici les brebis dispersées dont parlait la prophétie de Zacharie : ils ont revu leur Pasteur et le savent présent. Ce ne sont même plus ces disciples regroupés qui demandent si la royauté d'Israël va enfin être rétablie. Déjà le Christ est monté « vers son Père et leur Père » et son Esprit les travaille sourdement qui jadis a parlé par les prophètes et doit se répandre sur toute chair à la fin des temps. Il va les illuminer et les jeter en avant, à la fête du renouvellement de l'Alliance, parlant par leur bouche et les remplissant de joie quand ils souffriront « pour le Nom », eux qui s'étaient enfuis de Gethsémani.

LA FIN DES ÉVANGILES

L'évangile de Luc se termine par la prosternation devant le Ressuscité enlevé au ciel et par l'action de grâces dans ce Temple où tout a commencé avec l'apparition de l'ange à Zacharie. Les Actes repartiront de la même Ascension et, plus humainement, du « retour à la chambre haute où ils se tenaient habituellement ». (I, 13).

Fort résumée, la finale deutérocanonique de Marc passe sans transition de l'Ascension à la prédication : « Pour eux, ils s'en allèrent prêcher en tout lieu, le Seigneur collaborant et confirmant la Parole par les miracles qui l'accompagnaient. »

C'est au contraire vers ceux qui les écoutent que se tourne, en une neuvième béatitude, la première finale de Jean : « Heureux ceux qui croiront sans avoir vu ! »

Mais l'évangile des paroles, celui de Matthieu, se termine sur quelques lignes qui condensent le message de la Résurrection et la perspective de l'Église. C'est d'abord, avant la mission universelle, cette assurance : « Tout pouvoir m'a été donné au ciel et sur la terre. » C'est enfin, après l'envoi en mission, en une ultime promesse, la parole la plus inépuisable qui ait jamais clos un livre humain : « Et moi, je suis avec vous pour toujours, jusqu'à la fin du monde. »

Car ici commence l'histoire de l'Église mais ne finit pas l'histoire de Jésus, continuée par cette présence du Christ. Certes, pour la suivre, il ne suffit guère d'ouvrir, même munie de *l'imprimatur*, quelque *Histoire de l'Église*, fût-elle en six volumes. Il ne suffit ni des méthodes historiques ni des pieuses intentions pour ressaisir la vie du Fils de l'Homme et sa Passion à travers les deux mille ans de l'histoire de l'Église car les traits divins, par nous défigurés, n'y sont pas toujours reconnaissables. Mais les saints toutefois l'y reconnaissent, eux qui ne souffrent pas seulement pour l'Église mais parfois, comme Catherine de Sienne, dans l'Église avec l'Église. Si même il a déjà vaincu le monde et la mort, « Jésus sera en agonie jusqu'à la fin du monde » et ils ne dorment pas pendant ce temps-là.

Car la vraie histoire de l'Église, celle qu'on ne trouve dans aucun manuel, est d'abord l'histoire du Christ en elle et à travers son affrontement au monde (même lorsque celui-ci réussit à s'introduire dans son appareil visible). L'histoire de l'Église n'est pas seulement l'histoire des hérésies, du césaro-papisme et du droit canon, comme l'Église n'est pas d'abord cette administration et ces cérémonies qu'on aperçoit trop uniquement de l'extérieur (et parfois de l'intérieur). Corps mystique du Christ, l'Église vit de sa vie par la grâce. Et si cette définition théologique paraît trop mystérieuse, tranchons d'un mot : l'Église est l'Église des saints. Comme disait Bernanos, « nul d'entre nous n'aura jamais assez de théologie pour devenir seulement chanoine. Mais nous en savons assez pour devenir des saints ». Maria Goretti était une petite fille, François d'Assise n'a seulement jamais été prêtre et Jeanne d'Arc a été condamnée par un tribunal ecclésiastique ... Car il ne suffit ni des méthodes historiques ni même d'une formation théologique pour reconnaître la Face adorable à travers l'épaisseur des réalités historiques. Mais il y suffit d'yeux purifiés comme ces yeux-là, qui restent fixés sur Elle, même quand Elle paraît s'effacer. Et nous, nous l'entrevoyons à travers eux, par moments.

Car « il n'y a non plus de différence entre l'Évangile écrit et la vie des saints qu'entre une musique notée et une musique chantée » (saint François de Sales).

Sourde de naissance à cette musique, l'Histoire, que pourtant elle transforme secrètement, ne peut qu'en déchiffrer laborieusement les signes. Mais c'est bien son chant profond, comme d'une mer lointaine, qui rafraîchit l'oreille fatiguée et fait tressaillir le cœur fourvoyé.

Non impedias musicam.

LE MILIEU HISTORIQUE

La Bonne Nouvelle de Jésus ressuscité éclate comme un message d'une nouveauté absolue — mais dont le retentissement est préparé. Ce paradoxe n'en est plus un dès qu'on connaît le milieu où il est proclamé. Le milieu juif d'abord, imprégné d'espérances messianiques et apocalyptiques mais enfermé, face à l'hellénisme païen, dans le cadre d'un peuple, de sa Loi et de sa Tradition. Dans ce milieu, le glaive de la Parole provoque presque instantanément le discernement des esprits.

Le message éclate aussi, comme nécessairement, au-delà de son milieu d'origine. Par l'intermédiaire des Juifs hellénisants de la Dispersion, par l'intermédiaire aussi de cette frange de prosélytes et de « craignant Dieu » qui partout borde les communautés juives, il parvient à la masse païenne. Pour être plus vague que l'attente juive, l'attente de cette masse n'en était pas moins réelle, l'attente notamment de cette énorme masse servile où le brassage des guerres a mêlé l'Orient et l'Occident. Grâce au génie de Paul, mais d'abord en vertu de ses énergies propres, le message chrétien dépassera l'irréductible antithèse qui affronte le monothéisme juif au polythéisme païen, le peuple de la Promesse aux peuples des Gentils. La Nouvelle Alliance dans le sang du Christ recrute individuellement son peuple parmi les peuples de la Terre, Israël spirituel qui ne limite pas son appel à la seule semence d'Abraham. Il n'y a plus désormais ni Grecs ni Juifs, et ceci clôt une lutte de quatre siècles. L'opposition fondamentale qui a déchiré la Palestine et la conscience juive est balayée sous le souffle de l'Esprit. Elle ne se traduit plus dans l'Église que par la différence de tendances que représentent les noms de Paul et de Jacques. Pour douloureuse qu'elle soit, cette différence n'empêche pas la communion et ne rompt pas l'unité de l'Église. Sous la pression cependant de l'extraordinaire diffusion missionnaire et de l'opposition juive, la rupture avec le judaïsme se consommera bientôt, provoquant le drame de conscience des judéo-chrétiens.

Cela ne signifie pas que le christianisme ne sera pas, lui aussi, affronté au monde païen. Il le sera au contraire de façon décisive mais différemment : au lieu d'insurrections nationales, les chrétiens affronteront le paganisme désarmés, dans tous les cirques de l'Empire. Mais ce sont eux, finalement, et non les farouches partisans de Barkochba, qui en auront raison.

Couronnement de l'histoire du salut qui en lui se continue, le christianisme s'appuie nécessairement sur l'histoire juive et sur ses modes essentiels de pensée. Mais il dépasse ses particularismes et ses étroitesses. Il ne combat pas seulement le polythéisme mais l'interprétation rabbinique de la Loi et des Prophètes (comme aussi, jusque dans ses propres rangs, une déformation gnostique omniprésente à cette époque).

Tout ceci ne se comprend qu'à partir du message chrétien et de Jésus, mais aussi ce message lui-même et la vie de Jésus ne se comprennent dans leurs justes perspectives historiques qu'à partir du milieu juif d'après l'Exil et particulièrement à partir d'une Palestine soumise à Rome dans un Orient hellénisé par les Diadoques. D'où la nécessité de décrire le milieu historique et, plus précisément, le milieu spirituel.

ISRAËL APRÈS L'EXIL

L'Israël qui devra défendre son être spirituel contre un hellénisme vainqueur de tout l'Orient sera un Israël post-exilique. Pour le définir d'un mot, ce sera un Israël judaïque. Ce judaïsme est essentiellement une religion et un code nationaux basés sur la Torah, une spiritualité basée sur les Psaumes et les Prophètes et un culte centré sur Jérusalem. C'est aussi un enseignement diffusé par la Synagogue à travers tout le monde ancien. C'est enfin une nostalgie du royaume de David et du sceptre enlevé de Juda, nostalgie que ne pourront faire disparaître ni la semi-indépendance sous l'Empire perse, ni la brillante civilisation alexandrine des Lagides, ni les persécutions des Séleucides, ni la dynastie Hasmonéenne ni surtout la domination romaine malgré ses concessions et la construction par Hérode du magnifique troisième Temple. Cette nostalgie au contraire se transcendera de plus en plus en espérance messianique et en prédictions apocalyptiques.

Après la prise de Samarie, au VIII⁰ siècle, c'est Juda, centré sur Jérusalem, la ville de David, qui incarne Israël. Mais Jérusalem sera prise à son tour par Nabuchodonosor, en 598, puis reprise après une révolte en 587 et son roi, Sédécias, emmené en captivité, les yeux crevés. Un mois plus tard, Nebuzaradan détruit la ville et le Temple. Il procède à une nouvelle déportation, qui sera suivie, cinq ans plus tard, par un dernier départ.

Privés du culte public, qui n'était possible qu'en Terre Sainte, les exilés se regrouperont autour de la Loi et de la circoncision, du sabbat et de la Pâque. On peut voir ici le germe de l'institution synagogale et de la primauté de l'Écriture, qui, au long des siècles, permettront aux Juifs de rester Juifs à travers la Diaspora. C'est aussi, lié à une réflexion sur le destin d'Israël, le début d'une spiritualisation et d'une individualisation de la vie religieuse. Contrairement à la vieille loi clanique de la responsabilté collective, la voix d'Ezéchiel proclame à Babylone la responsabilité individuelle : « Celui qui a péché, c'est lui qui mourra ; un fils ne portera pas la faute de son père ni un père la faute de son fils ; au juste sera imputée sa justice et au méchant sa méchanceté... C'est pourquoi je vous jugerai chacun selon sa manière d'agir, maison d'Israël — oracle du Seigneur Yahvé. » (Ez. XVIII, 20 ; 30.)

Cette responsabilité individuelle n'est d'ailleurs pas la négation de toute solidarité. Simplement, elle l'établit sur un autre plan, plus spirituel et plus positif. Non seulement Ezéchiel continue à s'adresser à la maison d'Israël tout entière mais à la même époque, dans un pressentiment admirable, le Deutéro-Isaïe entrevoit la valeur rédemptrice de la souffrance et (que cette figure s'applique ou non à Israël tout entier) le mystère du Serviteur souffrant :

« Par ses souffrances, mon Serviteur justifiera des multitudes — en s'accablant lui-même de leurs fautes. » (Is. LIII, 11 b.)

En même temps commence une exaltation de Jérusalem, la cité de la paix, qui en fait peu à peu l'image d'une cité céleste à quoi nulle réalité ne pourra plus jamais entièrement correspondre. Comme dans l'admirable Psaume 137 :

> « Sur les fleuves de Babylone,
> Nous étions assis en pleurant,
> Nous souvenant de toi, Sion.
> ... Que ma langue adhère à mon palais
> Si jamais je perds ton souvenir,
> Si je ne mets Jérusalem
> Au plus haut de ma joie. »

Mais le temps arrive du libérateur, de celui que le prophète appelle « L'Oint de Yahvé, son Messie qu'il a pris par la main droite pour abattre devant lui les nations » (Is. XLV, 1.). Révolté depuis seize ans contre son suzerain, maître du pays depuis dix ans et vainqueur de Crésus, le Perse Cyrus pénètre en 539 dans Babylone l'imprenable.

> « Je l'ai suscité du Nord pour qu'il vienne,
> Du Levant, je l'ai appelé par son nom. » (Is. XLI, 25)

> « A cause de vous, j'envoie à Babylone,
> Je ferai tomber les verrous des prisons
> Et les Chaldéens éclateront en lamentations. » (Is. XLVIII, 14)

Cyrus fait rendre aux cités conquises leurs dieux rassemblés à Babylone. Il délivre le peuple de Yahvé et lui restitue les vases sacrés. C'est alors, dans la joie du retour, la seconde fondation d'Israël, dans un nouvel Exode vers la Terre Promise à travers un désert où Yahvé, comme au sortir d'Egypte, conduit son peuple.

> « Une voix crie : Dans le désert,
> Préparez un chemin pour Yahvé ! » (Is. XL, 3)

« Car vous ne sortirez pas à la hâte,
Vous ne vous en irez pas en fuyards.
A votre tête marchera Yahvé
Et à votre arrière-garde le Dieu d'Israël. » (Is. LII, 12)

A la fin de cette année de l'Édit (538), on restaure dans l'allégresse l'autel des holocaustes et les vases sacrés retrouvent leur destination. On pose même les fondations du Temple mais — distance de l'espoir à la dure réalité — sa construction doit bientôt être abandonnée.

Elle sera reprise en 520 sous l'impulsion d'Aggée et terminée cinq ans plus tard mais de façon fort modeste : sans bois de santal et avec, au lieu des dix du Temple de Salomon, un seul chandelier à sept branches, celui qui figurera sur l'arc de triomphe de Titus et qui sera pillé à Rome par les Vandales de Genséric. Sans l'Arche d'Alliance non plus, détruite ou disparue lors de la catastrophe, cachée par Jérémie selon certains mais jamais retrouvée. Quand Pompée, en 63, pénétrera, le glaive à la main, dans le mystérieux Saint des Saints, il en ressortira presqu'aussitôt, déçu par cette salle obscure et vide, vain mystère d'un peuple sans statues et donc apparemment athée *(nulla intus deum effigie vacuam sedem et inania arcana,* Tacite, *Hist.* V, 9).

Par ailleurs, blessés par la fierté juive qui méprise ce peuple mêlé, les Samaritains s'opposent maintenant à la reconstruction des remparts. Néhémie, échanson juif d'Artaxerxès, devra se faire envoyer en mission pour qu'ils puissent enfin être relevés, dans une vigilance continuelle qui fait quitter à tout instant la truelle pour l'épée. A la même époque, le scribe Esdras, venu lui aussi de Mésopotamie, va relever autour de son peuple, à l'heure où décroît la voix des prophètes, le rempart de la Torah. Il interdit les mariages avec des étrangères plus strictement encore que Néhémie. Il collationne les anciennes versions des textes sacrés. Unifiée par lui, la législation du Pentateuque sera sanctionnée, vers 400, par Artaxerxès Longue Main, devenant ainsi loi d'Empire pour les Juifs. Désormais, Israël sera bien le peuple de la Bible, et d'une Bible conçue comme Loi, séparé par elle des autres peuples comme par une haie. C'est dans le même esprit, plus tard, que la stricte observance des Pharisiens les séparera (leur nom veut dire *séparés*) de la masse israélite. En attendant, le peuple parent des Samaritains, rebuté par le puritanisme juif, élève sur le mont Garizim un temple rival de celui de Jérusalem, temple que Jean Hyrcan détruira deux siècles et demi plus tard. D'où une haine inexpiable.

Ainsi, pendant deux siècles — exactement jusqu'en 332, année où Alexandre, en marche vers l'Égypte, entrera à Jérusalem — la Palestine juive formera un état théocratique semi-indépendant au sein du vaste Empire perse. C'est de la colonie juive de Babylone que lui sont venus ses premiers réformateurs et l'araméen, qui remplacera l'hébreu, sera langue officielle dans l'empire. Il restera toujours des juifs à Babylone et, au temps d'Hadrien, c'est vers la Perse ennemie de Rome que les révoltés de Palestine tourneront encore les yeux. Plus tard, c'est à Babylone autant qu'en Palestine que s'élaborera définitivement le Talmud.

Il est certain que la pensée religieuse d'au-delà l'Euphrate n'a pas été, de l'antique Sumer d'Abram à la Perse de Zarathoustra, sans influencer la pensée juive. Déjà le récit de la création dans la Genèse fait référence à une cosmologie mésopotamienne mais aussi, à une époque plus proche de celle qui nous occupe, Ezéchiel par exemple joint à Noé et à Job un Danel dont les poèmes de Ras-Shamra célèbrent la sagesse.

La religion perse, pour nous en tenir à elle, était d'inspiration assez haute pour forcer le respect d'Hérodote et de Xénophon. Nous ne la connaissons guère que par une *Avesta* d'époque tardive et sans doute, dès l'époque de Darius, n'était-elle déjà plus dans toute sa pureté mais déjà essentiellement dualiste. Du combat de Gog, à la fin d'Ezéchiel, au combat des Enfants de Lumière contre les Enfants des Ténèbres à Qumrân, ce dualisme ira s'accentuant et pénétrera l'apocalyptique juive. Il ne réussira jamais à entamer le monothéisme juif mais il le colore de ses antithèses et développe l'angélologie primitive des Hébreux. Israël a pu s'appuyer sur cette influence perse pour résister à l'hellénisme partout victorieux et traduire sa lutte contre lui.

ISRAËL FACE A L'HELLÉNISME

Après la mort d'Alexandre, la Palestine passera sous le gouvernement de l'Egypte des Lagides. Elle passera, au IIᵉ siècle, sous la domination des rois helléniques de Syrie, les Séleucides. De toute façon — plus douce sous les Ptolémées, plus brutale sous les Syriens — elle devra faire face désormais à un hellénisme qui a tout envahi et qui parviendra même à s'imposer à cette Rome irrésistible, victorieuse de Carthage et dont l'ombre puissante commence à se profiler sur l'Orient.

L'hellénisme de cette époque a pour centre, autant et plus qu'Athènes, l'Alexandrie du musée, du phare, de la bibliothèque aux 700.000 volumes, une Alexandrie qui comptera, comme Rome plus tard, de nombreux Juifs parmi son million d'habitants. Dans l'esprit de cette métropole commerciale et cosmopolite, les Ptolémées auront une politique religieuse tolérante et syncrétiste. Ptolémée II (285-246) fera traduire en grec les livres sacrés des Juifs. Ce sera la fameuse version des Septante, bientôt largement en usage dans une Diaspora qui comptera — le fait est d'importance — quatre fois plus de Juifs que la Palestine. Ptolémée III, victorieux, fera offrir des sacrifices à Jérusalem. La civilisation des cités est partout remplacée, en effet, par la civilisation des empires. Pour tenter d'unir ses peuples devant les pressions extérieures, Ptolémée IV (221-205) voudra imposer un dieu gréco-égyptien, Sérapis. Il n'insistera pas outre mesure en Palestine devant la résistance juive. Bientôt cependant, la Palestine étant passée aux mains de la Syrie, Antiochus Épiphane voudra briser cette résistance et provoquera l'insurrection.

Mais cette manière violente n'était peut-être pas la plus dangereuse. Le grand danger, finalement, venait du pouvoir de séduction de cette culture hellénistique, brillante et sceptique, uniquement confiante dans l'homme parmi la multitude de ses dieux et de ses déesses. Et l'aristocratie juive succombera plus d'une fois à cette séduction.

Est-ce par réaction contre cette familiarité grecque avec des dieux trop humains ? Le fait est qu'à partir du IIIᵉ siècle les Juifs, par révérence, ne prononcent plus le nom sacré et le remplacent, dans la lecture publique, par celui d'*Adonaï*, notre Seigneur. On emploie de même le mot *Kyrios* dans la littérature d'expression grecque mais dans les écrits en langue vulgaire araméenne (où ce mot pouvait être dévalorisé par l'usage courant) des métaphores abstraites comme le Ciel, le Nom, la Gloire, etc. La coutume sera encore en vigueur au temps du Christ. Parallèlement, les docteurs juifs parlent de plus en plus des attributs divins comme d'intermédiaires entre Dieu et les hommes : la Présence, l'Esprit, la Parole, la Sagesse.

A plus d'un signe cependant, on devine que des assurances séculaires sont ébranlées et que de graves problèmes se posent avec acuité à la conscience d'Israël, qui va retomber de plus en plus durement sous la domination étrangère : individuellement et communautairement, le bien et le mal ne reçoivent pas infailliblement leur sanction ici-bas. Quelle est donc, devant ce scandale, la réponse de la Justice divine ? Au-delà des expédients, il faudra, comme le saint homme Job, attendre une révélation plus haute. Vers le milieu du premier siècle avant le Christ, en milieu hellénisé, le Livre de la Sagesse répondra en distinguant l'âme incorruptible et le corps corruptible qui l'appesantit. Mais déjà, un siècle plus tôt, dans une Palestine persécutée où on meurt pour la Loi, une affirmation décisive a jailli en réponse au scandale du juste souffrant et du méchant prospère. D'expression plus conforme à la pensée juive traditionnelle, qui ne sépare pas l'âme du corps, cette affirmation peut se résumer en deux mots : résurrection et jugement final. Elle est lancée à la face des persécuteurs et bientôt Daniel et le Livre d'Hénoch évoqueront les événements solennels du Jugement définitif.

Au IIe siècle, un nom doit ici être retenu, celui d'Antiochus Épiphane (175-163). Et une date : 167.

Ce nom même d'Épiphane qu'il s'était choisi — le dieu manifesté — était une provocation pour ses sujets israélites. Chassant le grand-prêtre Onias III, il le remplaça par son frère. Celui-ci, reniant son nom de Jésus, prit le nom grec de Jason et le surnom d'Antiochène, en l'honneur de son maître. Dans la même intention de flatterie, il osa même rebaptiser Jérusalem Antioche et y fit construire un gymnase.

La résistance fut pourtant assez obstinée pour qu'Antiochus, en 169, au retour d'une campagne égyptienne, fît piller le Temple, massacrer ceux qui avaient voulu le défendre et enjoindre de sacrifier aux dieux comme de renoncer à la circoncision. L'ordre devait être obéi sous peine de mort. Il fit abattre les murs de Néhémie et dresser à côté du Temple une citadelle, l'Akra, longtemps avant la forteresse romaine de l'Antonia. Deux ans plus tard, ayant dû se retirer d'Égypte sur l'ordre de l'envoyé du Sénat, Popilius Lénas, il rentra de nouveau à Jérusalem, l'esprit plein de menaces. « L'abomination de la désolation » — l'idole de Zeus Olympien, portant les traits du roi — fut introduite dans le Lieu Saint. Cet Épimane comme l'appelaient ses adversaires — ce fou — avait des traits de Caligula mais était guidé plus que lui par une pensée politique. Le 15 décembre, le premier sacrifice païen eut lieu dans le Temple. Des officiers royaux allaient de ville en ville et de village en village, veillant à ce que chacun offrît l'encens. Les Livres saints étaient lacérés et brûlés. Quiconque les cachait était mis à mort comme aussi, « avec leurs nourrissons pendus à leurs cous », les femmes qui avaient fait circoncire leurs enfants depuis l'ordonnance. Aussi beaucoup apostasièrent-ils en ces jours-là.

C'est ici — le roi avait fait publier l'ordre « dans tout son royaume d'avoir à former un seul peuple et de renoncer chacun à ses coutumes » (1 Macc. I, 41-2) — la première persécution pour raison d'État. Elle verra se dresser devant elle les authentiques ancêtres des martyrs chrétiens. Comme ce vieil Élézar, docteur de la Loi, qui refusa non seulement de manger mais de feindre manger des viandes défendues, de peur de scandaliser ses coreligionnaires : « Quand j'échapperais, dit-il au châtiment des hommes, je n'éviterai pas, vivant ou mort, les mains du Tout-Puissant. » (II Macc. VI, 26.) Ou comme ces sept frères anonymes, torturés devant leur mère en proclamant leur foi en la résurrection à la face d'Antiochus : « Le Roi du monde nous ressuscitera pour une vie éternelle, nous qui mourons pour ses lois... Mieux vaut mourir de la main des hommes en tenant de Dieu l'espoir d'être ressuscité par lui. Car pour toi, il n'y aura pas de résurrection à la vie. » (II Macc. VII, 9-14.) Rédigés vers 124, ces souvenirs hagiographiques sont dorés sans doute par la légende mais comme le seront les Actes des martyrs refusant au préteur d'offrir l'encens à Rome et à Auguste. Dans un cas comme dans l'autre, la foi en la Résurrection les soutient dans une réponse qui sera celle des apôtres devant le Sanhédrin : « Il vaut mieux obéir à Dieu plutôt qu'aux hommes. »

Abandonnant les villes, surveillées par les officiers royaux, les Assidéens s'enfuirent au désert avec leurs familles — ce désert d'où sortent toutes les renaissances d'Israël et où se retirent les prophètes solitaires. Ces Assidéens — de *hassidim*, les pieux — étaient un parti de Juifs luttant contre la paganisation environnante, un peu à la manière des Puritains anglais en lutte contre le pouvoir royal ou émigrant en Amérique. Un petit-fils de Simon l'Asmonéen, le prêtre Mattathias, quitta lui aussi Jérusalem pour se rendre à Modîn, dans les collines de Judée. En 166, il y tue de sa main un Juif apostat et l'officier royal qui surveillait le sacrifice. Réfugié dans les montagnes, il y groupe des partisans et attire à lui, les faisant renoncer à des scrupules absurdes, ces Assidéens puritains qui préféraient se laisser égorger plutôt que de se défendre un jour de sabbat. Il rétablit de force le règne de la Loi dans les cantons sauvages de la Judée. Il meurt la même année, laissant le commandement à son fils Judas, surnommé Maccabée, c'est-à-dire Martel.

En 165, Judas défait une armée syrienne à Emmaüs. L'an d'après, au troisième anniversaire du sacrifice à Zeus, pendant que ses hommes tiennent l'Akra en respect, il purifie le Temple profané en des fêtes qui dureront huit jours et qui, célébrées chaque année, seront désormais la fête de la Dédicace ou des Lumières (à cause des lumières qu'on y allumait). Peu après, poussant jusqu'en Galilée, Simon en ramena les Juifs qui, au-delà de la Samarie, y habitaient au milieu des païens.

Tué au combat de Béerzeth, en 160, Judas fut enseveli à Modîn par son frère Jonathan. C'est alors une suite de représailles et de contre-représailles comme il est de règle dans ces impitoyables guerres de partisans. Puis, les successeurs d'Antiochus IV luttant entre eux, il sut se faire nommer grand-prêtre et stratège par Alexandre Balas. En 142, tombé par traîtrise aux mains de ses ennemis, il sera remplacé par son frère Simon, grand-prêtre et ethnarque de 143 à 134.

Simon réussira enfin à s'emparer de l'Akra et renouvellera avec les Romains l'alliance conclue par Judas — alliance que les historiens romains ne mentionnent même pas mais qui répond bien à la politique du Sénat à cette époque : se ménager des alliés en Orient sans encore s'engager à fond. C'est sans doute à ce titre d'anciens alliés que les Juifs devront par la suite le statut relativement privilégié dont ils jouiront dans l'Empire.

Simon déjà vit dans l'opulence, fait frapper des monnaies juives et a le pouvoir d'un roi. Quand il sera assassiné par son gendre, son fils, Jean Hyrcan (134-104) étendra le royaume plus loin que n'avait fait David lui-même. Il ne prendra pourtant pas le titre royal, promis à la descendance de David, mais il fonde, en fait, la dynastie asmonéenne. Reprenant à rebours la politique d'Antiochus Épiphane, il poursuit une judaïsation systématique du pays, obligeant à la circoncision (notamment en Idumée), recolonisant la Galilée et détruisant le temple samaritain du Garizim. Mais aussi il se brouille avec les successeurs des Assidéens, interdit au peuple de les suivre et paie les mercenaires étrangers avec l'argent pris dans le tombeau de David.

Moins de quarante ans ont suffi pour faire, comme si souvent, dégénérer la mystique en politique. Les révoltés avaient compris que la liberté religieuse était liée à l'indépendance nationale. Mais la force opposée à la force a finalement transporté le conflit du plan religieux sur le plan politique, déconsidérant les successeurs des premiers Maccabées, d'ailleurs touchés par l'hellénisme, aux yeux de ces Assidéens qui les avaient soutenus. Dans l'opposition aux Asmonéens, grands-prêtres et rois, le mouvement assidéen lui-même éclatera, se différenciant en une branche essénienne et une branche pharisienne tandis que les Sadducéens se rallieront au pouvoir. En somme, la fin du IIe siècle donnera au judaïsme la physionomie qui sera encore essentiellement la sienne aux jours de Jésus. Cette physionomie ne va pas sans contradictions. La principale, qui se reflètera jusque dans les espérances messianiques, est une confusion entre le spirituel et le temporel. Elle ne sera surmontée que lorsque Jésus, au désert de la tentation, repoussera la royauté terrestre (mais l'histoire montre hélas ! à suffisance que les chrétiens après lui n'ont pas toujours été capables de la surmonter).

DE JEAN HYRCAN AUX FILS D'HÉRODE

L'opposition pharisienne s'accentuera sous les successeurs de Jean Hyrcan, les rois aux noms grécisés d'Aristobule (104-103) et d'Alexandre Jannée (103-76). Les dirigeants de cette Sainte Ligue ne manquent ni de courage ni d'audace. Le docteur de la Loi Simon ben Shetah conteste au roi — son beau-frère — la présidence du Sanhédrin et l'invite à déposer son sacerdoce. Lors d'une fête des Tabernacles — fête qui soulève, comme celle de Pâque, les espérances messianiques de la foule — une démonstration de masse sera réprimée dans le sang et il y aura, entre le roi et les Pharisiens, une guerre de six ans qui fera 50.000 victimes *(Ant. Jud.* XIII, 376). Huit cents d'entre eux moururent crucifiés en présence d'Alexandre Jannée et de ses maîtresses.

Sous Alexandra (76-67), veuve du roi et sœur de Simon ben Shetah, les Pharisiens bannirent ou exilèrent leurs adversaires. Les Sadducéens furent désormais minoritaires au Sanhédrin et on édifia des écoles de la Loi dans tout le pays. Il y aura une certaine réaction sous Aristobule II (67-63). Aussi les Pharisiens soutiendront-ils contre lui son frère Hyrcan II, aidé par son ministre, l'Iduméen Antipater.

Mais déjà Pompée venait de convertir la Syrie en province romaine. Appelé par tous les partis de l'anarchie juive (par les partisans de chacun des frères et par ceux qui ne voulaient d'aucun d'eux), Pompée prit Jérusalem et le Temple au prix de 12.000 victimes juives et, dans une Judée désormais romaine, nomma Hyrcan grand-prêtre et « ethnarque ». En fait, c'est Antipater qui gouvernera en son nom. La voie sera ouverte pour son fils Hérode.

En 47, nommé stratège de Galilée, Hérode réprime la révolte d'Ezéchias. Il est tétrarque en 41. En 40 — l'année de la IVᵉ Églogue et du consulat de Pollion, l'année aussi de la paix de Brindes — il est proclamé à Rome « roi des Juifs, ami et allié » par la volonté d'Antoine et d'Octave. Ce roi des Juifs monta au Capitole avec ses puissants protecteurs pour offrir à Jupiter le sacrifice de remerciement.

Mais Jérusalem, malgré le souvenir de Pompée, ne cédait pas devant Rome. Il fallut encore à Hérode trois ans de lutte pour s'emparer de sa capitale avec l'aide du Romain Sosius. La même année 37, pour légitimer sa dynastie et désarmer une partie de l'opposition, il avait épousé une descendante des rois Asmonéens, Mariamne.

Rien de moins davidique que ce roi, Arabe par sa mère et Iduméen par son père Antipater. Demi-Arabes du sud de la Judée, les Iduméens avaient été judaïsés de force par Jean Hyrcan mais restaient méprisés par les Juifs authentiques. Au reste, le judaïsme d'Hérode était fort superficiel. Ce qui ne l'empêchait pas, pour se concilier ses ombrageux sujets, d'entreprendre, à partir de 20 A. C., la construction d'un Temple si magnifique qu'il ne devait être achevé que longtemps après sa mort — en fait, peu avant la destruction de Jérusalem par l'armée de Titus. Par contre, cette reconstruction ne l'empêchait pas, pour proclamer sa fidélité successive à tous les maîtres de l'Empire, d'élever des temples à Rome et Auguste et de rebaptiser Samarie en Sébaste (équivalent grec du nom d'Auguste, lui-même titre divin qui recouvre, à partir de 27 A. C. le nom d'Octave et de ses successeurs). Il flattera Auguste par la construction de cette Césarée maritime qui sera, sous les procurateurs, la capitale administrative de la Palestine. Tibère, plus tard, sera de même flatté par le nom de Tibériade donné à la grande ville au bord du lac.

Courbé devant ses maîtres, Hérode, par ailleurs, se montrait impitoyable et soupçonneux dès qu'il était question du maintien de son autorité — « homme cruel envers tous et dominé par la colère » dira Flavius-Josèphe (autre flatteur qui adjoindra à son nom celui de Flavius en l'honneur de Vespasien). Dès sa prise de pouvoir, Hérode décima l'aristocratie judéenne. Il n'épargna pas la famille de sa femme, qui pouvait faire valoir des droits antérieurs aux siens. Il fit noyer, en 35, son jeune beau-frère Aristobule avant de faire périr Mariamne elle-même, en 29 — bien qu'il en fût amoureux au point de la faire ensuite appeler partout par ses serviteurs épouvantés. Craignait-il encore pour son trône ? En 7 A. C. — année probable de la naissance de Jésus — il fit mettre à mort les deux fils qu'il avait eus d'elle. Enfin, cinq jours avant sa propre mort, en 4 A. C., il fit tuer son aîné, Antipater, qu'il soupçonnait d'attendre sa succession avec trop d'impatience. De la part d'un tel personnage, le massacre de Bethléem n'a rien que de fort vraisemblable et c'est, curieusement, à six kilomètres au sud-est de Bethléem, la ville d'origine de David, que son cadavre fut transporté dans le magnifique mausolée qu'il avait fait élever quelques années auparavant.

Comment se partagea un pouvoir si jalousement gardé ?

Philippe reçut les territoires au nord-est de la Galilée. Il les administrera sans grands heurts et épousera sur le tard sa jeune parente Salomé, celle-là même qui dansa pour la tête de Jean-Baptiste. Aux sources du Jourdain, il reconstruisit complètement l'ancienne Panias qui devint ainsi Césarée (Césarée de Philippe). A la cime d'un rocher qui domine le paysage, auprès de sources consacrées à Pan, s'y élevait un magnifique temple de marbre consacré à Auguste. Ce sera là, à une heure décisive, le décor de la confession de Pierre. Près de l'endroit où le Jourdain fait frontière en se jetant dans le lac de Génésareth, à 6 km à l'est de Capharnaüm, il reconstruira de même Bethsaïde (la ville natale de Pierre et d'André selon Jean) et l'appellera Julia, en l'honneur de la fille d'Auguste.

Le reste de l'héritage sera partagé entre ses deux demi-frères (fils de Malthacé la Samaritaine) : Hérode Antipas et Archélaüs.

Hérode Antipas, désigné comme héritier du trône dans un précédent testament, règnera sur la Galilée et la Pérée (à l'exception des territoires de la Décapole, confédération de cités helléniques soustraites à la juridiction locale). Mais la part principale — Judée, Samarie, Idumée — ira à Archélaüs. Les deux frères rivaux avaient fait le voyage de Rome, suivis par une délégation juive qui demanda à être débarrassée des hérodiens. Auguste n'accueillit pas leur demande mais n'accorda pas non plus à Archélaüs le titre de roi.

Une fois de retour, Archélaüs se montra aussi cruel que son père et une nouvelle délégation obtiendra sa destitution en l'an 6 de notre ère. Ses territoires, rattachés à la province de Syrie, seront dorénavant administrés par un procurateur. Plus habile, Antipas ne sera destitué qu'en 39, après une démarche où l'avait poussé l'ambitieuse Hérodiade. Comme avant lui Archélaüs, il sera exilé dans le sud de la Gaule. C'est sous lui que Jésus vivra sa vie de

Galilée au temps de Tibère — Tibère qu'Antipas avait connu à Rome et auprès duquel il semble avoir joué un rôle de délateur qui ne dut pas lui attirer la sympathie des fonctionnaires romains.

ROME ET ISRAËL

Le passage du monde des cités à celui des empires est marqué par le triomphe du culte des souverains. Ce culte fut une mesure politique fort consciente chez la plupart de ses promoteurs. Alexandre en avait été le précurseur en se faisant proclamer fils de Zeus en Égypte. Ptolémées ou Séleucides, ses successeurs revendiquèrent eux aussi les honneurs divins en se faisant appeler Sauveur *(Sotèr)* ou Bienfaiteur *(Evergète)*. Et l'on sait quelle persécution les Juifs eurent à subir sous Antiochus « Épiphane », dieu « manifesté ».

Au lendemain de Pharsale, César avait reçu des honneurs divins. De son vivant, on avait élevé un temple à la Clémence de César et il avait pris rang, après sa mort, parmi les divinités protectrices de l'État. Dès avant son apothéose, on accorde à Octave le nom d'Auguste. N'est-il pas, du reste, le fils du divin César ? Le culte de la déesse Rome et d'Auguste s'introduit partout dans l'Empire, coiffant toute divinité locale et prenant le premier rang dans la religion officielle. César a ses temples et son clergé dans toutes les villes et on a vu avec quel zèle Hérode et ses fils lui dédient temples et cités.

Cette idolâtrie pouvait s'introduire partout, sauf en Palestine, où elle choquait l'intransigeant monothéisme juif. Si celui-ci, au temps des Maccabées, avait recherché l'alliance romaine contre les Séleucides profanateurs, ce n'était pas pour adorer Rome et César. Rome, au reste, avait pour politique constante de ménager la religion de ses sujets et elle se montrait accueillante à leurs dieux. Il n'eût tenu qu'aux Juifs et Rome eût fait à Yahvé une place au Panthéon. Blasphème pour un Juif, certes ! Mais cette intransigeance fanatique suscite à son tour le scandale méprisant d'un Romain cultivé, blasé et sceptique, habitué aux discours des sophistes sur l'Un et le Multiple, le Vrai, le Cosmos. « Qu'est-ce que la Vérité ? » Le scandale sera bien plus grand, et le danger pour l'unité de l'Empire, quand cette intransigeance essaimera avec les missionnaires chrétiens revendiquant pour le Christ, à l'exclusion de César, les titres de Seigneur et de Sauveur. Même s'ils conseillent la soumission au pouvoir établi — rendant à César ce qui est à César, mais à Dieu ce qui est à Dieu — ils deviendront automatiquement des ennemis publics. C'est la cause profonde des persécutions et de leur durée. L'issue du conflit ne pouvait être que la disparition du christianisme ou celle du culte impérial.

En attendant, les heurts ne se produisent qu'en Palestine, canton éloigné de l'Empire, et le conflit, contenu dans les limites d'un petit peuple qui ne se mélange pas aux autres, peut être considéré comme une difficulté locale. Rome peut croire qu'elle est allée jusqu'à l'extrême des concessions normales et même au-delà. C'est ainsi que, par égard pour le sabbat, les Juifs étaient exemptés du service militaire et ne pouvaient, ce jour-là, être cités en justice. Les Juifs de la Dispersion (5 ou 6 millions ?) avaient le statut d'étrangers domiciliés et, à condition de sacrifier à leur manière pour l'empereur, étaient dispensés de participer aux cérémonies du culte païen. Cette position privilégiée n'allait d'ailleurs pas sans provoquer par moments des vagues d'antisémitisme. Le géographe Strabon, contemporain d'Auguste, constatait avec humeur que les Juifs « avaient envahi toutes les villes » et qu'on trouverait « difficilement un endroit où ce peuple ne soit devenu le maître ». Et l'on trouve des échos semblables, voire plus défavorables, dans Juvénal, Tacite ou Sénèque. Au début de la grande révolte de 66, des milliers de Juifs furent massacrés à Alexandrie, Césarée, Antioche.

Cet antisémitisme avait son pendant en Palestine dans la haine de l'occupant. On peut voir par exemple, dans le *Commentaire de Habacuc*, comment les sectateurs de Qumrân lisent le prophète à la lumière de leur époque et de leurs sentiments. Ils retrouvent les Chaldéens de Habacuc, « la nation cruelle et impétueuse », dans ces Romains qu'ils décrivent sous le nom de *Kittim*, « rapides et vaillants au combat », qui viennent « de la mer pour dévorer tous les peuples, comme l'aigle, sans se rassasier », « insolents envers les grands et méprisants envers les personnages respectés ».

Ils vont par monts et par vaux « pour frapper et piller les villes de la terre ». Leurs chefs « méprisent les forteresses des peuples et avec insolence se rient d'elles ». « Ils sacrifient à leurs étendards... ils répartissent leur joug et leur corvée sur tous les peuples, année par année, dévastant des pays nombreux. » Ils sont impitoyables en guerre, faisant périr par l'épée « jeunes gens, adultes et vieillards, femmes et enfants, et n'ont même pas pitié du fruit des entrailles. » N'est-ce pas déjà, évoquée à l'avance, toute l'horreur des guerres juives ? Mais est-ce bien à l'avance qu'il faut dire ? Un historien juif, Klausner, estime qu'en un siècle on trouverait à peine une année qui n'ait été marquée par quelque émeute ou quelque soulèvement. Il estime à 200.000 le nombre des victimes d'Hérode ou des Romains, chiffre effroyable pour une population qui ne dépassait guère, en Palestine, le million d'habitants.

Lorsqu'Hérode meurt à Jéricho, le 1ᵉʳ avril de l'an 4 A. C, il vient encore de faire brûler vifs, peu de jours auparavant, deux docteurs de la Loi, Judas et Matthias. A peine la nouvelle de sa mort est-elle parvenue en Galilée que le fils de son ancien adversaire Ezéchias, Judas de Gamala, dit le Galiléen, s'empare de Sepphoris où se trouvait un dépôt d'armes tandis que Simon et Athrongès lèvent des bandes en Judée. Devant cette explosion, le légat de Syrie, P. Quinctilius Varus est obligé d'intervenir en personne. Il pénètre en Galilée avec deux légions qu'il amène d'Antioche. Sepphoris est réduite en cendres après une résistance acharnée et tous ses habitants vendus comme esclaves. Il s'empare ensuite de Jérusalem et y fait crucifier en dehors des portes deux mille insurgés. Dans la Palestine de l'époque, porter sa croix était tout autre chose qu'une image et des milliers de Juifs seront crucifiés lors du siège par Titus — au point, dit Josèphe, que le bois manquait. Une dizaine d'années plus tard, Quinctilius Varus perdra la vie, et les légions qu'Auguste lui avait confiées, dans la forêt de Teutobourg.

En l'an 6 de notre ère, lors du départ d'Archélaüs, Judas relèvera la tête. Inutilement. A quelques kilomètres de Sepphoris reconstruite, où Antipas résidera jusqu'en 18, Jésus a maintenant une douzaine d'années. Pour entendre parler de résistants massacrés, pour en voir peut-être ou quelque rescapé, il n'a pas besoin d'attendre ces Galiléens, plus tard, « dont Pilate avait mêlé le sang à celui de leurs victimes » (Lc. XIII, 1). Il sait que « celui qui se sert de l'épée périra par l'épée » et que ce ne sont pas les révoltes qui sauveront son peuple et le monde. Il n'appellera pas à la révolte mais à un changement d'esprit : « je vous le dis, si vous ne vous convertissez, vous périrez tous de la même façon. » (Lc. XIII, 3.)

A la mort d'Auguste, en 14, le nouveau procurateur, Valérius Gratus, nomme quatre grands-prêtres en quatre ans avant de trouver l'homme qui lui convient, Joseph Caïphe, qui sera assez politique pour rester en fonction pendant dix-huit ans. Tacite affirme laconiquement que la Palestine connut le calme sous Tibère. *Sub Tiberio quies.* Vu de Rome, c'est certain. Mais de quoi était fait ce calme où a vécu et est mort le Christ ?

Séjan, l'homme de confiance de Tibère, était antisémite. En 19, par exemple, il fit chasser les Juifs de Rome. Il eût voulu, dit Eusèbe, en exterminer la race *(universam gentem Judaeorum deperdendam exposcebat).* L'année où Tibère vieillissant quitte Rome pour Capri — en 26 — Séjan envoie en Judée comme procurateur une de ses créatures, le chevalier Ponce Pilate que Josèphe nous dépeint vénal, violent et tyrannique. Dans une lettre à son ami Galigula, Hérode Agrippa I parlera de « corruptions, actes de violence, pillages, malversations, provocations, exécutions sommaires, cruautés arbitraires et brutales ». Tel était le personnage sous qui Jean-Baptiste élèvera sa voix dans le désert avant que Jésus monte à Jérusalem pour sa dernière Pâque. Le calme de la Palestine sous Tibère et Séjan est celui d'un peuple qui se sent menacé et ne réagit que poussé dans ses derniers retranchements.

Au début de son mandat, Pilate donna ordre aux cohortes montant de Césarée d'introduire dans la Ville Sainte les enseignes à l'effigie de l'empereur, devant lesquelles on sacrifiait. Consternés, nombre de notables juifs coururent à Césarée et supplièrent pendant cinq jours et cinq nuits. Le sixième jour, cernés par la troupe, ils offrirent leur gorge, se déclarant prêts à périr plutôt que de souffrir une telle profanation. Pilate, surpris, fit retirer les enseignes. Une autre fois, il puisa dans le trésor du Temple pour la construction d'un aqueduc. Il y eut des démonstrations et des tumultes mais cette fois le procurateur avait disséminé des soldats déguisés parmi les manifestants. A son signal, ils se ruèrent sur la foule désarmée qui laissa des morts et des blessés sur la place. Que cet homme, dans le procès de Jésus, cède à la pression populaire, il faudra des circonstances fort spéciales pour l'expliquer.

Ses attitudes précédentes, en effet, tiennent plutôt de la provocation. En 29, il fait frapper une monnaie ornée d'un instrument du culte impérial, le *simpulum* ; au printemps 30, il en fait frapper une autre portant le *lituus* ou bâton recourbé attribut de l'empereur divinisé (et c'est vers cette époque vraisemblablement qu'il faut situer l'interdiction faite au Sanhédrin d'exécuter les sentences capitales). En janvier 31, Tibère et Séjan reçoivent conjointement le consulat pour cinq ans. Le favori est au faîte de sa puissance et, comme Aman au temps d'Assuérus, il semble avoir de vastes projets anti-juifs quand subitement, le 18 octobre, il est arrêté et exécuté sur ordre de Tibère, averti on ne sait trop par qui et qui craint un complot contre sa personne. Convoqués, les amis de Séjan se suicident ou sont mis à mort. On imagine les craintes de Pilate, protégé de Séjan, et celles aussi d'Hérode Antipas, délateur auprès de Tibère mais qui avait cherché à entrer en contact avec le tout-puissant chef de la garde prétorienne. On ne peut douter que les autorités juives n'aient été bien renseignées par leurs agents de Rome. C'est de préférence après cette date d'octobre 31 qu'il conviendrait donc de situer le procès de Jésus, soit en 32 ou 33. A cette date en effet la pression des chefs juifs menaçant Pilate de dénonciation n'a plus rien d'invraisemblable (alors que la conduite de Pilate auparavant ne donne aucun lieu de l'admettre). Il est également possible qu'une réconciliation politique de Pilate et d'Hérode, rapprochés par une même menace, ait eu lieu à l'occasion du procès de Jésus, né sujet du tétrarque.

L'alerte passée, Pilate reprendra ses méthodes brutales, mais cette fois chez les Samaritains. Lors d'un rassemblement provoqué par un prophète sur le mont Garizim, il procéda si énergiquement que de nombreux tués restèrent sur place. Fidèles alliés de Rome qu'ils soutenaient en haine des Juifs, les Samaritains se plaignirent au nouveau légat de Syrie, L. Vitellius, muni de pleins pouvoirs pour l'Orient.

Vitellius arriva à Jérusalem à Pâque 36 et commença par remplacer Caïphe (que Pilate avait peut-être des raisons de ménager). Il traînera pour aider Hérode Antipas, vaincu sur sa frontière par son ex-beau-père Arétas (défaite que le peuple interpréta comme une punition divine pour le meurtre du Baptiste). A l'automne, il envoie finalement Pilate à Rome pour s'y justifier devant l'empereur. On ne sait plus rien de certain sur le procurateur à partir de ce moment : de vagues rumeurs d'exil ou même de condamnation peu avant la mort de Tibère, le 16 mars 37. Deux ans plus tard, sur une dénonciation de son beau-frère Hérode Agrippa I, ami de Caligula, Hérode Antipas était exilé à Lyon ou dans les Pyrénées.

Hérode Agrippa régnera sur le royaume d'Hérode le Grand jusqu'en 44. Paul comparaîtra devant lui et il fera décapiter Jacques frère de Jean.

Après sa mort, la Judée redevient province procuratorienne. Jacob et Simon, fils de Judas le Galiléen, ont repris la tête du mouvement zélote. Ils seront arrêtés et crucifiés en 46.

Antioche dès cette époque devient le centre de la chrétienté hellénique et Paul entreprend ses voyages missionnaires. En 49, Claude « chassa de Rome les Juifs qui s'agitaient » (Suétone) à cause de l'arrivée de missionnaires chrétiens. Une dizaine d'années plus tard, la scission sera consommée quand le grand-prêtre Anan (en 62) fera lapider Jacques le frère du Seigneur, chef de la communauté de Jérusalem, avant l'arrivée du nouveau procurateur. L'atmosphère est tendue, du reste, depuis un temps. De 59 à 67, six grands-prêtres seront nommés successivement et, en 60, Césarée avait été le théâtre de troubles graves entre Juifs et Syriens. Enfin, en 66 (deux ans après l'incendie de Rome et la première persécution des chrétiens) c'est le début de la guerre juive sous la conduite de Ménahem, autre fils de Judas le Galiléen.

On me dispensera de raconter cette guerre autrement qu'en quelques lignes. Le procurateur Florus, nommé grâce à Poppée, l'épouse juive de Néron, doit abandonner la ville où s'installe un gouvernement insurrectionnel. En 67, désigné par Néron, Vespasien reconquiert la Galilée dont le gouverneur juif, Josèphe, se rend à lui. A Jérusalem cependant, les Zélotes de Jean de Giscala, échappés de Galilée, massacrent Anan et les notables sadducéens, trop tièdes. La ville est investie après Pâque 70. Elle est prise en août et le Temple incendié mais la ville haute résiste encore et voit faire devant le Temple le sacrifice aux enseignes. Les dieux de l'Empire ont vaincu.

Les horreurs du siège sont trop connues pour que je les rapporte mais un trait donnera une idée de l'acharnement de la lutte : malgré la chute de Jérusalem, Masada, commandée par Eléazar, dernier descendant de Judas le Galiléen, se défendra jusqu'à Pâque 73. Plutôt que de se rendre, ses défenseurs tueront leurs femmes et leurs enfants avant de se donner eux-mêmes la mort et les assaillants ne trouveront plus que 960 cadavres.

Dans ses considérations sur la guerre juive, Josèphe le transfuge écrira : « Ce qui les poussa surtout à la guerre fut un oracle ambigu qui se trouvait dans leurs Livres sacrés : qu'à cette époque, il sortirait quelqu'un de leur pays qui obtiendrait la royauté universelle. Ils l'interprétaient d'un homme de leur peuple et beaucoup de lettrés aussi se trompèrent en expliquant l'oracle. L'oracle cependant signifiait la prise du pouvoir par Vespasien, proclamé empereur en Judée. »

Un Juif ne pouvait plus complètement renier l'espoir de sa nation et si Suétone et Tacite lui emboîtent le pas, eux du moins ne savaient pas de quoi ils parlaient. Au même moment pourtant, des païens de race reconnaissaient que cet espoir s'était vraiment réalisé et acceptaient de mourir pour signer leur foi.

« Ils t'écraseront, toi et tes enfants dans tes murs, et ils ne laisseront pas en toi pierre sur pierre — parce que tu n'as pas connu le temps où tu fus visitée ! » (Luc XIX, 44.)

LE MILIEU RELIGIEUX

A l'intérieur de ce cadre historique, il convient de dégager les composantes proprement religieuses du judaïsme aux environs de l'ère chrétienne. Et ici, incontestablement il faut d'abord insister sur le rôle de la synagogue et des scribes.

SYNAGOGUE ET DOCTEURS DE LA LOI

Les sacrifices du culte ne pouvant valablement s'accomplir que dans le Temple de Jérusalem, les Juifs d'après l'Exil, dispersés en majorité parmi les nations, prirent l'habitude de se réunir dans un lieu de prière et d'instruction religieuse. *Synagogue,* du reste, signifie réunion comme *église* signifiera assemblée. Dès le IIIe siècle, on trouve de sûrs vestiges archéologiques de ces synagogues mais elles se multiplient par la suite, aussi bien en Palestine et à Jérusalem que dans la Diaspora.

Placé sous l'autorité d'un chef de synagogue qui présidait les réunions, le bâtiment synagogal était orienté vers Jérusalem. Le meuble principal y était l'armoire ou arche contenant les rouleaux des Écritures, confiés à la garde du *hazan,* sorte de sacristain-maître d'école.

Les réunions commençaient par la récitation du *Shema Israël* (Écoute, Israël), sorte de Credo formé de trois citations du Pentateuque : Deut. vi, 4-9 ; xi, 13-21 et Num. xv. 37-41. Tout Israélite le récitait chaque jour et Jésus en cite le début au scribe qui l'interroge sur le plus grand commandement : « Écoute, Israël, Yahvé notre Dieu est le seul Dieu. Tu aimeras Yahvé ton Dieu de

75

tout ton cœur, de toute ton âme et de tout ton pouvoir. Que ces paroles que je te dicte aujourd'hui restent gravées dans ton cœur. Tu les répéteras à tes fils. Tu les leur diras aussi bien dans ta maison que marchant sur la route, couché aussi bien que debout ; tu les attacheras à ta main comme un signe, sur ton front comme un bandeau ... » (Deut. VI, 4-9.) Prise par certains au pied de la lettre, cette prescription est à l'origine des phylactères ou bouts de parchemins portant les commandements que les Juifs pieux portaient au bras ou au front. Le passage suivant est de même à l'origine des houppes aux pans du manteau (houppes que l'hémoroïsse touchera au manteau du Christ) : « Dis-leur de se faire des houppes aux pans de leurs vêtements, dont la vue vous rappellera les commandements de Yahvé. Vous les mettrez alors en pratique sans plus suivre les désirs de vos cœurs et de vos yeux ... et vous serez des consacrés pour votre Dieu. C'est moi Yahvé votre Dieu, qui vous ai fait sortir du pays d'Égypte afin d'être Dieu pour vous, moi Yahvé votre Dieu. » (Num. XV, 38-41.)

D'autres prières liturgiques sont de date moins sûre, comme le *Shémoné Esré* ou prière des « dix-huit » bénédictions, appelée aussi *Amida* parce qu'elle était récitée debout. Ou le *Qaddish*, « sanctification » du Nom divin.

Après les prières, on lisait un passage de la Torah (divisée en 154 sections pour qu'on pût en achever la lecture complète en trois ans). On lisait ensuite, plus librement, un passage des livres prophétiques. Ces lectures se faisaient dans le texte hébreu mais étaient traduites au fur et à mesure en araméen [1]. Après la lecture, venait une sorte d'homélie ou de commentaire partant des passages lus. Ce commentaire édifiant pouvait en principe être fait par n'importe quel assistant mais le chef de synagogue y invitait d'ordinaire une personne versée dans les Écritures. Jésus et les premiers missionnaires, Juifs parmi des Juifs, se serviront tout naturellement de cette coutume pour diffuser la Bonne Nouvelle.

1. Devenues à leur tour traditionnelles, ces traductions seront mises par écrit après le Christ et constituent les *Targoums* ou traductions-commentaires que l'historien peut utiliser (non sans prudence en raison de la date tardive de leur mise par écrit) pour déterminer le sens que les Juifs accordaient à tel passage de l'Écriture.

L'assemblée se terminait par la bénédiction (de Nombres VI, 22 s.), (récitée par un prêtre quand il y en avait un ou, sinon, par toute l'assistance) :

« Que Yahvé te bénisse et te garde !
Que Yahvé fasse sur toi rayonner son visage et te fasse grâce !
Que Yahvé te découvre sa Face et t'apporte la paix !
— Qu'ils mettent ainsi mon Nom sur les enfants d'Israël et je les bénirai. »

Toute sa liturgie ainsi mise sous le signe de l'Écriture, la synagogue était tout naturellement dominée par l'influence de ces scribes, ou docteurs de la Loi, que l'Évangile nomme côte à côte avec les Pharisiens. Et de fait, bien que théoriquement distinctes, les deux notions se recouvraient largement aux environs de l'ère chrétienne.

Le scribe n'est pas nécessairement prêtre. Il se définit par sa connaissance de la Loi et, s'il est pharisien, de la Tradition orale. Ce personnage du scribe est né en même temps que la synagogue : quand, à Babylone, le peuple se trouva privé de tout sauf de la Loi, des hommes se consacrèrent à sa conservation, son étude, sa transmission et cela, quel que fût le métier qu'ils exerçaient par ailleurs pour gagner leur subsistance. Paul, élève de Gamaliel, sera encore tisseur de tentes et travaillera de ses mains pour ne pas être à la charge des communautés. Ces scribes feront école. On leur réservera le titre de maître — littéralement de « grand », *rabbi*. D'où notre mot rabbin.

Esdras consacra le règne presque exclusif de la Loi et Ben Sirach, au moment où la Palestine passe sous la domination syrienne, fait du scribe un éloge qui le met au premier rang : « Des nations proclameront sa sagesse et l'assemblée célébrera ses louanges. » (Eccli. XXXIX, 10.) Quand donc Antiochus IV remplace le grand prêtre Onias par son frère Jason, ces scribes se trouvent prêts à encadrer le peuple. Jason (175-2) a beau construire un gymnase où les prêtres eux-mêmes s'exerçaient à la palestre, on a beau remplacer Jason et faire assassiner Onias : il est caractéristique que le premier martyr dont on nous parle soit un docteur de la Loi, le vieil Eléazar. Si jusque-là la garde de la Torah était encore essentiellement restée entre les mains du haut clergé de Jérusalem, elle leur échappe sous les grands-prêtres hellénisants et ne leur revint pas quand les Asmonéens, simples prêtres de village à l'origine, se furent installés arbitrairement comme rois et comme grands-prêtres et poursuivirent leur propre politique. Ils s'aliénèrent aussitôt, comme nous avons vu, les descendants des Assidéens.

ESSÉNIENS, PHARISIENS, SADDUCÉENS ET ZÉLOTES

Le haut clergé, rallié au pouvoir et au nouveau sacerdoce, se consacre d'abord au culte et au service du Temple (qui emploie des milliers de personnes). Il rejette les innovations doctrinales pour s'en tenir essentiellement à la Torah écrite. Esséniens et Pharisiens reprocheront cette attitude à l'aristocratie sadducéenne, dont l'influence ne semble guère avoir dépassé Jérusalem.

Le fils du grand-prêtre assassiné avait fondé contre eux, en Égypte, le temple de Léontopolis mais cette fondation était trop ouvertement blasphématoire pour inquiéter la caste sacerdotale. Elle n'en est pas moins un signe du profond malaise de la conscience juive à ce moment-là : les Asmonéens sont rois à Jérusalem sans descendre de David comme ils y sont grands-prêtres au mépris de la transmission légitime. Quelle direction peut attendre de ces hellénisés un peuple resté profondément religieux ?

Sans aller jusqu'à fonder un temple rival de Jérusalem, les Esséniens ont fondé des communautés quasi-monastiques comme celle de Qumrân. Ils ne montent pas à Jérusalem pour les fêtes et ils ont conservé l'ancien calendrier solaire, décalé par rapport au nouveau calendrier, lunaire, qui fixe la date des cérémonies du Temple. Ils se purifient par des ablutions rituelles et étudient l'Écriture, « préparant dans le désert la voie du Seigneur » selon le mot d'Isaïe. Un de leurs fondateurs, le Maître de Justice des documents de Qumrân, a été mis à mort par les impies. Ils n'en espèrent pas moins, à côté du Messie davidique, un « Messie d'Aaron » qui restaurera la plénitude du sacerdoce. D'où le développement d'une littérature apocalyptique où se retrouve le style dualiste des anciennes influences iraniennes. Nous parlerons d'eux, plus loin, avec plus de détail car Jean-Baptiste est vraisemblablement issu de leur milieu.

Restée « dans le monde », l'opposition pharisienne inquiète plus sérieusement les détenteurs du pouvoir. Le nom même dont on les désigne — les « séparés » — marque bien ce qui peut les éloigner de dirigeants qui composent peu ou prou avec l'hellénisme ambiant. En fait, eux-mêmes s'appellent plutôt « alliés » ou « frères » — *haberim* — et forment une sorte de confrérie ou de Sainte Ligue qui, au dire de Josèphe, comptera environ huit mille adhérents, chiffre modeste (moins toutefois que celui des Esséniens) mais auquel il convient d'ajouter celui de nombreux sympathisants. Honnis par les Esséniens qui leur reprochent leurs compromissions, ils conseillent en effet la soumission dans la mesure où l'autonomie religieuse juive est respectée par l'occupant. A cet égard, ils se distinguent des Zélotes, plus prompts à recourir aux armes. Ils restent sur la réserve, se cantonnant dans une résistance passive. Mais ils sont capables, pour des motifs religieux, de refuser le serment à Hérode ou à Auguste, voire de tendre leur gorge au glaive de Pilate.

C'est une question de savoir jusqu'à quel point les Zélotes s'opposent ou se rattachent au mouvement pharisien. Quand l'autorité romaine fera procéder à un recensement des personnes et des biens — recensement du peuple qui, dans la Torah, ne peut se faire que sur l'ordre de Yahvé — une révolte éclatera, révolte zélote, conduite par Judas le Galiléen. Mais nous le voyons assisté d'un Pharisien notoire du nom de Sadducq. Ils ne toléraient, dit Josèphe, aucun maître après Dieu.

Les Zélotes n'accepteront pas leur défaite et recourront aux attentats individuels dans leur lutte contre l'occupant. D'où leur autre nom de Sicaires. Se croyaient-ils encore, sous Rome, au temps d'Antiochus ou étaient-ils aveuglés par un messianisme mal compris ? Ils seront en tout cas les principaux responsables de la grande révolte de 66-70 et on trouve jusque parmi les Douze un Simon le Zélote. On les retrouvera, soutenus par Rabbi Akiba, dans la dernière guerre, au temps d'Hadrien. Dès lors, on ne permettra plus aux Juifs l'entrée de Jérusalem, repeuplée par des vétérans et devenue Aelia Capitolina. Sinon une fois l'an, pour y pleurer devant les restes d'un mur du Temple, le mur des Lamentations.

Dès la première guerre juive cependant, ils avaient débarrassé Jérusalem des « collaborateurs » sadducéens et, les communautés-forteresses des Esséniens ayant été détruites par les légions, le judaïsme postérieur sera pratiquement pharisien.

LE PHARISAÏSME

Dans le langage courant, pharisaïsme est devenu synonyme d'hypocrisie et c'est bien le reproche caractéristique auquel, avec le temps, prête tout mouvement puritain. On lui a reproché aussi son juridisme étroit et il est vrai que, la Loi réglant toute la vie d'Israël, tout scribe avait tendance à devenir juriste et casuite. Mais à le prendre à ses meilleurs moments, le pharisaïsme a eu ses heures de grandeur et saint Paul se dira encore non sans fierté : « Hébreu fils d'Hébreu ; pour ce qui est de la Loi, pharisien. » (Phil. III, 5.) Sous la Loi, être pharisien est un titre de gloire, comme être dévot dans le christianisme, même si le mot a changé de sens en passant de saint François de Sales à Tartuffe.

En politique, face aux Sadducéens nantis et opportunistes, les Pharisiens représentent une opposition nationaliste rêvant d'un Israël théocratique, séparé des Gentils et promis à la domination universelle. Religieusement, par rapport aux mêmes Sadducéens, ils représentent le parti du mouvement (même s'ils se retrouvent conservateurs par rapport à la révolution chrétienne). Ils croient à l'immortalité, à la Résurrection, aux anges, au Jugement, à la venue du Messie ; les Sadducéens rejettent la plupart de ces doctrines et n'admettent, contrairement aux Pharisiens, aucun adoucissement à la vieille loi du talion. Ils n'admettent que la Loi écrite alors que les Pharisiens dressent à côté d'elle la Tradition des Anciens ou Loi orale, aussi importante en pratique. Ils se consacrent à l'étude et à l'observance de l'une et de l'autre. D'où leur influence sur le peuple : ils sont assis dans la chaire de Moïse. Mais d'où aussi leur mépris du peuple ignorant et la rancune de ce dernier.

La Torah étant d'abord conçue comme une Loi, ils élaborent en effet toute une jurisprudence contraignante, la *Halacha*. Ils sont moins manifestement occupés de théologie au sens chrétien du mot. Leur monothéisme monolithique ne pouvait guère offrir, du reste, l'équivalent de la dogmatique chrétienne. Leur littérature édifiante, la *Haggada*, est finalement secondaire car elle ne traite pas, comme la précédente, de normes obligatoires sans cesse pesées et repesées.

Dans ce contexte, on devine à quels excès pouvait arriver le délire juridique au service d'une plus ou moins sainte émulation. Les doctes comptaient 613 commandements dans la Loi écrite mais pouvaient en énumérer davantage concernant le sabbat, la pureté rituelle ou les redevances légales. Ils pouvaient dire, non sans discussions entre eux, s'il était permis ou non de manger un œuf pondu en sabbat ou un fruit tombé de l'arbre ce jour-là. Douze traités de la *Mishna* sont consacrés à la pureté légale et l'un d'eux, l'*Uqsin*, est consacré tout entier aux pépins !

Il reste que les prescriptions les plus astreignantes, sinon les plus importantes, concernent la pureté rituelle (qui préoccupe également les Esséniens, mais la vie isolée de ces derniers leur pose moins de problèmes pratiques). Pour se garder rituellement pur, le Pharisien se tient à l'écart du peuple ignorant, et donc souvent légalement impur : les *am-ha-arez* — littéralement, le peuple de la terre, les rustres. Du moins en principe, il ne s'agit pas là d'un mépris à base sociale. Il est impossible, selon le grand Hillel, de plaire à Dieu sans connaître et observer minutieusement les prescriptions. Or, « aucun rustre ne craint le péché et le peuple de la terre n'est pas pieux » (*Pirqé Aboth* II, 5). En fait partie par exemple « celui qui mange sa nourriture ordinaire en état d'impureté » (*Bérakoth*, 47 b) c'est-à-dire sans s'être lavé les mains. En théorie, ce peut être un riche marchand aussi bien qu'un laboureur. En fait, si les Pharisiens se recrutent dans toutes les classes, leur influence se fait surtout sentir dans les villes et en Judée et on soupçonne qu'ils s'attirent parfois, dans les cantons éloignés, de solides rancunes.

Tout, dans le bilan pharisien, n'est pas négatif. Leur exégèse et leurs compléments à la Loi ont parfois contribué à spiritualiser certains concepts, à adoucir les pénalités anciennes et à entretenir la piété juive. La littérature rabbinique elle-même (tardivement fixée, il est vrai) connaît des critiques contre les exagérations pharisiennes, comme dans cette page où sont énumérées sept catégories de Pharisiens : celui qui réclame des devoirs supplémentaires, celui qui se cherche en vain un péché, celui qui se cogne la tête au mur parce qu'il ferme les yeux pour ne pas voir les femmes, etc. ; seul le dernier a la faveur de Dieu parce qu'il lui obéit par amour. (Aboth de rabbi Nathan.)

Bien entendu, les écrits d'inspiration essénienne les épargnent encore moins. *L'Assomption de Moïse* par exemple, vers l'an 10 P. C., se déchaîne contre le haut clergé corrompu et contre « les Docteurs de ce temps qui se détourneront du Seigneur, faisant acception des personnes, se laissant corrompre, égarant le droit et exigeant des amendes expiatoires. Hypocrites et remplis de leur propre justice, menteurs dans tous leurs gestes, ils cacheront les passions de leur cœur... Ils mangent le bien des pauvres en disant qu'il s'agit d'un don sacré... Leurs mains et leurs cœurs sont pleins d'impureté, leur bouche est pleine de superbe et par là-dessus ils disent : Ne me touche pas, ne m'approche pas, que l'endroit où je me tiens ne devienne pas impur ! » (v, vi, vii *passim*.) Ce sont déjà les sépulcres blanchis de l'Évangile.

A vrai dire, dans le système pharisien, il était difficile de séparer la piété authentique des minuties sclérosantes et celles-ci prennent parfois le pas sur celle-là. Dans leur crainte d'une souillure légale, les Pharisiens refusent de faire bénéficier les *am-ha-arez* d'une hospitalité pourtant recommandée comme œuvre de miséricorde. Ils vont même — qui sait s'ils auront dîmé correctement leur marchandise — jusqu'à refuser de leur acheter quoi que ce soit. Ces gens qui ignorent les prescriptions et souillent tout par leur contact, rabbi Eléazar déclare permis de les « percer de coups, fût-ce le jour du Kippour tombant en sabbat » (*Pesahim* 49 b). Tout compte tenu d'une exagération évidente, ceci dénote du moins un état d'esprit. Et sans doute la justice pharisienne a-t-elle parfois été défendue par des gens qui valaient mieux qu'elle. Mais on comprend cet autre rabbi avouant qu'au temps où il était encore « rustre » il aurait donné gros pour mordre un de ces docteurs jusqu'à l'os.

On peut se représenter quelle libération apportera Jésus quand il apprendra à dégager l'esprit de la Loi de la lettre proliférante de la Tradition, quand il enseignera que ce n'est pas ce qui entre dans l'homme qui le souille mais ce qui sort de son cœur. Il faudrait toutefois bien mal connaître les détours de ce cœur humain pour ne pas se représenter en même temps à quel point il pouvait être déchirant de renoncer à des traditions aussi jalousement gardées car le système était respecté par ceux mêmes qu'il opprimait.

LA PIÉTÉ JUIVE

Le caractère communautaire et strictement unifié du culte juif renforce en effet le système pharisien des observances extérieures.

Tout Israélite majeur paie l'impôt du Temple et les dîmes. Il observe scrupuleusement le sabbat et les fêtes périodiques dont les trois principales — Pâque, Pentecôte et Tabernacles — sont des « fêtes de pèlerinage » qui décuplent la population de Jérusalem.

Selon le calendrier officiel, la Pâque est célébrée au soir du 14 Nisan (les Juifs comptant les jours d'un crépuscule à l'autre). Elle est prolongée pendant une semaine par la fête des Azymes ou des pains sans levain. L'après-midi du 14 Nisan, on immole au Temple plus de 250.000 agneaux destinés au repas pascal prescrit au livre de l'Exode. Ce repas est pris en commun par un minimum de dix personnes ce qui donne un total d'environ 2.500.000 Juifs campant partout dans Jérusalem ou aux environs. Les autorités craignent d'autant plus les troubles, ces jours-là, que Pâque célèbre la délivrance du peuple par la main toute-puissante de Yahvé et crée un climat d'espérance messianique.

La fête de la Pentecôte ou des Semaines dure un seul jour. C'est la fête des prémices où sont offerts les premiers pains de la nouvelle moisson. A l'origine, du moins, car elle avait fini par rappeler surtout le don de la Loi, pain spirituel, et l'alliance du Sinaï.

A ce titre, dans le climat messianique, elle pouvait évoquer l'espoir de la Nouvelle Alliance des temps eschatologiques.

La fête des Tabernacles ou des Tentes, ainsi nommée parce qu'on logeait à cette occasion sous des cabanes de feuillages, se célébrait six mois après Pâque. Fête de la moisson terminée et des vendanges, elle avait un caractère de réjouissance populaire. Elle rappelait aussi la vie nomade de l'ancien Israël et le séjour au désert. Le temple était illuminé la nuit du premier jour et chaque matin des sept jours de la fête, les prêtres répandaient sur l'autel l'eau qu'ils avaient été chercher en procession à la piscine de Siloé. Cette fête, elle aussi, évoquait les temps messianiques (et notamment les rites d'eau depuis qu'Ezéchiel avait vu sortir du Temple une eau abondante que Zacharie, plus tard, avait vu déborder de Jérusalem au jour de Yahvé).

Nous avons mentionné, à propos de Judas Maccabée, l'origine de la fête de la Dédicace ou des Lumières, en décembre. Il suffira de signaler encore, cinq jours avant les Tabernacles et comme y préparant, le grand jour de l'Expiation ou *Kippour,* jour de jeûne obligatoire et de repos absolu. Seul et pour la seule fois de l'année, le grand prêtre pénétrait dans le Saint des Saints puis, imposant au bouc émissaire les péchés d'Israël, le chassait dans le désert.

Nous avons vu que la piété synagogale n'était pas moins importante que le culte officiel pour pénétrer dans la mentalité juive de l'époque. Il faudrait y ajouter la piété privée. Le traité des Prières (*Berakoth*) sera placé en tête de la *Mishna* et de fait la liturgie privée (pour autant qu'on puisse risquer l'expression) accompagne le Juif pieux dans toutes les circonstances de sa vie.

Dès que l'enfant peut parler, il ajoute son *amen* à la prière des adultes qui récitent le *Shema* matin et soir. Il y a des bénédictions pour les aliments et les boissons. Avant de s'endormir ou à l'heure de la mort, on remet son esprit au Seigneur. En passant devant le tombeau d'un coreligionnaire, on dira par exemple : « Celui qui connaît votre nombre vous éveillera et enlèvera la poussière de vos yeux. Loué sois-tu, ô Seigneur, qui ressuscite les morts. » (*Ber.* 58 b.)

Les rabbins recommandent, dans la prière privée, de suivre son inspiration et de prier en mots simples plutôt qu'en formules toutes faites. Mais il faut ajouter que les psaumes se prêtent admirablement à l'expression de l'état d'âme de l'Israélite religieux et que leurs louanges ou leurs supplications remontent spontanément à ses lèvres. C'est piété encore que le jeûne volontaire (du moins quand il n'est pas ostentatoire) comme sont piété les œuvres de miséricorde : hospitalité, aide aux malheureux ou aumônes, rachat des esclaves, etc. Il y a là un sentiment religieux fort vivant que le formalisme n'a jamais réussi à étouffer, notamment chez ces humbles, ces *anawim* à qui Jésus réservera la première béatitude. Que cette vie religieuse soit restée vive et authentique, deux citations suffiraient à la rigueur à le prouver. Elles sont extraites à vrai dire du *Talmud* c'est-à-dire mises par écrit à une date assez tardive (au IIe siècle P. C., après le concile juif de Jamnia) mais la fidélité de la tradition orale juive ne doit pas être sous-estimée. La première est attribuée à Siméon le Juste (IIe siècle A. C.) et assure que le monde repose sur trois choses : « La Torah, le culte et l'exercice de la charité » (*Aboth* I, 2). Le seconde vient de Jochanan ben Zakkaï (mort en 80 P. C.) : « Dans notre vie, la mort ne rend pas impur ni l'eau pur mais bien le commandement du Roi des rois. » (*Pesiqta,* 40 b.)

L'ATTENTE D'ISRAËL

La grande voix des prophètes s'est tue en Israël depuis la fin de l'époque perse mais, sous la domination syrienne et romaine, il n'en attend qu'avec plus d'impatience et le Prophète qui doit venir et le Messie qui dominera sur toutes les nations. Diffusée dans les livres canoniques de l'Ancien Testament, cette attente messianique a ensuite été presque effacée du Talmud pour des raisons évidentes. Mais elle est omniprésente aux environs de l'ère chrétienne.

Cette attente est au cœur d'une attente plus large, l'attente eschatologique ou attente des « derniers temps » où s'établira définitivement le règne de Dieu. Toute une littérature apocalyptique populaire la gauchira, dans un effort assez vain pour la préciser, en décrivant des suites d'événements cosmiques ou les révélations de personnages surnaturels. Mais l'espérance juive authentique, celle qui prolonge les prophètes et dont nous retrouvons l'écho dans les textes canoniques, est singulièrement plus sobre. C'est même cette sobriété dont on se contentait mal qui a provoqué en quelque sorte les « révélations » imaginatives dont nous venons de parler et qu'on ne doit pas majorer : elles constituaient un genre littéraire admis.

Le messianisme concerne le premier temps de l'établissement du règne de Dieu mais ce temps est essentiel car il marque l'entrée des temps définitifs. Il se caractérise, à travers toutes les divergences, par la venue d'un Messie et le triomphe de Dieu sur les nations impies. Messie, traduit en grec par Christ, signifie « Oint » — oint de l'huile qui sacrait le roi ou le grand prêtre. Le mot est employé à plusieurs reprises dans l'Ancien Testament mais ce n'est guère que dans la littérature apocryphe qu'il désigne de façon univoque le rédempteur futur d'Israël (même si cette espérance est exprimée sous d'autres termes dans les livres prophétiques).

Ce Messie qui doit venir est prédit, rêvé ou attendu selon plusieurs courants de pensée. On distinguerait un messianisme royal (le plus courant dans l'Ancien Testament), un messianisme apocalyptique de couleur plus fantastique et enfin, plus estompé, un messianisme de rédemption par la souffrance, celui du Deutéro-Isaïe. Mais ce sont là les nécessaires distinctions de l'exégèse. Historiquement, il n'y a rien d'aussi strictement codifié dans cette attente puissante mais diffuse, teintée des espérances et des déceptions successives. Pour en donner une idée, le mieux est encore de citer les principaux textes en les commentant brièvement.

Un premier texte important est la prophétie de Natân à David (II Sam. VII, 12 sq.) : Dieu lui donnera une descendance qui affermira son trône à jamais. Cette idée d'un Messie de descendance davidique semble avoir été la plus courante. Elle a pu se fortifier de l'appui de certains psaumes (que les Juifs attribuent uniformément à David).

Un autre texte important est de style plus apocalyptique : la vision du chapitre VII de Daniel. « Je contemplais dans les visions de la nuit. Voici, venant sur les nuées, comme un Fils d'homme. Il s'avança jusqu'à l'Ancien et fut conduit en sa présence. A lui fut conféré empire, honneur et règne. Et tous peuples, nations et langues le servirent. Son empire est empire à jamais et son règne ne sera point détruit. » (13-14)

A partir de ces deux textes et pour ainsi dire à leur point de croisement, certains psaumes royaux ont pu être interprétés messianiquement. Le psaume 110, dont l'apologétique chrétienne fera grand usage, s'applique à un Messie à la fois roi et prêtre :

« Oracle de Yahvé à mon Seigneur : Siège à ma droite ;
Tes ennemis, j'en ferai ton marchepied.
Ton sceptre de puissance, Yahvé l'étendra de Sion ...
A toi le principat au jour de ta naissance, sur les monts sacrés
dès le sein, dès l'aurore de ta jeunesse.
Yahvé l'a juré et ne s'en dédira point :
Tu es prêtre à jamais selon l'ordre de Melchisédech.

A ta droite, le Seigneur.
Il brise les rois au jour de sa colère ;
arbitre des nations, il entasse les cadavres... »

Mais l'attente juive songe de préférence au psaume 2 :

> « Les rois de la terre se lèvent,
> contre Yahvé et son Oint les princes conspirent...
> Dans sa colère, Il leur parle,
> les frappe d'épouvante dans sa fureur :
> C'est moi qui ai sacré mon roi
> sur Sion, ma montagne sainte...
> Il m'a dit : Tu es mon fils,
> Moi, aujourd'hui, je t'ai engendré.
> Demande et je te donne les nations pour héritage,
> pour domaine les extrémités de la terre ;
> *Tu les briseras avec un sceptre de fer,*
> *comme vases de potier tu les fracasseras.* »

Le verset ici souligné sera repris par le Fils de l'Homme de l'Apocalypse II, 27-8 (et le premier verset du psaume 110 en III, 21). Mais il sera repris, dès avant le Christ, par les *psaumes de Salomon,* conjointement avec un trait semblable que je soulignerai dans Isaïe.

Certains textes d'Isaïe précisent en effet les traits du roi messianique, notamment au chapitre XI :

> « Un rejeton sort de la souche de Jessé,
> un surgeon pousse de ses racines :
> sur lui repose l'Esprit de Yahvé...
> Il fait droit aux humbles en toute justice
> et rend sentence équitable pour les pauvres du pays.
> *Sa parole est le bâton qui frappe le violent,*
> *le souffle de ses lèvres fait mourir le méchant.* »

C'est encore, au chapitre XLII, rappelé en plus d'un endroit de l'Évangile, le premier Chant du Serviteur de Yahvé :

« Voilà mon serviteur que je soutiens,
mon élu que préfère mon âme.
J'ai mis sur lui mon esprit
pour qu'il apporte aux nations le droit...
Moi, Yahvé, je t'ai appelé dans la justice,
je t'ai pris par la main et je t'ai formé [1],
je t'ai désigné comme alliance du peuple et lumière des nations
pour ouvrir les yeux des aveugles,
faire sortir de prison les captifs
et du cachot ceux qui habitent les ténèbres. »

Le Serviteur, au chapitre LII, prendra la parole dans un second Chant qui répond au premier tout en rappelant le verset souligné plus haut :

« Yahvé m'a appelé dès le sein de ma mère,
dès le sein il a prononcé mon nom.
Il a fait de ma bouche une épée tranchante...
Je ferai de toi la lumière des nations
pour que mon salut atteigne aux extémités de la terre. »

Que sont devenus ces images et ces thèmes dans le judaïsme des environs de l'ère chrétienne ?

En général, l'accent y est mis davantage sur la délivrance d'Israël de ses oppresseurs, sur l'aspect de jugement de l'événement eschatologique et sur son aspect cosmique.

Dans le dix-septième des *Psaumes de Salomon*, écrits au premier siècle A. C. en milieu pharisien, nous rencontrons nettement l'influence combinée du messianisme des Psaumes et de celui d'Isaïe : « Vois, Seigneur, et suscite-leur le roi fils de David à l'époque que tu connais, ô Dieu, pour qu'il règne sur Israël ton serviteur, et ceins-le de force pour briser les princes injustes. Purifie Jérusalem des nations qui la foulent... pour briser l'orgueil des pécheurs comme des vases de potier, briser toute leur substance

---

1. L'hébreu emploie ici le même verbe que dans la Genèse pour décrire la création du premier homme ; c'est une des bases vétéro-testamentaires pour la doctrine du Christ second Adam de la nouvelle création.

avec une verge de fer, pour détruire les nations impies d'une parole de sa bouche. » (24-8.) L'auteur rassemble ici les images familières mais, en ce qui concerne les « nations », il hésite manifestement entre un messianisme guerrier et vengeur et la conception plus universaliste d'Isaïe, concluant : « Il aura pitié de toutes les nations (vivant) devant le Seigneur dans la crainte car il réduira la terre par la parole de sa bouche pour toujours. » (38-9.)

Dans sa section des Paraboles (dont la date est à vrai dire discutée) le Livre d'*Hénoch* se rattache lui aussi à Isaïe et aux Psaumes mais également, et peut-être davantage, à Daniel. Le Fils de l'Homme y est « nommé devant le Seigneur des Esprits avant que fussent créés le soleil et les constellations... Il sera la lumière des nations et l'espérance de ceux qui souffrent dans leur cœur. Tous ceux qui habitent sur l'aride se prosterneront... » (XLVIII, 3-5.) La vision du chapitre LXII nous montre les rois et les puissants terrifiés (comme les impies devant le Juste au Livre de la Sagesse) « quand ils verront le Fils de l'Homme assis sur le trône de sa gloire ». Et voici quel sera le jugement du Seigneur des Esprits : « La parole de sa bouche mit à mort tous les pêcheurs et tous les méchants furent détruits devant sa face. »

Cette destruction par la parole divine se conçoit selon l'image isaïenne de l'épée ou selon l'image daniélique de l'Ancien devant qui « coule un fleuve de feu » (VII, 10).

Dans l'Apocalypse de saint Jean, l'image de l'épée de la parole encadrera les visions. Au début, il est dit du Fils de l'Homme que « de sa bouche sort une épée effilée » (I, 16). A la fin, l'image s'applique au Cavalier eschatologique auquel on applique le psaume 2 : « De sa bouche sort une épée acérée pour en frapper les païens ; c'est lui qui les mènera avec un sceptre de fer. » (XIX, 15.) Le fragment D du *Commentaire d'Isaïe*, à Qumrân, explique de même Isaïe XI, 5 : « Sur toutes les nations il dominera et tous les peuples son épée les jugera. »

Dans les *Hymnes* cependant, le Rejeton de Jessé sera « un feu qui consume tous les hommes coupables jusqu'à l'extermination » (VI, 18). Nous sommes plus proches ici, de l'imagerie de Jean-Baptiste.

Cette image du feu est fréquente dans l'Ancien Testament pour désigner la présence divine et est parfois associée à celle du vent (que rend, en hébreu, un mot qui signifie aussi esprit). On lit par exemple au psaume 50, 3 : « Devant lui, un feu dévore ; autour de lui, bourasque violente. »

Ce feu est l'instrument du jugement dans un poème apocalyptique du dernier Isaïe et c'est par là sans doute que l'image est passée à Qumrân et à Jean-Baptiste :

« Car voici que Yahvé arrive dans le feu,
sa charrerie est comme la tempête,
pour assouvir sa colère par l'incendie,
ses menaces par des flammes de feu.
Car Yahvé va juger par le feu,
juger par l'épée toute chair. » (LXVI, 15-16.)

Le dernier verset unit curieusement l'image du jugement par le feu et celle du jugement par l'épée, preuve qu'elles sont équivalentes et se réfèrent toutes deux à la parole divine.

On le voit encore dans la grandiose sixième vision de *IV Esdras* (texte juif plus tardif, peut-être contemporain de l'Apocalypse) : « Le vent faisait monter de la mer comme un homme et cet homme volait avec les nuées du ciel. Et partout où il tournait sa face, tout tremblait devant son regard et partout où portait la voix de sa bouche, tout fondait comme cire au feu. Puis je vis : une foule immense qu'on ne pouvait compter se rassembler des quatre vents pour combattre l'Homme monté de la mer ... il émit de sa bouche une vague de feu, de ses lèvres un souffle de feu ... et cela tomba sur la foule qui s'élançait à l'assaut et les consuma tous. » (XIII, 2-11.)

Jésus lui-même parlera encore, dans une parole mystérieuse que nous a conservée Marc (IX, 49) d'un feu qui juge et purifie : « Tous seront salés par le feu. » Il parlera aussi du feu qu'il est venu apporter sur la terre (Lc. XII, 49) et si ce feu peut paraître différent de celui qu'annonçait Jean-Baptiste, l'image du moins est la même et le sens n'est que modifié. Dans le passage parallèle de Matthieu, c'est par l'image équivalente du glaive que s'exprime la même idée : « Je ne suis pas venu apporter la paix mais le glaive. » (X, 34.) Pour des oreilles juives, ce feu ou ce glaive que Jésus déclare apporter par sa parole ne pouvaient être une simple image. De très lointaine tradition, ils équivalaient à la prétention messianique.

LES VOIX DU DÉSERT

D'où devait cependant venir le Messie et comment le reconnaîtrait-on ? La réponse n'était pas claire. D'où viendrait aussi le Prophète de la fin des temps, le nouvel Élie qui, selon certains, le précéderait ? Comme jadis Moïse ou Élie le Thesbite, ravi au ciel, peut-être monterait-il de ce désert d'où étaient sorties toutes les délivrances d'Israël, où s'était contractée la première Alliance, où s'était réfugié David, puis les Assidéens et Mattathias. Aussi, comme Josèphe nous le rapporte en des termes qui ne sont pas sans une profonde rancune, ce temps abonde-t-il en inspirés, « séducteurs et menteurs, se donnant l'apparence d'être poussés par Dieu. Ils travaillaient à la subversion et au soulèvement, affolant le peuple par leurs discours et l'attirant au désert comme si Dieu allait y révéler le miracle de leur délivrance. » (*Bell. Jud.* II, 13, 4.)

Mais la rancune de Josèphe généralise. Il n'y a pas au désert que des agitateurs zélotes. Unie dans l'attente aux espérances d'Israël, il y a là une spiritualité réelle, notamment celle des Esséniens, « fuyant les villes à cause des impiétés habituelles parmi leurs habitants » (Philon), s'écartant de Jérusalem où un sacerdoce impie a rompu la transmission légitime et remplaçant les sacrifices du Temple par des rites de purification. Une importante communauté s'était installée à Qumrân selon cette prescription de leur *Règle* (VIII, 13-15) : le temps venu, « ils se sépareront du milieu de l'habitation des hommes pervers pour aller au désert frayer Sa voie comme il est écrit : « Dans le désert, frayez la voie de (Yahvé), dans la steppe, aplanissez un chemin pour notre Dieu. » Cette (voie) c'est l'étude de la Loi [2] ... »

2. Pour les textes de Qumrâ, j'utilise, sauf modification, les traductions de M. Dupont-Somer.

La citation d'Isaïe, qui portait primitivement sur le retour des exilés de Babylone, est lue ici dans une perspective eschatologique. C'est celle-là même, dans la même perspective, que nous rencontrerons au début de la carrière de Jean-Baptiste.

Ce rapprochement évident, inévitable, pose la question des rapports de Jean-Baptiste avec Qumrân. Plus précisément, il pose la question de savoir où s'est passée sa jeunesse.

Philon affirme des Esséniens que « nul d'entre eux ne prend femme » (Apologie, § 14) ; Pline, de même, s'extasie que puisse subsister « un peuple dans lequel il ne naît personne — si fécond est pour eux le repentir qu'ont les autres de leur vie passée » (*Hist. Nat.* v, 17, 4). Mais l'*Écrit de Damas,* à une date antérieure, connaissait des Esséniens mariés. Formaient-ils une sorte de tiers-ordre ou la règle a-t-elle évolué vers plus de sévérité ? Même les communautés de type monacal cependant « adoptent les enfants des autres à un âge encore assez tendre pour recevoir leurs enseignements » (Josèphe, *Bell. Jud.* ii, 120). Zacharie, qui habitait dans les montagnes de Judée, a pu confier aux solitaires l'enfant de la vieillesse d'Élisabeth. Ne nous dit-on pas, dans Luc, que l'enfant « demeura dans les solitudes jusqu'au jour de sa manifestation devant Israël », quand la parole de Dieu lui sera adressée « dans le désert » ? Son père n'avait-il pas prophétisé à sa naissance dans les mêmes termes isaïens que rappelait la Règle de Qumrân ? « Et toi, enfant, tu seras appelé prophète du Très-Haut ; car tu précèderas le Seigneur pour préparer ses voies. » (Lc. i, 76.) Et jusqu'à ce nom de Jean donné à l'enfant malgré les objections de la famille, Jochanan, dont Onias, le nom du dernier grand-prêtre légitime, est un diminutif... Tous les indices comme toutes les probabilités affirment un contact du Baptiste avec la spiritualité des moines juifs du désert. Par ailleurs, son originalité reste évidente mais il reste important, avant de décrire sa carrière, de brosser la toile de fond essénienne sur laquelle elle se détache.

Les Esséniens ne se donnent pas à eux-mêmes ce nom dont on connaît mal l'origine. La communauté qu'ils forment est désignée par eux comme la « Communauté de la Nouvelle Alliance » et cette désignation les situe d'emblée dans une ligne de pensée eschatologique.

En seconde approximation, il faut les définir comme un mouvement baptiste, mouvement assez large à cette époque et qui se caractérise par la multiplication de bains religieux remplaçant, du moins en partie, les sacrifices du culte traditionnel. Certes, la loi mosaïque connaissait des bains cérémoniels et des bains de purification mais leur importance était relativement réduite. Aux environs de l'ère chrétienne cependant, sous des influences qu'on discerne mal, le judaïsme officiel lui-même connaît une recrudescence des rites d'eau. Leur casuistique multipliant les causes d'impureté légale, les Pharisiens eux aussi, pourtant hostiles aux Esséniens, augmentent le nombre des purifications rituelles. Et on citerait plusieurs sectes baptistes comme les Nasaréens, absorbés plus tard par le mouvement d'Elchasaï (originaire de Perse), ou comme les Hémérobaptistes.

L'importance de ce mouvement général peut d'autant moins être sous-estimé que la Synagogue connaît, vers l'époque chrétienne, un baptême des prosélytes qui tend à suppléer la circoncision pour agréger au peuple de Dieu les païens convertis. De toute manière, qu'il s'agisse de païens ou d'enfants d'Abraham, ces baptêmes semblent liés à une conversion. Toutefois, les rites baptistes comportent des bains réitérés, cultuels en quelque sorte, alors que le baptême des prosélytes, précédé d'une confession de foi, est un acte unique comme le baptême de Jean, précédé d'une confession des péchés.

Ce mouvement baptiste traduit-il une certaine spiritualisation de la religion selon la ligne prophétique ? Les prophètes ont insisté plus d'une fois sur la prééminence de la religion intérieure, de la « circoncision de cœur » et Jésus, dans le même ordre d'idées, renverra les Pharisiens à la parole d'Osée : « Je veux la miséricorde et non les sacrifices. » On ne trouve guère à Qumrân cette insistance sur la charité mais on y trouve fort bien l'idée d'une intériorisation de la religion. Les membres de la Nouvelle Alliance « expieront pour les rébellions coupables et les infidélités pécheresses — et en vue de la Bienveillance pour la terre — sans la chair des holocaustes ni la graisse des sacrifices. Mais l'offrande des lèvres, dans le respect du droit, sera comme une agréable odeur de justice ; et la perfection de voie sera comme le don volontaire d'une oblation agréable » (*Règle*, ix, 4-5).

Sans doute le danger existe-t-il de voir une forme de culte extérieur, celle des sacrifices, remplacée par une autre, celle des lustrations, qui finirait par ne pas être moins rituelle (et c'est peut-être une des raisons pour lesquelles Jean-Baptiste en arrivera au baptême unique) mais la tension eschatologique devait, dans une certaine mesure, préserver les Esséniens de ce durcissement. Leurs rites ne sont d'ailleurs pas uniquement des rites d'eau. Les Esséniens de plein droit, ceux qui ont été admis au serment de l'Alliance, prennent chaque jour un bain de purification en commun. Mais ce bain est préparatoire à un repas pour lequel ils revêtent des vêtements réservés à ce seul usage et qui font penser au vêtement nuptial du banquet messianique. De plus, s'ils ne connaissent pas le baptême unique, ils n'admettent aux ablutions communes qu'après un serment solennel qui, lui, est unique. Ce serment fait entrer dans la Nouvelle Alliance, qui est une sorte de renouvellement de l'Alliance jurée jadis au Sinaï, en attendant la venue de Celui ou de Ceux qui doivent venir. Cette entrée dans la Nouvelle Alliance sépare de la perversion générale le Reste fidèle, le nouveau peuple souvent évoqué par les prophètes.

Voici l'essentiel de la très importante cérémonie du « passage » dans l'alliance (ce mot de « passage » évoquant le passage de la Mer Rouge ou, plus probablement, le très ancien rite du passage entre les deux moitiés de la victime immolée, pour solenniser le serment).

Après une période de probation, les candidats, sévèrement triés, doivent s'engager à vivre désormais selon la Loi et à ne pas retourner à Bélial. Selon un double schème de bénédiction et de malédiction qui se rencontre dès les parties les plus anciennes de la Bible mais qui s'accentue à Qumrân dans une doctrine des deux Esprits de tendance manichéenne, on procède alors à la bénédiction et à la malédiction solennelles. Les prêtres narrent les exploits de Yahvé et ses miséricordes envers Israël, après quoi les lévites narrent les iniquités d'Israël et ses rébellions sous l'empire de Bélial.

A ce moment intervient la « confession » par les candidats des péchés de leur peuple :

> « Nous avons été iniques, nous nous sommes révoltés,
> nous [avons péch]é, nous avons été impies,
> nous et nos pères avant nous,
> allant [contre les préceptes] de vérité.
> Et jus[te est Dieu qui a accompli] son jugement
> contre nous et contre nos pères.
> Mais sa gracieuse miséricorde, Il l'[ex]erce envers nous
> depuis toujours et à jamais ! » (*Règle* I, 24 ; II, 18. Passim.)

« Et les prêtres béniront tous les hommes du lot de Dieu ... Et les lévites maudiront tous les hommes du lot de Bélial. »

Ces malédictions, continuées par les prêtres, sont trois ou quatre fois plus longues que les bénédictions correspondantes, ce qui dénote, chez les Esséniens de Qumrân un esprit assez sombre. Ils savent que le temps de la domination de Bélial durera jusqu'à l'arrivée du Messie et du suprême combat. Mais ce combat est déjà commencé car tout homme est le théâtre d'un combat des deux Esprits. Aussi avertit-on celui qui resterait, tout en s'engageant dans l'Alliance, sous la domination de Bélial :
« Damné sois-tu dans la nuit du feu éternel ! ... Qu'il soit maudit avec les idoles de son cœur celui qui passe dans l'Alliance en laissant devant ses pas ce qui le fait trébucher dans l'impureté et se détourner [de Dieu] ... Que la colère de Dieu et le zèle de ses jugements le brûlent pour l'extermination éternelle ! Et tous ceux qui entrent dans l'Alliance prendront la parole après eux et diront : Amen ! Amen ! »

Il est difficile, à la lecture des documents de Qumrân, de ne pas penser aux termes dans lesquels nos évangiles, et Matthieu en particulier, rapportent le message du Baptiste : la nécessité du retour à Dieu, la Colère qui vient, le baptême de feu et d'Esprit. Qumrân aussi connaît le « Mystère à venir » devant lequel il est urgent de « sauver son âme » (*Livre des mystères*, i, 3-4). « Alors Dieu, par sa Vérité, nettoiera toutes les œuvres de chacun. Il épurera la bâtisse de chacun pour supprimer de ses membres de chair tout Esprit de perversité et pour le purifier par l'Esprit de sainteté de tous actes d'impiété. Et il fera jaillir sur lui l'Esprit de vérité comme de l'eau lustrale. » Ici aussi, l'Esprit doit accomplir ce dont l'eau n'est que le signe et la préparation. Mais on notera également l'opposition systématique des deux esprits (dont les récits de la Tentation pourraient garder trace) et l'obsession persistante d'une purification qui atteigne le corps (contrairement à l'attitude des apôtres, à qui les Pharisiens reprocheront de ne pas se laver les mains. Peut-être est-ce en partie pour réagir contre cette obsession des lustrations que Jésus, tout en louant Jean-Baptiste, ne reprendra pas ses baptêmes à son compte).

Qumrân pourtant avertit déjà que les dispositions intérieures du converti sont plus importantes que les rites de lustrations. Celui qui dissimule, « il ne sera pas absous par les expiations ni purifié par les eaux lustrales... Impur, impur il sera tout le temps qu'il méprisera les ordonnances de Dieu... Car c'est par l'Esprit de vrai conseil à l'égard des voies de l'homme que seront expiées toutes ses iniquités quand il contemplera la lumière de la vie... Et c'est par l'humilité de son âme à l'égard de tous les préceptes de Dieu que sera purifiée sa chair quand on l'aspergera avec l'eau lustrale et qu'il se sanctifiera dans l'eau courante » (*Règle*, iii, 4-9, passim). « Car on n'est pur que si on se convertit de sa malice » (v, 14). Il y a bien là l'exigence d'un changement d'esprit, d'un « retour » correspondant au repentir qu'exigera le Baptiste et que prêchera Jésus.

Cette conversion est un gage de salut au jour de la Visite. « Le jour où l'homme s'engagera à se convertir à la Loi de Moïse, l'Ange d'Hostilité s'écartera de lui, s'il exécute ses promesses. » (*Écrit de Damas* xvi 4-5.) Et le texte ajoute, établissant une comparaison entre cette conversion et la circoncision, « c'est pourquoi Abraham se circoncit le jour où il sut ». Il s'agit de préparer au Seigneur un *nouveau peuple*, circoncis de cœur et pas seulement israélite de race.

Cette nécessaire circoncision de cœur est expressément mentionnée. « Ils circonciront, dans la communauté, le prépuce du penchant (mauvais) et de l'insubordination, afin de poser un fondement de vérité pour Israël. » C'est là, dans l'authentique tradition des prophètes, une idée très élevée, d'une haute vérité religieuse. Et il importe de le souligner. Mais on doit également remarquer que sa portée est presque aussitôt rétrécie car le texte continue en identifiant cet Israël à la Communauté de l'Alliance (*Règle*, v, 5).

Il convient, en effet, d'ombrer quelque peu le tableau si on veut présenter la vérité complète. Les Esséniens de Qumrân n'échapperont pas à l'exclusivisme des partis juifs. Ils n'ouvrent leur communauté qu'à ceux qui sont « issus d'Israël », encore que cette condition ne suffise pas. Par ailleurs, il n'y a pas de salut en dehors de cette communauté qui connaît bien l'amour des frères au sens étroit mais aussi, selon la doctrine des deux esprits, la haine des impies. Il y a là, contrastant avec tel pressentiment remarquable de leur spiritualité, une régression par rapport à l'universalisme des grands prophètes.

Cette limitation s'explique pour une part par leur dualisme eschatologique mais sans doute, pour une autre part, par le climat d'une Palestine occupée, où les impies trouvent des complices jusque parmi les descendants d'Abraham. Les Esséniens jouissent bien d'une réputation fermement établie de pacifisme qui les fera épargner, généralement, par les autorités. Il n'empêche qu'on comptera parmi les chefs de la guerre juive un Jean l'Essénien. Il n'empêche encore qu'ils connaissent un « Règlement de la guerre » des Fils de Lumière contre les Fils des Ténèbres. Cette guerre sera la lutte apocalyptique de la fin des temps, mais Israël y aura tout de même pour principaux adversaires ces Kittim, forces principales de Bélial, que tout identifie avec les Romains.

Un autre aspect limitatif est le juridisme de ce code pénal, strict et détaillé, qui prévoit dans les communautés une punition de dix jours pour une interruption, de trois mois pour « une parole insensée », de six mois pour un mensonge volontaire, etc. (*Règle*, VII, 24 sq.) *L'Écrit de Damas* connaît de même des prescriptions minutieuses concernant le sabbat et la nourriture — les sauterelles par exemple, nourriture du désert. « Qu'on les mette dans le feu ou dans l'eau tant qu'elles sont vivantes ; car telle est l'ordonnance conforme à leur nature. » (xiii, 14-5.)

Toutes ces règles et règlementations sont elles-mêmes limitées, il est vrai, dans l'*Écrit de Damas,* « au temps de l'impiété », « jusqu'à l'avènement du Maître de Justice à la fin des jours » (vi, 10) ; elles doivent valoir, selon la Règle, « jusqu'à la venue du Prophète et des Oints d'Aaron et d'Israël » (ix, 2). Mais leur attente messianique présente des incertitudes et des flottements. Ils parlent tantôt d'un et tantôt de deux Messies, distinguant dans ce cas celui d'Aaron et celui d'Israël — ce qui correspond à la division de la communauté en prêtres et en laïcs mais correspond aussi à l'attente à la fois d'un grand-prêtre légitimé par Dieu et d'un Roi davidique. Mais, à d'autres moments, ils semblent envisager leur réunion en une seule personne.

C'est dans les *Hymnes* sans doute que cette attente unique s'exprime de la façon la plus pure. C'est celle du Rejeton qui « étendra son ombrage sur toute [la terre] » et sera « une source de lumière telle une fontaine éternelle » en même temps qu' « un feu qui consume tous les hommes coupables » (vi, 15 sq.). Les temps sont proches où Dieu doit engendrer le Messie parmi eux. Déjà celle qui doit l'enfanter est en travail, « elle va donner le jour à un enfant mâle et dans les liens du Shéol va jaillir du creuset de Celle qui est enceinte un merveilleux Conseiller avec sa puissance » (iii, 9-10). Tout ceci, qui éveille des échos dans l'âme chrétienne et fait penser à la Femme en travail de l'Apocalypse, est évidemment sous la mouvance d'Isaïe. Mais en face de la Femme mystérieuse, qui symbolise sans doute la Communauté, le dualisme de Qumrân dresse aussitôt, rétrécissant la prophétie d'Isaïe à l'opposition lumière-ténèbres, « celle qui est enceinte de l'aspic ».

JEAN-BAPTISTE

C'est sur cette toile de fond du désert essénien que se détache le rude prophète qui clôt l'Ancien Testament et annonce les derniers temps, celui que le Christ a reconnu pour son authentique précurseur, le plus grand des enfants nés de la femme, plus qu'un prophète, mais qui n'a pas connu le Royaume qu'il annonçait.

A comparer Jean-Baptiste à Qumrân, une différence frappe immédiatement : comme le baptême des prosélytes ou le baptême chrétien, le baptême de Jean est unique et non quotidien comme chez les solitaires de la Mer Morte. Par ailleurs, s'il n'exige pas de ses baptisés le serment de Qumrân, son baptême est précédé, comme l'était ce serment, d'une confession. Car lui aussi exige une conversion définitive en vue des événements qui approchent, et opéreront une discrimination, qui seront comme un baptême de feu et d'Esprit.

L'idée qui s'impose immédiatement est que l'unicité du serment a été remplacée par l'unicité du baptême.

Cette unicité confère à son baptême un caractère d'engagement solennel, de « passage » dans la communauté eschatologique. Mais Jean élargit l'appel de Qumrân — d'où peut-être ce remplacement du serment par un baptême quasi-sacramentel. Il s'adresse à tout le peuple et non à une élite de novices. C'est un prédicateur de plein air, un prophète qui remue les foules et non un chef de monastère. Lui aussi, mais plus largement, au-delà de l'habituel exclusivisme, veut préparer au Seigneur un peuple bien disposé, au cœur circoncis, un Israël spirituel auquel son baptême agrège.

Il agit ainsi en vertu d'une mission personnelle car — et ceci justifie le surnom qu'on lui donne — la personne du « Baptiseur » joue dans ce baptême un rôle que nous ne rencontrons ni à Qumrân, ni dans le baptême des prosélytes ni même dans le baptême chrétien, où la personne de celui qui baptise s'efface au profit de la personne du Christ et de l'efficacité surnaturelle de la grâce.

En dehors des sources évangéliques, nous avons sur le Baptiste un témoignage de Josèphe qui les confirme (à condition de se souvenir que Josèphe répugne à parler de tout messianisme et s'adresse à un public païen prévenu). Sa notice (*Ant.* XVIII, 5. 2) se rapporte à la défaite subie en 36 par Hérode Antipas devant son ex-beau-père, sept ans après la mort de Jean. « Il parut évident à plus d'un que Dieu même avait défait l'armée d'Hérode, tirant ainsi une vengeance méritée du meurtre de Jean le Baptiste, mis à mort par Hérode. C'était pourtant un homme de bien. Il recommandait aux Juifs la pratique de la vertu, les exhortant à être justes entre eux et pieux envers Dieu, leur conseillant de venir en foule à son baptême. Ce bain, disait-il, vous conciliera la faveur divine si vous le recevez, non pas pour la rémission de certaines fautes (particulières) mais pour la pureté du corps après avoir purifié votre âme par des œuvres de justice. Les foules allaient à lui et étaient conquises par la chaleur de sa parole. Hérode prit peur. Il craignait que l'énorme influence de cet homme ne le poussât à fomenter une révolte : ne semblait-on pas lui demander conseil en toute occasion ? Plutôt donc que de laisser aller les choses et d'avoir à le regretter, il préféra prévenir tout événement fâcheux en s'assurant de sa personne. Dans cette méfiance, il le fit conduire à Machéronte, la citadelle dont nous parlions. C'est là qu'il le fit mourir. »

La première chose qui se trouve ici confirmée, c'est l'incontestable popularité du Baptiste et l'importance du mouvement qui se créait autour de lui. Josèphe nous replace dans le climat d'agitation zélote et messianique qui était celui du temps et justifiait les craintes d'Hérode mais il distingue nettement l'action de Jean de celle de ces agitateurs. Si l'on tient compte enfin qu'il « laïcise » le personnage pour le décrire à son public païen, on s'aperçoit qu'il le présente sous des traits qui confirment, quoique dans une teinte plus « essénienne », les présentations évangéliques. Il suffit de retraduire en termes juifs pour voir combien les portraits concordent.

Josèphe parle de « la pratique de la vertu », comme les stoïciens, mais il ne peut évidemment s'agir, pour un Juif, que d'obéissance à la Loi et de retour à Dieu. Le conseil de « venir en foule » fait pressentir qu'il ne s'agissait pas pour Jean d'une piété individualiste et d'un salut étroitement personnel mais de la préparation d'un peuple de Dieu, d'un Dieu dont il s'agit, au moment du Jugement, de se « concilier la faveur » (traduction affaiblissante de la « fuite devant la Colère qui vient »). Car Josèphe se tait prudemment sur cette visite eschatologique qui se situe normalement dans la ligne d'un messianisme anti-romain.

La façon dont il décrit le baptême est plus embarrassée encore. Il s'agit de le recevoir, ce baptême « pour la rémission des péchés », « non pour la rémission de certaines fautes » précises, particulières,

mais sans doute, comme à Qumrân, pour la rémission des péchés
du peuple. C'est à quoi visait déjà la fête des Expiations — mais
Jésus provoquera le premier scandale des Pharisiens en parlant
d'une remise particulière de ses péchés au paralytique de Capharnaüm. L'insistance sur « la pureté du corps », curieuse à première
vue, peut correspondre à un souci de purification légale ou cultuelle qui n'était pas étrangère aux Ésséniens mais elle prévient aussi
des objections païennes comme celle qu'on trouve chez Ovide
(*Fast.* II, 45-6) : *Ah! nimium faciles, qui tristia crimina caedis
fluminea tolli posse putatis aqua* [3]. » Objection qui constitue une
attaque directe contre tout baptisme. L'insistance principale, toutefois, porte sur les dispositions intérieures nécessaires, prouvées par
les « œuvres de justice » qui nous renvoient à Matthieu III, 8 :
« Produisez donc un fruit digne du repentir. » Qu'on lui demande
« conseil en toute occasion » nous renvoie de même aux questions
que les foules posent à Jean pour savoir ce qu'il convient de faire
(Lc. II, 10-14). L'évangéliste précise que ces questions sont posées
même par des publicains et des soldats. Ces soldats, dans cette
région, ne peuvent guère être que ceux d'Antipas, ce qui a pu
éveiller plus particulièrement la méfiance du tétrarque. Bref, la
notice de Josèphe recoupe assez exactement celles des évangélistes
(et en particulier celles de Matthieu et de Luc) pour que nous
puissions nous appuyer sur celles-ci avec un minimum de sécurité.

Le Baptiseur fait son entrée en scène vers l'an 28 de notre ère
dans la région du désert de Juda et du Jourdain. Le quatrième
évangile parlera d'une Béthanie transjordane comme aussi d'Ae-
non, région de sources au bord de la Samarie, mais ces localisations
précises sont secondaires. La localisation samaritaine n'est certainement pas celle des débuts mais elle constitue une indication
intéressante de l'universalisme contenu en puissance dans le message du Baptiste. Mais son champ d'action principal fut sûrement
plus proche de Jérusalem et de la Judée. « Il prêche dans le désert
de Judée » selon Matthieu (III, 1b). « Et vers lui s'en allaient tout
le pays de Judée et tous les habitants de Jérusalem » confirme

---

3. Ah! Quelle complaisance imbécile de penser que les souillures des pires
crimes puissent être enlevées par l'eau des fleuves !

Marc (I, 5). A ne voir mentionner le Jourdain que plus loin, on a même l'impression d'une première action de prédication dans le désert de Juda, sur la nécessité de la conversion et la proximité de la Venue, avant que le prophète entraîne les foules vers le Jourdain, pour y organiser les baptêmes de repentir.

Le Jourdain est un fleuve important dans la tradition sacrée. C'est dans ses eaux qu'Élisée envoya se baigner Naaman pour le guérir de sa lèpre et la lèpre, en plus d'un endroit, est la conséquence du péché, est comme le péché rendu visible. Ce symbole a pu jouer. Sans doute est-ce aux prêtres qu'est réservé le constat de la guérison mais Jean, précisément, appartient à la classe sacerdotale et ceci peut aider à comprendre l'importance de son rôle personnel dans le baptême.

Mais le Jourdain est encore symbolique de façon plus évidente. Il marque la limite de la Terre Promise et Moïse était mort près de ses rives, sur le mont Nébo, non loin de cette Béthanie transjordane qu'on situe d'ordinaire en face de Jéricho. Dans les eaux du Jourdain, l'arche de Yahvé avait renouvelé le miracle du passage de la Mer Rouge. Pour préparer à Dieu le peuple eschatologique, Jean le ramène au désert, au-delà du Jourdain, pour le sanctifier avant l'entrée dans les temps de la fin et le Royaume définitif.

Ces symboles parlants peuvent paraître puérils aux modernes. Ils ne l'étaient pas en Israël, où on rappelle constamment les merveilles de Yahvé et où on décrit l'avenir avec les images du passé. Ces actes symboliques sont même un des modes d'action préférés des prophètes et ce thème, par ailleurs, du retour au désert au temps de la conversion est des mieux attestés dans la littérature prophétique. Parlant d'Israël comme d'une épouse infidèle, Yahvé l'avait annoncé par la bouche d'Osée : « Je vais la séduire, la conduire au désert et parler à son cœur . . . Là elle répondra comme aux jours de sa jeunesse, comme au temps où elle monta du pays d'Égypte. » (II, 16-7.) Ou encore : « Je suis Yahvé, ton Dieu, depuis le pays d'Égypte. Je te ferai encore habiter sous les tentes comme au jour de la Rencontre ; je parlerai aux prophètes . . . » (XII, 10.) A l'évidence, ce thème était familier à ceux qui rêvaient d'une Nouvelle Alliance et s'étaient retirés au désert « pour y préparer la voie de Yahvé » au temps de la Rencontre définitive.

Jean a repris le vêtement des prophètes et plus particulièrement celui d'Élie : « Ce Jean avait un manteau de poils de chameau et un pagne de peau autour des reins. » (Mt. III, 4.) Il se nourrit de ce que Dieu lui envoie, « sauterelles et miel sauvage ». Il remplit la mission qu'avait prédite son père Zacharie : « Tu précéderas le Seigneur pour lui préparer les voies, pour donner à son peuple la connaissance du salut par la rémission de ses péchés. » (Lc, I, 76-7.) Cette prédiction faisait écho à celle de Malachie (III, 1) : « Voici que je vais envoyer mon messager pour qu'il déblaie un chemin devant ma face. »

Ces citations ont toute chance d'exprimer la conscience que Jean a eue de son rôle. Elles sont soutenues du reste par la citation connue d'Isaïe XL, 3, que les quatre évangiles sont unanimes à rapporter et que nous avions déjà rencontrée au principe de la retraite au désert des gens de Qumrân allant « dans le désert préparer la voie du Seigneur ». Mais de Qumrân à Jean, une modification de la ponctuation précise le sens. Il ne s'agit plus maintenant d'une voix qui envoie dans le désert, Jean est cette voix même qui, dans le désert, invite à préparer la Venue. Et cette voix, supprimant toute mention de lieu, s'adresse au peuple tout entier.

Cette Venue, avant l'interprétation chrétienne qui l'entendra de Jésus, est évidemment celle de Yahvé. Mais sous quelle forme ? Sous celle des événements apocalyptiques qui procéderont au Jugement ? Plus précisément sans doute sous la forme du Fils de l'Homme-Messie qui doit y présider. Mais cela ne signifie pas que Jean ait eu conscience de préparer la voie du Jésus que nous connaissons. Il attendait un Messie plus « justicier » et le doute ne l'a pas épargné dans sa prison de Machéronte, comme le prouve la question qu'il fit adresser au thaumaturge galiléen : « Es-tu celui qui doit venir ou devons-nous en attendre un autre ? »

Mais est-ce bien d'un doute qu'il faut parler à ce propos plutôt que d'un espoir ? Tout dépend de la façon dont on interprète le témoignage de Jean, à l'époque du Baptême. Il est certain qu'il a porté témoignage concernant « Celui qui vient après lui » et qui est « plus grand que lui » ; il est certain également que les chrétiens ont rapporté sans hésitation ce témoignage à Jésus. Mais il est moins sûr que Jean lui-même l'ait appliqué à Jésus en le désignant nommément. Le quatrième évangile distingue les deux moments, celui du témoignage et celui de l'application à Jésus. C'est donc que le premier n'inclut pas nécessairement le second. Il l'inclut si peu nécessairement que la controverse avec les baptistes n'en sera pas empêchée. Jean a continué sa prédication après le baptême de Jésus. L'eût-il fait devant celui « dont il n'était pas digne de dénouer la sandale » ? Et Jésus a attendu — ce qui suppose à la fois approbation et réserve — que la voix du Baptiste se soit tue avant d'élever la sienne.

L'application à Jésus du témoignage de Jean est donc implicite. Elle va de soi pour d'anciens disciples de Jean témoins de la Résurrection. Mais, à se replacer dans la succession historique, mesure-t-on ce qui est exigé de Jean quand on lui fait proclamer, longtemps avant la confession de Pierre et avant même le premier miracle, la messianité d'un Galiléen inconnu ? C'est en faire, avant Pierre, le premier confesseur. Rien n'empêche, sans doute, qu'il ait remarqué Jésus dès le début. Et remarqué très spécialement. C'est le contraire qui étonnerait. Rien n'empêche même qu'il l'ait désigné à ses disciples galiléens. Mais il est difficile qu'il l'ait fait dans les termes de Matthieu par exemple [4].

D'après Actes XIII, 25, le témoignage de Jean date de la fin de sa carrière, ce qui situerait le baptême de Jésus peu avant l'arrestation : « Au moment de terminer sa course, Jean disait : Celui que vous croyez que je suis, je ne le suis pas ; mais voici venir après moi celui dont je ne suis pas digne de dénouer la sandale. » Ceci annonçait sinon Yahvé, du moins le Messie de la fin des temps. Mais avait-il désigné Jésus comme ce Messie celui qui, au bruit de ses miracles, l'enverra interroger de sa prison : « Es-tu celui qui doit venir ou devons-nous en attendre un autre ? » Ces paroles ne marquent pas un retour en arrière. Elles indiquent au contraire, dès avant la confession de Césarée, un espoir qui va jusqu'à concevoir la messianité de Jésus, même à travers les rapports de disciples jaloux.

4. Je suis ici, comme généralement, le point de vue de Marc. Il est clair que, dans une exégèse totale, il faudrait prendre en considération Jean I, 32-4 (le signe de Jean) de façon moins sommaire.

Au contraire de celle de Jésus, la voix de Jean était rude, autant que son apparence. S'adressant aux Pharisiens et aux Sadducéens, ne les appelle-t-il pas, dans un style assez essénien, « rejetons de vipères », nés du serpent, de l'aspic, plutôt que de Dieu ?

On peut douter du reste que Pharisiens et Sadducéens soient venus à lui fort nombreux, sinon pour l'observer et le questionner. Jésus parlera à la fois de la popularité de Jean et de son peu de succès auprès des dirigeants : « Tout le peuple qui l'a écouté, et les publicains eux-mêmes, ont donné raison à Dieu en recevant le baptême de Jean ; mais en ne se faisant pas baptiser par lui, les Pharisiens et les légistes ont rendu vain pour eux le dessein de Dieu. » (Lc. VII, 29-30.)

C'est donc aux foules que Jean adresse ses rudes avertissements, aux foules qui subissent en effet l'influence pharisienne et saddu-céenne mais qui supportent mieux qu'on ne croit d'être rudoyées à condition que ce rudoiement parte d'une âme brûlée par la conviction intérieure. Il les accueille donc de cette façon : « Qui vous a donné l'idée d'échapper à la Colère qui vient ? » Quel esprit vous pousse ? Une peur instinctive ou un esprit de vraie repentance ? « Produisez donc des fruits dignes du repentir » car ce sont les « œuvres de justice » qui prouveront la sincérité de votre cœur. On juge de l'arbre par ses fruits.

Car l'élection n'est pas attachée à la race, à la chair et au sang et au signe visible de la circoncision. « Ne vous avisez pas de dire en vous-mêmes : Nous avons pour père Abraham. Car je vous le dis, Dieu peut des pierres que voici, faire surgir des enfants à Abraham. » Parole dure à l'orgueil juif. Elle ne transmet pas encore la promesse aux Gentils mais elle en exclut déjà le seul Israël selon la chair. Saint Paul la poussera à son terme. « Ce ne sont pas les enfants de la chair qui sont enfants de Dieu ; seuls comptent comme postérité les enfants de la promesse. » (Rom. IX, 8.)

Et les prophètes, déjà, avaient lancé de tels avertissements mais jamais encore le temps n'avait été aussi pressant. « Déjà la cognée est à la racine des arbres. Tout arbre donc qui ne porte pas de bon fruit va être coupé et jeté au feu », au feu du juge-ment. On encore le Juge de ce jugement final est comparé au vanneur. « Il tient le van en main et va nettoyer son aire. Il recueillera le blé au grenier. Quant aux balles, il les consumera au feu qui ne s'éteint pas. » La pensée justicière qui s'exprime ici est pré-évangélique, toute tendue vers ce jugement eschatologique qui approche en même temps que ce Juge.

Le Précurseur se sait et se proclame précurseur : « Derrière moi vient un plus puissant que moi dont je ne suis pas digne d'enlever la chaussure. Lui, c'est dans l'Esprit saint et le feu qu'il vous plongera. » Ce puissant n'a pas taille humaine : Jean n'est pas digne de lui rendre un service qu'on ne demandait même pas à l'esclave, en Israël. Les œuvres dont il se préoccupera ne sont pas celles de la minutie pharisienne mais celles qui procèdent de la totale conversion de l'être intérieur. Aussi l'appel de Jean s'adresse-t-il à tous, même aux Pharisiens observateurs de la Loi et des coutumes car, sans les supprimer, il ne s'agit pas d'abord d'observances rituelles. Il s'agit d'une intériorisation de la religion et, parallèlement, d'un appel à la responsabilité individuelle qui est bien dans la ligne d'Ézéchiel (admis tard dans le canon juif, et précisément vers cette époque). Non que sa religion soit individualiste : il veut rassembler le Reste fidèle. Mais elle est individualisée du même mouvement qu'elle est spiritualisée : ce Reste (qui, en droit, peut finir par englober le peuple tout entier) est constitué volontairement par ceux qui acceptent, au-delà de prescriptions extérieures, de tourner vers Dieu leur vie tout entière en attendant l'imminente épreuve du baptême de feu et d'esprit.

Ainsi commença à s'accomplir, par le ministère de Jean, la parole d'Ézéchiel : « Je répandrai sur vous une eau pure et vous serez purifiés ; de toutes vos souillures et de toutes vos idoles je vous purifierai. Et je vous donnerai un cœur nouveau, je mettrai en vous un esprit nouveau. J'ôterai de votre chair le cœur de pierre et je vous donnerai un cœur de chair. Je mettrai mon esprit en vous et je ferai que vous marchiez selon mes lois et que vous observiez mes coutumes. » (XXXVI, 25-7.) Et sans doute le langage d'Ézéchiel est-il plus plein de promesses tandis que les images de feu et de colère sont plus fréquentes chez Jean-Baptiste. Mais promesses et menaces alternent sans contradiction chez les prophètes et Isaïe notamment avait uni la double imagerie dans une prophétie du rétablissement futur :

« Quand le Seigneur aura lavé la souillure de la fille de Sion et purifié Jérusalem du sang répandu au souffle du jugement et de la destruction,

Yahvé viendra se reposer sur toute l'étendue du mont de Sion et sur ceux qui s'y réuniront, nuée le jour et fumée, et la nuit lueur d'un feu flamboyant. »

L'attente eschatologique était si puissante que la résurrection de Jésus, « prémices des morts », ne la fera pas cesser immédiatement mais la transformera dans l'attente plus précise de la Parousie. Avec une note moins anxieuse, dans une certitude plus apaisée, l'attitude des premiers chrétiens prolongera encore l'attitude juive et plus particulièrement celle du Précurseur : « Vivre en ce siècle présent dans la réserve, la justice et la piété, attendant la bienheureuse espérance et l'apparition de la gloire de notre grand Dieu et Sauveur le Christ Jésus qui s'est livré pour nous afin de *nous racheter de toute iniquité et de purifier un peuple qui lui appartienne en propre* » nous sauvant « par le bain de la régénération et de la rénovation en Esprit saint ». (Ep. à Tite II, 12-4 ; III, 5.)

PREMIÈRE PARTIE

JÉSUS AVANT LE MINISTÈRE

Que savons-nous de Jésus avant son baptême par Jean ? Presque rien sinon qu'il est de Nazareth, qu'il est le fils d'un charpentier du nom de Joseph et de Marie, qu'il a des « frères » et des « sœurs » ... Rien, en somme, qui le distingue de milliers d'autres Juifs.

Concrètement, que peut signifier une enfance et une jeunesse juives dans un village galiléen du 1er siècle ?

NAZARETH

Nazareth est si petit endroit que ni l'Ancien Testament ni Josèphe ne le mentionnent. Du haut de ses collines, on apercevait à 5 km au nord la ville de Sepphoris, prise d'assaut par les bandes de Judas puis rasée par les Romains ; rebâtie par Antipas, qui y séjournera jusqu'en 18, c'était une ville païenne où il tenait sa cour et ses orgies. Au nord-est, à un jour de marche, le grand lac à 200 mètres sous le niveau de la mer qu'on appelait mer de Génésareth ou bien, du nom de la ville la plus importante, paganisée elle aussi, lac de Tibériade. Plus loin, Magdala, Capharnaüm, Corozaïn et, outre Jourdain, Bethsaïde Julias. Plus loin encore, hors Galilée, Césarée de Philippe, l'ancienne Panias, une des sources du Jourdain, d'où s'aperçoit l'Hermon, haut de 2750 mètres. A la même latitude, sur la côte méditerranéenne, Sarepta, entre Tyr et Sidon, où Elie ressuscita le fils de la veuve. Plus bas, à la hauteur de Nazareth dont il n'est séparé que par une trentaine de kilomètres, le mont Carmel où le même Elie fit tomber le feu du ciel sur les faux prophètes d'Achab, le roi impie — cet Elie, enlevé au ciel sur un char de feu à la vue d'Élisée, et dont le retour doit précéder, croit-on, la venue du Messie et la délivrance d'Israël.

Au sud se déroule la plaine d'Esdrelon, couloir d'invasion où Gédéon défit les Madianites et où d'aucuns situent le grand combat apocalyptique de la fin. Au delà, la route vers Jérusalem à travers la Samarie. Vers l'est, le mont Tabor (562 m) dont parle le livre d'Hénoch. Un peu plus bas, Endor où la nécromancienne évoqua pour Saül l'ombre de Samuel, la veille de la bataille perdue sur les monts Gilboé où tombèrent les héros d'Israël, Saül et ses trois fils dont Jonathan. Cette défaite, pleurée par David, lui ouvrait le trône, à lui et à sa race d'où devait naître le Messie libérateur. Chargé de l'histoire d'un peuple, et d'une histoire où intervenait la volonté de Yahvé, ce paysage avait de quoi faire rêver un jeune Israélite pieux, descendant de David, au temps où Israël, dominé par les légions du « divin » Auguste ou de Tibère, attendait son heure et celle de Dieu.

Sans doute les descendants de David étaient-ils nombreux. Il n'empêche que l'étonnant, humainement, est que les Davidides de Nazareth ne se soient pas mêlés aux soulèvements contre l'occupant. David n'avait-il pas commencé comme chef de bande ? Judas de Gamala, fils et père de chefs de guérillas, ne descendait-il pas de la dynastie tardive des Asmonéens que ne soutenaient même pas les Promesses ? Les regards devaient normalement se tourner vers les Davidides et si bien que Vespasien, Domitien et Trajan les feront rechercher (et il se trouvera parmi eux deux descendants des frères du Seigneur). Que nous ne les trouvions pas mêlés à la résistance armée peut être dû au fait que leur piété était plus spirituelle, plus essénienne peut-être, que celle des Zélotes. Peut-être aussi se sentaient-ils particulièrement surveillés, notamment à l'époque d'Hérode le Grand, qui n'hésitait pas à massacrer les Asmonéens jusque dans sa famille et dont la police était partout. La fuite nocturne et le massacre des Innocents se détachent sur un fond vraisemblable de représailles hérodiennes et de guérilla zélote.

Au reste, il ne faut pas que la douceur célèbre du paysage galiléen, de son printemps et de ses lacs, contrastant avec l'âpreté de la Judée, il ne faut pas que cette douceur fasse illusion. A l'époque romaine, la Galilée est la terre classique des révoltes armées. Josèphe, qui les a bien connus, nous décrit les Galiléens comme batailleurs dès l'enfance, ne connaissant pas la peur et passionnés de liberté. Les rudes pêcheurs du lac doivent compter avec les brusques coups de vent qui descendent de l'Hermon, et les travailleurs à gages avec la dureté de maîtres étrangers. Cette Galilée des Gentils, comme on dit en Juda, est un poste avancé du judaïsme, séparé de la Judée par la Samarie hérétique, cerné par le paganisme qui introduit ses villes jusqu'au cœur du pays. Ramenés à Jérusalem par Jonathan Maccabée, les Galiléens avaient été reconduits chez eux par ses successeurs avant de se trouver de nouveau soumis aux païens. Ces évacuations et ces retours ne vont ni sans expropriations ni sans haines.

Par ailleurs, éloignés de Jérusalem et souillés par leurs contacts forcés avec les Gentils — la grand-route de Ptolémaïs à Tibériade croise vers Nazareth la voie nord-sud vers Jérusalem à travers la Samarie — les Galiléens sont méprisés par les rigoristes judéens. Il n'est pas jusqu'à leur accent provincial qui ne les fasse reconnaître aux premiers mots et, leur faisant confondre certaines lettres, ne leur attire des moqueries. Aussi bien ne s'embarrassent-ils pas de trop de scrupules juridiques. Le célèbre rabbi Jochanan ben Zacchaï rapporte que pendant ses dix-huit ans en Gallilée il n'a été interrogé que deux fois sur la *Halacha* (*Jér. Keth.* IV, 129 b). Il interpellera douloureusement la Galilée en ces termes : « Galilée, Galilée qui hais la Loi, tu finiras par devenir la proie des chefs de bandes ! » (*Jér. Sabb.* XVI, 15 d.) Cependant, tout autant et peut-être davantage que les Judéens, les gens de Galilée, au milieu des Gentils, sont imprégnés d'espérances messianiques. Le Livre d'Hénoch et le Testament de Lévi par exemple, apocalyptiques sans doute esséniens, ne situent-ils pas les grandes révélations au sud-ouest de l'Hermon ou sur le Thabor ?

Dans ce milieu galiléen, Jésus a eu l'occasion de réfléchir aux passions que soulevait le messianisme politique. Il sera charpentier, fils de charpentier et, comme celle de maçon, cette profession était en Palestine un métier assez itinérant. Bien qu'on ne nous le montre jamais entrant dans une ville païenne, il est probable qu'outre l'araméen et l'hébreu de la Bible il connaissait un peu de grec (comme conduit à le supposer, par exemple, son séjour avec les disciples en dehors de la Galilée).

Autant cependant que par le milieu galiléen, ses réflexions ont pu être influencées par le milieu plus restreint de la famille. Qu'en pouvons-nous supposer de façon générale avant de passer à une enquête plus détaillée ?

Très tôt, l'enfant juif apprend par cœur le *Shéma*, le Décalogue et d'autres passages de la Torah. C'est elle encore qui fait l'essentiel de l'enseignement à l'école de la synagogue. Il faut en outre tenir compte de l'office synagogal et des fêtes de pèlerinage à Jérusalem comme aussi de la liturgie privée, car toute maison pieuse possède quelque rouleau de l'Écriture et tout Juif pieux en recopie une partie dès son jeune âge.

C'est ici qu'on voudrait pénétrer quelque peu ce secret à jamais scellé bien que les conséquences en continuent parmi nous : de quels yeux et de quel cœur le jeune Jésus, à Nazareth, a-t-il lu la Loi et les Prophètes et sans doute d'autres écrits qui ne furent pas admis plus tard (en 90) dans le canon juif de Jamnia ? Comment y a-t-il vu se dessiner, à travers l'histoire de son peuple, le dessein providentiel ? Comment, les comparant à ce qu'on racontait des révoltes galiléennes et de l'oppression romaine, a-t-il réfléchi sur les descriptions prophétiques du Messie ?

Ce qui est certain, c'est qu'il n'a pas rencontré dans la Bible de Nazareth le Dieu des minuties légalistes et des traditions humaines mais le Dieu vivant, le Père dont sa nourriture sera de faire la volonté et dont l'Esprit le remplira. Ce qui est sûr encore c'est que, sans être jamais passé par les écoles rabbiniques de Jérusalem, il aura une telle connaissance de l'Écriture qu'il déjouera les pièges des Scribes et les embarrassera à son tour.

A Nazareth, par contre, le prophète qui s'est révélé au bord du lac après un séjour au Jourdain n'excite qu'un étonnement hostile, envieux, normal. Où est-il allé prendre tout ça ? On sait pourtant bien de qui il est le fils, et même . . . Des charpentiers. Le « frère » de Jacques et de Joset et de tel et telles qui habitent là-bas. Etc. « Et ils étaient choqués à son sujet. » (Mc. vi, 3.) A eux, il n'allait pas en imposer. C'est le scandale constant de tous les villages. Un Jésus mythique n'eût pas suscité ce banal scandale, si humain. Et la famille était-elle plus avertie ?

LA PARENTÉ DE JÉSUS

Dans une gradation qui a quelque chose de poignant, Marc met dans la bouche de Jésus à Nazareth ce proverbe amer : « Un prophète n'est sans honneur que dans son pays, dans sa parenté et dans sa maison. » Du moins pendant son ministère, ses « frères » ne croiront pas en lui [1].

Il ne s'agit pas chez eux, comme chez les villageois, d'une hostilité bornée, presque offensée, mais plutôt d'une incrédulité qui tient à la familiarité prolongée. Elle ne les empêche pas de s'inquiéter de lui mais d'une façon, précisément, qui prouve leur peu de foi. On le voit bien aux versets de Marc III, 20-21, versets que ni Matthieu ni Luc n'oseront reprendre et qui présente d'excellentes garanties d'historicité.

Jésus a conquis des disciples, les foules accourent et les malades, malgré l'opposition croissante avec les Pharisiens, gardiens de l'orthodoxie. Déjà des scribes de Jérusalem, alertés, viennent enquêter et le déclarent prophète de perdition. C'est le tumulte de la vie publique et, même, les gens se pressent au point que ni lui ni ses disciples n'ont plus le temps de manger. « Et ceux de chez lui, l'ayant appris, partirent pour s'emparer de lui car ils disaient qu'il avait perdu le sens. » (v. 21.)

Les mots sont forts, et tellement qu'ils ont disparu des rédactions postérieures. Il ne s'agit de rien moins que de contrainte physique, d'une sorte de coup de main. Le croient-ils fou ? Peut-être pas mais « dans un état d'exaltation mystique qui lui fait

---

1. Dès avant la Pentecôte cependant, les Actes (I, 14) mentionnent la présence des « frères » aux côtés des disciples et de Marie. La mère « de Jacques et de Joset » sera présente au Calvaire et Jacques, favorisé par une apparition, sera une des « colonnes de l'Eglise », chef de la communauté de Jérusalem, et mourra martyr. Le groupe des « frères du Seigneur » est, par ailleurs, entouré de vénération dans la primitive Eglise.

perdre le sens réel de la vie et de sa propre condition » (Loisy, *ad locum)*. Avec la rude solidarité du clan, il s'agit, après un conseil de tribu, de le protéger contre lui-même. Mais aussi il s'agit de protéger la famille en fournissant une excuse à ses agissements, en le faisant passer pour hors de sens. « Les scribes descendus de Jérusalem disaient : Il est possédé de Béelzéboul » et encore : « C'est par le Prince des démons qu'il expulse les démons. » C'est là une accusation grave, officielle, qui peut entraîner sa perte et l'eût sans doute entraînée dans la Judée plus légaliste. Or, la famille peut être tenue pour solidairement responsable [2].

Moïse a prescrit de mettre à mort le faux prophète et l'enchanteur, même s'il fait des miracles. Et la loi de Moïse continue à régir Israël sous la surveillance du Sanhédrin. Le chapitre XIII du Deutéronome, par exemple, constitue à ce sujet un véritable extrait de code pénal que les Pharisiens ne pouvaient manquer d'appliquer à Jésus selon la jurisprudence du moment, freinée par la surveillance romaine. Les articles en étaient clairs. « Si tu entends dire que dans une des villes que Yahvé t'a données pour y habiter, des hommes, des *fils de Bélial,* issus de ta race, ont égaré leurs concitoyens... tu examineras l'affaire, tu feras une enquête, tu interrogeras avec soin. » C'est ce qu'ont fait, sans nul doute, les enquêteurs de Jérusalem, avertis par la fraternité pharisienne de Galilée. Leur conclusion est claire : ce novateur est un fils de Béelzéboul. Or, si le cas d'hétérodoxie est avéré, la Loi est formelle : « Ce prophète ou ce faiseur de songes devra mourir... Tu feras disparaître le mal du milieu de toi. » Les parents, en particulier, sont responsables et, s'ils ne le dénoncent pas, punissables. « Si ton frère, fils de ton père ou fils de ta mère... cherche dans le secret à te séduire... tu ne l'épargneras pas et tu ne cacheras pas sa faute. » Or Jésus parle devant des foules qui accourent pour l'entendre. Comment prétendre l'ignorer ?

A se remettre ainsi dans le milieu de l'orthodoxie juive surveillée par les scribes, la réaction de la parenté de Jésus et des

---

2. Voire le village. « Ceux de chez lui » peuvent être les gens de Nazareth aussi bien que les gens de sa famille.

gens de Nazareth s'explique parfaitement : s'emparer de lui pour l'empêcher de se perdre et de perdre la famille, voire le village, quitte à le faire passer pour « hors de lui ». On perd trop souvent de vue cette situation légale concrète, la même qui expliquera l'absence des disciples au Calvaire, où ils se seraient fait arrêter par les hommes du Sanhédrin, et le reniement de Pierre qui risquait réellement la mort à se confesser disciple du prophète appréhendé. En Galilée même, bien qu'il y fût protégé au début par l'enthousiasme des foules, il fallait un certain courage, une foi, pour suivre Jésus. Cette foi, il est difficile de l'exiger alors de « ceux de chez lui », spécialement visés par les dispositions du code mosaïque.

Cette tentative d'enlèvement ne réussira pas cependant. La foule et les disciples protègent Jésus de cette entreprise autant que de l'hostilité des enquêteurs Judéens. Aussi ses « frères » se résolvent-ils à amener Marie avec eux et « se tenant dehors, le font appeler » (III, 31), soit pour mettre à exécution le projet primitif, soit — ce que rend plus probable la présence de Marie, anxieuse pour son fils et qui est un peu leur otage — pour le dissuader de poursuivre sa dangereuse aventure, qui risque de les entraîner dans sa perte après qu'il a abandonné sa mère à leur soin. Dans cette atmosphère de meeting surpeuplé, le message passe de bouche en bouche jusqu'à Jésus que ses disciples entourent comme une garde du corps : « Il y a ta mère et tes frères qui te demandent dehors. » Jésus, évidemment, sait ce qu'ils lui veulent et ce qu'ils sont venus lui demander : de renoncer à ce qu'ils prennent pour une folie et qui est sa mission. Leur intention va précisément à l'encontre de ce qu'il prêche : le total changement d'esprit et de conduite en vue du Règne qui est aux portes, l'abandon des vieilles règles de la prudence humaine et le dévouement inconditionnel à la Volonté du Père. Il sait qu'il n'est pas venu apporter la paix mais le glaive et le feu et il a demandé à ses disciples de quitter père et mère pour le suivre sur la voie du Royaume. Alors, avec ce sens du paradoxe qui apparaît partout, des Béatitudes à l'annonce de la Passion, et qui est proprement le paradoxe du Royaume, il questionne les porteurs du message et la foule autour d'eux : « Qui est ma mère et mes frères ? » Instantanément, la question crée une attente profonde et dans le silence

JÉSUS AVANT LE MINISTÈRE

qui attend ses paroles, « promenant son regard sur ceux qui étaient assis en cercle autour de lui », c'est-à-dire sur les disciples et les plus proches auditeurs : « Voici ma mère et mes frères. Celui qui fait la volonté de Dieu, celui-là est mon frère et ma sœur et ma mère. » (III, 34-5.) Parole dure en surface, parole absolue qui évoque la troisième demande du Pater (foncièrement identique aux deux premières) mais qui seule fait justice à Dieu. Seul est exclu des paroles de Jésus le nom de « Père », que la circonstance ne donnait pas lieu de prononcer (Joseph étant vraisemblablement mort à cette époque). Il n'empêche que, dans cette parole absolue, cette absence du terme attendu incite à regarder vers Dieu, le Père céleste, à qui seul est due, au-delà de la chair et du sang, l'obéissance inconditionnelle du Fils-Serviteur et de ceux qui le suivent (devenant ainsi ses frères, en un sens supérieur, dans sa relation au Père).

Quant à ceux qui l'attendent dehors, à sa parenté charnelle, le mot équivaut pour eux à une fin de non-recevoir. Sans doute n'exclut-il pas l'affection naturelle — mais non plus le reproche et la leçon. Exactement, il est une mise au point : le Royaume passe avant tout et la Volonté du Père. Il remet tout en question, jusqu'aux priorités naturelles car ce ne sont pas la chair et le sang qui font hériter du Royaume, comme Jean déjà l'avait dit. Le Prologue du quatrième évangile y insistera, en faisant allusion au rejet par la Synagogue : « Il est venu chez lui et les siens ne l'ont pas reçu. Mais à tous ceux qui l'ont reçu il a donné pouvoir de devenir enfants de Dieu, à ceux qui croient en son nom, né(s) non du sang ni du vouloir de la chair ni de l'homme mais de Dieu [3]. » Ses « frères » ne deviendront vraiment ses frères que lorsqu'ils le suivront et seront à leur tour « nés de Dieu ».

Le mot, cependant, n'est-il pas dur pour Marie ? Étant donnés les termes du message qui lui est transmis publiquement (ta mère et tes frères), il ne pouvait évidemment la passer sous silence dans la réponse sans renoncer à l'absolu de son principe. Remarquons

---

3. Jo. I, 11-3. Le singulier de quelques manuscrits occidentaux fait allusion à la naissance virginale par la seule volonté divine, modèle de la naissance à Dieu par la foi. Il est possible aussi que la première phrase de la citation contienne une allusion latérale au rejet à Nazareth (et la suite, à Marc III, 34-5).

toutefois que la présence de Marie n'était pas mentionnée lors de la tentative d'enlèvement ; sa présence ici indique que l'entreprise a changé de sens, peut-être à son intervention. Mais remarquons surtout que Marie est bien plus la mère de Jésus pour avoir cru et obéi, servante mère du Serviteur, que pour lui avoir donné le jour selon la chair et le sang. Luc, fort délicatement, a mis la chose au point dans deux versets qui lui sont propres et qu'il a insérés dans un contexte voisin de celui de Marc (l'accusation de chasser les démons au nom de Béelzéboul, accusation qui a déclenché la démarche des frères) : « Une femme éleva la voix du milieu de la foule et lui dit : Heureux le ventre qui t'a porté et les seins que tu as sucés ! Mais lui répliqua : Heureux plutôt ceux qui écoutent la parole de Dieu et la gardent ! » (Lc. xi, 27-28.) Comme Marie, « gardant ces paroles en son cœur » (Lc. ii, 19 ; iii, 51).

MARIE ET JOSEPH

Ces « frères » cependant, qui étaient-ils ?

L'Église catholique et l'Église orthodoxe enseignent la virginité perpétuelle de Marie et la conception miraculeuse ; certains protestants l'admettent également mais la plupart la nient. L'histoire peut-elle ici intervenir ? On notera que le dogme, basé sur la Révélation, la Tradition et l'assistance de l'Esprit, ne dépend que négativement de l'enquête historique, en ce sens qu'il ne doit pas être démenti par des textes certains historiquement fondés.

Dans le cas présent, cette opposition des textes n'existe que pour ceux qui voient dans les frères de Jésus les propres fils de Marie, position qui ne s'appuie guère que sur Tertullien (dont on sait qu'il a finalement versé dans l'hérésie montaniste). Une position plus ancienne, assez générale chez les Pères de l'Église, fait des frères de Jésus des enfants d'un premier mariage de Joseph. Elle peut se réclamer de Clément d'Alexandrie, Origène, Hilaire, Grégoire de Nysse, etc. Saint Jérôme enfin, contre Helvidius, fait des frères et des sœurs de Jésus ses cousins et ses cousines. Son principal argument est philologique : le mot hébreu traduit par *adelphos* dans la LXX peut signifier le demi-frère ou un parent proche, cousin ou neveu. Cette élasticité du mot réflète une mentalité de solidarité clanique qui n'a pas encore disparu chez les Sémites d'aujourd'hui.

Les positions établies (dont la première seule s'oppose au dogme), voyons ce que disent les textes en première évidence.

Les Évangiles de l'enfance qui ouvrent Matthieu et Luc sont écrits tout entiers pour attester la naissance virginale. Explicitement, ils n'attestent que la virginité avant la naissance. Mais comme cette virginité d'une mère (et elle seule) requiert le miracle, elle induit à supposer la virginité perpétuelle (non miraculeuse) dans toute la mesure où les textes ne la démentent pas clairement.

Par ailleurs, et indépendamment de ces évangiles de l'enfance, les textes les plus anciens des évangiles, ceux de la Passion chez Marc et Matthieu, nous montrent au Calvaire « Marie, mère de Jacques le mineur et de Joset » (Mc. XV, 40) alors que dans l'épisode de Nazareth Jésus est dit « frère de Jacques, de Joset, de Jude et de Simon » (Mc. VI, 3). Il est remarquable que les deux premiers noms (et notamment la forme plus rare du second) se retrouvent dans le même ordre (correspondant vraisemblablement au rang d'âge). L'absence, au Calvaire, des noms de Jude et de Simon ne doit pas surprendre. Non seulement ils peuvent être morts entre-temps ou n'avoir pas rallié la communauté plus tard, non seulement leurs noms pourraient créer une confusion avec ceux de Simon-Pierre et de Judas qui occupent une place de premier plan dans les récits de la Passion, mais surtout, ici, dans une énumération, il s'agit simplement de distinguer cette Marie de Marie de Magdala *et* de Marie mère de Jésus, à qui il pourrait être pensé. Pour l'identifier, les deux premiers noms de la série suffisent (alors qu'à Nazareth il s'agit de montrer qu'on connaît bien toute la parenté de Jésus, y compris « ses sœurs qui sont ici parmi nous »). Ce rapprochement de textes de la plus vieille tradition fait des frères de Jésus ses frères au sens sémitique de cousins et est un sérieux argument en faveur de saint Jérôme et de la virginité *post partum*.

Mais, en matière de cette importance, l'enquête se contente mal des preuves textuelles de première vue. Il convient encore de situer ces textes et, pour ce faire, de procéder génétiquement.

L'idée d'une conception divine et virginale n'avait normalement aucune possibilité de s'exprimer dans le monde juif. On attend un Messie suscité par Dieu, « fils de Dieu » en ce sens, comme jadis, de façon imagée, le roi d'Israël. On attend même, dans les cercles apocalyptiques, un Messie de taille surhumaine. Mais, pour le strict monothéisme juif, l'idée d'un réel Fils de Dieu, fût-il né d'une vierge, est une chose plus qu'impensable : c'est un véritable blasphème. Même quand il est fait allusion au psaume 2 — « Tu es mon fils ; moi, aujourd'hui je t'ai engendré » — on attend que le Messie naisse de la souche de Jessé, père de David. Le sens d'*engendrer* est pratiquement celui de *susciter* au sens où un texte de Qumrân parle de réunir le Conseil « quand [Adonaï] aura suscité le Messie parmi eux » *(Règle annexe,* ii, 11). La suite du texte assemble du reste la Congrégation en face d'un Messie adulte et nullement d'un enfant. L'adoptianisme a des racines juives et il n'entendra l'engendrement du Messie qu'au sens où la voix céleste du Baptême peut déclarer sans choquer une oreille juive : « Tu es mon Fils bien-aimé. »

C'est ainsi encore que le verset d'Isaïe vii, 14, appliqué par Matthieu à la naissance virginale, dit exactement dans le texte hébreu : « Voici : l'*almah* est enceinte et va enfanter un fils qu'elle appellera Emmanuel. » Le mot désigne, sans autre précision, une jeune fille nubile, vierge ou récemment mariée. Le grec de la Septante traduira par « vierge », qui est une précision ou une restriction de sens. Mais à vrai dire cette précision de sens est un précieux témoignage pré-chrétien. Elle constitue une interprétation, un *targoum,* qui donne au verset un sens mystérieux, miraculeux, mais parfaitement accordé à la première moitié du verset : « Le Seigneur lui-même va vous donner un signe. » Certes, le verset ne dit pas que cet enfant sera le propre Fils de Dieu, ce qu'un Juif n'eût guère pu admettre. Mais le fait est que ce nom d'Emmanuel signifie « Dieu avec nous ». Il suffisait dès lors d'un rapprochement entre ce verset et celui du fameux psaume 2 pour arriver, sous la pression des événements de Pâques, à l'idée d'un réel Fils de Dieu né d'une vierge.

121

Dès lors, mais dès lors seulement car, en milieu palestinien, l'idée reste impossible aussi longtemps qu'on n'a pas admis la divinité du Christ. Elle est d'autant plus impossible que la société juive fait peu de cas de la virginité sinon avant le mariage. Toute fille est destinée au mariage (quitte à être répudiée). La fille non mariée est une disgrâce et une charge, la stérilité un opprobre et marier une orpheline un acte de charité. Il n'existe guère qu'une exception mais remarquable : reprenant sans doute les vœux du naziréat, les Esséniens ne prennent pas d'épouses. Encore est-ce par misogynie selon Josèphe et sont-ce, selon Philon, « des hommes d'un âge mûr et inclinant déjà vers la vieillesse, qui ne sont plus entraînés par le flux du corps ni entraînés par les passions. » Il n'empêche qu'il y a là, pour des motifs religieux, une valorisation de la continence qui est remarquable en milieu juif et fermement attestée. Aussi a-t-on émis l'hypothèse que Joseph aurait pu être touché par la spiritualité essénienne (ce que soutiendrait l'idée d'une parenté de Jésus et de Jean-Baptiste, dans Luc).

LES RÉCITS DE L'ENFANCE

L'Église primitive, bouleversée par le message de Pâques, n'avait guère eu de temps pour cette question de la naissance de Jésus. Elle est nettement secondaire dans la prédication de Jérusalem et dans la prédication de Paul ; elle ne concentrera l'attention que plus tard. Les premières formules de la prédication insistent sur la glorification de Jésus et non sur son origine : « Que toute la maison d'Israël le sache avec certitude : Dieu *a fait* Seigneur et Christ ce Jésus que vous, vous avez crucifié » (Act. ii, 36). Saint Paul, de même, ne parle pas explicitement de la naissance virginale bien qu'il affirme la préexistence (qui est, historiquement, le second pas dans l'affirmation doctrinale). Il lui suffit que le Christ Jésus soit vrai homme, « né d'une femme », et vrai Dieu ; de condition divine mais prenant condition d'esclave comme l'affirme l'hymne de l'épître aux Philippiens (ii, 6 sq.) L'évangile de Marc (le plus ancien, en tout cas dans la forme actuelle de nos évangiles) coïncide sur ce point avec Paul comme avec la formule archaïque des Actes. Il commence au baptême par Jean avec la proclamation de la voix céleste : « Tu es mon Fils bien-aimé » — proclamation qui laisse évidemment place à la conception virginale mais qui ne l'inclut pas nécessairement.

Ainsi donc, et fort normalement car elle se situait dans un climat missionnaire et d'attente de la proche Parousie, la pensée chrétienne a vécu d'abord presque uniquement de la Résurrection et de l'exaltation de Jésus, qui en faisaient le Messie attendu par Israël, du récit de sa Passion, de la vérification de sa messianité selon les textes des Écritures, puis de sa vie et de ses enseignements qui orientaient la vie des communautés et leur donnaient des règles de conduite. Dès qu'on commença pourtant à ne plus espérer la Parousie pour bientôt, la réflexion chrétienne, installée en ce monde pour un temps indéfini et en butte à la contradiction sur toutes les frontières de ce mystère central d'un Homme-Dieu, cette réflexion chrétienne s'intéressa non seulement à l'exaltation de Jésus, à sa divinité et à ses faits et gestes du ministère public, mais à tout ce qui concernait l'Homme-Dieu préexistant, et très notamment à sa mère et aux conditions de sa naissance. Ce moment se situe approximativement vers 70, après la mort de Pierre et de Paul et la destruction de Jérusalem, quand l'espoir messianique juif est compromis et que l'espoir chrétien de la Parousie recule définitivement. C'est de cette époque que datent, avec la rédaction du Matthieu grec et de Luc, les récits de l'enfance, les plus tardifs et où les traces d'une réflexion théologique sont apparentes.

A parler rigoureusement, on ne conçoit pas de preuve historique de la conception virginale. Il ne peut s'agir que d'indices et de preuves en quelque sorte négatives. Mais, ces indices une fois rassemblés, la Résurrection et l'exaltation du fils se réfléchissent en effet sur la mère. Si Jésus est le Christ, s'il est Dieu, quoi d'impossible à ce qu'il naisse d'une vierge ? La situation en tête des évangiles des récits de l'enfance, composés les derniers, ne doit pas fausser notre perspective : Jésus n'est pas Dieu parce qu'il est né d'une vierge, il a pu naître d'une vierge parce qu'il est Dieu, et il n'a pu être reconnu tel qu'après la Résurrection. Si peu de confiance qu'on accorde à l'historicité des récits de l'enfance, l'ensemble des concordances paraît autoriser la conclusion minimum que la naissance de Jésus, apparemment irrégulière, a eu lieu dans des conditions dramatiques, moralement et matériellement. Jésus est bien d'abord le fils de Marie et s'il est aussi appelé fils de Joseph dans les évangiles, jamais ses frères, par contre, ne sont nulle part appelés fils de cette Marie — bénie, mais dans l'épreuve, entre toutes les femmes.

Avant de quitter les récits de l'enfance, quelques observations.
L'enfance et la jeunesse à Nazareth n'ont pratiquement jamais été contestées mais il n'en va pas de même pour la naissance à Bethléem. On a supposé parfois que c'était la prophétie de Michée v, 1 qui avait conduit à situer la naissance à Bethléem pour répondre à l'objection juive : « Le Christ viendrait-il de la Galilée ? » (Jo. vii, 41). Mais cette objection, qui confirme l'enfance à Nazareth, traduit surtout le mépris où les Juifs tiennent la Galilée car la naissance à Bethléem n'est pas une donnée ferme de l'attente messianique. La position la plus générale à ce sujet n'est pas celle de Jean vii, 42 b mais celle du verset 27 : « Celui-ci, nous savons d'où il est tandis que le Christ, quand il viendra, personne ne saura d'où il est ». Seule est de tradition constante la descendance davidique. Le verset de Michée n'ayant pas eu de relief particulier dans la tradition juive, la plus grande probabilité est que la localisation de la naissance à Bethléem est chrétienne. Il resterait à voir si cette localisation a pour origine un donné préexistant ou une simple préoccupation d'apologie par l'Écriture. Il faut pencher pour la première hypothèse car on voit mal l'intérêt apologétique de la naissance à Bethléem. Elle n'est en rien nécessaire pour affirmer l'essentielle descendance davidique et si Matthieu, fort attaché aux preuves scripturaires, signale (et lui seul) le texte de Michée, il signale aussi bien, et équivalemment, un autre oracle : « Il sera appelé Nazaréen » (ii, 23).
L'opinion de Matthieu, contrairement à Luc, est d'ailleurs que Joseph a d'abord habité la Judée comme on le voit en ii, 21-3 : « Il rentra au pays d'Israël. Mais apprenant qu'Archélaüs régnait sur la Judée à la place d'Hérode son père, il craignit de s'y rendre. Sur un avis reçu en songe, il se retira dans la région de Galilée et vint s'établir dans une ville appelée Nazareth. » On notera au

passage que la motivation par le règne despotique et sanglant d'Archélaüs est historiquement excellente.)

La tradition de Luc est fermement nazaréenne dès avant la naissance, mais elle concerne avant tout Marie et, même à propos d'elle, mentionne un séjour dans les montagnes de Juda.

Luc motive la naissance à Bethléem par l'obligation de se soumettre au recensement. Indépendamment de la localisation à Bethléem, la soumission de Joseph à l'ordre de recensement — à l'*inscriptio prima,* œuvre de longue haleine, nécessaire pour soumettre la Palestine à la fiscalité romaine — cette soumission mérite de retenir l'attention. Nous savons par Josèphe que ce recensement a conduit au soulèvement zélote de Judas le Galiléen et, en Judée, de Simon et d'Athrongas. Le recensement est, en effet, un acte de propriétaire et les Zélotes, qui « ne reconnaissaient d'autre maître que Dieu », ne pouvaient souffrir que le divin Auguste empiétât sur les privilèges de Yahvé. Les rois d'Israël eux-mêmes ne pouvaient à leur gré procéder au recensement ! Même brisée, la résistance continuera à couver jusqu'au grand soulèvement de 66. Dans ces conditions, que Joseph se soit soumis au recensement indique que sa piété était différente de celle des Zélotes, plus spiritualisée, plus proche de la piété de ces humbles, de ces *anawim* que chante le *Magnificat,* ou encore de celle de ces Esséniens qui prennent parfois, eux aussi, le titre équivalent de « pauvres » et « enseignent avec prédilection à s'en remettre à Dieu pour toutes choses » (*Ant. Jud.* XVIII, 1, 5 § 18). Selon Philon (*Quod omnis...* § 78), « on chercherait en vain parmi eux quelque fabricant de traits, de javelots ou d'épées ... ou même d'objets pacifiques qui pourraient être tournés au mal ». Ce pacifisme était radicalement opposé à l'esprit zélote. On sait assez par ailleurs combien Jésus aura à lutter contre la conception d'un messianisme temporel et glorieux, combien il méritera ce titre de « Prince de la Paix » que lui avait donné Isaïe. Et certes nous ne pouvons savoir combien de temps, à Nazareth, il a pu vivre avec Joseph mais, comme tout jeune Israélite, c'est sur ses genoux qu'il a dû apprendre le *Shéma Israël.* Et si le Père céleste n'a aucune commune mesure avec les pères de la terre, du moins pouvons-nous croire que Jésus, dans sa conscience humaine, pour en parler avec tant de confiance et d'amour absolus, a dû être aidé plutôt qu'empêché par l'image qu'il avait gardée de Joseph et des premiers enseignements qu'il en avait reçus.

On peut rapprocher de la soumission au recensement la fuite nocturne devant les soldats d'Hérode. La théologie de Matthieu pousse cette fuite jusqu'à un exil en Égypte indiquant que Jésus est le second Moïse, mais la piété essénienne, déjà, fournissait la prophétie d'un massacre des Innocents au moment où naîtrait le sauveur d'Israël. Il s'agit de l'Hymne E (III, 8-10) dont nous avons déjà cité un passage :

« Des transes et d'atroces douleurs ont déferlé sur ses flots
    afin que Celle qui est enceinte mît au monde (son) premier-né.
Car les enfants sont parvenus jusqu'au flot de la Mort,
    et celle qui est enceinte de l'Homme de détresse est dans ses douleurs.
Car dans les flots de la Mort elle va donner le jour à un enfant mâle
    et dans les liens du Shéol va jaillir de son creuset un Merveilleux Conseiller avec sa puissance
    et il délivrera des flots un chacun grâce à celle qui est enceinte de lui. »

Ce texte est remarquable, qui unit à la vision d'un massacre des Innocents (les enfants « parvenus jusqu'aux flots de la mort ») celle de la naissance du Merveilleux Conseiller d'Isaïe IX, 5, passage que l'Église utilise dans l'Introït des 2e et 3e messes de Noël :

« Le peuple qui marchait dans les ténèbres a vu une grande lumière,
    sur les habitants du sombre pays une lumière a resplendi...
Car un enfant nous est né, un fils nous a été donné,
il a reçu l'empire sur les épaules, on lui donne ce nom :
Merveilleux Conseiller, Dieu fort, Père éternel, Prince de la Paix. »

Il est possible que « Celle qui est enceinte » ait d'abord voulu désigner la Congrégation des Justes. Mais, comme le singulier y pousse, il est probable que l'image a pu se personnaliser, et d'au-

tant plus facilement que l'allusion à Isaïe IX, 5 invite expressément au rapprochement avec le mystérieux verset VII, 14, un peu avant : « C'est donc le Seigneur lui-même qui va vous donner un signe.
Voici : l'*almah* est enceinte et va enfanter un fils qu'elle appellera Emmanuel. »
Et Michée lui aussi, après le verset où il fait naître le Messie « de » Bethléem Ephrata, ville de David, semblait penser à cet oracle d'Isaïe car il continuait : « C'est pourquoi Yahvé les abandonnera jusqu'au temps où aura enfanté celle qui doit enfanter. »

L'idée dominante reste donc finalement l'idée d'origine, cette mystérieuse *almah* d'Isaïe, d'Isaïe fort lu à Qumrân où, selon Josèphe, plusieurs jouissent du don de prédiction, « exercés qu'ils sont à l'étude des livres saints, des écrits sacrés et des oracles des prophètes ; et il est rare qu'ils se trompent dans leurs prédictions » *(Bell. Jud.* II, 8, 159). Nous savons par ailleurs combien Isaïe est fréquemment cité dans l'Évangile, dès le Baptême ; comment Jésus, selon Luc, s'est appliqué à Nazareth un texte d'Isaïe ; comment il répondra par un texte du même prophète aux envoyés de Jean ; comment un texte d'Isaïe sera appliqué à l'enseignement des paraboles ; comment même, selon Jean XII, 41, Isaïe eut la vision de la gloire de Jésus et surtout combien la vie du Christ sera finalement conforme à la vision isaïenne du Serviteur souffrant. Sans doute Isaïe était-il un des textes les plus lus dans la maison de Nazareth (qu'il faut renoncer à se représenter dans les couleurs faussement idylliques de l'imagerie pieuse). Le chef de famille y a bien été pour quelque chose. Encore une fois, nous ne savons rien de lui sinon que ce charpentier, ce juste caché, était capable de renoncer au droit de dénonciation que lui reconnaissait le Deutéronome (un droit, comme Jésus le dira du droit de répudiation, qui n'avait été reconnu aux Israélites qu'à cause de la dureté de leurs cœurs). Il était même capable, dans la nuit de la foi, de se laisser pénétrer par le conseil divin au point de surmonter, contre toute évidence humaine, le scandale de la grossesse de Marie. «Il prit chez lui son épouse», juste justifié par la foi et non par les œuvres du juridisme pharisaïque. Ce juste qui n'était ni un Zélote ni un Pharisien, jusqu'à quel point y aura-t-il été aidé par une piété de type essénien, profondément nourrie d'Isaïe ? Et même, en particulier, jusqu'à quel point n'y aura-t-il pas été aidé par les textes que nous venons d'indiquer ? C'est là, sans doute, une pure hypothèse mais vraisemblable et reposant sur des textes incontestables.

Dieu ne se laisse pas lier par l'orgueilleuse attente humaine qui prendrait volontiers des droits sur Lui, L'asservissant à ses interprétations. Alors que les Juifs attendaient un Messie de conception humaine et d'adoption divine, Il a choisi, pour tenir les promesses prophétiques, d'envoyer un Messie de conception divine et d'adoption humaine — par Marie et Joseph et dans leur épreuve sans exemple à tous deux, par leur acceptation dans la nuit d'une foi justifiée seulement à la Résurrection.

LE BAPTÊME ET LA TENTATION

Les notices synoptiques sur Jean le Baptiste se terminent par l'annonce d'un plus puissant que lui et par l'annonce d'un baptême non plus d'eau seulement mais « d'esprit et de feu » (ou « de vent et de feu »). La rédaction évangélique est sans doute influencée par la connaissance du baptême chrétien mais la mention du feu (chez Matthieu-Luc) est nettement archaïque. Elle est bien dans la note rude du Baptiste.

A vrai dire, la mention de l'Esprit saint de Yahvé se rencontre, elle aussi, à plus d'un endroit de l'Ancien Testament (et par exemple dans Isaïe LXIII, 10-11).

La promesse d'une diffusion de l'Esprit aux temps messianiques est même bien connue du judaïsme. On attendait le prophète semblable à lui promis par Moïse : « Yahvé ton Dieu suscitera pour toi, du milieu de toi, parmi tes frères, un prophète semblable à moi que vous écouterez. » (Deut. XVIII, 15.) Or, au temps de Moïse, l'Esprit de Yahvé ne s'était-il pas répandu sur les 70 anciens rassemblés autour de la Tente, comme aussi sur Eldad et Médad ? (Num. XI, 24-30.) Isaïe en avait proclamé la certitude : « De nouveau sera répandu sur nous l'Esprit venu d'en haut. Alors le désert deviendra verger et le verger forêt ; dans le désert demeurera le droit et la justice habitera le verger. » (XXXII, 15-6.) Joël enfin, après l'Exil, avait annoncé cette effusion dans un climat qui tenait à la fois de l'Apocalypse et de la Pentecôte : « Après cela, je répandrai mon Esprit sur toute chair. » (III, 1.)

Pierre rappellera cette promesse à la fin de son premier discours, et il enchaînera : « Sauvez-vous de cette génération dévoyée... Repentez-vous et que chacun de vous se fasse baptiser... pour la rémission de ses péchés. » (Act. II, 38-40.) C'est encore là, formellement du moins, la prédication du Baptiste. Mais il s'agit maintenant d'un baptême « au nom de Jésus le Messie » et de la promesse, alors, de recevoir l'Esprit. Cette promesse chrétienne est conçue comme accomplissant la promesse ancienne : « Car c'est pour vous qu'est la promesse, ainsi que pour vos enfants et pour tous ceux qui sont au loin, en aussi grand nombre que le Seigneur notre Dieu les appellera. » En somme, après un temps de préparation qui rappelle celui du Christ, l'Église commencera exactement comme le Christ lui-même a commencé : par un baptême d'eau transformé par le don de l'Esprit.

Le baptême de Jésus est raconté de façon foncièrement identique par les trois synoptiques. Sous sa forme la plus dépouillée, celle de Marc (I, 9-10), il tient en ces deux phrases :

> *En ce jour-là, Jésus vint de Nazareth de Galilée et fut baptisé dans le Jourdain par Jean. Comme il remontait de l'eau, il vit les cieux se déchirer et l'Esprit comme une colombe descendre sur lui ; et des cieux [vint] une voix : « Tu es mon fils bien-aimé, en qui j'ai mis ma complaisance. »*

La première phrase, aussi sobre que possible, se contente d'enregistrer un fait que nul ne met en doute : le baptême par Jean. L'affirmation chrétienne ne prête ici à aucune suspicion car le fait, pour les chrétiens, est, de soi, plutôt embarrassant. Au moment des controverses avec les baptistes par exemple, ils eussent été plutôt portés à le nier qu'à l'inventer : cette soumission de Jésus au baptême de Jean pouvait paraître impliquer une infériorité au moins momentanée par rapport au Précurseur. Et le fait prêtait encore au scandale par un autre côté : le baptême de Jean était un baptême pour la rémission des péchés. Or, le Christ n'était-il pas sans péché ? Aussi, chez Matthieu, Jean refuse-t-il d'abord de le baptiser, ne se laissant convaincre que parce qu'il convient « d'accomplir toute justice » c'est-à-dire de se soumettre en toute humilité à la volonté divine.

Que Jésus se soit rendu au baptême de Jean implique une approbation de son œuvre et il reprochera en effet aux dirigeants juifs de n'avoir pas cru au prophète : « Jean est venu à vous dans la voie de la justice et vous n'avez pas cru en lui. » (Mt. XXI, 32.)

Jésus approuvant Jean, on peut se demander pourquoi il ne le continue pas de façon plus évidente, notamment dans son activité baptiste. Sans doute, d'après un passage du quatrième évangile (III, 22 sq. et IV, 1-2), il semblerait que Jésus, ou du moins ses disciples, ait baptisé en Judée du vivant de Jean. Ce témoignage isolé ne peut être rejeté sans plus quand nous voyons les apôtres pratiquer le baptême dès la première prédication. Cependant, même authentique, ce fait ne saurait primer un fait plus important et mieux attesté : dès la première prédication galiléenne, Jésus enseigne et guérit mais ne baptise pas. Pourquoi sinon parce que le véritable baptême est le baptême dans l'Esprit ? Un épisode des Actes nous l'indique, à propos d'Apollos et des Johannites d'Ephèse (XVIII, 24 sq. et XIX, 1 sq.). Bien qu'instruits de la « Voie » chrétienne, ces gens ne sont encore baptisés que du baptême de Jean. Ce n'est que lorsqu'ils seront baptisés « au nom du Seigneur Jésus » qu'ils recevront l'Esprit. Or, l'Esprit ne se répandra qu'après la glorification de Jésus. « Il n'y avait pas encore d'Esprit, note explicitement saint Jean (VII, 39), parce que Jésus n'avait pas encore été glorifié. » Pendant le ministère, lui seul a eu le don de l'Esprit. Comme si ce temps eût été un temps de suspens, le temps d'une dernière tentative — celle du Fils de l'homme qui boit et mange et promet le Royaume aux hommes de bonne volonté après la tentative de Jean qui ne boit ni ne mange et menace les cœurs endurcis. La proclamation de Jésus échouera devant le même refus qui avait été opposé au Baptiste. Elle sera étouffée, humainement, par un meurtre judiciaire. Mais l'intervention divine la fera réussir, au-delà de l'échec, par et à travers ce refus même et ce meurtre. Si le Christ ne baptise pas, c'est que le but du baptême est l'Esprit et que, durant les jours de sa chair, le don de l'Esprit lui est réservé. Lui seul, échouant humainement à rassembler le peuple de Dieu, méritera par sa mort expiatoire et sa glorification le don de l'Esprit.

Nous n'avons guère fait jusqu'ici que commenter la première phrase de Marc. La seconde n'est ni moins riche ni moins importante, car le Baptême (et la Tentation) forme une sorte de portique introductif à tout l'Évangile. Cette richesse est sans doute

1. Il doit y avoir là, chez Jean un écho de la polémique avec les johannites.

théologique autant et plus qu'historique mais, s'il est de notre devoir de distinguer les deux domaines, il est pratiquement impossible par ailleurs de les dissocier complètement, l'Évangile ne nous transmettant les éléments biographiques que dans la mesure strictement nécessaire pour transmettre le message de la foi.

On notera d'abord que la vision ne concerne que Jésus. « Comme il remontait de l'eau, il vit les cieux se déchirer et l'Esprit comme une colombe descendre sur lui ; et des cieux (vint) une voix : Tu es mon Fils bien-aimé, en qui je me suis complu. » Contrairement à Marc et Matthieu, Luc objectivera la vision mais elle n'était pas, de soi, susceptible d'avoir des témoins — pas plus par exemple que cette extase de Pascal, une nuit de novembre 1654. Du moins gardons-nous, écrit de la main de Blaise Pascal, le *Mémorial*. Rien de tel ici, trop évidemment. Bien que très sobrement, la vision du Baptême nous est rapportée en style de théophanie, en un style de geste religieuse où se perçoit la résonance de plus d'un texte prophétique — ce qui n'implique d'ailleurs pas que tout le vocabulaire de cette phrase soit rédactionnel. Pour communiquer le sens d'une expérience privilégiée, proprement ineffable, aux gens simples mais nourris des textes prophétiques qu'étaient ses disciples, Jésus lui-même a pu employer ce style de l'Écriture qui leur était familier. Que cette phrase nous soit transmise pratiquement dans les mêmes termes par les trois évangélistes garantit en tout cas leur très haute antiquité. Nous nous pencherons donc sur chaque terme — les cieux ouverts, l'Esprit comme une colombe, la voix — pour en mesurer la portée, le rattachement à la pensée juive antécédente et à la pensée chrétienne subséquente et nous demandant aussi, dans la mesure du possible, quel sens a pu avoir cette vision dans la conscience humaine du Christ.

LES CIEUX OUVERTS

Au minimum, la vision a eu pour Jésus l'importance de cette vision inaugurale qui marque la vocation des prophètes et notamment celle d'Ezéchiel : « Alors que je me trouvais parmi les déportés, au bord du fleuve Kébar, le ciel s'ouvrit et je vis des visions divines ... C'est là que la main de Yahvé fut sur moi. » Ce dé-

chirement des cieux — irrévocablement séparés de la terre et
marquant la transcendance divine — est un trait de la littérature
apocalyptique. Il marque le début des temps annoncés par le prophète et proclamés imminents par Jean. Mais c'est sans doute le
climat d'Isaïe, rappelé dans les paroles de la Voix, qui était le
plus proche de la conscience de Jésus.

Il faut penser ici aux versets que Luc fait lire par Jésus à Naza-
ret au début du ministère : « L'Esprit du Seigneur Yahvé est sur
moi car il m'a oint. Il m'a envoyé porter la bonne nouvelle aux
pauvres, panser les cœurs meurtris. » (LXI, 1 sq.) Mais surtout il
convient de relire les chapitres LXIII-LXIV, où Yahvé est invoqué
comme un Père qui guide par son Esprit saint et où on le supplie
de déchirer les cieux et de descendre :

« Où est celui qui retira des eaux le pasteur de son troupeau ?
Où est celui qui mit en lui son Esprit saint ? ...
Regarde du ciel et vois, de ta demeure sainte et magnifique...
Ah ! n'endurcis pas ta pitié, car tu es notre Père.
Car Abraham ne nous reconnaît pas et Israël ne se souvient pas
de nous.
C'est toi Yahvé, qui es notre Père...
Pourquoi nous laisses-tu errer loin de tes voies ? ...
Nous sommes depuis longtemps ceux que tu ne gouvernes plus
et qui ne portent plus ton nom.
Ah ! si tu déchirais les cieux et si tu descendais !
Devant ta Face fondraient les monts comme le feu enflamme
des brindilles, comme le feu fait bouillir l'eau. »

Pour une conscience juive, les cieux ouverts au Baptême inau-
gurent les temps prédits et annoncent la nouvelle alliance sous le
signe de l'Esprit. Les cieux cessent d'être fermés, le temps est
rouvert des merveilles en faveur d'Israël, rouvert par cette brèche
rédemptrice et dans le climat de la paternité divine.

Sans doute, ce qui est attendu par le peuple chez Isaïe est réservé
ici au seul Jésus. Mais Jésus est solidaire de son peuple et cette
substitution prépare celle, plus tard, du Serviteur souffrant qui
rachètera des multitudes.

LE BAPTÊME ET LA TENTATION

L'ESPRIT DESCENDANT COMME UNE COLOMBE

La comparaison de l'Esprit descendant comme une colombe ne se matérialisera pas avant Luc (qui, par une sorte de réaction antidocète, insistera de même sur les preuves matérielles de la Résurrection). Dans l'état antérieur de la tradition, on peut se demander si la comparaison porte sur l'Esprit (l'Esprit, comme une colombe, descend) ou sur sa descente (il descend comme descend une colombe). Les implications seraient légérement différentes selon l'un ou l'autre cas.

Dans le premier cas, la comparaison ferait la liaison entre l'Esprit et la voix céleste si nous pensons que la voix céleste est comparée, dans la littérature rabbinique, au gémissement de la colombe (*Bab. Bérach.* 3 a). Lorsque l'Esprit se sera personnalisé dans la théologie chrétienne, Paul, qui est passé par l'école rabbinique, déclarera en conservant la même image : « L'Esprit lui-même intercède pour nous en des gémissements ineffables. » (Rom. VIII, 26.) Car cet Esprit, l'Esprit du Fils, Dieu l'enverra dans nos cœurs et cet Esprit crie vers le Père (« Dieu a envoyé dans nos cœurs l'Esprit de son Fils qui crie : *Abba*, Père ! » Gal. IV, 6). Saint Paul conservant ici le mot araméen, on peut penser qu'il se réfère à une tradition primitive. Dans le cadre de la théologie trinitaire, elle suggère que la voix qui avoue Jésus pour le Fils bien-aimé répond à une invocation de ce Fils vers le Père dans la liaison d'un même Esprit.

Si cependant la comparaison se rapporte à la descente, il faut penser d'abord à « l'Esprit de Yahvé planant sur les eaux », du début de la Genèse, et à Yahvé protégeant Israël au désert comme un oiseau « planant au-dessus de ses petits ». Unissant les deux images, Ben Zoma, contemporain des apôtres, ne voit-il pas « l'Esprit de Dieu planant sur la face des eaux comme une colombe qui couve ses petits sans les toucher (*Bab. Hag.* 15 a) ? La suggestion, dans ce cas, est celle d'une nouvelle création. Elle nous oriente vers « les cieux nouveaux et la terre nouvelle » d'Isaïe LXV, 17 et LXVI, 22 (qui suivent immédiatement le texte que nous citions à la page précédente, et que l'Apocalypse reprendra). Mais elle nous oriente en même temps vers de très anciennes spéculations sur le Messie-nouvel Adam, rachetant par son obéissance la désobéissance du premier homme. Un argument en faveur de cette interprétation serait que le récit de la Tentation sera écrit (en partie du moins) de ce point de vue. Cette ligne de pensée contredit si peu la précédente qu'elle aussi est prolongée vers nous par saint Paul écrivant : « Si donc quelqu'un est dans le Christ, c'est une création nouvelle » (2 Cor. v, 17) ou encore « la circoncision n'est rien ni l'incirconcision ; il s'agit d'être une créature nouvelle » (Gal. vi, 15).

Le passage parallèle du quatrième évangile (« J'ai vu l'Esprit descendre du ciel tel une colombe et demeurer sur lui » i, 32) est repris des Synoptiques mais ajoute à leur rédaction le verbe *demeurer*. Ce verbe aide, me semble-t-il, à rapporter la comparaison à la descente plutôt qu'à l'Esprit lui-même. Par ailleurs, il nous oriente vers l'important texte messianique d'Isaïe xi, 2 : « Sur lui repose l'Esprit de Yahvé. »

L'évangile des Hébreux insistait de même sur ce verbe en faisant allusion au même passage d'Isaïe. Il ne mentionnait pas la colombe et rapportait directement à l'Esprit les paroles de la voix céleste : « Il arriva, comme le Seigneur remontait de l'eau, que la source de tout esprit saint descendit et reposa sur lui et lui dit : « Mon Fils, j'attendais ta venue dans tous les prophètes afin de reposer en toi. »

LA VOIX CÉLESTE

Ici aussi, et c'est plus qu'une coïncidence, nous nous mouvons sur le terrain prophétique et plus particulièrement sur le terrain isaïen. Les paroles célestes font en effet référence au psaume 2 (Tu es mon Fils ; moi, aujourd'hui, je t'ai engendré) mais surtout au premier verset des Chants du Serviteur : « Voici mon Serviteur que je soutiens, mon élu que préfère mon âme. » (Is. xlii, 1.) Le passage parallèle de Jean, dans sa leçon la plus probable, confirme cette référence : « Oui, j'ai vu et j'atteste que c'est lui l'élu de Dieu. » (i, 34.)

La fusion des deux références — du Fils du psaume 2 et du Serviteur élu d'Isaïe — en une unité nouvelle, originale, a été favorisée par le double sens du grec *païs*, signifiant à la fois enfant et serviteur. A ce niveau du vocabulaire, on pourrait objecter que la fusion ne s'est opérée que tardivement. Mais cette objection, bien qu'évidente, est superficielle car, au niveau plus profond de la pensée, nous avons les plus solides évidences juives pour cette assimilation du rôle de fils et du rôle de serviteur. On les trouve notamment à propos de cet Israël auquel Jésus va se substituer, et par exemple dans Malachie I, 6 : « Un fils honore son père, un serviteur craint son maître. Mais si je suis père, où est mon honneur ? Si je suis maître, où est ma crainte ? » Ou encore : « J'aurai compassion d'eux comme un homme a compassion de son fils qui le sert. » (III, 17.)

Et il n'y aura dans le Christ nulle contradiction entre le Fils et le Serviteur. Il est venu, non pour dominer, mais pour servir et il se montrera Fils dans l'obéissance jusqu'à la mort des esclaves. Ceci, cette conception de son rapport à Dieu, fait partie de la conscience première de Jésus. La voix du baptême sera approbation de cette conscience, vocation solennellement confirmée. Elle sera l'onction qui sacre Messie, dans le sens du psaume 2, le Fils-Serviteur d'Isaïe.

Pour un Juif « spirituel », vivant sa religion à la lumière du prophétisme, les filiations de la chair comptent peu en regard de l'élection divine. « Abraham ne nous reconnaît pas... Toi, Yahvé, tu es notre Père. » Aussi ses premiers disciples se sont-ils peu préoccupés, au début, de l'ascendance de Jésus selon la chair. Dans la première prédication, la vie de Jésus part du baptême et c'est de là encore que part l'évangile de Marc. Au contraire des Grecs, habitués aux filiations divines, un Juif recule spontanément devant l'idée d'incarner la Transcendance. Ce n'est qu'après la glorification que la réflexion théologique, forcée d'aborder le problème, a pu commencer à recueillir les récits de la naissance virginale sous l'ombre de l'Esprit, prolongeant ainsi la révélation du Baptême jusqu'en ses commencements cachés.

Si cependant, partant des paroles célestes, nous ne regardons plus vers le passé de Jésus mais vers son avenir, il faut tenir compte que, dans l'usage juif, la citation d'un premier verset peut évoquer tout un texte et ainsi tout un programme. La référence au premier verset des Chants du Serviteur peut donc impliquer que Jésus va réaliser le programme tracé par Isaïe. Il reste toutefois à décider si c'est là l'interprétation, après coup, des évangélistes ou la vision même de Jésus dès ce moment-là.

Il est certain que telle est bien la pensée des évangélistes revoyant dans son entier la vie du Christ — mais nous savons aussi qu'après le demi-échec du ministère galiléen il y aura pour Jésus un temps de crise, de voyages avec les seuls disciples en dehors de la Galilée. Il devra y avoir, liée aux annonces de la Passion, une seconde confirmation divine, celle de la Transfiguration. Ce tournant se comprendrait moins bien si, dès le Baptême, Jésus avait eu la vision claire de sa destinée de Serviteur souffrant. La direction finale que prendra sa vie terrestre est bien contenue en germe dans la vision du Baptême. Mais c'est là un raccourci qui ne tient pas compte de la succession des moments historiques, sinon pour en faire la somme. Historiquement, l'idée d'une substitution expiatoire ne paraît probable (du seul point de vue de la psychologie humaine) qu'à partir de la Transfiguration.

Mais sa conscience de « Fils » du moins est évidente dès le Baptême. Or elle suppose une « personnalisation » des textes scripturaires appliqués à Israël et cette personnalisation est bien une première étape sur la voie de la substitution expiatoire. Déjà les novices de Qumrân, au moment du serment, confessaient comme les leurs les péchés d'Israël — mais sans qu'il y ait eu là pour eux, comme pour Jésus, une vocation personnelle confirmée d'en haut.

Ceci mérite quelques mots d'explication.

Par opposition aux « nations », l'Ancien Testament parle quelquefois d'Israël comme du fils de Dieu et notamment comme de son fils premier-né. Un passage de l'Exode (iv, 22-3) montre même la possibilité d'une personnalisation de la métaphore puisque le fils premier-né de Pharaon sera victime de l'opposition de son père au départ d'Israël, premier-né de Yahvé. « Ainsi parle Yahvé : Israël est mon fils premier-né. Je t'avais donné cet ordre : Laisse aller mon fils qu'il me rende un culte. Puisque tu refuses de le laisser partir, eh bien, moi, je vais faire périr ton fils premier-né ! »

Mais, fils destiné au service et à l'obéissance, Israël est un peuple à la nuque dure, au cœur incirconcis et suivant les pensées de son cœur au point de se prostituer plus d'une fois aux idoles. D'où la nécessité périodique, après les châtiments, de recourir à un « reste » et la nécessité perpétuelle d'une « conversion » à Yahvé, d'un retour à lui et aux origines. C'est ainsi encore que Jean-Baptiste prépare, par son baptême, le peuple eschatologique pour le Jour de Yahvé. En fils obéissant, Jésus se conforme au dessein divin et, par son baptême, se solidarisant avec son peuple, il entre avec les pécheurs dans la solidarité de la conversion. C'est alors qu'il s'entend confirmer son élection de Fils — de Fils par excellence — dans le sens d'un messianisme du Serviteur de Dieu.

Entre-t-il pourtant, dès ce moment, dans la pensée de cette substitution expiatoire qui le fait désigner, dès le début du quatrième évangile, comme l'Agneau de Dieu ? L'idée d'une valeur rédemptrice de la souffrance du juste n'est pas inconnue dans le judaïsme de l'époque et l'épître aux Hébreux entendra le « Tu es mon Fils » comme l'élection à un sacerdoce éternel à travers la souffrance et l'obéissance (v, 5 sq.). Et en effet, dans la perspective chrétienne, toute l'histoire d'Israël aboutit à Jésus comme au seul véritable fils, seul véritablement obéissant, seul vrai descendant d'Abraham en qui les chrétiens (comme dira Paul) sont la vraie descendance du patriarche. Mais la claire vue d'un tel rassemblement de lignes, d'un tel point de rassemblement de toute l'histoire, est-elle supposable dès le baptême dans la conscience humaine de Jésus ? Il est certain que la filiation divine proclamée au Baptême est si bien dans la ligne de la totale obéissance, rejette si bien dans l'ombre les filiations selon la chair que Jésus, réclamé par sa mère et ses frères, demandera : « Qui est ma mère et mes frères ?... Voici ma mère et mes frères. Car quiconque fait la volonté de Dieu, celui-là est mon frère et ma sœur et ma mère. »

LA TENTATION

Le ministère galiléen ne commencera qu'après l'arrestation de Jean-Baptiste. Pourtant la Tentation est le seul élément que nous apportent les Synoptiques sur le séjour de Jésus en Judée. Dès lors, il est *a priori* probable que ce récit, malgré sa forme épisodique, rapporte l'essentiel de cette obscure période de préparation au cours de laquelle le quatrième évangile situe un contact avec de premiers disciples et une activité parallèle à celle du Précurseur.

D'un autre côté, la Tentation est étroitement liée à la révélation du Baptême. C'est, en effet, sous la motion de l'Esprit que Jésus est conduit au désert. Par ailleurs, c'est dans le même style de « geste religieuse », caractéristique du Baptême, que Matthieu et Luc nous racontent la Tentation. Ces récits rapportant une expérience toute personnelle de Jésus, il ne peut évidemment être question d'établir sur documents leur historicité. Mais les remarques que nous faisions à propos du Baptême militent ici aussi en faveur d'une authenticité fondamentale : les témoins du Christ glorifié ne pouvaient guère inventer cette tentation, de soi assez scandaleuse, du « Fils de Dieu ». Quel que soit le style qui nous la rapporte, et même si on veut trouver un parallèle dans la tentation du Boudha, la tradition d'une « tentation » ne peut guère se rattacher qu'au Christ historique. Et sans doute le Baptême et la Tentation forment-ils une sorte de portique ouvert sur la suite des récits évangéliques, ce qui fait supposer des interventions rédactionnelles. Mais, par ailleurs, la richesse des résonnances et leurs recoupements lointains sont tels qu'il est impossible d'en attribuer l'essentiel à des rédacteurs que la suite permet de surprendre, à plus d'une reprise, en flagrant délit de maladresse.

En ce qui concerne le fond, il n'a rien non plus que de vraisemblable, psychologiquement et historiquement. Si Jésus ne commence à prêcher qu'après l'arrestation de Jean, il y a là, sans doute, une sorte de déférence : il fallait lui laisser achever sa course jusqu'à cette forteresse de Machéronte où Hérode le fera décapiter. Mais aussi, après la révélation du Baptême, après cette investiture, rien n'est plus vrai, psychologiquement, que la nécessité d'un temps de recueillement qui est aussi un temps d'épreuve. Lorsque Jésus pense à sa mission auprès de son peuple, il n'y a rien que de vraisemblable dans cette tentation de l'adapter aux espoirs apocalyptiques alors régnants. Non que la Tentation se réduise à cela, mais elle trouve ici un cadre historique évident et la Révélation nous autorise à concevoir le Christ dans toute son humanité comme dans toute sa divinité. « Il a dû devenir en tout semblable à ses frères... Car nous n'avons pas un grand prêtre impuissant à compatir à nos faiblesses, lui qui a été éprouvé en tout d'une manière semblable, hormis le péché. » (Hébr. ii, 17 ; iv, 15.) Et non pas au désert seulement mais dans la retraite hors de Galilée et à l'heure de Gethsémani, Jésus ne sera pas victorieux sans combat — et comment, sinon, des hommes pourraient-ils concevoir de l'imiter quelque peu ?

Avant d'analyser le récit de Matthieu (substantiellement identique à celui de Luc), prenons les deux versets de Marc qui le résument. « Et aussitôt l'Esprit le pousse au désert, et il fut dans le désert quarante jours, tenté par Satan ; et il était avec les bêtes sauvages et les anges le servaient. » (i, 12-3.)

Chaque mot de cette brève relation mériterait examen. « Aussitôt », par exemple, est fréquemment employé par Marc de façon approximative mais il convient, ici, de lui donner son sens plein : c'est sous la motion impérative de cet Esprit qui transportait, au sens littéral, Élie et Ézéchiel, que Jésus, aussitôt après le Baptême, est, selon le verbe grec, « jeté » au désert. Pourquoi au désert ? Pour y trouver la complète solitude indispensable ? Sans doute, mais aussi parce que le désert est cet endroit ambivalent, si important dans l'histoire d'Israël, où se déroulent les combats spirituels décisifs. C'est au désert que s'est formé l'Israël de l'Exode, sorti d'Égypte pour aller y adorer son Dieu. C'est là, au Sinaï du buisson ardent (ou, équivalemment, à l'Horeb selon la tradition élohiste) que lui fut donnée la Loi de l'Alliance. Mais aussi, et simultanément, succombant à la tentation, c'est là qu'il pécha contre le commandement essentiel en adorant le Veau d'Or ; d'où son errance pendant quarante ans, le temps qu'eût disparu la génération pécheresse, avant d'entrer dans la Terre Promise, au-delà du Jourdain. C'est au désert que se retireront Élie, puis les *Hassidim*. C'est au désert encore que la communauté de la Nouvelle Alliance « prépare les voies du Seigneur » et que la parole de Yahvé se fait entendre à Jean. Mais c'est au désert également qu'on chasse le bouc émissaire destiné à Azazel, c'est « aux lieux arides » qu'habitent les esprits errants attendant de reprendre possession des pécheurs. L'épreuve du désert, celle des grands inspirés et des rénovateurs, ne pouvait être épargnée à celui qui allait « accomplir » la Loi et les prophètes, au second Moïse après le second Élie, au Messie enfin qui, dans la teinte eschatologique de l'époque, y sera confronté à l'Adversaire, au Prince de ce monde dont le règne s'oppose au Règne de Dieu.

Jésus demeure au désert « quarante jours ». C'est là un chiffre symbolique que Luc reprendra pour le temps de préparation de l'Église. Déjà, soutenu par la nourriture angélique, Élie n'avait-il pas marché « quarante jours et quarante nuits jusqu'à l'Horeb, la montagne de Dieu », dans une sorte de retour aux sources ? (I Reg. XIX, 8.) Là-même, Moïse était resté dans la nuée, sans boire et sans manger, quarante jours et quarante nuits (Ex. XXIV, 18 ; XXXIV, 28). Pendant le même temps, Jésus, rempli de l'Esprit, sera victorieux de la tentation où avait succombé Israël et repensera la Torah, repoussant l'Adversaire par trois citations du Deutéronome c'est-à-dire du Livre central du Pentateuque, le plus spirituel aussi, celui d'où est tiré le *Shéma Israël*.

L'esprit juridique des Pharisiens et des Sadducéens se scandalisera de cette compréhension profonde de la Torah, prolongeant l'authentique esprit des prophètes. Ce scandale obéit à la loi de sclérose qui fait passer pour hérétique celui qui retourne aux sources et les fait rejaillir. Mais c'est bien ici qu'elles se retrouvent et s'élargissent en une nappe immense qui débordera toute soif.

C'est ici aussi qu'a pu être repensé dans l'esprit du Serviteur d'Isaïe le rôle intercesseur de Moïse — « Je restai prosterné ces quarante jours et ces quarante nuits, car Yahvé avait parlé de vous détruire et j'intercédai auprès de Yahvé... » (Deut. IX, 25.) Et le rôle intercesseur du grand-prêtre lévitique, « confessant à sa charge les fautes des enfants d'Israël » (Lév. XVI, 21), dans une confession générale à quoi devait ressembler celle de Qumrân et celle des pénitents de Jean.

Mais Jésus est ici plus qu'un second Moïse. Il est le nouvel Adam, le restaurateur intégral. Paul le proclamera clairement [2] mais déjà les allusions de Marc suffisent pour y faire penser.

Déjà la descente « comme une colombe » de l'Esprit faisait penser à une nouvelle création dont Jésus serait l'Adam obéissant. Le climat irénique, voire proprement édénique, de Marc 1, 13 (« il était avec les bêtes sauvages et les anges le servaient ») évoque le climat d'Isaïe xi, 6-9 (évoquant lui-même Genèse 1, 26) : « Le lion mange de la paille comme le bœuf... Sur le repaire de la vipère, l'enfant met la main... car le pays est rempli de la connaissance de Yahvé. » On pense aussi à ce texte du *Testament de Nephtali* : « Si vous faites le bien, mes enfants... le diable fuira loin de vous, les fauves vous craindront et les anges vous protégeront. Mais qui ne fait pas le bien... le diable hantera sa demeure et les fauves le domineront [3]. » Cette domination des bêtes, commencée à la chute d'Eve, doit précisément cesser aux temps messianiques d'après l'*Apocalypse de Moïse*. Adam, d'après le Midrash, jeûne quarante jours dans le Jourdain pour expier sa faute, environné des bêtes de l'eau ; le diable se plaindra à lui d'avoir été précipité du ciel pour n'avoir pas voulu l'adorer ; enfin, il est vénéré par les bêtes et nourri par les anges [4].

Ces textes aident à éclairer l'arrière-plan de Marc : Jésus est le Juste eschatologique, est le nouvel Adam de la fin des temps, le réparateur. Il résistera où le premier a succombé, choisissant la voie de l'obéissance et de la totale confiance où le premier a douté et désobéi. A la fin d'une généalogie qu'il place intentionnellement entre le Baptême et la Tentation, Luc appelle Adam « fils de Dieu ». Proclamé Fils au Baptême, Jésus se montrera vrai Fils dans l'obéissance et la foi, non seulement fils de Dieu selon la

2. Rom. v, 18-9 : « Comme la faute d'un seul a entraîné sur tous les hommes une condamnation, de même l'œuvre de justice d'un seul procure à tous une justification qui donne la vie. Comme en effet par la désobéissance d'un seul homme la multitude a été constituée pécheresse, ainsi par l'obéissance d'un seul la multitude sera-t-elle constituée juste. »

3. VIII, 4-6. Cf. aussi *Test. Issachar* VII, 7. Ces textes datent des environs de l'ère chrétienne. Il n'est pas question de leur attribuer une autorité qu'ils n'ont pas mais l'éclairage « latéral » qu'ils permettent est parfois précieux.

4. Cf. *Vit. Ad.* et *bab. Sanh.* 59 b, in JEREMIAS. *ThWb.* I, 141.

chair par Adam et Abraham, mais Fils de Dieu selon l'Esprit. Il restaurera ainsi l'ordre primitif : « Faisons l'homme à notre image, comme notre ressemblance, et qu'il domine ... sur toutes les bêtes sauvages et sur tous les animaux qui rampent sur la terre. »

Bien qu'environ cinq fois plus long que la relation de Marc, le récit de Matthieu-Luc va ramasser dans une seule scène à trois temps une épreuve qui s'étendait primitivement sur toute une période. Il y a là, du point de vue littéraire, une présentation dramatique dont il faut tenir compte quand il s'agit de porter un jugement d'historicité. Mais, ce compte tenu, il importe d'examiner les implications du texte.

« Alors Jésus fut conduit au désert par l'Esprit, pour être tenté par le diable. Il jeûna quarante jours et quarante nuits et eut faim. Et le tentateur s'approcha et lui dit : « Si tu es Fils de Dieu, ordonne que ces pierres soient changées en pains. » Mais il répliqua : « Il est écrit : *L'homme ne vit pas seulement de pain mais de toute parole qui sort de la bouche de Dieu.* »

« Alors le diable l'emmène à la Ville sainte, le place sur le faîte du Temple et lui dit : « Si tu es Fils de Dieu, jette-toi en bas car il est écrit : *Il donnera pour toi des ordres à ses anges et ils te porteront dans leurs mains de peur que tu ne heurtes du pied quelque pierre.* » Jésus lui dit : « Il est aussi écrit : *Tu ne tenteras pas le Seigneur, ton Dieu.* »

« Le diable l'emmène encore sur une très haute montagne, lui montre tous les royaumes du monde avec leur gloire et lui dit : « Tout cela, je te le donnerai si tu tombes à mes pieds et m'adores. » Alors Jésus lui dit : « Retire-toi, Satan ! Car il est écrit : *C'est le Seigneur ton Dieu que tu adoreras, c'est à lui seul que tu rendras un culte.* »

« Alors le diable le quitte. Et voici que des anges s'approchèrent, et ils le servaient. » (Mt. iv, 1-11.)

LE BAPTÊME ET LA TENTATION

LA PREMIÈRE TENTATION

La triple tentation se ramène à une tentation essentielle : celle de la foi et de l'obéissance du Fils-Serviteur. « Si tu es Fils de Dieu... » Les deux premières tentations commencent par cette conditionnelle qui révoque en doute la Voix du Baptême. Il s'agit d'éprouver cette qualité, de voir « si c'est vrai ». C'est là qu'est la pointe, l'astuce, le venin, car vouloir une preuve de la Parole divine, c'est déjà en douter, être « de peu de foi » et rebelle comme les Israélites aux eaux de Massa (c'est-à-dire de l'épreuve) ou de Mériba (c'est-à-dire de la contestation). Il ne s'agit ni seulement ni surtout de faim — et le rédacteur, à la recherche d'une transition pour inclure le récit dans la relation de Marc, est ici maladroit. « Après quoi il eut faim » : on a faim (et soif !) bien avant le quarantième jour [5].

Si même la faim est là — et comment la nier ? — elle n'est que l'occasion de la tentation. Jésus refusera de calmer sa faim, mais surtout de s'assurer de sa qualité de Fils de Dieu, par aucun prodige gratuit. Il sera Fils de Dieu dans la foi et l'obéissance, dans l'abandon à la volonté du Père qui sait ce qui nous est nécessaire avant que nous le lui demandions. Il cherche d'abord le Règne et sa justice, et sait que le reste est donné par surcroît. Il renvoie donc l'Adversaire à une parole du Deutéronome (légèrement modifiée par Matthieu) : « L'homme ne vit pas seulement de pain mais de tout ce qui sort de la bouche de Dieu. » (Deut. VIII, 3.)

A se reporter au contexte, où Moïse rappelle aux Israélites l'épreuve du désert, « tout ce qui sort de la bouche de Yahvé » ne fait pas seulement allusion à sa parole mais à la manne nourricière et, plus généralement, à la Providence paternelle : « Souviens-toi des marches que Yahvé ton Dieu t'a fait faire dans le désert pendant quarante ans, afin de t'humilier, de t'éprouver et de connaître le fond de ton cœur : allais-tu ou non garder ses commandements ? Il t'a humilié, il t'a fait sentir la faim, il t'a donné à manger la manne que ni toi ni tes pères n'aviez connue

---

5. On saisit ici, grâce à cette suture visible, le passage de la relation générale au récit dramatique. Il rejoindra de façon mieux harmonisée la conclusion de Marc : « et les anges le servaient ».

— pour te montrer que l'homme ne vit pas seulement de pain mais de tout ce qui sort de la bouche de Yahvé[6]. Le vêtement que tu portais ne s'est pas usé et ton pied n'a pas enflé au cours de ces quarante ans. Comprends donc que Yahvé ton Dieu te corrigeait comme un père corrige son enfant et garde les commandements de Yahvé ton Dieu... » C'est la Loi d'abord qui donne la vie, et c'est pourquoi il ne faut pas s'inquiéter d'abord de la nourriture et du vêtement. « La Loi est votre vie » dit le Deutéronome (xxxii, 47) et Jésus bientôt, dans le Sermon de la Montagne : « La vie n'est-elle pas plus que la nourriture et le corps plus que le vêtement ? » (Mt. vi, 25)

A la lumière du contexte, on aperçoit clairement la « distorsion » de la parole tentatrice. Elle rabaisse la qualité de fils de Dieu et la puissance divine à l'obtention d'une nourriture matérielle alors, au contraire, que la manne du désert était le signe d'une plus haute nourriture, plus nécessaire encore : la parole de Dieu dont l'âme a faim et soif selon Amos viii, 11. « Voici venir des jours — oracle du Seigneur Yahvé — où j'enverrai la faim dans le pays, non une faim de pain ni une soif d'eau mais d'entendre la parole de Yahvé. » Et qui ne mérite pas de l'entendre défaillira mais qui se confie à Yahvé comme à un Père, ni la parole ni la manne ne lui manqueront.

La citation d'Amos rappelle l'attente messianique dans laquelle on doit replacer cette méditation sur le Deutéronome. Dans le climat eschatologique, au moment de la prédication de Jean « au-delà du Jourdain » (Jo. i, 28), on pressent la résonnance élargie que pouvait prendre la promesse ancienne du Deutéronome xxxii, 47 : « La Loi est votre vie et c'est par elle que vous vivrez de longs jours sur la Terre dont vous prendrez possession en passant le Jourdain. »

Le quatrième évangile peut être relu de ce point de vue. Il ne contient pas de récit de la Tentation mais plus d'un endroit suppose qu'il la connaît et notamment, après la multiplication des pains (sorte de réplique messianique à la première tentation),

6. L'interprétation de Matthieu, appuyée sur l'hébreu, est cependant exacte : les commandements (*miçva*) sortent (*moça*) de sa bouche.

le discours de Capharnaüm. Jésus y avertit de rechercher, dans le sens du Deutéronome (et de l'eschatologie réalisée en lui), « non la nourriture périssable mais la nourriture qui subsiste dans la vie éternelle, celle que donne le Fils de l'Homme, car c'est lui que le Père, que Dieu a marqué de son sceau » (VI, 27) — ce sceau étant celui de la filiation proclamée au Baptême. Les Juifs, obsédés par une justice de mérites personnels, demandent alors : « Que nous faut-il faire pour travailler aux œuvres de Dieu ? » Mais c'est à la foi d'abord que Jésus fait appel — sur quoi, ils lui opposent la manne du désert. Jésus répondra solennellement, dans le sens exact de la première tentation : « En vérité, en vérité, je vous le dis, ce n'est pas Moïse qui vous a donné le vrai pain du ciel. C'est mon Père qui vous donne le vrai pain du ciel. » Il ajoutera dans le style johannique (et à se souvenir que la théologie de Jean fait de lui la Parole de Dieu incarnée, ce passage apparaît comme un commentaire de la première tentation) : « Je suis le pain de vie. Qui vient à moi n'aura jamais faim, qui croit en moi n'aura jamais soif. » A quoi correspondra, en fin de chapitre, la version johannique de la Confession de Pierre : « Seigneur, à qui irions-nous ? Tu as les paroles de la vie éternelle. »

LA DEUXIÈME TENTATION

La deuxième tentation, introduite comme la première, propose de même une épreuve de la Parole de Dieu. Elle aussi pourra se retrouver dans l'Évangile, et par exemple quand les Pharisiens demanderont à Jésus, « pour le mettre à l'épreuve, de leur faire voir un signe venant du ciel » ; Jésus « gémira du fond de l'âme » (Mc.) et refusera ce signe spectaculaire exigé par une « génération mauvaise et adultère » — (adultère au sens biblique de « qui se détourne de Yahvé »). Or, c'est déjà se détourner de Yahvé que de le mettre à l'épreuve et c'est bien ce que voudrait obtenir l'Adversaire en alléguant cette Parole de Dieu qu'on vient de lui opposer. Il cite le psaume 91 mais en le détournant par une interprétation littérale. Le psaume célébrait la protection promise au juste — mais le juste, précisément, vit dans la foi et ne met pas Dieu à l'épreuve, non pas même pour vérifier les espoirs messianiques. Or, c'était bien une croyance populaire de l'époque que le Messie se manifesterait au Temple — (à la fin du siège de 70, des malheureux à toute extrémité se rassemblèrent encore pour l'y voire apparaître). En matérialisant ce qui est esprit, le tentateur essaye de nouveau de détruire la foi mais ici aussi Jésus répond par une citation du Deutéronome qui (comme on s'en aperçoit mieux en complétant la citation) exige cette foi de façon inconditionnelle : « Vous ne mettrez pas Yahvé votre Dieu à l'épreuve comme vous l'avez fait à Massa [7]. » (Deut. VI, 16.) Le Règne de Dieu sera celui de la foi et non celui des signes spectaculaires dont abusaient les apocalypses et qui ne seront pas accordés à une « engeance incrédule ».

L'Église primitive entendait bien que la citation faisait allusion aux eaux de Massa-Mériba. Saint Paul, par exemple, fait allusion à une légende rabbinique selon laquelle le rocher divin d'où sortait l'eau accompagnait Israël (I Cor. x, 1 sq.). Il y voit une figure du Christ : « Tous ont mangé le même aliment spirituel et tous ont bu le même breuvage spirituel : ils buvaient en effet à un rocher spirituel qui les accompagnait et ce rocher était le Christ. » Et il ajoute, employant le même verbe *eudokèsen* qu'employait la Voix du Baptême avant de reprendre la citation de la deuxième tentation : « Pourtant ce n'est pas le plus grand nombre *en qui Dieu se complut... Ne tentons pas le Seigneur* comme firent certains d'entre eux, et ils périrent victimes des serpents », sauf ceux qui furent sauvés par le serpent d'airain dressé par Moïse (cf Num. XXI, 5-6).

La double image de l'eau vive et du serpent d'airain se retrouve abondamment, par ailleurs, dans saint Jean (cf. III, 5-6, 14 ; IV, 14 ; VII, 37). Jésus est le seul véritable Israël, le seul Fils fidèle, en qui nous serons sauvés par la justice de la foi plutôt que par celle des œuvres de l'homme. Et celui qui croit en lui deviendra lui-même source d'eau vive.

---

7. Cf. Ex. XVII, 7 : « Ce lieu reçut le nom de Massa et de Mériba en raison de la querelle cherchée par les enfants d'Israël et de l'épreuve à laquelle ils avaient soumis Yahvé en disant : Yahvé est-il ou non parmi nous ? » Selon une autre tradition (Num XX), il s'agirait de Cadès où Dieu annoncera à Moïse et Aaron un châtiment pour leur manque de foi.

LA TROISIÈME TENTATION

La dernière tentation n'est plus précédée de la conditionnelle « Si tu es Fils de Dieu ». Cette dernière épreuve ne sera plus seulement celle d'une foi inexpugnable mais celle de la fidélité et de l'humilité. Tentation plus grossière, peut-il sembler. C'est bien l'impression de Matthieu dans sa clause d'introduction : le diable l'emmène « encore »... C'est aussi l'impression de Luc qui la met en second lieu (pour ne pas affaiblir la gradation qu'une triple reprise suppose normalement dans la rhétorique grecque — grecque, mais non hébraïque, où il peut s'agir d'une simple insistance, ce qui paraît ici le cas et indique une tradition araméenne). Le caractère plus fruste de cette tentation proviendrait-il d'un passage de l'araméen au grec, qui n'en aurait pas retenu toutes les résonnances ? Il est impossible d'en décider mais il est visible du moins que cette tentation, comme les précédentes, tâche de détourner du messianisme spirituel vers un messianisme temporel et qu'à ce titre elle est encore une tentation de la foi.

Comme le souligne le texte de Luc, il s'agit d'une tentation en esprit : « Le diable lui fit voir *en un instant* tous les royaumes de l'univers et lui dit : Je te donnerai toute cette puissance et la gloire de ces royaumes, car elle m'a été remise et je la donne à qui je veux. Si donc tu te prosternes devant moi, elle t'appartiendra tout entière. »

La « distorsion », ici, est celle des Prophètes plutôt que de la Loi, d'Isaïe plutôt que du Deutéronome (mais tout finit par ramener au même centre), la même distorsion littérale, matérialisante, de la vocation du Serviteur désigné par Yahvé comme « lumière des Nations » (Is. XLII, 6) « pour que mon salut atteigne aux extrémités de la terre » (XLIX, 6). L'universalité religieuse est caricaturée en domination universelle, vidant de son sens la mission du Serviteur mais correspondant à l'espoir fort répandu, fort humain, trop humain, des messianismes politiques.

Le quatrième évangile insistera sur cette incompatibilité : c'est bien Satan qui est Prince de ce monde mais le Royaume du Christ n'est pas de ce monde. Il s'oppose au royaume de ce monde, celui de l'Adversaire, de la chair et du sang. Il ne s'agit donc de rien moins, ici, que de l'apostasie la plus complète — et, en ce sens, il y a bien gradation.

Or, à l'aube du christianisme, il y a bien réellement un homme à qui Satan a remis son royaume : Tibère, fils du divin Auguste, puis Caligula qui voudra faire installer sa statue dans le Temple — bref, César et l'Empire, en qui l'Apocalypse verra la Bête à qui le Dragon, l'antique Serpent, a délégué sa puissance. On mettra à mort quiconque n'adore pas l'image de cette Bête qui usurpe la place de Dieu. Pour toute démarche de la vie quotidienne, pour pouvoir « acheter et vendre », on devra en porter la marque — alors que les anges de Dieu mettent une marque contraire au front des fidèles. « Qui égale la Bête ? » diront les foules — alors que le nom de Michel, le champion de Dieu, signifiait « Qui égale Dieu ? » La même opposition absolue est exprimée par la troisième tentation.

A cette provocation brutale, avant toute citation justificative, une seule réponse : « Retire-toi, Satan ! » C'est ici la seule parole impérative de Jésus, la seule où s'exerce un pouvoir et une autorité mais, cette fois, dans le juste sens de sa mission [8].

La même parole impérative du Christ jaillira quand Pierre opposera à la prédiction des souffrances un messianisme plus terrestre : « Retire-toi, Satan ! Tu m'es occasion de chute, car tes pensées ne sont pas celles de Dieu mais celles des hommes. » Et c'est bien en effet, par la bouche inconsciente de Pierre, la même tentation et le même Adversaire. Ce refus indigné sera commenté dans les versets suivants (Mc. VIII, 34 et par.) : « Que sert à l'homme de gagner le monde entier et de ruiner sa propre vie ? Et que peut donner l'homme en échange de sa propre vie ? » Le Fils de l'Homme n'a cure de la gloire « dans cette génération adultère et pécheresse » mais il viendra « dans la gloire de son Père avec les saints anges ».

Et de même, ici au désert, « le diable alors le quitte et voici que

---

8. La motivation par l'Écriture fait référence au premier commandement — preuve qu'il s'agit encore, au premier chef, de la foi, et d'une opposition absolue. Elle s'adresse moins en fait, à l'Adversaire qu'aux fidèles. Débat de forme rabbinique, en somme, que ce débat où les citations jouent un rôle si important. Cette forme ne doit pas arrêter outre mesure mais elle indique l'ancienneté de la tradition.

des anges s'approchèrent et ils le servaient ». Car ils servent celui qui sert Dieu.

Dans les trois tentations, mais dans la dernière en particulier, il s'agit de l'option absolue à laquelle, clairement ou non, on est finalement acculé, nul ne pouvant servir deux maîtres. Seul le Prince de ce monde peut gagner au partage, car Dieu veut un cœur entier, non partagé. Par son refus de mettre Dieu à l'épreuve comme par son refus de ce monde s'il ne lui est donné par le Père, Jésus prouve, selon la seule preuve admissible, qu'il est le vrai Fils de Dieu dans la foi et l'obéissance.

La voie de sa mission est désormais ouverte. Il va s'y engager au signal donné par l'arrestation du Baptiste.

LA RETRAITE AU DÉSERT
ET LA PRIÈRE AU PÈRE

Les trois citations-réponses de la Tentation sont tirées de cette première partie du Deutéronome consacrée aux dernières instructions de Moïse, qui commencent plusieurs fois par « Ecoute, Israël » et contiennent en effet ce *Shema Israël* qui est au cœur de la piété juive. Jésus en récitera le début au Scribe qui l'interrogera sur le plus grand commandement comme il vient d'en citer la fin pour repousser définitivement Satan. C'est dans cette première partie du Deutéronome que sont mentionnés à plusieurs reprises les quarante jours et les quarante nuits de Moïse, comme aussi cette « circoncision du cœur » dont parlera Jérémie et jusqu'à l'amour de l'étranger (x, 16-19). C'est ici, tout proche de l'esprit des prophètes, le cœur spirituel de la Torah, celui où Moïse annonce le prophète semblable à lui. C'est, dans la Loi, la pierre d'attente la plus évidente de l'Évangile.

Durant sa retraite sous l'impulsion de l'Esprit, Jésus a dû le méditer tout particulièrement, lui qui, à la morale close du légalisme, opposera la morale ouverte qui part de l'amour de Dieu. Du même mouvement, il opposera au messianisme temporel la voie du Serviteur. Ce faisant, il est très vrai qu'il accomplit la

Loi, reprenant ce qu'il y avait de meilleur et de plus authentique dans la religion mosaïque, trop souvent recouverte par la tradition humaine. Mais il ne fait pas que retrouver et relancer le mouvement profond de la Loi. Il a de Dieu une expérience qui ne contredit pas celle de Moïse mais la subsume et la fait aboutir : sa relation au Père, proprement ineffable mais que sa vie et sa mort traduiront, commentées par sa parole et nous laissant ainsi un message complété et vérifié par l'événement — l'un et l'autre nous révélant sa personne et, à travers elle, le Père à qui nul ne va que par lui et qu'il nous a appris à prier.

Certes, Israël a conçu parfois Yahvé comme un Père mais dans un sens collectif et figuré bien que profond. Pour Jésus, il s'agit d'abord d'une relation intime, personnelle. On ne peut s'y tromper. Elle s'exprime par ce mot de l'enfant à son père qui nous a été conservé en araméen : *Abba*. C'est ce mot qui commence la prière de Jésus.

Matthieu et Luc sont seuls à nous transmettre le *Pater* comme ils sont seuls à nous rapporter la scène de la Tentation. On peut se demander si leur source commune en dehors de Marc [9] ne permettait pas de deviner, de l'une à l'autre, quelque lien. On en trouverait des indices dans leur contexte du Pater comme dans l'analyse de la prière elle-même.

Chez Luc, par exemple, les disciples demandent à Jésus de leur apprendre à prier « comme Jean l'a appris à ses disciples », ce qui nous oriente vers la spiritualité du désert. De fait, un peu plus loin, le vocabulaire évoque le vocabulaire de la Tentation, et dans le même ordre : pain et pierre (xi, 11), serpent et scorpion (cf. psaume 91 : « Tu marcheras sur l'aspic et la vipère... »). Enfin, la conclusion (xi, 13) fait référence au baptême et à la paternité divine : « Si vous qui êtes mauvais savez donner de bonnes choses à vos enfants, combien plus le Père, du ciel, donnera-t-il l'Esprit saint à ceux qui l'en prient. » La coïncidence est trop remarquable pour n'être qu'une coïncidence.

9. La fameuse source Q (allemand : *Quelle*) que supposent les accords Matthieu-Luc (en dehors de leurs rapports à Marc). C'est, à côté de Marc, la seconde source de la théorie « des deux sources ».

Au reste, la dernière demande du Pater (double demande équivalente comme il arrive fréquemment en hébreu) se remet tout naturellement dans le souvenir de la Tentation et de l'épreuve qu'elle a constitué pour Jésus : « Et ne nous conduis pas dans la tentation mais délivre-nous du Mauvais. »

Une autre traduction difficile est également facilitée par la référence au contexte de la Tentation, celle du pain « quotidien », traduction conjecturale d'un adjectif grec inhabituel, *épiousios,* dont la traduction la plus naturelle serait « supersubstantiel ». A l'évidence, le mot est trop savant pour être introduit dans cette prière simple. Mais le grec ne disposait sans doute pas d'un mot plus simple pour traduire l'araméen. Les Pères en tout cas, plus proches que nous du grec, pensaient à autre chose, ici, qu'au pain quotidien matériel car ils appliquaient ce texte au pain eucharistique, suivant la ligne de pensée du quatrième évangile sur le pain du ciel, le pain de vie qui est le Christ, Verbe incarné qui a les paroles de la vie éternelle. Leur explication n'a guère été retenue : dans la perspective historique, l'application à l'eucharistie est un anachronisme. Mais la direction de leur pensée n'en mérite pas moins considération car la traduction par « quotidien », en l'entendant du pain matériel, présente des difficutés à peine moins grandes.

Tout d'abord, si ce pain était vraiment quotidien, pourquoi le demander « chaque jour » (Lc.) ou «aujourd'hui » (Mt.) ? C'est là un pléonasme insupportable qui disparaît avec la traduction par supersubstantiel ou tout autre adjectif de sens équivalent indiquant qu'il ne s'agit pas du pain matériel, « surnaturel » par exemple.

Ensuite, comment concilier cette demande matérielle, la seule dans le Pater, avec l'exhortation formelle du même chapitre (Mt. VI, 25 sq.) : « Ne vous inquiétez pas pour votre vie de ce que vous mangerez... La vie n'est-elle pas plus que la nourriture ?... Gens de peu de foi ! Ne vous inquiétez donc pas en disant : Qu'allons-nous manger ?... Ce sont là choses dont les païens sont en quête. Or, votre Père céleste sait que vous avez besoin de tout cela [10]. »

10. Il y a d'autres incohérences chez Matthieu, bien entendu, de sorte que cette « preuve par le contexte » n'a rien d'absolu.

Tout s'éclaire au contraire si ce pain n'est plus quotidien et matériel mais « plus essentiel » *(épiousios)*, s'il est « ce qui sort de la bouche de Dieu », s'il est cette parole de Dieu, cette nourriture spirituelle dont on a faim dans Amos. C'est le lieu de relire, dans Jean vi, 26-7, « Vous me cherchez... parce que vous avez mangé du pain à satiété. Travaillez, non pour la nourriture périssable mais pour celle qui subsiste dans la vie éternelle ». Comme dans la première tentation, le pain *épiousios* est la manne de la Parole qui est vie. Ou encore, cette nourriture est de faire la volonté de Dieu comme l'indique un autre passage de saint Jean : « Ma nourriture, leur dit Jésus, est de faire la volonté de celui qui m'a envoyé et d'accomplir son œuvre. » (iv, 34.) Cette parole est située, dans le quatrième évangile, au seuil du ministère comme le Pater est situé par Matthieu dans le Sermon sur la Montagne. Bref, l'exégèse du Pater nous entraîne vers des contextes qui ramènent chaque fois vers le point de départ de l'activité de Jésus.

Enfin, cette traduction unifie davantage le Pater. La sanctification du Nom et la venue du Règne est évidemment la grande prière, la prière de tête, de même que la Volonté accomplie par les fils-serviteurs. Que demander alors sinon la nourriture spirituelle de ces serviteurs de la Volonté divine — plutôt que le pain « quotidien » dont le Père sait bien qu'ils en ont besoin. « Cherchez d'abord le Royaume et sa justice, et le reste vous sera donné par surcroît. » (Mt. vi, 33)

La traduction littérale de la demande précédente peut renvoyer, elle aussi, au contexte littéraire de la Tentation. « Ta Volonté soit faite dans le ciel et sur la terre. »

La Volonté de Dieu n'est-elle donc pas évidemment faite au ciel ? Oui et non. Oui, en tant que le ciel est la demeure divine ; non, en tant que, selon une cosmologie à laquelle se réfère saint Paul, « les esprits du Mal habitent les espaces célestes », Satan étant « le chef de la puissance de l'air » (Eph. v, 12 ; ii, 2). Après la Parousie, le Christ « remettra la Royauté à Dieu le Père après avoir détruit toute principauté, Domination et Puissance » (I Cor. xv, 24). « Car ce n'est pas contre des adversaires de chair et de sang qu'est notre combat », et jusque là le combat continuera. C'est en ce sens littéral, proche du contexte de la Tentation et accordé à la dernière demande du Pater, qu'il convient de prendre Matthieu vi, 10, à l'aube du ministère messianique.

A Gethsémani, après sa prière au Père, Jésus avertira encore expressément les trois disciples : « Priez pour ne pas entrer en tentation » (Mt. xxvi, 41). C'est en effet « l'heure du Prince de ce monde ». Et sans doute le quatrième évangile ignore-t-il Gethsémani comme il ignore la Tentation et le Pater. Mais dans la grande prière d'avant l'arrestation, que demandera Jésus pour ses disciples ? « Non de les retirer du monde mais de les garder du Mauvais. » (xvii, 15.)

LE DÉBUT DU MINISTÈRE

Le verset qui suit la Tentation ne s'y rattache pas directement « Après que Jean eut été livré, Jésus se rendit en Galilée » (Mc. I, 14). Un intervalle est supposé, intervalle assez long pour que Marc dise que Jésus « se rendit » en Galilée et non qu'il y retourna. Par ailleurs, la longueur de cet intervalle ne peut être exagérée : la carrière du Baptiste fait l'effet d'avoir été brève et un passage des Actes situe son témoignage « vers la fin de sa course ». (XIII, 25.)

Le verset parallèle de Matthieu (« Ayant appris l'arrestation de Jean... ») implique que Jésus ne se trouvait pas dans l'entourage immédiat du Baptiste au moment de son arrestation. Il semble même — d'après le quatrième évangile appuyé par Actes I, 21 — que, dès ce moment-là, il avait autour de lui des disciples au moins occasionnels.

Jean-Baptiste avait été arrêté, sans doute en Pérée, sur ordre d'Hérode Antipas, et conduit à la forteresse-résidence de Machéronte, à la frontière du royaume des Nabatéens, qu'Hérode devait surveiller depuis que sa première femme s'était réfugiée auprès de son père, le roi Arétas (qui en effet vaincra l'armée d'Hérode quelques années plus tard)... Selon Josèphe, Hérode était inquiet de l'influence de Jean auprès du peuple. Il craignait qu'il ne s'en servît contre lui. Et il devait craindre en effet, autant que les Romains, toute agitation de type messianique. L'Évangile, toutefois, donne pour motif de l'arrestation les reproches du Baptiste concernant le concubinage d'Hérode avec la femme de son frère, Hérodiade. Mais les deux motifs sont loin de s'exclure. Le dernier expliquerait au contraire pourquoi Hérode craignait que le Baptiste ne se servît de son influence spécialement « contre lui ».

Jean donc, selon la formule de Marc, « avait été livré ». Le mot, et la tournure passive, implique qu'il s'agit d'un destin voulu par Dieu. Que Jean ait ainsi « été livré » est pour Jésus un signe, presqu'un signal. Jusque là, il a pu se taire ou pratiquement (saint Jean ne mentionne, à part une obscure histoire de baptêmes, que des entretiens privés avec des disciples ou avec Nicodème). Jésus a gardé ce silence par déférence pour Jean, authentique porte-parole de l'Esprit. Mais à présent que la prison a fait taire cette grande voix, il est temps que la sienne s'élève. Il laisse derrière lui la Pérée où réside Hérode et la Judée où veille la méfiance des Pharisiens. Il rentre dans cette Galilée séparée de la Judée et où l'autorité du Sanhédrin est moins directe, cette « Galilée des Gentils », peuplée d'*am-haarez*, d'où ne peut, selon les Judéens, sortir de prophète (Jo VII, 52) — mais à laquelle Isaïe a promis la lumière de l'enfant merveilleux, du « Prince de la Paix ». « Le peuple qui marchait dans les ténèbres a vu une grande lumière ; sur ceux qui habitaient les sombres parages, une lumière a resplendi. » (IX, 1)

Et c'est bien, en effet, avec la proclamation de Jésus, une lumière et une grande espérance qui se lève. « Il proclamait la Bonne Nouvelle de Dieu, disant : Les temps sont accomplis et le Règne de Dieu est aux portes ; changez vos cœurs et croyez à la Bonne Nouvelle. » (Mc. I, 14-5.) Il s'agit bien encore de changer de cœur devant la proximité immédiate du Règne de Yahvé — mais cette venue est désormais promesse plus que menace car Dieu est Père autant que Justicier. Et son règne désormais est si proche qu'il s'agit de l'accepter et de le voir avec les yeux de la foi autant que d'espérer ou de craindre. C'est bien encore l'appel de Jean — mais avec une différence que marque concrètement, pour autant que nous puissions en juger, l'absence de baptêmes. C'est l'appel de Jean mais lancé par le messager d'Isaïe, le « porteur de bonne nouvelle qui annonce la paix, le bonheur, le salut, qui dit à Sion : Ton Dieu règne ! » (LII, 7). Et ce messager, selon un texte que Luc lui applique à ce moment, est le prophète-messie d'Isaïe LXI, 1, celui qui a entendu la voix du Baptême : « L'Esprit de Yahvé est sur moi car Yahvé m'a oint. Il m'a envoyé porter aux pauvres la bonne nouvelle, panser les cœurs meurtris, annoncer aux captifs l'amnistie et aux prisonniers la liberté, annoncer une année de grâce de Yahvé... »

Devons-nous à ce moment, supposer que Jésus est seul ?

Il ne le sera plus que pendant deux versets car il va appeler les premiers disciples qui quitteront tout pour le suivre : Simon et André « qui jetaient l'épervier », Jacques et Jean « qui arrangeaient leurs filets », le long de la mer de Galilée. « Venez à ma suite et je vous ferai pêcheurs d'hommes. Et aussitôt, laissant là leurs filets, ils le suivirent. »

Sans doute ne s'agit-il pas d'une toute première rencontre mais de la vocation définitive dont le souvenir est resté gravé dans la mémoire en même temps que le mot décisif : « pêcheurs d'hommes », pêcheur de la grande pêche eschatologique, de la pêche du Royaume.

On peut se souvenir ici d'une parabole, adressée aux seuls disciples, sur « le Royaume des Cieux semblable à un filet jeté en mer et ramenant toutes sortes de choses. Quand il est plein, les pêcheurs le tirent sur le rivage, rassemblent dans des paniers le bon et rejettent le mauvais. Ainsi à la fin du monde : les anges se présenteront et sépareront les méchants des justes pour les jeter à la fournaise ardente ; là seront les pleurs et les grincements de dents. » (Mt. XIII, 47-50.) La discrimination se fait ici dans le climat johannique du feu, rare chez Jésus. On l'imagine fort bien adressée à des pêcheurs précédemment touchés par le message du Baptiste. Hypothèse, sans doute, mais qui peut s'appuyer sur plus d'une considération tirée du texte.

Cette parabole a été adressée à des pêcheurs (comme celle de l'ivraie, qu'elle double, ou qui la double, à des agriculteurs) et tirée de leur vie quotidienne. Davantage : à considérer la précision du vocabulaire grec (mal rendu en français), la parabole a dû être transmise par des pêcheurs. Le mot traduit généralement par « filet » désigne précisément un grand filet traîné par deux barques (ou une barque remorquant des cordes) ; de plus, trois mots sont des termes techniques, uniques dans tout le Nouveau Testament : les mots traduits par « tirer le filet », par « rassembler » et par « mauvais ».

Par ailleurs, les termes de « pécheurs » et de « justes » sont employés ici dans le sens juif traditionnel et non dans le sens paradoxal qu'ils ont fréquemment dans l'Évangile, où les « justes » du pharisaïsme sont de faux justes que les pécheurs précèdent dans le Royaume des Cieux. Ce trait, comme l'image du feu, est un trait archaïque, bien adapté à la situation du début [1].

Parmi les récits de la vocation, celui de Marc, le plus vivant dans sa sobriété, semble garder quelque chose du souvenir de Pierre, malgré la stylisation. La scène est vue du point de vue des pêcheurs-apôtres. Pour qu'ils quittent tout pour le suivre, Jésus a dû faire sur ces hommes une impression extraordinaire, que traduit le caractère immédiat de leur décision. Mais aussi bien cette exigence totale est l'exigence même du Royaume, qui n'accepte pas les tièdes. A quelqu'un qui lui demandait de prendre d'abord congé des siens, Jésus répondra : « Quiconque a mis la main à la charrue et regarde en arrière est impropre au Royaume de Dieu. » (Luc IX, 61-2.) L'image, cette fois, est tirée des travaux des champs mais il y avait sans doute autant de paysans que de pêcheurs parmi les apôtres. Et Lévi, bientôt, se lèvera de son bureau de douane. Mais dans tous les cas c'était exiger plus qu'Elie n'avait exigé d'Elisée qui labourait : il alla embrasser ses parents, « prit la paire de bœufs et l'immola, se servit de la charrue pour les faire cuire et en donna à ses gens qui mangèrent. Puis il se leva et suivit Élie ». (I Reg. XIX, 20-1.) Et sans doute y a-t-il une stylisation dans les récits de Marc (qui parle ailleurs d'un repas chez Lévi) mais cette stylisation même est significative. L'urgence de l'instant ne permet guère d'adieux, et Jacques et Jean « laissent leur père Zébédée dans la barque avec les journaliers ».

LA JOURNÉE DE CAPHARNAÜM

Marc enchaîne en employant (comme plus d'une fois quand il n'est pas en état de préciser la chronologie. Cf. I, 40 ; III, 20 ;

---

1. On notera pourtant que, malgré le vocabulaire traditionnel, le sens de la parabole est celui de la patience jusqu'au Jugement, de la remise du Jugement à Dieu et, dans le présent, de l'appel à tous. Fond et forme situent donc la parabole au début du ministère galiléen, comme le suggère par ailleurs l'image de la vocation des disciples.

31 ; vi, 1, etc.) le présent historique : « Ils pénètrent à Capharnaüm. » A prendre les mots au sens plein, cette « entrée » délibérée
a des allures de conquête, et c'est bien à une sorte d'assaut en
effet que nous allons assister. Mais il n'en faut pas trop presser le
sens, c'est aussi bien un raccord à la péricope précédente, sur la
lancée de la réponse immédiate des premiers disciples, car nous
n'apprenons pas qu'ils aient rien fait ce jour-là. Ils semblent au
contraire avoir attendu le service du sabbat à la synagogue, où
Jésus se met à enseigner.

Ici, Marc nous raconte le miracle du possédé guéri, le premier.
Mais il l'inclura entre deux affirmations générales qui en soulignent la portée. La suture est visible dans la maladresse des répétitions *(Kaï... Kaï euthus... kaï... kaï euthus)*, maladresse si
évidente qu'elle ne peut décemment être conservée dans aucune
traduction française. Mais cet embarras syntaxique est la conséquence d'un remaniement rédactionnel.

Voici le début, traduit littéralement : « Et aussitôt, le sabbat, il
enseignait dans la synagogue et ils s'étonnaient de son enseignement car il enseignait comme ayant autorité et non comme
les scribes. » (21-2.) La finale est également générale : « Et sa
renommée se répandit aussitôt de tout côté dans la région de
Galilée. » (28.) Le verset précédent, dans une sorte de greffe en
biseau, combinait l'étonnement général provoqué par cet enseignement nouveau et l'étonnement particulier provoqué par la guérison du possédé : « Et tous étaient stupéfaits, de sorte qu'ils se
demandaient : Qu'est-ce que ceci ? Un enseignement nouveau avec
autorité, et il commande aux esprits impurs et ils lui obéissent ! »

Marc a manifestement voulu relier étroitement les guérisons
miraculeuses et cet « enseignement nouveau » qu'il ne rapporte
pas.

Dégagé de son cadre général, le récit de la guérison du possédé se
joint mieux aux suivants. Comme toute cette « journée » (typique,
et qui a pu durer plus d'un jour) la probabilité est qu'ils font
partie des souvenirs de Pierre. Mais aussi, à lire ces récits à la suite,
les intentions de Marc apparaissent mieux. On y remarque que
possessions et maladies sont mises sur le même pied mais que Marc
préfère insister sur les premières et y rattache sa thèse du « secret
messianique ». On remarque aussi, et presque malgré l'évangéliste,

que cette activité de guérisseur, si elle vaut à Jésus une immédiate popularité, contrarie par ailleurs l'enseignement qu'il est « sorti » pour répandre.

LE DÉMONIAQUE DE LA SYNAGOGUE

« Et voici qu'il y avait dans leur synagogue un homme possédé d'un esprit impur, et il vociférait : Qu'as-tu à t'occuper de nous, Jésus de Nazareth ? Tu es venu nous détruire ! Je sais qui tu es : le saint de Dieu. — Et Jésus le menaça : Tais-toi et sors de lui. — Et l'esprit impur, le secouant convulsivement et poussant un grand cri, sortit de lui. » (23-6.)

Cette première expulsion de démon a lieu pendant l'enseignement de Jésus dans la synagogue (où il enseigne tout naturellement, comme fera Paul — du moins jusqu'au moment du conflit ouvert avec les Pharisiens). L'interruption hystérique du possédé intervient au cours de la prédication du Règne de Dieu qui arrive, détruisant la puissance de l'Ennemi, du règne de Bélial. Cette interruption a donc le sens d'une opposition, voire d'un combat entre les deux règnes, prolongeant le combat de la Tentation. Il importe de saisir cette intention théologique du récit. Elle nous éclairera sur le sens profond de l'opposition pharisienne qui chassera Jésus des synagogues et même de la Galilée. Vue sous cet angle, la vie de Jésus représente, non pas le fabuleux combat apocalyptique, mais le combat eschatologique sur son double plan humain et surhumain.

Le *Testament de Lévi* (XVIII, 5-13) marquait nettement la liaison entre la réception de l'Esprit et le combat contre l'empire de Satan : « ... la connaissance du Seigneur sera répandue sur la terre comme l'eau de la mer ... Les cieux s'ouvriront et, du temple de la Gloire, viendra sur lui la sainteté avec une voix paternelle, comme d'Abraham, le père d'Isaac : ... Lui-même donnera à ses fils la majesté du Seigneur, en vérité et jusque dans l'éternité. Et il n'aura pas de successeur dans les plus lointaines générations jusque dans l'éternité ... Et Béliar sera lié par lui, et il donnera pouvoir à ses enfants de marcher sur les mauvais esprits. Et le Seigneur se complaira en son bien-aimé jusque dans l'éternité. » Par ailleurs, le même texte connaît le thème du nouvel Adam et de la nourriture de vie, supérieure au pain matériel : « Il écartera l'épée menaçant Adam et donnera à manger aux saints de l'arbre de vie et l'esprit de sainteté sera sur lui. » Les allusions sont même si évidentes qu'on a pu soupçonner ce texte d'interpolations chrétiennes mais cette conclusion n'est pas nécessaire : l'évangéliste pouvait connaître la littérature juive de son temps et s'en inspirer, par allusions, dans la présentation de son récit. Ceci expliquerait notamment (cf. la sainteté viendra sur lui... l'esprit de sainteté sera sur lui) le titre inusité que le possédé donne à Jésus, titre rare dans la tradition chrétienne et de nuance archaïque, typiquement juive : « le saint de Dieu. » En rapport, de même, avec « des guérisons, signes et prodiges » par son nom, on parle en Actes IV, 27 du « saint serviteur » de Dieu, Jésus, oint par lui. (Et l'Ancien Testament (psaume 106, 16) en rapport également avec un prodige, parle d'Aaron, « le saint de Yahvé ».)

Pour bien voir la liaison entre les guérisons miraculeuses, signes d'une victoire sur Satan, et le prologue Baptême-Tentation, un autre rapport doit être souligné : celui des idées d'Esprit et de force (ou de puissance)[2]. L'Esprit, chez Marc, agit comme une force, et si bien que le grec emploie le même mot pour désigner l'action de l'Esprit poussant Jésus au désert (et prenant ainsi l'initiative dans la lutte de la Tentation) et l'action de Jésus chassant les démons *(ekballein)*. Cette liaison préexiste dans l'Ancien Testament. On lit par exemple dans Michée III, 8 : « Pour moi, je suis plein de force et de l'esprit de Yahvé. » On lit de même dans Josèphe *(Ant.* VIII, 108) : « Vous reconnaîtrez s'il est véridique et s'il a la force de l'esprit de Dieu. » Les Juifs attendent des « signes », jugent des miracles par la doctrine mais aussi de la doctrine par les miracles. Leur péché — péché contre l'Esprit — sera de refuser ceux du Christ en les attribuant à Satan, par un retournement sacrilège.

La liaison est claire si on se souvient, d'une part, que Jean avait annoncé « un plus fort que lui », qui baptiserait « avec l'Esprit

2. Cf. JAMES M. ROBINSON, *Das Geschichtsverständnis des Markus-Evangelium,* 1956, p. 27 s.

saint » — et, d'autre part, si on se souvient de la réponse de Jésus
aux Pharisiens l'accusant de chasser les démons par Béelzéboul :
« Quand le fort armé garde sa demeure, ses biens sont en sûreté ;
mais qu'un plus fort survienne et le vainque, il lui enlève l'ar-
mure où il se confiait et distribue ses dépouilles. » (Lc. XI, 21-2
et par.) La guérison du premier possédé, dans la synagogue de
Capharnaüm, en liaison étroite avec l'annonce de la Bonne Nouvelle, est le signe d'une aurore des temps messianiques, et d'autant plus sûrement que, dans la dispute centrale sur le sens des
expulsions (Mc. IV, 27 et par.), l'allusion est claire à un texte
d'Isaïe : « Au puissant arrache-t-on sa proie et le prisonnier d'un
guerrier s'échappe-t-il ? Oui, ainsi parle Yahvé : Le prisonnier
d'un puissant lui sera pris, le butin d'un guerrier lui échappera !
A ton querelleur, moi je chercherai querelle, et tes enfants c'est
moi qui les sauverai... Et toute chair saura que moi, Yahvé, je
suis ton Sauveur, et que ton rédempteur est le Fort de Jacob. »
(XLIX, 25-6.)

L'arrière-plan du récit ainsi établi, il importe par ailleurs de
remarquer que le récit de la guérison (contrairement aux textes
apocalyptiques ou prophétiques) ne se réfère à aucun terme de
la lutte eschatologique mais présente au contraire des traits historiques accusés. Ce n'est plus le décor cosmique de l'apocalypse
mais l'histoire qui est devenue, avec Jésus, le théâtre de ce combat.
La voix du possédé parle au nom des forces qui l'habitent, et c'est
à elles que s'adressera Jésus — l'homme étant l'enjeu de la lutte.

Comment peut-on se représenter, historiquement, cette rencontre
de Jésus et du premier possédé ?

L'homme, dit le texte, est « dans un esprit impur » — ce qui
ne doit nullement s'entendre d'une impureté au sens ordinaire, mais
d'un esprit opposé à Dieu. Rien ne s'oppose à ce que nous nous
le représentions comme un schizophrène, un homme à la personnalité dédoublée, parlant contre cela même qu'une autre part de
lui-même espère. Certes, son affirmation : « Tu es venu nous détruire (ou : nous perdre) », est entendue par l'évangéliste comme
l'affirmation du démon qui l'habite — mais, au plan humain, on
peut penser à l'anxiété d'un malade nerveux à qui une prédication
messianique fait craindre une lutte contre les Romains au cours de
laquelle la nation serait détruite. Il emploie le même verbe que

Caïphe conseillant de faire mourir Jésus « pour que la nation tout entière ne soit pas *perdue* » (Jo. xi, 50.) Mais Satan s'exprime-t-il jamais autrement qu'à travers des hommes ?

Sur le même plan humain, les paroles suivantes — « Je sais qui tu es : le saint de Dieu » — peuvent exprimer à la fois sa révérence et sa crainte. C'est la même expression que Pierre emploiera dans le quatrième évangile : « Nous croyons, nous, et nous savons que tu es le saint de Dieu. » (Jo. vi, 69.) A nous placer, toutefois, sur le plan où l'évangéliste nous situe, celui où c'est l'esprit démoniaque qui parle, il ne faut pas prendre trop vite ces paroles pour une confession forcée. Elles représenteraient bien plutôt un dévoilement prématuré destiné à faire échec à Jésus. Jésus est interpellé deux fois : par son nom précis (Jésus de Nazareth) et par sa qualité secrète (le saint de Dieu). Ceci doit nous rappeler la croyance antique que la connaissance du nom et de la qualité équivaut à la connaissance de l'être et donne barre sur lui, le désarme du point de vue magique. Mais rien ne résiste à la parole divine et, sans avoir à faire d'exorcismes ni de prières, sans avoir non plus à connaître le nom du démon, par un seul commandement — ce qui prouve son autorité, la même qui transparaît dans son enseignement — Jésus le fait taire et le chasse. C'est cela surtout qui provoque (car il y avait aussi des exorcistes juifs) l'extrême étonnement des assistants, étonnement qui porte tout ensemble sur ce nouveau mode d'enseignement et sur cette extraordinaire puissance de l'exorcisme, l'une confirmant l'autre. Et, bien que cette guérison ait eu lieu en sabbat, nul ne pensera ici à le lui reprocher, devant l'évidence de cette autorité.

La parole de Jésus a suffi pour séparer ce qui parlait en cet homme de cet homme même (un peu comme sa doctrine combinera l'intransigeance absolue vis-à-vis du péché et l'infinie miséricorde vis-à-vis du pécheur). Miracle, certes, et indéniable, quoi qu'on puisse penser des confusions de l'époque entre maladies et péché ou entre maladies nerveuses et possessions. Il est enfantin de banaliser ces guérisons miraculeuses en parlant de névroses et de suggestion : quel psychiâtre, malgré toutes ces théories, réussit de ces guérisons instantanées ? Il est assez heureux de réussir, parfois, à terme. Cette explication, en somme, n'explique rien du tout. Toutefois, la psychologie des profondeurs *(Tiefenpsychologie)* peut apporter des suggestions intéressantes et moins sommaires. Elle est de plus en plus amenée à reconnaître que la force de base qui meut l'inconscient humain est moins la *libido* qu'un désir d'absolu et que la plupart des malades mentaux accordent inconsciemment valeur absolue à des valeurs relatives. « C'est pourquoi leur guérison peut se comparer à un renversement d'idoles. La névrose se détourne de l'ordre réel des valeurs mais en garde la nostalgie [3]. » C'est en tant que Sauveur que Jésus guérit, et son message montre à l'inconscient dévoyé son but transcendant. C'est en ce sens encore qu'il pourra lier la guérison du paralytique à la foi et au pardon des péchés. Mais les hommes, trop souvent, courront après le guérisseur plus qu'ils n'écouteront celui qui leur montre le salut.

La belle-mère de Pierre

Une autre guérison cependant est mise en parallèle avec celle du possédé : celle de la belle-mère de Pierre : « Et aussitôt, en sortant de la synagogue, il alla dans la maison de Simon et d'André avec Jacques et Jean. Or la belle-mère de Simon était au lit avec de la fièvre et aussitôt on lui parle d'elle. S'approchant, il la fit lever en lui prenant la main. Et la fièvre la quitta et elle les servait. » (I, 29-31.)

On a fait remarquer combien la phrase d'introduction était peu logique sous sa forme actuelle (la présence de Simon et d'André étant passée sous silence), mais que cette phrase devient fort naturelle (et suppose cette présence) si on la remet dans la bouche de Pierre : « Nous sommes aussitôt rentrés à la maison avec Jacques et Jean. » Il y aurait là comme une signature en filigrane du témoignage. De toute façon ce récit, à la fois très concret et très dépouillé, inspire toute confiance du point de vue historique car, loin des faits, nul chrétien de la seconde génération n'eût pensé à parler de la belle-mère de Pierre.

Si le miracle de la synagogue est bien le premier miracle, on conçoit que les apôtres n'aient parlé de la malade à Jésus qu'après leur retour. Si cette guérison doit bien se situer le même jour, elle a lieu encore une fois en sabbat, ce qui laisse supposer que

3. W. GRUNDMANN, *Die Geschichte Jesu Christi*, 1957, p. 291.

les disciples n'étaient pas de stricte observance pharisienne. Mais il est possible également que Marc ait placé ce miracle à ce moment-ci pour établir un parallèle formel entre la guérison d'un démoniaque et la guérison d'un malade de même qu'il mêlera les uns et les autres dans la scène du soir.

La similitude sera soulignée par Luc : « Il se pencha sur elle et, d'un ton menaçant, commanda à la fièvre. » (IV, 39.) Ceci traduit une assimilation. Elle montre que la tendance était de personnifier les forces de la maladie. Mais c'est ici une interprétation de Luc car ni Marc ni Matthieu ne rapportent aucune parole de Jésus mais un simple geste. Il ne s'agit plus ici (du moins directement, car la maladie reste, théologiquement, une conséquence du péché originel) de la lutte contre le Royaume de Satan. La parole du Fils-Serviteur n'est plus nécessaire mais son simple contact, comme dans le cas de l'hémoroïsse.

Le soir

« Le soir venu, au coucher du soleil » — car nous sommes en sabbat jusqu'à ce moment-là — « on lui amenait tous les malades et les possédés et la ville entière était rassemblée devant la porte. Et il guérit beaucoup de malades affligés de divers maux, et il chassa beaucoup de démons. » (Mc. I, 32-4.)

LE DÉPART SECRET. SON MOTIF

Chasser l'esprit impur qui avait jeté le trouble pendant sa prédication avait été le premier miracle de Jésus ; le second avait été un miracle de miséricorde, sur la prière des disciples. Il n'avait recherché l'occasion d'aucun des deux, et jamais l'Évangile ne montre qu'il ait une seule fois recherché cette occasion. Malades et possédés viennent à lui ou on les lui amène ou on le supplie de venir. Par contre, c'est Jésus qui porte partout la Parole et cherche les brebis perdues, car c'est pour cela qu'il a été envoyé. Ses miracles toutefois, et notamment ces deux premiers, sont des

« signes » qui accréditent son autorité et révèlent l'Esprit qui l'habite.

Nous venons de voir l'effet produit par ces premiers miracles à Capharnaüm : la foule se presse devant la maison de Pierre et elle reviendra le matin. C'est donc le succès ? Certes. Mais quel succès ? Ces foules subitement rassemblées n'accourent pas pour entendre la Parole mais pour voir ou obtenir des guérissons. Ces miracles qui étaient des signes, qui donc devaient diriger l'attention vers le signifié c'est-à-dire vers le message de l'Envoyé, ces miracles qui n'étaient en somme que des lettres de crédit, voilà qu'ils risquent de détourner l'attention de ce message. On accourt vers le thaumaturge plus que vers le prédicateur. Déjà s'entrevoit le tragique malentendu qui fera échouer la mission de Jésus auprès d'Israël. Par un retournement diabolique, le démon expulsé, grâce au caractère spectaculaire de son expulsion et de ses cris, a réussi à détourner l'attention de la seule chose fondamentale : la proclamation de la Bonne Nouvelle du Royaume et l'appel au changement de cœur.

Marc ne souligne pas cet aspect des choses — presque au contraire — mais il est indéniable. L'effet sur Jésus de son succès de guérisseur est remarquable : il provoque une « crise » significative, un départ brusqué et secret que nous rapporte un passage des plus sûrement rattaché aux souvenirs des témoins directs. « Et très tôt, comme il faisait encore nuit, se levant, il sortit et se rendit dans un lieu désert ; et là, il priait. Simon se mit à sa poursuite et ceux qui étaient avec lui. Et, l'ayant trouvé, ils lui disent : Tout le monde te cherche !

Il leur répond : Allons ailleurs, dans les bourgs voisins, pour y prêcher. Car c'est pour cela que je suis sorti. » (I, 35-8.)

La prière solitaire de Jésus n'est mentionnée que trois fois dans Marc, et chaque fois à des moments importants : ici, après la multiplication des pains et à Gethsémani. Il n'est donc pas exagéré, devant ce départ qui ressemble à une fuite, de penser, sinon à un moment de crise, du moins à un urgent besoin du dialogue solitaire avec le Père, comme chaque fois qu'il doit prendre une décision importante.

Par ailleurs, tout le passage reflète le souvenir direct de Simon : les trois adverbes du début (en grec), qui marquent l'étonnement à constater la si matinale absence ; cette expression de « Simon et ceux (qui étaient) avec lui » (le maître de maison, qui dirige les recherches, et ceux qu'on n'appelle pas encore des disciples) ; ce verbe singulièrement expressif, à peine respectueux : « se mettre à sa poursuite », presqu'à sa chasse ; l'imparfait de « et là il priait », reflétant l'attitude où ils ont trouvé Jésus ; la conjugaison au présent — le présent des récits populaires — des verbes qui introduisent le dialogue ; enfin le ton naturel, primesautier du reproche étonné : « Tout le monde te cherche », qui ne traduit pas seulement l'état de Capharnaüm en rumeur mais aussi la conviction évidente qu'il faut profiter de ce succès.

Dans ce contexte d'allure on ne peut plus authentique, la réponse de Jésus se détache dans toute sa signification : « Allons ailleurs, dans les bourgs voisins, pour y prêcher. Car c'est pour cela que je suis sorti. » C'est la Parole d'abord qui compte et ce n'est pas d'abord la Parole qu'on attend de lui, maintenant, à Capharnaüm. Or, c'est pour la semer qu'il est « sorti », comme le semeur de la parabole. Et Marc l'entend de la sortie de Capharnaüm mais le sens, dans la bouche de Jésus, a pu être, plus profondément, celui que Luc traduit par « c'est pour cela que j'ai été envoyé ».

Marc, toutefois, ajoute cette phrase : « Et il prêchait dans leurs synagogues à travers toute la Galilée et chassait les démons. » Ce verset est très évidemment de sa rédaction : « leur(s) synagogue(s) » est repris du verset 23 et l'union de la prédication et des expulsions, du verset 27. Placé à la fin de la « Journée de Capharnaüm », ce verset résume le sens du chapitre dans l'optique de Marc. A cette place cependant, clôturant, en même temps que le chapitre, la péricope du départ, il en contredit apparemment le sens obvie : malgré ce départ qui marque une rupture, Marc semble caractériser la période qui suit par des traits qui caractérisent la période qui précède. « Semble », car au fond, comme la suite le montre (et l'imparfait de la plupart des manuscrits), il s'agit d'abord pour Marc, par ce procédé d'inclusion qui lui est familier, de clore le chapitre en en rappelant le début (soit, ici, la péricope du possédé guéri pendant la prédication de la synagogue).

Il reste que la situation du verset est malheureuse à la fin de la péricope du départ. Elle a embarrassé les autres Synoptiques. Matthieu choisira de passer complètement sous silence les deux bouts de l'inclusion, et même le départ de Jésus. Il a connu cependant ce départ-rupture de Capharnaüm car il le remplace par un départ de même ordre dont il emprunte le cadre aux épisodes postérieurs. « Se voyant entouré de grandes foules, Jésus donna l'ordre de s'en aller sur l'autre rive. » A quoi il ajoute une parole de Jésus sur la vie errante : « Les renards ont des tanières et les oiseaux du ciel des nids, mais le Fils de l'Homme n'a pas où reposer sa tête. » (VIII, 18-20.) Tout en se tenant plus près de Marc, Luc va dissoudre assez habilement la contradiction apparente :

1° Dans l'épisode du possédé (IV, 33-37), il commence par séparer l'étonnement au sujet de l'enseignement de la stupeur devant la guérison. Il les avait cependant trouvés joints. Sa rédaction conserve, à propos du commandement, le mot d'*autorité (exousia)* appliqué par Marc à l'enseignement ; il ajoute par ailleurs le mot *parole (logos)* qui rappelle par allusion la parole enseignante : « Quelle parole ! Il commande avec autorité et puissance aux esprits impurs et ils sortent ! » Il y a chez Luc plusieurs exemples de ces modifications avec scrupules de vocabulaire.

2° Le récit du départ est adouci. Jésus ne sort que « le jour venu » ; ce ne sont plus Simon et ses compagnons mais « les foules » qui se mettent à sa recherche. Enfin, il corrige le verset de conclusion de Marc en ne mentionnant plus que la prédication, laissant tomber l'adjonction qui faisait difficulté (« et il chassait les démons »).

LA GUÉRISON DU LÉPREUX

Entre le départ de Jésus et son retour à Capharnaüm après un temps indéterminé, Marc place l'épisode du lépreux. Matthieu le situe avant la guérison de la belle-mère de Pierre, et Luc, après le départ et la vocation des disciples. De toute façon, les trois synoptiques s'accordent pour le situer avant la guérison du paralytique et plus d'un trait archaïque du récit indique bien, en effet, qu'il s'agit là d'un des premiers miracles.

C'est la situation de Marc qui paraît la plus juste. L'épisode y forme transition : le premier séjour à Capharnaüm se terminait par des guérisons multiples et le second s'ouvrira par le miracle du paralytique. Il y a là, entre la première proclamation et le début de l'opposition, une sorte de cycle du miracle. Mais à travers ce cycle se dessine une évolution sur laquelle il convient d'insister.

La retraite de Jésus et son départ ont été causés par ce malentendu qui le fait rechercher comme un thaumaturge alors que son premier souci est de proclamer la Bonne Nouvelle. Pour Jésus, le miracle de guérison est un signe qui, au-delà de lui-même, pointe un doigt indicateur vers l'arrivée du Royaume et vers l'unique nécessaire du changement de cœur qui prépare à l'accueillir. Rechercher le miracle pour lui-même, c'est faillir à le prendre comme il doit être pris, c'est le détourner de son sens, nier son but, le rendre vain en le vidant de sa signification. C'est, en fait, l'opposer à la proclamation du Règne ! De là la mystérieuse colère de Jésus devant le lépreux et le silence qu'il lui impose (sinon devant le prêtre) : ils partent du même motif que le refus de rentrer à Capharnaüm.

« Un lépreux vient à lui, le suppliant et tombant à genoux en disant : Si tu veux, tu peux me purifier. Ému de colère, Jésus, étendant la main, le toucha et lui dit : Je le veux, sois purifié. Et aussitôt la lèpre le quitta et il fut purifié. Et, avec un grondement, Jésus aussitôt le chassa et lui dit : Ne dis surtout rien à personne, mais va te montrer au prêtre et offre pour ta purification l'offrande prescrite par Moïse, en témoignage pour eux.

« Mais lui, une fois parti, se mit à proclamer bien haut et à répandre la nouvelle. De sorte que Jésus ne pouvait plus entrer ouvertement dans une ville mais se tenait dehors, dans des endroits déserts. Et on venait à lui de partout. » (Mc. I, 40-5.)

La colère de Jésus et son « grondement » sont des traits primitifs qui ont disparu des récits parallèles mais ils sont historiquement précieux et parfaitement explicables dans la situation que nous avons décrite. Ils correspondent d'ailleurs à l'attitude du lépreux après sa guérison, attitude précisément que Matthieu et

Luc passent sous silence comme ils passent sous silence les traits primitifs précédents (Luc v, 15-6 attestant toutefois qu'il la connaît mais préfère la modifier en ne retenant encore une fois que « les foules »).

Or, les versets concernant l'attitude du lépreux contiennent deux mots remarquables, presque scandaleux, qui s'appliquent normalement à la prédication de la Bonne Nouvelle ou de l'Évangile : le verbe *kérussein* (proclamer) et, en doublet, par une redondance fréquente chez Marc, l'expression « répandre la nouvelle » (littéralement : *ton logon*, la parole). Comme dans le cas des miracles de Capharnaüm, il s'agit bien ici d'un retournement diabolique de l'intention du miracle, d'un remplacement de la vraie proclamation par la proclamation du spectaculaire comme tel, du miracle qui n'est plus un signe, du miracle séparé de son sens (et on peut noter, à ce propos, que lorsque Jésus « chasse » le lépreux, Marc emploie le même verbe dont il se sert pour décrire les expulsions de démons). Colère et rudoiement s'expliquent si Jésus, perçant ses dispositions, prévoit que le lépreux enfreindra le silence, répandant le malentendu qu'il s'agissait d'éviter, « de sorte qu'il ne pouvait plus entrer ouvertement dans une ville ». On objectera qu'il pouvait refuser la guérison ? En fait, Jésus n'en a refusé aucune, pas plus qu'il n'a chassé Judas du cercle des Douze. C'est que la prescience n'entraîne pas la prédestination et que la liberté humaine doit pouvoir s'exercer.

Un autre trait remarquable, d'apparence contradictoire après la stricte consigne de silence, est l'ordre formel d'aller se montrer au prêtre et de faire cette offrande prévue par le Lévitique (xiv, 1-32), qui comportait essentiellement l'oblation d'un agneau expiatoire et une onction d'huile. Le trait date l'épisode d'avant la période de contradiction. Mais il ne signifie pas uniquement, il ne signifie pas d'abord la soumission à des prescriptions mosaïques qui allaient d'elles-mêmes. Et qu'il était de l'intérêt du lépreux d'accomplir pour être réintégré dans la communauté. Pourquoi Jésus, à travers sa colère, se serait-il préoccupé de rappeler un point évident de la législation mosaïque ? La concision extrême des notations évangéliques ne plaide pas en faveur d'un sens aussi inutile. Non : cette offrande, obligatoire, doit être faite « en témoignage pour eux ».

En témoignage pour qui sinon pour « les prêtres », seul substantif de la phrase auquel puisse se rapporter le pronom ? (Le substantif est au singulier, il est vrai — « le prêtre » — mais c'est par allusion à Lévitique xiv, 2 et l'accord du pronom — « pour eux » — est *ad sensum.*)

En témoignage de quoi ? Non pas évidemment en témoignage, pour les prêtres, de guérison : c'est leur examen du lépreux au contraire, et leur acceptation de faire l'offrande, qui rendra officielle sa guérison et le réintégrera dans la communauté. En témoignage du caractère miraculeux de sa guérison, en témoignage pour eux que le Messie attendu s'est levé en Israël.

La guérison d'un lépreux, en effet, et même s'il s'agit de la lèpre blanche de la Bible, représente une guérison particulièrement extraordinaire. D'après les rabbins (*b. Sanh.* 47 a), elle est aussi difficile que la résurrection d'un mort et demande une intervention divine. Aussi la « purification des lépreux » sera-t-elle citée par Jésus au nombre des signes messianiques de sa réponse à Jean, à côté des signes annoncés par Isaïe (Mt. xi, 5 ; Lc. vii, 22). C'est que la lèpre est par excellence la maladie symbolique du péché et du châtiment divin. Myriam en fut frappée pour avoir parlé contre son frère Moïse et elle n'en fut délivrée qu'à la supplication de celui-ci (Num xii, 1-15). Et de même, en présence des prêtres, le roi Ozias (ii Chr. xxvi, 16-23) ou Géhazi pour avoir menti à Élisée (ii Reg. v, 27). Sa guérison, de même, est un signe de Dieu. Le double signe avait été donné à Moïse (Ex. iv, 6-7) pour convaincre Pharaon. On le savait si bien que, lorsque le roi d'Aram lui demanda de délivrer Naamân de la lèpre, le roi d'Israël déchira ses vêtements en s'écriant : « Suis-je un Dieu qui donne la mort et la vie pour qu'il me demande de délivrer quelqu'un de sa lèpre ?... Mais quand Élisée l'apprit, il lui fit dire : Pourquoi as-tu déchiré tes vêtements ? Qu'il vienne donc vers moi et il saura qu'il y a un prophète en Israël. » (ii Reg. v, 6-8).

Dans l'envoi aux prêtres expressément mentionné comme un ordre de Jésus, il faut voir la première tentative pour éclairer sur le caractère de témoignage de ses miracles plutôt que sur leur caractère merveilleux. Mieux que la foule, les prêtres peuvent comprendre de quoi ceci est signe. Ils connaissent la promesse faite à Moïse : « Je leur susciterai du milieu de leurs frères un prophète semblable à toi, je mettrai dans sa bouche mes paroles. » (Deut xviii, 18.) Ils savent aussi (id. 22) que ce prophète se reconnaîtra à l'effet, à l'efficacité de ses paroles. Or, pour reprendre l'exclamation de Luc, quelle parole que celle qui guérit un lépreux plus instantanément que Naamân dans le Jourdain !

Mais cette intention de Jésus a été trahie par le lépreux, qui répand une vaine « parole » humaine, s'émerveillant dans le vide.

Que fera Jésus, dès lors ?

Matthieu situe ici l'épisode du centurion, où la guérison du serviteur sera mise dans un rapport direct et exprès avec la foi : « Va ! Qu'il t'advienne selon ta foi. » Telle est la vraie mesure : la foi à l'Envoyé, au messager eschatologique, à celui qui détient la clef du festin messianique d'où seront exclus les « fils du Royaume » incrédules, fils d'Abraham selon la chair seulement.

Cette foi en lui — et en lui non seulement comme guérisseur — Jésus va la demander explicitement lors de la guérison du paralytique. Pour diriger exactement cette foi, il lui remettra ses péchés avant de le faire lever. Or, si Dieu seul peut guérir la lèpre, Dieu seul, plus sûrement encore, peut remettre les péchés. Ainsi, la signification du miracle sera soulignée dès avant qu'il ait lieu. Il ne sera que la confirmation visible de l'invisible autorité revendiquée. Il n'y aura plus, cette fois d'échappatoire. Et ce sera le début du scandale pharisien.

Ainsi, pour dissiper à tout prix le malentendu qui a provoqué son départ subit, Jésus, quand il rentre à Capharnaüm, s'est résolu à braver une accusation de blasphème — blasphème qui, en Israël, est puni de mort. Il n'empêche : la foi sera requise dorénavant, forçant l'attention sur le message à travers la personne du messager. Car sa personne, par la force des choses, sera mise en avant — sa personne d'Envoyé dont les miracles prouvent la mission et non plus simplement sa personne de faiseur de miracles, qui n'a pas à être l'objet d'une foi mais d'un stérile émerveillement. Ceci, au prix d'un risque qu'il ne faut pas sous-estimer, va obliger l'optique populaire à se rectifier. Des miracles ? Soit. Mais prouvant l'exorbitant pouvoir de remettre les péchés, mais prouvant que Dieu demande l'amour du prochain, et des ennemis même, plutôt que les purifications rituelles et l'étroit repos sabbatique.

LE SECRET MESSIANIQUE

Il ne sera plus question de secret dans le cas du paralytique ni dans celui de l'homme à la main desséchée. Sans doute le secret était-il *a priori* impossible parmi la foule mais, cette foule, il saura demander qu'on l'écarte d'auprès de la fille de Jaïre. Le motif n'est donc pas déterminant. Le vrai motif est que le secret n'était plus nécessaire dès que le miracle n'était plus séparable de son vrai sens et que, loin de s'opposer à la prédication et à la connaissance du Christ, il dirigeait vers elles les regards.

En somme, et bien que Marc ait tendance à le suraccentuer, le secret n'est demandé que lorsque sa révélation risque de n'être pas comprise, ou mal, lorsqu'elle risque de se déformer en messianisme spectaculaire, temporel, extérieur, en faux messianisme de la Tentation. En ce sens, la Tentation préfigure bien tout le ministère. Le vrai combat de Jésus se situe au plan de la parabole du semeur et de celle de l'ivraie, au plan de la Parole, de la conversion et de la foi. Le secret messianique n'est au fond qu'un aspect paradoxal de la révélation messianique, une pédagogie, dont la nécessité s'est révélée à Jésus après les premiers miracles, pour amener ces bouillants Galiléens, et parmi eux ses disciples, à concevoir le vrai messianisme au lieu de celui dont ils rêvaient. Pour saisir le message et apercevoir le Règne, il est nécessaire de changer de cœur. Et Dieu sait si l'homme tient à ses illusions et comme ses chimères, surtout les plus réalistes, se cramponnent à lui. Mais aussi, d'entrevoir le Royaume venu en parole et en signes invite les cœurs à changer — ou, seconde possession, pire que la première, à s'endurcir. C'est l'heure du « glaive de la Parole », celle qui révèle le secret des cœurs et la haine instinctive, inconsciente peut-être, de trop de cœurs mis à nu, où grouillent ces mensonges dont le diable est le père.

En ce sens profond, le ministère de Jésus inaugure bien le combat eschatologique.

Le silence imposé aux démons est un aspect particulier de ce combat et du secret messianique. Secret particulier à Marc : ni Matthieu ni Luc ne le reprendront. Marc, qui rapporte les actes et les miracles plutôt qu'il ne recueille les paroles, est particulièrement impressionné par les guérisons de possédés. Son optique eschatologique est proche, ici, de la nuance apocalyptique traditionnelle. C'est ainsi qu'il interprète le « tais-toi » au démoniaque de la synagogue (I, 25) comme défendant une révélation plutôt que comme un silence imposé à des vociférations. « Il empêchait les démons de parler — dit-il dans une adjonction interprétative — parce qu'ils le connaissaient. » (I, 34 b.) Et de même, dans une notice générale où la majoration est nette : « Les esprits impurs, lorsqu'ils le voyaient, se prosternaient et criaient : Tu es le Fils de Dieu ! Mais il leur enjoignait avec force de ne pas le faire connaître. » (III, 11-12).

Le moins qu'on puisse dire est que son interprétation le conduit à des formules contradictoires : comment Jésus peut-il leur enjoindre de ne pas le faire connaître *après* qu'ils l'ont fait connaître ? Et puis, quelle preuve avons-nous que les démons connaissaient Jésus pour ce que les chrétiens l'ont reconnu après la Résurrection ? Comme les névrosés qu'ils habitent, sensibles à l'impression profonde que leur fait Jésus, ils se sentent en présence d'un « saint de Dieu ». Mais au-delà ?

Aussi Matthieu interprète-t-il ce passage de Marc, non des démons, mais des malades : « Il les guérit tous, mais en leur enjoignant de ne pas le faire connaître » (XII, 15-6), ce qui est strictement conforme à ce que nous venons de voir à propos des miracles. Notons ceci toutefois : l'interprétation de Marc, qui la contrarie, nous garantit, historiquement, l'authenticité de la tradition qu'il rapporte.

Sa croyance que les démons savent qui est Jésus ne fait pas

partie de cette tradition [4]. Ni Matthieu ni Luc ne l'acceptent, nous l'avons vu, et de plus un passage ancien de saint Paul la contredit, parlant d'une « sagesse de Dieu mystérieuse, demeurée cachée... celle qu'aucun des Princes de ce monde n'a connue — s'ils l'avaient connue, ils n'auraient pas crucifié le Seigneur de la Gloire » (1 Cor. II, 7-9). Paul parle ici des puissances mauvaises qui règnent sur le monde et dont les hommes ne sont que les instruments responsables. Un apocryphe chrétien, l'*Ascension d'Isaïe* éclaire d'ailleurs ce passage quand il dit : « Et le Prince de ce monde étendra la main sur le Fils de Dieu, le tuera et le suspendra au gibet — et il le tuera ne sachant qui il est » (*et occidet nesciens qui sit.* IX, 14).

---

4. Il importe de distinguer, dans l'inspiration, entre esprit et mentalité. L'esprit s'exprime à travers des mentalités individuelles (ici, celle de Marc) qui peuvent partager des représentations de l'époque, etc.

LA PREMIÈRE PRÉDICATION

Cette première prédication, plus importante que tout miracle car elle en donne le sens, Marc, tout occupé du récit des événements, ne nous l'a guère conservée. On serait mal venu de lui en faire grief. En dehors du témoignage oral, il n'existait, avant nos évangiles, que des recueils des paroles ou des actions de Jésus à l'usage des prédicateurs. La théorie la plus généralement acceptée, celle des « deux sources », tient que Matthieu (notre Matthieu grec) et Luc ont introduit dans le cadre constitué par Marc les paroles ou *Logia* des recueils, les regroupant par thèmes et les remettant de leur mieux « en situation ».

Marc avait rapporté le thème général de la première prédication : « Les temps sont accomplis et le Règne de Dieu est aux portes : changez de cœur et croyez à la Bonne Nouvelle. » (i, 15.) A nous fier à ses termes, cette prédication prend nettement la suite de celle du Baptiste mais en même temps elle en annonce l'accomplissement — un accomplissement qui exige la foi en même temps que la conversion car ce Règne de Dieu est un règne spirituel.

Marc a noté aussi la profonde impression produite sur les foules, « vivement frappées de son enseignement car il les enseignait comme ayant autorité et non comme les scribes », simples commentateurs de la Loi (i, 22). Or c'est là exactement la formule de Matthieu (vii, 28-9) après le Sermon sur la Montagne (et immédiatement avant le miracle du lépreux). L'indication, car c'en est une, invite expressément à se reporter au Sermon sur la Montagne pour se faire une idée du contenu de la première prédication.

Pour s'en faire une idée, et non pour y trouver je ne sais quel impossible compte rendu sténographique. Même si la plupart des péricopes font bien l'impresssion d'être primitives, Matthieu lui-même (et Luc après lui) avoue y rassembler des instructions aux disciples et des enseignements à la foule. Il introduit en effet le Sermon sur la Montagne en ces termes : « Voyant les foules, Jésus gravit la montagne ; il s'assit et ses disciples vinrent auprès de lui » (v, 1-2) — mais il le conclut sur ce verset : « Et il arriva, quand Jésus eut achevé ces discours, que les foules étaient vivement frappées de son enseignement. » (vii, 28).

LE SERMON SUR LA MONTAGNE

Le rassemblement des « paroles », dans ces discours, s'est fait par thèmes. Le risque, évident, est de rapprocher des sentences semblables prononcées à des moments différents. On ne peut donc, lorsqu'on est lié à la chronologie, s'y reporter sans discernement. La difficulté ne doit cependant pas être exagérée dès lors qu'il s'agit surtout, rassemblant les grands thèmes, de remonter au point d'où ce nouvel enseignement prend sa source.

Luc situe le discours sur un plateau et Matthieu sur une montagne mais, comme il ne s'agit guère d'un discours unique, la situation topographique de ce « discours » importe moins que les intentions qui s'y expriment. Luc, qui vient de rapporter l'élection des Douze sur une montagne, et qui connaît d'autres disciples de Jésus mêlés à la foule, fait redescendre Jésus sur un plateau ; Matthieu, qui ne connaît pas encore l'élection des Douze, fait venir à lui « ses disciples » en général. Mais, dans les deux cas, l'intention est assez semblable. Il s'agit d'une prédication de plein air, dégagée du cadre des sectes et même de la synagogue, mais où, toutefois, les disciples servent d'intermédiaires entre Jésus et la foule. Que Matthieu la situe sur la montagne (où Luc à préféré placer l'élection des Douze) souligne que Jésus est le nouveau Moïse, proclamant la Nouvelle Alliance préparatoire au Règne.

Car le Sermon sur la Montagne est le Sermon du Royaume et de cette imitation du Père qui y introduit (ou, équivalemment,

177

prépare à son arrivée). Les béatitudes en sont la charte et le Pater est sa prière.

Certes, l'Ancien Testament avait maintes fois proclamé l'universelle souveraineté de Yahvé, seul Dieu, seul Roi et seul Juge (cf. psaumes 47, 93, 96, 103, 145, etc.). Cependant le règne de Yahvé, même sur le Peuple élu, a été plus d'une fois contesté par les révoltes d'un peuple « à la nuque raide » et rebelle au joug de la Loi. Depuis que ce peuple est opprimé par l'héllénisme et par Rome, il connaît doublement « la domination de Bélial » mais a tendance à l'extérioriser, à la placer d'abord dans la domination par des peuples idolâtres. On attend du Messie qu'il « lie Bélial », mais cette délivrance n'a rien d'une délivrance de l'âme individuelle dans un au-delà idéal, sur le modèle platonicien. Les Juifs l'attendent si concrètement, âme et corps, si communautairement aussi, que leurs espoirs dérivent plus d'une fois vers un messianisme politique et merveilleux ou vers un illuminisme qui tâche de deviner les dates et le déroulement d'événements apocalyptiques. Jésus va garder la perspective eschatologique mais non la ligne de pensée apocalyptique et temporelle. Il va tout à la fois actualiser et spiritualiser l'espoir juif : « Le Règne ne vient pas comme une chose qu'on voit et on ne saurait dire le voici ou le voilà. Car, sachez, le Royaume de Dieu est parmi vous. » (Lc. XVII, 20-1.) Cette spiritualisation est dans la ligne des prophètes et non de l'idéalisme hellénique. Elle est actualisation de la foi en Dieu. Le Royaume, c'est la volonté du Père accomplie. C'est là, et non les révoltes armées ni les supputations fantastiques ni les observances légalistes, c'est là ce qui renverse l'empire de Bélial.

Comment les foules accepteront-elles cette spiritualisation de leurs espoirs ? Comment les Pharisiens qui les encadrent, bon gré mal gré, admettront-ils un enseignement proclamé d'autorité au lieu de se borner à discuter la jurisprudence de la Loi ?

Car le Sermon sur la Montagne est d'abord adressé aux disciples, indique la voie des disciples, mais on ne peut oublier derrière eux la présence de ces foules mentionnées avant et après, de ces foules dont ils sortent et à qui Jésus les enverra, les foules du *misereor super turbas* (Mc. VI, 34) que Matthieu place sur tout le chemin de Jésus, « gens las et prostrés comme des brebis sans berger »

(IX, 36), inquiétés à la fois par la résistance zélote et par la répression romaine et hérodienne, exclus des associations pharisiennes qui les encadrent (« Le châtiment vient sur le monde à cause des *am-haarez* » b. *Baba Batra* 8 a). Ils ne forment plus une communauté organique sur le plan spirituel. Abandonnés de partout parmi des sectes rivales, ils ne peuvent, s'ils surmontent leur prostration, que se jeter dans les résolutions violentes. Et sans doute le Royaume que Dieu leur annonce par la bouche du nouveau prophète est-il ouvert aux violents, mais seulement s'ils réussissent à transcender leur désespoir et à échapper à l'encadrement pharisien.

Comme la rédaction de Luc le fait sentir, c'est à eux que s'adressent les béatitudes, à travers les disciples sortis de leurs rangs : « Heureux, vous les pauvres... vous qui avez faim maintenant... vous qui pleurez maintenant... » Ces béatitudes s'adressent à des gens que leur situation de fait rend susceptibles de les recevoir. Mais, à partir de cette situation, encore doivent-ils les recevoir dans le sens religieux que dégage mieux Matthieu. Ils doivent transcender leur situation de fait par leur façon de l'accepter. C'est en cela que consistera le « changement de cœur » qui leur ouvrira le Royaume qui vient et dont l'attente va les regrouper en une communauté ouverte, tout cloisonnement abandonné. Car le salut que proclame Jésus ne dépend plus d'aucun sectarisme. Il s'ouvre à toutes les brebis que le légalisme pharisien considère comme perdues et les humbles y ont accès mieux que les sages et les habiles.

La perspective de ces paroles (et de tout le Sermon) reste eschatologique et reprend le schéma fondamental de la proclamation de la Bonne Nouvelle :

« Repentez-vous — car le Royaume des cieux est proche
Heureux, les pauvres — car le Royaume de Dieu est à vous. »

Chaque fois, le présent est transformé par le changement de cœur et justifié par le proche futur divin, déjà présent. Ce présent de l'espérance, dans la foi et la charité, est proprement le temps chrétien et cette accentuation du présent déjà « racheté », cet optimisme de la foi, suffirait à distinguer la prédication de Jésus de celle de Jean-Baptiste. Paul le soulignera plus tard, et Jean :

« Bien-aimés, dès maintenant nous sommes enfants de Dieu —
mais ce que nous serons n'a pas encore été manifesté. » (I Jo. III, 2)

LA BONNE NOUVELLE ET LA LOI

Devant le message de Jésus, une question préjudicielle devait
immédiatement surgir dans tout esprit juif : la question de son
rapport, de sa conformité à la Loi et aux Prophètes (qui, dans
la conception juive, expliquent la Loi et ne forment pas une sorte
de seconde Loi à côté de la première). Aussi Matthieu, qui s'adresse
à un public judaïsant, y répond-il longuement à la suite des
béatitudes, dans l'essentiel des chapitres V et VI : la justice nouvelle
n'est pas une abolition de la Loi mais son accomplissement. La
Loi est éternelle, pas un i n'en passera avant que ne passent ciel
et terre. Mais il s'agit de la Loi accomplie et vécue selon l'Esprit
et non pas discutée selon la lettre et détournée de son intention.

Le divorce, par exemple, est considéré comme un privilège
d'Israël — le mariage israélite étant, seul, un vrai mariage. La
seule question discutée par les rabbins est celle du motif du divorce.
Comment interpréter la « tare » de Deutéronome XXIV, 1 ? L'école
de Shammaï l'entend de l'adultère mais l'école laxiste de Hillel
descend jusqu'à un plat brûlé et admet de toute façon le divorce
dès que la femme a cessé de plaire. Jésus ne prend pas parti dans
la discussion. Plus radicalement, il détruit l'objet de la dispute en
remontant à la source du mal dans le cœur de l'homme : « Quiconque regarde une femme pour la désirer a déjà commis l'adultère dans son cœur. » (Mt. V, 28) Il remontera par ailleurs à la
volonté de Dieu quand on lui opposera la permission du divorce
donnée par Moïse : « C'est à cause de la dureté de vos cœurs
que Moïse vous écrivit ce précepte... Ce que Dieu a joint, que
l'homme ne le sépare pas. » (Mc. X, 4 sq.) Ici comme ailleurs, il
appuie, contre le légalisme pharisien, l'interprétation spirituelle
de la Loi par les prophètes [1] — en l'occurrence, celle de Malachie

---

1. La réserve de Mt. V, 32 et XIX, 9 (hors le cas de concubinage) n'appelle
pas commentaire ici, malgré son importance éventuelle en pastorale. Il s'agit,
pour nous, d'éclairer une démarche constante de Jésus.

II, 14 sq. : « Yahvé est témoin entre toi et la femme de ta jeunesse... N'a-t-il pas fait un seul être qui a chair et souffle de vie ?... Respect donc à votre vie, et envers la femme de ta jeunesse ne sois point perfide ! Car je hais la répudiation, dit Yahvé le Dieu d'Israël. »

Ainsi donc, à la prendre « extérieurement », la Loi permet ce que réprouve la Loi prise spirituellement. C'est de cette Loi littéralisée, extériorisée, que saint Paul dira qu'elle rend pécheur. Mais la Loi comme elle fut donnée par Dieu, celle-là ne passera pas. Le code deutéronomique, au lieu d'être surchargé de jurisprudence, doit être pensé dans l'esprit du Deutéronome spirituel qui l'encadre. Multiplier prescriptions et distinctions extériorise la Loi toujours davantage — mais la vivre dans son esprit la prolonge en la simplifiant et conduit à Dieu. Il s'agit, par delà les interprétations humaines, de retrouver l'intention divine et pour cela, pour aller à la rencontre de cette volonté, de redresser en soi l'intention secrète, de « purifier la source ». Alors, on ne subira plus la Loi comme une législation, on la portera en soi comme un guide, comme un amour qui devine et qui s'adresse à une personne. On la portera dans un cœur changé, dans ce « cœur de chair » que Dieu a promis, par la bouche d'Ezéchiel, de substituer aux cœurs de pierre « en ces jours-là ».

Ces jours-là sont venus. Il ne s'agit plus de s'enquérir d'œuvres à faire, comme dans la justice pharisienne. Il ne s'agit pas de demander, comme le jeune homme riche : « Quelle bonne œuvre dois-je faire pour obtenir la vie éternelle ? » ou comme les Juifs de Jean VI, 28 : « Que nous faut-il faire pour travailler aux œuvres de Dieu ? » Il s'agit de bien plus que de *faire,* il s'agit d'*être,* car c'est du cœur de l'homme que sort ce qui le souille et le cœur purifié produira naturellement de bonnes œuvres. « Tout arbre bon donne de bons fruits tandis que l'arbre mauvais donne de mauvais fruits... Tout arbre qui ne donne pas de bons fruits sera coupé et jeté au feu. » (Mt. VII, 17-9.) Tout se ramène, de partout, à la *métanoïa,* au changement de cœur qui permet d'apercevoir le Royaume et d'y entrer. Et ce changement de cœur est lié à la foi en la Bonne Nouvelle et en son Messager. « Repentez-vous et croyez à la Bonne Nouvelle. » (Mc. I, 15.) Et Jésus, dans

Jean, répond à la question des Juifs : « L'œuvre de Dieu, c'est que vous croyiez en celui qu'il a envoyé. »

Quelles que soient par ailleurs les apparences — et c'est pourquoi il faut se garder de juger — le *faire* est finalement orienté tout entier selon la visée intime, selon « l'œil » intérieur : « Si ton œil est sain, ton corps entier sera dans la lumière ; mais si ton œil est malade, ton corps entier sera dans les ténèbres. » Mt. VI, 22-3.) Et l'œil malade cherche l'obscurité tandis que l'œil sain recherche la lumière. (Voilà de nouveau les oppositions diamétrales de Qumrân, mais combien spiritualisées !) Les disciples devront laisser transparaître la lumière, être la lumière du monde. Et leur regard, éclairant tout le corps, devra être dirigé vers la source de toute lumière, vers le Père.

C'est pourquoi le Pater est la prière centrale et c'est pourquoi les béatitudes prescrivent aux disciples, non des œuvres, mais une attitude d'esprit, non pas ce qu'ils doivent faire mais ce qu'ils doivent être.

LES BÉATITUDES

Ces béatitudes qui, telles le vin nouveau dans les vieilles outres, risquent de détruire par leur seule évidence le commentaire qui les entourerait, peut-être faudrait-il se borner à les reproduire. Les voici, selon Matthieu (V, 3-10) :

« Heureux ceux qui ont une âme de pauvre, car le Royaume des
    Cieux est à eux.
Heureux les humbles, car ils recevront la terre en héritage.
Heureux les affligés, car ils seront consolés.
Heureux les affamés et assoiffés de justice, car ils seront rassasiés.
Heureux les miséricordieux, car ils obtiendront miséricorde.
Heureux les cœurs purs, car ils verront Dieu.
Heureux les artisans de paix, car ils seront appelés Fils de Dieu.
Heureux les persécutés pour la justice, car le Royaume des Cieux
    est à eux. »

La diversité des béatitudes doit retenir moins que l'attitude définie par leur ensemble. C'est pourquoi il serait vain, sur ce point, d'opposer Luc à Matthieu. Il est plus important de constater que chaque béatitude a Dieu pour objet et qu'elles s'ouvrent et se ferment sur la promesse du Royaume. Comme l'indique le passif, c'est par Dieu que seront consolés les affligés — selon la promesse d'Isaïe xxv, 8, décrivant le festin messianique, promesse qui sera reprise deux fois dans l'Apocalypse : « Le Seigneur Yahvé essuiera les larmes de tous les visages. » C'est au festin de Dieu (ib. 6) que seront rassasiés, mieux que jadis leurs pères par la manne, les affamés de justice. Et les pauvres, les humbles, les opprimés, les affamés de justice, c'est tout un [2]. Montrons-le à propos des deux premières béatitudes.

La seconde, celle des « humbles », équivaut si bien à celle des « pauvres » qu'elle apparaît comme son commentaire. Elle reprend en effet les termes du psaume 37, identifiant les pauvres et les humbles (et les justes) et affirmant que « les humbles posséderont la terre » (v. 11), la terre de la Promesse, symbole du Royaume, et que « dans la famine, ils seront rassasiés » (v. 19). Dans ce psaume, les pauvres et les humbles sont, aussi bien que les justes, opposés aux impies : « Mieux vaut un peu pour le juste que tant de fortune pour l'impie. » (v. 16)

Ce qui s'exprime dans ce psaume et qui trouvera son couronnement dans les béatitudes, c'est un des courants les plus spirituels du judaïsme, directement opposé à cette conception plus ancienne et plus courante qui considère la richesse comme une bénédiction et la pauvreté comme un jugement. Ce courant célèbre les *ébyônim*, les *anawim* (les pauvres, les humbles) qui mettent leur confiance en Yahvé, si bien que ces mots, dans tout un canton du judaïsme, avaient pris une valeur religieuse qui n'était pas inconnue à Qumrân. Cette opposition du pauvre pieux et du riche impie se reflète encore assez purement, chez Luc, dans la parabole du riche et de Lazare (forme grécisée d'Eléazar : « Dieu aide »).

Les deux noms sont unis par exemple dans cet oracle d'Isaïe xxix, 18-19 : « Alors les sourds entendront la parole d'un livre et, délivrés des ténèbres, les yeux des aveugles verront.

2. En tout cas à propos des quatre premières. Les trois suivantes pourraient former un autre groupe (de même esprit toutefois).

« Les humbles se réjouiront de plus en plus en Yahvé et les pauvres exulteront dans le Saint d'Israël. »

Et c'est bien ainsi qu'exultera Marie dans le Magnificat : « Car il a regardé la pauvreté de sa servante... Il renverse de leur siège les puissants et élève les humbles. Il comble de biens les affamés et renvoie les riches les mains vides. » (Lc. i, 48 sq.)

Il est évident que, dans son sens évangélique, l'opposition des pauvres et des riches ne doit pas être pressée dans son sens social. Mais il y a bien pourtant, comme dans l'Ancien Testament, une connotation qu'il est vain de nier. Luc, en face de la première Béatitude, place la malédiction correspondante : « Mais malheur à vous, les riches, car vous avez votre consolation ! » Et saint Jacques, de même, prend ces mots dans un sens très concret : « Dieu n'a-t-il pas choisi les pauvres selon le monde comme riches dans la foi et héritiers du Royaume qu'il a promis à ceux qui l'aiment ? Mais vous, vous méprisez le pauvre ! N'est-ce pas les riches qui vous oppriment ? qui vous traînent devant les tribunaux ? qui blasphèment le beau Nom qu'on a invoqué sur vous ?

« ... Et vous maintenant, les riches ! Pleurez, hurlez sur les malheurs qui vont vous arriver. Votre richesse est pourrie, vos vêtements rongés par les vers. Votre or et votre argent sont rouillés et leur rouille témoignera contre vous. Elle dévorera votre chair ; c'est un feu que vous avez thésaurisé pour les derniers jours ! » (ii, 5-7 ; v, 1-3)

Jésus lui-même l'a souligné à propos du jeune homme riche : « Comme ceux qui ont les richesses entreront difficilement dans le Royaume de Dieu !... Il est plus facile à un chameau de passer par le trou d'une aiguille... » (Mc. x, 23 sq.)

Reconnaissons qu'il y a problème. Concédons immédiatement que Jésus, s'agissant des personnes, n'a pas dit qu'il était impossible à un riche d'être sauvé. Mais, s'agissant du principe qui oriente la pensée et la volonté, il est parfaitement radical et ne laisse place à nulle échappatoire : « Nul ne peut servir deux maîtres. Ou il haïra l'un et aimera l'autre, ou il s'attachera à l'un et méprisera l'autre. Vous ne pouvez servir Dieu et Mammon. » (Mt. vi, 24.) Cette distinction donne la clef de la difficulté particulière et renvoie à l'attitude générale indiquée par les béatitudes.

Ce n'est pas, de soi, la richesse matérielle qui perd et la pauvreté matérielle qui sauve. Théoriquement, un pauvre uniquement préoccupé de revendications peut être plus loin du salut qu'un riche dont l'esprit est resté libre. Mais ce passage à la limite, au cas idéal, est terriblement théorique précisément, et d'esprit grec plutôt que juif. Sans doute nous ne pouvons « littéraliser » le précepte, comme les ébionites — mais de le prendre à la lettre n'a pas empêché le Pauvre d'Assise de devenir un saint. J'entends bien que ce n'est pas pour avoir pris le précepte littéralement que saint François est devenu saint mais pour l'avoir pris aussi spirituellement. J'en tombe d'accord, et qu'il vaut mieux ne pas faire l'abandon de ses biens si c'est pour être plus préoccupé par leur absence qu'on ne l'était par leur présence. Ce qui compte, c'est d'être libre pour Dieu, c'est l'*être* encore une fois, et non le *faire* ou l'*avoir*. C'est la générosité de l'âme et non la grandeur des biens donnés. Mais, par ailleurs, comment ne pas se méfier d'une générosité qui ne passerait jamais à l'acte, sous prétexte d'être toute spirituelle ? C'est ici, assez exactement, le cas de la foi et des œuvres. Les œuvres ne sont rien sans la foi et la charité. Mais une foi sans œuvres est une foi morte. C'est l'être qui compte, et non l'acte. Mais l'être, une fois restauré, est vérifié par les actes qu'il produit, comme l'arbre bon par les fruits qu'il porte.

Si donc la première béatitude (comme les autres) n'a pas d'abord une portée concrète, elle ne doit pas cependant être isolée de ce concret. La meilleure illustration s'en trouve dans l'épisode du jeune homme riche (Mc. x, 17 sq.). A ce jeune homme qui lui demande de façon très juive, très concrète « que dois-je faire pour obtenir en partage la vie éternelle », Jésus, après l'avoir interrogé sur le plan de ce « faire » contrôlé par le Décalogue, répond de façon également concrète : « Une seule chose te manque : va, vends ce que tu as, donne-le aux pauvres, et tu auras un trésor dans le ciel ; puis viens, suis-moi. »

Il ne s'agit pas dans cette réponse concrète d'un « acte » supplémentaire, surérogatoire, et fût-il héroïque. Il ne s'agit même pas de mesurer une générosité ou de soulager les pauvres. « Tu auras un trésor dans le ciel » indique le but de cet acte et rappelle clairement Matthieu vi, 19-21 : « Ne vous amassez point de trésors sur la terre... mais amassez-vous des trésors dans le ciel. » Pourquoi ? « Là où est ton trésor, là aussi sera ton cœur. » Voilà à quoi tend d'abord l'acte demandé par Jésus : à diriger toutes les pensées vers le Royaume. C'est pourquoi il louera la réponse du scribe de Marc XII, 33, pour qui « aimer Dieu de tout son cœur, de toute son intelligence et de toute sa force... vaut mieux que tous les holocaustes et tous les sacrifices », lui affirmant : « Tu n'es pas loin du Royaume de Dieu. »

Ici comme dans le cas des béatitudes, il s'agit d'abord, quelle que soit la situation de fait (mais non sans influence sur elle), d'une direction de tout l'être, pensée et volonté, vers cela même qui sera sa récompense : le Royaume de Dieu. Par opposition aux riches et aux puissants qui, trop naturellement, se fient en eux-mêmes et en leurs richesses, en Mammon — et même s'ils offrent holocaustes et sacrifices — les humbles, les *anawim,* sont proclamés heureux parce qu'ils n'attendent rien que de Dieu, leur seul espoir.

Dans chacune de leurs formulations, les béatitudes expriment ainsi l'absolu de la foi, dans un paradoxe puissant dont toute âme pressent obscurément la vérité. Elles font appel, dès maintenant, de la réalité empirique à une réalité supérieure vers laquelle elles dirigent nos regards : celle du Royaume qui est aux portes et assiège dès maintenant un présent dévalorisé sur lequel s'hypnotisent les aveugles.

Le Royaume n'est pas de ce monde.

Mais c'est bien pourquoi il peut le transformer.

LE PÈRE DES CIEUX

Le sixième chapitre de Matthieu est consacré à ce Père des Cieux dont s'approche le Règne et vers lequel, appelant à un changement d'être, tout le cinquième chapitre dirigeait le regard. Il est normal que le cœur de ce 6e chapitre soit constitué par la prière au Père. Elle s'y trouve en effet littéralement enchâssée dans le triple passage de l'aumône, la prière et le jeûne en secret.

Ce dispositif de mise en évidence a été adopté très expressément par Matthieu. Les trois passages groupés autour du Pater forment une unité naturelle évidente, surtout pour un Juif, car l'aumône, la prière et le jeûne étaient, dans l'enseignement des rabbins, les principales œuvres de justice. Cette unité est encore soulignée par le parallélisme des formules. L'inclusion du Pater au sein du triple passage souligne donc en lui le point central d'où toute lumière se répand. Et c'est bien ce qu'annonçait le dernier verset du cinquième chapitre, motivant le précepte de l'amour des ennemis par l'imitation du Père : « Vous donc, vous serez parfaits comme votre Père céleste est parfait. »

L'aumône, la prière et le jeûne pouvaient compenser ce qui aurait manqué en stricte justice et ainsi rétablir le « compte » de ces mérites que visait à acquérir la piété pharisienne. D'où ces mots de « récompense » et de « rendre » qui reviennent comme un leit-motiv dans les passages parallèles (et déjà dans le précédent). Dans chacun aussi revient l'« *amen, je vous le dis* » des déclarations solennelles, pour opposer à la justice extérieure celle qui est uniquement tournée vers Dieu. Dans l'aumône, la prière et le jeûne, n'imitez pas ces gens qui lorgnent vers la galerie. Puisqu'ils ont été vus et voulaient être vus, « amen, je vous le dis, ils ont déjà leur récompense. Pour toi, quand tu pries, retire-toi dans ta chambre, ferme sur toi la porte et prie ton Père qui est là, dans le secret ; et ton Père, qui voit dans le secret, te le rendra. » (VI, 5-6). Prière, jeûne ou aumône ne doivent en rien puiser leur motif dans la comédie sociale, même religieuse, mais être dirigés uniquement vers Dieu, sortir du cœur changé où est située la Loi en esprit. Il y a là un renversement, un non-conformisme dont se rendent mal compte les citoyens des sociétés modernes et laïques. Dans une société officiellement religieuse, l'homme social naturel, l'homme d'avant l'esprit de filiation, aime moins Dieu qu'il n'aime d'être honoré comme l'aimant. En quoi il s'aime lui-même, acteur plus ou moins sincère. Sa prière ne peut dès lors atteindre Celui auquel elle prétend s'adresser. Elle retombe sur lui-même. Pour assurer (dans cette société) la sincérité des « œuvres de justice », il s'agit — ce qui a dû paraître paradoxal aux contemporains — de les accomplir dans le secret où, Dieu seul étant témoin, Il peut ainsi devenir leur unique objet. Il s'agit toujours de passer du plan du paraître au plan de l'être ou, si l'on préfère, du plan de l'être égoïste, fatalement superficiel, au plan d'un « être » ouvert, tourné vers Dieu et, sous son seul regard, s'accroissant de son dialogue avec Lui. C'est ici, comme dans les béatitudes et comme partout, le premier commandement auquel le second est semblable, le commandement de l'amour, cet amour sur lequel nous serons jugés. Car qui supporterait au long d'une vie le tête-à-tête solitaire sans amour ?

Ainsi enchâssé au cœur du « secret » [3], le Pater est précédé (et suivi) de deux versets qui en explicitent le sens. Ces versets nous apprennent à parler à Dieu. Car la solitude n'est pas tout, elle n'est qu'une aide, une indication, comme la pauvreté. Même solitaire, la prière peut être « extériorisée », traitée de façon rhétorique. Une telle prière, traitant Dieu à la façon sociale, s'adresse au faux dieu des païens. Au vrai Dieu, nous n'avons pas besoin de demander même le nécessaire : « votre Père sait bien ce qu'il vous faut avant que vous le lui demandiez ». Inutile de s'inquiéter, comme les païens, même de la nourriture et du vêtement. « Cherchez d'abord le Royaume et sa justice, et tout cela vous sera donné par surcroît. » (VI, 33.) C'est ainsi que se termine le sixième chapitre. Et en effet, le Pater qui en forme le centre est bien la prière absolue, la prière du Royaume et des serviteurs du Royaume.

Sa première partie, introduite par le vocatif qui élève nos regards vers Dieu — « Notre Père dans les Cieux » — exprime le même souhait du Royaume sous une triple forme :

« Que ton Nom soit sanctifié,

Que ton Règne arrive,

Que ta Volonté soit faite dans le ciel et sur la terre. »

Cette prière, toute dirigée vers le Père, se situe dans une pers-

---

3. Le Père qu'on prie dans le secret évoque la prière solitaire de Jésus, notamment au désert de la Tentation. Ajoutons qu'on retrouve la phrase « retire-toi dans ta chambre et ferme sur toi la porte » dans Isaïe XXVI, 20, qui ajoute : « Cache-toi un instant, le temps que passe la Colère ». Ce qui nous remet dans le climat de la prédication de Jean et pourrait témoigner de l'antiquité de la sentence — de même que ce conseil de prier seul, situé à l'intérieur du cadre judaïque (par contraste avec Mt. XVIII, 19, qui suppose l'existence d'une nouvelle communauté).

pective eschatologique, demandant qu'arrive le Règne qui est proche, le Règne qui est là car le monde est cerné par la réalité divine, mais le Règne qui doit encore arriver car le monde refuse cette réalité et le Règne de Dieu est la Volonté de Dieu accomplie.

Cette prière, dans sa seconde partie, va parler au nom des hommes qui ont à accomplir cette Volonté, au nom des apôtres du Règne. Ils savent que c'est Dieu qui fera tout en eux et avoueront au bout de leur tâche qu'ils sont des serviteurs inutiles. C'est à Dieu en effet qu'on demande que sa Volonté, même sur terre et en nous, s'accomplisse.

La seconde partie du Pater concernera donc, dans une triple demande parallèle à la première, ces serviteurs du Règne et leurs insuffisances. Elle nous concerne, mais essentiellement dans notre relation au Règne et au Père :

« Donne-nous aujourd'hui notre pain « suressentiel » ; Remets-nous nos dettes comme nous-mêmes avons remis à nos débiteurs ; Et ne nous soumets pas à la tentation mais délivre-nous du Mauvais. »

Nous avons parlé plus haut (p. 129-31) de la demande du pain suressentiel (ou supersubstantiel) nécessaire chaque jour — aujourd'hui, opposé à demain dont il ne faut pas s'inquiéter — comme la manne, qui apprenait à ne compter que sur Dieu. Ce « pain » nécessaire aux serviteurs du Royaume, sa demande est remplacée dans quelques manuscrits de Luc par cette leçon, improbable textuellement, mais qui donne bien le sens : « Que ton Esprit vienne sur nous et nous purifie. »

Nous avons parlé aussi de la tentation, qui est d'abord la tentation de la foi, l'erreur dans le but et les moyens, comme aussi, équivalemment, de la délivrance du Mauvais, prince de ce monde et des illusions. De façon négative, cette demande rejoint la première, celle du pain surnaturel et, par là, les demandes du début, celles que le Règne arrive.

Il nous reste à examiner la demande centrale de la seconde partie, celle qui lie le rapport au Père au rapport avec les frères, le premier commandement au second qui lui est semblable.

Ce verset est un des plus exigeants et donc, dès l'Évangile même, des plus commentés. On insiste, immédiatement à la suite du

Pater, dans les versets 14-15 ; on nous y préparait dans les derniers versets du chapitre précédent ; toute une parabole, celle du débiteur impitoyable (Mt. xviii, 21 sq.) lui est consacrée ; davantage : à la fin du ministère, l'attitude envers les frères devient le critère du jugement dernier (Mt. xxv, 31 sq.).

C'est que notre relation au Père est soumise à la vérification immédiate de notre relation à nos frères. Coupant toute échappatoire, cette vérification dénonce la fausseté et la complaisance de notre relation à Dieu. Examinons donc cette demande qui nous condamne chaque fois que nous ne pouvons pas la faire sincèrement.

Son expression — dette, remise, débiteur — la situe exactement dans le contexte de Matthieu et concorde parfaitement avec le langage rabbinique de l'époque. Comme toutes les autres, cette demande est tournée vers Dieu, envers qui nous ne pouvons nous prévaloir d'aucun de ces mérites qu'accumulent les « comptables » de toutes les époques. « Qu'as-tu, interrogera saint Paul, que tu n'aies reçu ? » Envers Dieu, que pouvons-nous avoir, finalement, que des dettes ? Sera-t-il notre débiteur — ou même serons-nous jamais quitte envers Lui ? Le juste lui-même pèche sept fois par jour. Car nous sommes redevables à Dieu et à son Règne de tout notre possible et qui, sinon Jésus, a jamais été jusqu'au bout de ce possible ?

La demande pose donc comme inévitables nos dettes envers le Père des Cieux. « Remets-nous nos dettes comme nous avons remis à nos débiteurs. » Ces dettes ne doivent pas nécessairement être interprétées comme des péchés au sens strict. Même sans tomber dans la révolte ouverte, comment n'être pas redevables à Dieu, à qui nous devons tout sans par ailleurs lui rendre tout ? Kafka l'a bien décrit, qui s'est senti obscurément, toute sa vie, en état d'accusation : l'agir humain ne peut être impeccable et vivre ne va pas sans faute. Fussions-nous « justes » — et qui se vantera de l'être depuis le Christ ? — nous fussions-nous consacrés à la venue du Royaume, nous devons faire notre prière habituelle de cette remise par le Père de dettes inévitables. Elles nous serons remises, nous en avons la garantie, si nous-mêmes avons remis à nos débiteurs. Mais cette remise à nos débiteurs, le temps du verbe grec l'implique, doit précéder notre demande — comme l'implique aussi le parallélisme avec Matthieu v, 23-4 : « Va d'abord te réconcilier avec ton frère ; puis reviens, et alors présente ton offrande. » Après cette lustration de la charité, notre offrande sera agréée et nos dettes nous seront remises, bien plutôt qu'après les lustrations rituelles.

Pour en expliciter la garantie, nous pouvons nous appuyer sur l'argument *a fortiori* de Matthieu vii, 9-11, concernant la demande de pain (versets qui représentent peut-être un commentaire primitif de la demande précédente du Pater, comme la version de Luc donnerait à le penser) : « Si vous, qui êtes mauvais, savez donner de bonnes choses à vos enfants, combien plus votre Père des Cieux . . . » Disons ici : Si vous, qui êtes des Serviteurs imparfaits, devenez capables de remettre à vos débiteurs, combien plus le Père à la perfection duquel vous êtes appelés ! L'appel à l'imitation du Père est ici retourné avec l'audace de la confiance absolue. Mais il s'agit moins d'une présomption que d'un appel à nous juger afin de n'être pas jugés, et à nous juger selon une mesure divine mais visible et immédiate.

Cette mesure, comme il est nécessaire que nous l'ayons chaque jour sous les yeux ! Comme ce « commandement nouveau » répugne à la vieille et dure humanité, bien plus que toutes les « œuvres » ! Comme il dévoile sûrement le fond d'un cœur où trouve toujours écho la loi des représailles, le chant sauvage de Lamech fils de Caïn :

> « J'ai tué un homme pour une blessure,
> un enfant pour une meurtrissure.
> Caïn est vengé sept fois
> mais Lamech soixante-dix-sept fois ! » (Gen. iv, 23-4)

Pierre avait bien senti l'exigence de la loi du pardon : « Seigneur, combien de fois pardonnerai-je les offenses de mon frère ? Irai-je jusqu'à sept fois ? » Il pensait être généreux. Et il l'était. Mais Jésus, renversant la loi de Lamech, répond dans le sens absolu du Pater : « Je ne te dis pas sept fois mais jusqu'à soixante-dix-sept fois. » (Mt. xv, 21-2)

C'est là en effet le second commandement semblable au premier, le premier motivant le second mais le second contrôlant la vérité de notre attachement au premier. Au scribe qui l'interroge sur « le premier de tous les commandements », question de type rabbinique qui prêtait aux disputes d'école, Jésus répond en somme par l'expression du Pater en termes de la Torah : « Le premier c'est : Ecoute Israël, le Seigneur notre Dieu est le seul Dieu et tu aimeras le Seigneur ton Dieu de tout ton cœur, de toute ton âme, de tout ton esprit et de toute ta force. Voici le second : Tu aimeras ton prochain comme toi-même. Il n'y a pas de commandement plus grand que ceux-là. » (Mc. XII, 28 sq.)

LE RÉVÉLATEUR DU PÈRE

Dans cette demande du Pater comme dans toutes les autres, ici comme partout, nous sommes renvoyés à ou plutôt dirigés vers une idée de Dieu. C'est notre idée de Dieu, finalement, qui modèle notre image de l'homme et de nos rapports avec les autres. Tout dépend de l'idée, toujours insuffisante, qu'on se fait de Dieu. Qui le prend pour un dur justicier se durcit lui-même et qui le prend pour un comptable tient une comptabilité. Mais qui a connu le Père que révèle Jésus mesure l'étendue de sa dette envers Lui. Qui conçoit son amour et sa miséricorde ne peut pas plus cesser de pardoner que d'aimer. Dieu est Amour, dira saint Jean ; il faut aimer pour le connaître et la foi est de croire que Dieu nous a aimés : « Aimons puisque Lui nous a aimés le premier. Si quelqu'un dit : J'aime Dieu, et déteste son frère, c'est un menteur. » (I Jo. IV, 19-20.)

Dorénavant, et ceci mesure la portée de la révélation chrétienne, la Loi-code et le culte-cérémonie ne sont plus les intermédiaires principaux entre Dieu et le croyant. Les prendre à la lettre interpose un écran que déchire la Loi entendue en esprit, expression de la Volonté divine, dont l'accomplissement introduit au Royaume. Jésus est le Révélateur de cette Loi et de cette Volonté, en même temps, du même mouvement, qu'il est l'annonciateur du Royaume.

Par sa doctrine comme par le sens qu'il entend faire reconnaître à ses miracles, la personne même de Jésus va donc être au centre du débat qui opposera ceux qui croiront à sa parole et ceux qui verront en lui un blasphémateur de la Tradition. Dans le milieu où il s'élève, ce débat est loin d'être académique. Est-il ou non le prophète annoncé par Moïse ? Et donc, doit-on l'écouter ou le tuer ? Ce passage du Deutéronome (XVIII, 15) est dans toutes les mémoires : « Je leur susciterai du milieu de leurs frères un prophète semblable à toi. Je mettrai mes paroles dans sa bouche et il leur dira tout ce que je lui commanderai. Si un homme n'écoute pas ces paroles, que ce prophète aura prononcées en mon nom, alors moi-même j'en demanderai compte à cet homme. Mais si un prophète ose dire en mon nom une chose que je n'ai pas commandée . . . ce prophète mourra. « On mesure, à la lumière de ce texte, la gravité de l'accusation pharisienne : « C'est par Béelzéboul qu'il chasse les démons. » C'était là, en récusant le prophète, réclamer sa mort. Alors au contraire que si c'est « par le doigt de Dieu » qu'il les chasse, c'est que le Royaume est venu et qu'ils s'y opposent. Il n'y a pas ici de milieu : qui n'est pas avec Jésus est contre lui.

Car ce « rabbi » n'est pas comme les autres rabbis et n'est d'ailleurs pas passé par les écoles rabbiniques. Les rabbis les plus célèbres tirent leur autorité de la Loi de Moïse qu'ils expliquent. Mais Jésus, ce qui plonge les foules dans une stupeur partagée entre l'effroi et une immense attente, enseigne « avec autorité » et non comme les scribes. En d'autres termes, il est porteur d'une nouvelle révélation et se met donc au dessus de Moïse. A moins d'être « le » prophète ou le Messie, c'est blasphémer. Et c'est bien comme blasphémateur qu'il sera condamné par le Sanhédrin.

Une formule dégage bien le caractère de révélation de ses paroles et le souligne même dangereusement. C'est la suite des oppositions : « Vous avez appris qu'il avait été dit aux Anciens . . . Eh bien ! moi je vous dis . . . » Cette opposition a pu être accentuée par Matthieu, mais une autre formule que les Synoptiques sont unanimes à placer dans la bouche de Jésus, une formule qui lui est particulière et qu'on ne retrouve nulle part ailleurs, dégage exactement le même sens au début des paroles les plus importantes : « Amen, je vous le dis . . . »

Amen est un mot hébreu d'usage liturgique que nous rendons d'ordinaire par « ainsi soit-il ». Il marque en effet ratification, soumission, engagement, et ne s'emploie normalement qu'en formule finale. Or, de façon unique et fort remarquable, Jésus l'emploie au contraire comme introduction solennelle. Jérémias a vu là une façon de reprendre la formule introductive des prophètes — « Ainsi parle Yahvé » — tout en évitant de prononcer le nom sacré. Cette interprétation doit être retenue et même prolongée : en même temps qu'il est visiblement une introduction prophétique, cet *amen* de Jésus, conformément au sens liturgique ordinaire, est invisiblement un acquiescement ; il a une « préhistoire » secrète dans sa relation au Père. Il est le « oui » au Père en même temps que l'introduction de la révélation aux frères [4]. « Nul en effet ne connaît le Père si ce n'est le Fils, et celui à qui le Fils veut bien le révéler » (Mt. XI, 27), ces humbles qui l'accepteront mieux que les sages et les savants penchés sur la Loi. Cet « amen, je vous le dis » exprime l'autorité directe et non dérivée, exprime la relation directe, unique, au Père. Derrière l'autorité de cette formule se cache l'histoire et le mystère de celui qui peut dire de Dieu « mon Père » et non seulement « notre Père », du Fils en qui nous sommes fils. Plus qu'une vérité à expliquer, c'est là une réalité vérifiée par l'événement et acceptée par la foi. En dehors de tout signe apocalyptique sans rapport avec la foi et l'amour (parce que violant la liberté humaine et ne révélant pas les cœurs), c'est là l'événement eschatologique (qui la respecte et les révèle). Aussi, à ceux qui refusent le signe des guérisons, ne sera-t-il donné d'autre signe que celui de Jonas — le prophète qui, pendant quarante jours, avait prêché dans Ninive et elle avait fait pénitence.

La perspective eschatologique du judaïsme d'alors est impérieusement requise pour saisir la portée des affirmations et la logique des événements. Mais la perspective proprement eschatologique, celle du Règne qui vient et recrute ses messagers, doit être distinguée de la perspective plus spécialement apocalytique, qui laisse passif, dans l'attente d'événements cosmiques dont on cherche à déterminer les dates et le déroulement. Les deux perspectives sont contemporaines. Elles se mêlaient chez plus d'un

4. Cf. W. GRUNDMANN, *Die Geschichte Jesu*, 1957, p. 85.

contemporain de Jésus et même chez plus d'un chrétien de la première heure. Pour Jésus au contraire, comme on peut le deviner à propos des miracles, elles s'opposent jusqu'à un certain point. Il a fait effort pour ramener l'apocalyptique à l'eschatologique par la même spiritualisation profonde qui fait passer de la lettre de la Loi à son esprit. On le saisit nettement dans le refus d'un signe du ciel ou dans l'heure que nul ne connaît sinon le Père. Mais si l'attente apocalyptique est ainsi découragée, la perspective eschatologique est clairement maintenue : c'est précisément parce que nul ne connaît l'heure qu'il faut veiller ; c'est parce que le Règne vient que le commandement nouveau peut être donné dans toute son héroïque exigence ; c'est dans cette perspective que la relativité de la Loi-code est dévoilée.

D'où la réaction d'auto-défense des Pharisiens, pour qui elle est la règle absolue. D'où leur demande d'un signe apocalyptique que la masse aussi a tendance à attendre. Cette demande, en ce sens, est une manœuvre politique. Seul un signe de cette sorte, dont ils pensent Jésus incapable et qui est de l'espèce spectaculaire qu'il a repoussée à la Tentation, seul ce signe pourrait les forcer à relâcher sur la Loi leur prise frénétique. Mais ce serait forcer la foi et donc la nier. Ce serait prendre barre sur Dieu au lieu de se conformer à sa volonté. Le tenter comme à Mériba. Humainement, les Pharisiens triompheront donc facilement. Mais ils ne triompheront qu'humainement.

Il n'est pas nécessaire de se les représenter spécialement haineux et comme d'une espèce disparue. Ils sont encore partout dans le monde et peut-être en nous. Mais c'était lui ou eux, et on connaît assez l'effroyable énergie de l'instinct de conservation. Que Jésus ait raison et ils ne sont plus « justes », sont rejoints dans un éclair de foi par les pécheurs méprisés. Qu'il en coûterait à la peine et à l'orgueil de toute une vie ! D'où leur jalousie de frère aîné à l'égard des enfants prodigues, leur indignation de travailleurs qui ont porté le poids du jour à l'égard des ouvriers de la onzième heure — celle du Royaume tout proche. D'où leur haine envers le Fils qui embauche. Parce qu'ils n'ont pas connu le Père qui pardonne, que seul le Fils peut révéler et que ce scandale même, à condition d'être surmonté, révélait. Ils se réclament de la Loi écrite contre l'injustice de ces comptes bouleversés par l'algèbre de l'amour. Par quelle autorité fait-il cela ? Qu'il la prouve ! S'il est de Dieu, de qui sont-ils donc ? Placés par la parole de Jésus devant la nécessité d'une conversion, ils préféreront endurcir leur cœur plutôt que de le changer, et affirmer — péché contre l'Esprit — qu'il est de Béelzéboul.

GRANDES LIGNES
DU MINISTÈRE GALILÉEN

De façon exagérément schématique, on pourrait mettre toute la suite du ministère galiléen sous le signe de l'hostilité pharisienne. Cette hostilité et ses conséquences peuvent expliquer le choix des Douze et leur mission, l'enseignement en paraboles, le rejet de Nazareth et, finalement, les voyages hors de Galilée avant la montée à Jérusalem. Il y aurait là une lutte, sourde puis déclarée, dont l'enjeu serait les foules, qui accourent aux miracles mais se dérobent devant les grandes options.

Ce schéma ne serait pas faux. Il serait seulement outrageusement simplifié. En fait, au point où nous parvenons, il convient de prendre une vue générale du plan des évangiles synoptiques mais plus particulièrement du plan de Marc.

Sur le plan d'ensemble de Marc, on peut adopter, du moins en première approximation, la vue de X. Léon-Dufour [1]. C'est à la fois la plus récente et la plus cohérente (et donc, fatalement, un peu systématique par endroits). En voici l'essentiel :

Marc distinguerait, dans la suite de son récit, deux périodes.

La première fait reconnaître en Jésus le Messie ; la seconde fait admettre, par ceux qui l'ont ainsi reconnu, que ce Messie sera le Fils de l'Homme souffrant qu'ils refusent d'abord d'accepter. Entre ces deux parties, la charnière, à la fois conclusion de la première et introduction à la seconde, est la Confession de Pierre.

Après le Baptême et la Tentation, la première partie se subdiviserait sommairement, comme suit :

1. *Introduction à la Bible*, II. Tournai, 1959, p. 210-212.

1° *Jésus et le peuple* (I, 14 — III, 6).
    a) Journée de Capharnaüm.
    b) Controverses avec les Pharisiens.
    Conclusion : Les Pharisiens décident de le perdre.
2° *Jésus et les siens* (III, 7 — VI, 6).
    a) Les Douze, la famille, les Pharisiens.
    b) Paraboles.
    c) Miracles.
    Conclusion : Jésus méconnu par les siens.
3° *Jésus et ses disciples* (VI, 6 — VIII, 30).
    Mission des Douze.
    Multiplication des pains.
    Départ de Galilée.
    Conclusion : Confession de Pierre.

La seconde partie, la plus claire, se compose de trois sections principales :
1° Enseignement aux apôtres, marqué par les trois annonces de la Passion.
2° Entrée et controverses à Jérusalem.
3° Passion et résurrection.

Bien entendu, à se pencher sur les péricopes, le détail apparaît autrement touffu et divers que les lignes droites de cette sorte d'épure. Mais le fait est que ces lignes générales se dégagent assez évidemment à vue plus lointaine et ne font pas violence aux textes.

Avant de passer au détail des petites sections, prenons à présent une vue moyenne.

On peut admettre que la suite des événements rapportés dans la « Journée de Capharnaüm » serre d'assez près la réalité historique. Peut-être aussi la rentrée à Capharnaüm avec la guérison du paralytique, voire l'appel de Lévi. Après quoi, il n'est plus possible d'admettre que nous avons affaire à une suite chronologique. Au moins jusqu'au départ de Galilée, nous avons dorénavant affaire à des suites thématiques : la controverse avec les Pharisiens, les discours en paraboles, etc.

Est-ce à dire que, dorénavant, Marc renonce à toute chronologie ? Non pas. Mais, les thèmes traités étant quasi concentriques, il ne peut plus indiquer la chronologie que dans les grandes lignes : anticipant, puis revenant en arrière, il termine chaque fois au même point approximatif — perte de Jésus décidée par les Pharisiens et les Hérodiens (III, 6), rejet à Nazareth (VI, 6), diatribe contre les Pharisiens (VII, 1-23), mise en garde contre Pharisiens et Hérodiens (VIII, 15), etc. L'indication générale est nette : les divers thèmes ne couvrent pas exactement des périodes parallèles, mais ils couvrent des périodes qui se chevauchent. Chronologiquement, la reconstitution doit les aligner le long d'une même ligne. Cet alignement comporterait toutefois des avancées sensibles, délicates à mesurer, mais il est incontestable qu'une progression se dégage de l'ensemble, comme des vagues qui se reprennent mais pour avancer plus loin, à la marée montante.

L'OPPOSITION PHARISIENNE
MARC II, 1 A III, 12

Dans le plan de Marc, cette section forme la seconde face d'un dyptique dont la « Journée de Capharnaüm » constitue la première. Elle est généralement décrite comme une suite de cinq controverses *(Streitgespräche)*, d'allure rabbinique, à laquelle fait pendant, à Jérusalem, une série semblable. Cela est vrai, mais ce n'est là que la moitié de la vérité.

Il faut d'abord remarquer que les trois controverses proprement dites (II, 15 — II, 27) sont prises dans une double inclusion :

1° La section est située entre deux notices générales montrant les foules rassemblées autour de Jésus dans l'espoir de guérisons miraculeuses (I, 45 b et III, 7-12).

2° Elle est, de plus, encadrée formellement, comme la Journée de Capharnaüm, par une entrée dans la ville suivie d'une retraite (II, 1 — III, 7).

3° La première et la dernière controverse (II, 1-12 et III, 1-5), les deux plus importantes, sont aussi des récits de guérison, ce qui rattache cette section à la précédente.

Croira au hasard qui voudra. Autant vaudrait le faire intervenir pour assembler les lettres du premier vers de l'*Iliade*. En fait, l'inclusion est un des principaux procédés de composition de Marc, et ce procédé aide à deviner ses intentions en même temps qu'à fixer son plan. Dans le cas présent, l'implication me paraît claire (après référence au contenu) : forcés de voir le sens et la portée des miracles, les apercevant mieux que le peuple, touchés au vif par l'enseignement qu'ils autorisent, les Pharisiens s'opposent au prédicateur-thaumaturge et à son enseignement nouveau sur la base de la Loi-code et de la tradition. Forcés de choisir, ils s'endurcissent et, ne pouvant réduire Jésus, décident de l'éliminer.

Le peuple, qui est l'enjeu de cette lutte, continue à se presser autour de Jésus, mais plutôt autour du thaumaturge que du prédicateur. De ce peuple se détachent pourtant quelques disciples, comme Lévi le publicain. C'est l'occasion d'un nouveau scandale pharisien, mais le Royaume caché aux superbes n'en continue pas moins sa croissance à travers le refus du monde.

Dans la perspective eschatologique — si nous acceptons de mettre en rapport les deux faces du dyptique — les Pharisiens remplacent maintenant les possédés pour servir d'instruments aux démons adversaires de l'Envoyé. Marc dira d'eux qu'ils épient Jésus pour l'*accuser* (III, 2) ou lui posent des questions pour le *tenter* (VIII, 11 ; x, 2), ce qui est proprement le rôle de Satan. « Vous avez pour père le diable — dira Jésus en Jean VIII, 44 — et ce sont les désirs de votre père que vous voulez accomplir. Il fut homicide dès l'origine. » Jean pousse ainsi à l'extrême l'opposition en plaçant les fils du diable en face du Fils de Dieu. Mais, pour qui accepte d'en suivre l'ordonnance, la pensée fondamentale est implicite dès Marc.

Devant son insuccès en face du judaïsme officiel, Jésus va instituer Douze disciples « pour être ses compagons et les envoyer prêcher, avec pouvoir de chasser les démons » (III, 14-5). Face à l'opposition pharisienne maîtresse des synagogues, il choisit les douze patriarches du peuple eschatologique. Ce sera une institution parasynagogale de plein air que cette institution de prêcheurs itinérants, d'envoyés commissionnés par l'Envoyé pour l'appel à ce peuple que les Pharisiens veulent couper de lui. Ce choix des Douze, en fait, montre à quel point le fossé s'est creusé.

Nous pouvons maintenant passer à l'examen des péricopes de la section, nous connaissons le fil qui les relie.

GUÉRISON DU PARALYTIQUE

Les deux versets d'introduction ont leur importance. La première scène de la deuxième section s'ouvre au même endroit précis qui avait vu le grand rassemblement avant la retraite de Jésus. « Comme après quelque temps, Jésus était rentré à Capharnaüm, on apprit qu'il était à la maison. » La maison de Pierre, comme précédemment (de Pierre qui, dans ses souvenirs, disait naturellement « à la maison » et non « à la maison de Pierre »). Comme au soir de ce premier sabbat, « il s'y rassembla tant de monde qu'il n'y avait plus de place, même devant la porte ». *Mais* il n'est plus question, cette fois-ci, qu'il guérisse des malades et chasse des démons. Pourquoi pas ? Il est invraisemblable qu'il n'y ait plus de malades dans la ville et dans les environs. Et le fait est qu'on va lui en amener un, non sans obstacles. Jésus lui-même n'aurait-il pas indiqué que sa première mission était d'enseignement ? La fin de la phrase, en tout cas, indique que son activité est bien et uniquement celle « pour laquelle il est sorti » : « et il leur annonçait la Parole ».

Malgré quoi, quatre hommes, à travers la presse, veulent lui amener un paralytique. Ne réussissant pas à l'approcher, empêchés de le faire peut-être, ils montent sur le toit plat, de terre battue, des maisons palestiniennes et là, par un trou pratiqué sans vergogne au dessus de lui, font descendre le grabat où gît le paralytique. Il y a là, sans paroles et peut-être parmi les récriminations, une obstination comparable à celle, plus tard, de la Syrophénicienne ou de l'aveugle de Jéricho. Humainement, cette obstination est déjà une foi et, de la part des quatre porteurs, une foi-charité, qui est demande pour un autre, comme dans le cas du centurion.

A cette foi muette qui va dans la vraie direction, Jésus ne peut pas ne pas répondre car, si nous connaissons le cas de Nazareth où il ne put faire que peu de guérisons à cause de leur manque de foi, nous ne connaissons par contre aucun cas où Jésus ait refusé une guérison. La foi qui compte, celle qu'il exigera du père de l'épileptique, est d'ailleurs celle de qui demande avant d'être celle du malade. Aussi, « voyant *leur* foi, il dit au paralytique : Mon enfant, tes péchés sont remis ». Ce n'est pas,

sans doute, la parole qu'ils attendaient. Mais elle va lier nécessairement la guérison à la personne du Messager et donc au message qu'il annonce.

Nous ne savons rien de la réaction, à cette parole, du paralytique et des quatre, là-haut, qui attendent. Mais le paralytique
a pu être touché plus intimement que nul regard n'a pu l'apprendre. Jésus prend envers lui l'attitude du Père et lui indique
en même temps l'attitude filiale à prendre pour que les péchés
soient remis : « Mon enfant. » Le mot n'implique nullement qu'il
ait affaire à un tout jeune homme. Il a le même sens que le mot
« Ma fille » à une femme qui depuis douze ans avait dépensé tout
son bien en médecins. C'est le mot de celui qui parle au nom du
Père et pose sur le pécheur le regard du Père qui pardonne. Qui
sait d'ailleurs de quoi il parlait avant la descente du paralytique ? De la Bonne Nouvelle sans doute ; peut-être de cette
rémission des péchés qui était un des buts du baptême de Jean
et qui pouvait servir de thème de transition entre la prédication
de celui-ci et celle de Jésus.

Le centre d'intérêt, après cette parole, se porte sur la personne
de Jésus. Il faut entendre, en effet, ce qu'elle a d'extraordinaire.
Le grand prêtre seul, et seulement après le sacrifice des Expiations, pouvait annoncer à Israël que ses péchés étaient enlevés,
que le peuple était de nouveau en état de pureté rituelle. Et si
Qumrân et Jean s'adressent aux individus, s'ils parlent d'une
rémission des péchés, c'est toujours aux péchés du peuple de
Yahvé qu'ils pensent ; c'est pourquoi le serment de Qumrân et
le baptême de Jean sont des cérémonies de groupe. Le prophète
Natân avait bien annoncé à David que son péché était pardonné
— mais il parlait au roi, responsable du peuple et son représentant, et il ne faisait que lui transmettre une parole de Dieu. Or,
ici, Jésus remet ses péchés à un individu — au nom de Dieu sans
doute (comme l'indique le passif) mais non pas comme on transmet un message privé : comme en vertu de pleins pouvoirs, en
identifiant son regard sur l'homme à celui de Dieu parlant par
sa bouche ! A ce mot, qui concrétise un aspect de la Bonne Nouvelle, les scribes vont répondre, par un renversement total, en
pensant à la grande accusation de blasphème qui sera au centre
de leur opposition à Jésus. Dès ce moment, il n'est pas besoin

sans doute de dons surnaturels pour lire sur leurs visages :
« Comment celui-là peut-il parler ainsi ? Il blasphème ! Qui peut
remettre les péchés sinon le Seul ? »

Qu'on ne s'y trompe pas. L'affirmation de Jésus est publique.
Or, en milieu rigoriste (mais la Galilée est moins rigoriste que
la Judée), l'accusation de blasphème, si elle peut être prouvée,
entraîne la mort. Et ce sera bien, à la fin de la section, la conclusion des Pharisiens, comme ce sera sur l'accusation de blasphème
que la peine de mort sera prononcée, plus tard, par le Sanhédrin.
Les scribes, ici, sont si conscients de la gravité de l'accusation
qu'elle ne franchit pas leurs lèvres scellées. Jésus lui-même ne
l'explicitera pas. Mais, pour qu'il prenne publiquement et délibérément un tel risque, il faut qu'il estime essentiel de signifier
clairement ce qu'indiquent ses miracles. On voit ici la portée de
la sortie inattendue de Capharnaüm et qu'elle constituait bien un
tournant. La signification du miracle qui va intervenir sera, cette
fois, « inévitable ».

Selon une forme de raisonnement habituelle dans les discussions rabbiniques, celle du plus facile et du plus difficile, il leur
pose en effet cette alternative : «Quel est le plus facile, de dire
au paralytique : Tes péchés sont remis, ou de dire : Lève-toi,
prends ton grabat et marche ? »

Les scribes gardent le silence. Le plus facile, en toute apparence,
est la parole invérifiable et scandaleuse — mais seulement parce
qu'elle est normalement invérifiable ; en son fond, elle est si peu
facile qu'elle implique appropriation d'une prérogative divine.
Ici pourtant, elle sera vérifiée par la réalisation de la seconde
parole, la plus « difficile » apparemment. Ici — enfin — la guérison sera immanquablement signe. Et chacun devra prendre la
responsabilité d'accepter ou de rejeter ce signe. Alors, Jésus se
tourne vers le paralytique, mais non sans avoir souligné expressément la valeur de signe du miracle qui va arriver : «Eh bien !
pour que vous sachiez que le Fils de l'homme a le pouvoir sur
terre de remettre les péchés — je te l'ordonne, dit-il au paralytique : lève-toi, prends ton grabat et va-t-en chez toi. L'homme
se leva et aussitôt, prenant son grabat, il sortit devant tout le
monde de sorte que tous étaient hors d'eux-mêmes et glorifiaient
Dieu en disant : Jamais nous n'avons rien vu de pareil. » Si le

résultat, pour les scribes, est leur endurcissement (supposé par la suite de la section) il est au contraire, auprès du peuple, la glorification de Dieu. Tous « sont hors d'eux », comme sa famille dira que Jésus, plus loin, « est hors de lui », et cette conclusion nous prépare à la vocation de Lévi qui va suivre.

Le vocabulaire du verset 10 est remarquable. Il y est parlé pour la première fois du *Fils de l'Homme*. L'expression apparaîtra une seconde fois dans la section, au verset II, 28 (le sabbat fait pour l'homme et non l'homme pour le sabbat) : « Le fils de l'Homme est maître même du sabbat. »

L'araméen *bar nasha* peut signifier simplement « homme », « fils d'homme » mais aussi le Fils de l'Homme eschatologique dont parlent Daniel et le Livre d'Hénoch. Ce titre n'est pas un titre messianique courant dans le judaïsme. Il n'est pas courant non plus dans le christianisme primitif. Le titre ne se retrouve, dans les évangiles, que dans la bouche de Jésus — mais notamment en deux passages importants où Jésus oppose sa conception du Messie à la conception courante : à Césarée de Philippe, lors de la confession de Pierre, et lors de la question du grand prêtre lui demandant solennellement s'il est le Messie. Dans la bouche de Jésus, l'idée du Fils de l'Homme ne s'identifie d'ailleurs que partiellement avec la notion de Daniel ni même d'Hénoch, qui est d'un homme céleste venant juger sur les nuées à la fin des temps. L'idée d'un Fils de l'Homme homme parmi les hommes lui est strictement propre.

La question que se posent les exégètes à propos de notre section est de savoir en quel sens doit être prise l'expression « le Fils de l'Homme ». Au sens simple d'homme, cet homme-ci qui vous parle, ou au sens d'un titre christologique peu courant mais nettement revendiqué ? On estime généralement qu'à ce moment de l'Évangile la revendication apparaît prématurée historiquement et que la communauté a pu majorer le sens de l'expression dans le passage.

En fin d'analyse, la question ne paraît pas capitale : que Jésus ait dit « cet homme-ci » ou, pour se désigner lui-même, « le Fils de l'Homme », de toute façon, il attirait l'attention sur sa personne et sur l'autorité dont il était investi. Le scandale restait le même dans les deux cas. Le plus important me paraît qu'il n'ait en tout cas pas revendiqué un titre messianique courant. Il ne veut pas encourager la conception messianique populaire mais veut provoquer la réflexion, l'orienter dans le sens de cette conversion à laquelle il appelle. Comme dit Lagrange, « Jésus n'a pas choisi un titre messianique courant, précisément parce qu'il ne voulait pas prouver qu'il était le Messie tel qu'on l'attendait ».

Le pouvoir *sur la terre* de remettre les péchés implique par contraste (dans le ciel) que son autorité est déléguée, qu'il est le délégué du « Père dans le ciel », qu'il est le Fils de l'Homme sur la terre avant de venir « sur les nuées ». En somme, il force la question de savoir qui il est en donnant un signe de son autorité (en parfait accord avec son intention, que nous avons reconnue dès la sortie de Capharnaüm, de faire du miracle un signe) [1].

Saint Jean, dans son chapitre v, condensera l'esprit de cette section de Marc dans l'histoire de l'infirme de la piscine avant de la commenter dans le discours de Jésus. Comme dans Marc, nous trouvons la triple répétition de « Lève-toi, prends ton grabat et marche » ; nous trouvons aussi la liaison au péché (non plus antécédente, toutefois, mais conséquente). Par ailleurs, cette guérison est située en sabbat et aboutit à la volonté des Juifs de tuer Jésus (par condensation des deux « bouts » de l'inclusion marcienne). La scène est située à Jérusalem, à la piscine des brebis, appelée symboliquement Béthesda (Maison de la miséricorde) ou Bézetha (Cité Nouvelle — selon Jos. Bel. v, 151). Par ailleurs encore, l'attitude de l'homme rappelle celle du lépreux (c'est-à-dire de la péricope immédiatement précédente en Marc). Enfin l'épisode est suivi du discours sur l'œuvre du Fils imitant le Père, sur le jugement remis au Fils et auquel n'est pas soumis celui qui croit à la

---

1. La critique de la Forme voit dans la guérison du paralytique un rassemblement de 2 péricopes. Bultmann voit un Miracle en 1-5 a + 10 b-12 et un Apophtegme en 5 b-10 a. C'est là un excès de la méthode. On peut lui objecter : 1° que, dès 5 b-10 a, le miracle répond à la foi à l'Envoyé ; 2° que la création communautaire est peu vraisemblable alors que la pratique de la pénitence n'est pas encore courante dans le Pasteur d'Hermas (II° siècle). « *The account is historical and not Gemeindetheologie* ». (Taylor). Au reste, l'hypothèse laisse subsister une maladresse tout aussi évidente que celle qu'elle supprime : la répétition de « *il dit* au paralytique : *je te le dis* ».

parole. Ce jugement lui est remis « parce qu'il est Fils de l'Homme ». Il dispose, comme Dieu, de la vie et de la mort, éveillant à la vie les morts spirituels avant le grand jugement de la résurrection générale. En attendant, le témoignage est celui des œuvres : « Ces œuvres mêmes que je fais me rendent ce témoignage que le Père m'a envoyé. » (v, 36.) Ses adversaires se cramponnent aux Écritures, mais elles témoignent de lui elles aussi, et Moïse sera leur accusateur.

En somme, ce chapitre de Jean apparaît comme un commentaire théologique de notre section de Marc, après un récit qui en condense l'essentiel. Ce commentaire confirme notre interprétation générale.

Un point particulier mérite d'en être souligné par rapport au vocabulaire de Marc, celui qui est exprimé en v, 24-5 : « En vérité, en vérité, je vous le dis : celui qui écoute ma parole et croit à celui qui m'a envoyé a la vie éternelle et n'est pas soumis au jugement mais est passé de la mort à la vie. En vérité, en vérité, je vous le dis, l'heure vient — et nous y sommes — où les morts entendront la voix du Fils de Dieu et ceux qui l'auront entendue vivront. »

Tout d'abord, conformément à l'intention du passage de Marc, l'accent est mis sur l'importance essentielle de la parole et de la foi à l'Envoyé, les œuvres servant d'abord de témoignage (v, 36). Mais aussi, la foi est vie et la Parole du Fils est vie. Ce thème, qui peut paraître typiquement johannique, est implicite dans notre section de Marc. Dans Marc et dans Jean, Jésus, pour dire « Lève-toi » emploie le verbe *égeirô*. Il l'emploie pour le paralytique mais aussi pour la fille de Jaïre et le même verbe sera employé pour la résurrection de Jésus lui-même en Marc xvi, 9. Ce verbe signifie également le fait de se lever (surrection) et le fait de « se lever des morts » (résurrection). Il n'est sans doute pas employé par hasard à propos des miracles de Jésus et c'est cette intention que Jean a fait ressortir. Dans l'épisode immédiatement suivant, Marc, pour désigner l'action de Lévi « se levant » à l'appel de Jésus, emploie un verbe synonyme, *anastas*, que nous rencontrons aussi à propos de la fille de Jaïre (Mc. v, 42) et de la résurrection de Jésus (xvi, 9). Dans le cas de Lévi, le publicain, il s'agit nettement de la résurrection spirituelle de saint Jean. La parole de Jésus est véritablement vie : elle suscite et ressuscite, le sens premier du verbe étant ici symbolique de son second sens. Ce pouvoir de faire vivre, de même que le pouvoir de remettre les péchés ou de guérir les lépreux, est la grande prérogative divine donnée au Fils par le Père.

JÉSUS ET LES PÉCHEURS (MARC II, 15-17)

Ce qui choquera les Pharisiens, dans la pratique, ce n'est pas seulement l'autorité que Jésus s'attribue et pour enseigner et pour remettre les péchés, c'est son attitude vis-à-vis des pécheurs publics. Non seulement, en leur remettant leurs péchés, il les réadmet dans une communauté dont ils étaient exclus, mais il les réadmet sans pénitence extérieure ni période de probation. Il est le révélateur de la miséricorde et du pardon divins pour ceux qui acceptent de changer leur cœur. Que devient dès lors la justice pharisienne des mérites et des expiations ? Car Jésus ne ramène pas le pécheur sous cette Loi-code. Il appelle à son accomplissement en vue du Royaume, un accomplissement qui suppose l'homme changé, touché dans son être même et donc dans la source de ses actions — source que les actes de pénitence extérieurs, dès qu'on les suppose suffisants, laissent au contraire inchangée. Ne pas les imposer incite au changement intérieur, laisse l'homme face à face avec sa conscience dans son rapport à Dieu, lui découvre sa radicale insuffisance, purifie la source.

La vocation de Lévi tient en deux versets : « Et il sortit de nouveau le long de la mer ; et tout le peuple venait à lui et il les instruisait. Et en passant il vit Lévi, le fils d'Alphée, assis au bureau de la douane, et il lui dit : Suis-moi. Et, se levant, il le suivit. » (13-4)

Ce récit fait expressément référence à l'appel des premiers disciples, appelés dans les mêmes circonstances : un passage le long de la mer après une prédication à Capharnaüm. Une note nou-

velle cependant en 13 b : le concours de peuple et l'insistance sur
l'enseignement.

La scène doit être située à la sortie de Capharnaüm, ville
frontière entre les états d'Hérode Antipas et ceux de Philippe.
Déjà, Jésus a choisi ses premiers disciples parmi ces pêcheurs du
lac que nous verrons cueillir des épis en sabbat et manger sans
s'être lavés les mains. La pureté des « Séparés » court mille dangers à les fréquenter — d'autant plus qu'ils vont sans doute jusqu'à vendre le produit de leur pêche aux abords des riches
villes païennes. Manifestement, ils appartiennent à la masse des
am-haarez, brebis perdues de la maison d'Israël, « las et prostrés
comme des brebis sans pasteur ». Le cas est bien pire avec
Lévi et touche à la provocation : ces pêcheurs publics, ces publicains, prélèvent l'impôt de la domination païenne sur le peuple
de Dieu ! Mais aussi ce fonctionnaire qui se lève de son bureau
d'octroi renonce plus dangereusement à son emploi que les disciples
pêcheurs que nous voyons reprendre occasionnellement leurs occu-
pations. Comme pour répondre à un pardon plus grand par une
générosité plus grande, ainsi que Luc le dira de la pécheresse. Car
l'appel parmi les disciples suppose évidemment le pardon et, en
ce sens, il y a progression de l'épisode du paralytique à celui-ci.

Au contraire de ce publicain, nous trouverons parmi les Douze
un Simon qualifié de Zélote ou de zélé ; selon la première traduction, il s'agit d'un résistant armé contre l'occupation romaine
et, selon la seconde, d'un Pharisien particulièrement jaloux, comme
Paul plus tard, de l'observance de la Loi — dans les deux cas,
l'homme du monde le plus opposé au publicain Lévi-Matthieu.
Que Jésus, parmi ses pêcheurs, ait rallié ces deux-là montre que
les distinctions antérieures les plus tranchées perdent leur valeur
devant le message et la conversion, à l'heure eschatologique. Mais
c'est bien à cet effacement de distinctions essentielles, pour eux, au
maintien de la Loi, que les Pharisiens résisteront.

Les Pharisiens s'endurcissent aux miracles à cause de la doctrine, qu'ils jugent hérétique, et des prétentions, qu'ils estiment
blasphématoires. Attiré par les miracles et la nouveauté de l'enseignement, le peuple, plus spontané, ne voit guère au-delà. Mais
tous deux, peuple et pharisiens (voire disciples), attendent un

Messie qui fera dominer Israël sur ses oppresseurs et sur le monde entier. Si Jésus ne parvient pas à faire admettre par le peuple une conception plus spirituelle du messianisme, ses adversaires profiteront de la déception populaire pour se débarrasser de l'hérétique. Assisté de disciples touchés par son appel mais qui partagent les croyances populaires, Jésus devra lutter sur plusieurs fronts : échapper d'abord aux autorités civiles qui ont arrêté Jean et craignent le messianisme populaire mais aussi aux Pharisiens, normalement ennemis de ces autorités civiles, qui le surveillent désormais du point de vue religieux. Son seul appui est le peuple, dont l'enthousiasme le protégera un temps. Mais son message, pour être accepté par ce peuple, doit décourager ses plus chères espérances. Si donc ce peuple ne se « convertit » pas, ce sera la mort de celui qui, risquant tout pour faire la volonté du Père, l'appelle à la conversion.

Malgré quoi, une immense espérance parcourt encore ces pages de l'Évangile. Le peuple de Galilée peut encore se convertir. Des disciples le suivent, venus de toutes conditions, et le Royaume qui est aux portes peut s'établir encore sur un autre fondement que la mort de l'Envoyé. Jésus n'envisagera vraiment l'inéluctabilité de sa mort qu'à partir du départ de Galilée. Mais à l'heure où nous sommes, et malgré l'hostilité latente des Pharisiens, le message est encore proclamé dans une atmosphère de joie et de pardon où se profile à l'arrière-plan l'image du festin messianique comme le suggère la péricope qui suit l'appel de Lévi.

Les pronoms étant ambigus, le texte de Marc peut laisser croire que le repas se passe chez Jésus (c'est-à-dire chez Pierre) mais il est plus probable qu'il a lieu chez Lévi ainsi que Luc l'indique. Il s'agirait d'une sorte de banquet d'adieu où s'explique bien la présence de nombreux publicains compagnons de Lévi.

En ce qui concerne Jésus, toutefois, il s'agit de nouveau, du point de vue pharisien, d'un acte grave. Dans l'Orient antique, la communauté de table représente une communauté étroite, quasi-religieuse, presqu'une communion. Ce repas en compagnie de pécheurs publics fait donc scandale et si bien que les Pharisiens n'hésitent pas, cette fois, à interroger les disciples — pour troubler leur conscience et, qui sait, les détacher de leur maître : « Pourquoi mange-t-il avec les publicains et les pécheurs ? »

Les disciples seraient bien embarrassés pour répondre. La commensalité avec les païens créera encore des difficultés, des années après la Résurrection, de la part des judéo-chrétiens (cf. Act. XIII ; Gal. II, 12). Le cas de conscience est assez grave pour qu'ils s'en ouvrent à Jésus. La réponse de Jésus, quoique nette, reste conciliante. La lutte avec les Pharisiens n'est pas encore une lutte ouverte : « Ce ne sont pas les bien portants qui ont besoin du médecin mais les malades. » La fin du verset explique : « Je ne suis pas venu appeler les justes mais les pécheurs. » Le mot de «justes», ici, ne doit pas nécessairement être pris au sens ironique (fréquent dans l'Évangile quand il désigne les Pharisiens). Jésus ne leur a pas refusé une explication. Il les appelle ici, à travers ses disciples, à comprendre le sens de sa mission. Le mot de « malades » appliqué aux pécheurs et celui de « médecin » appliqué au Christ sont particulièrement appropriés au moment où les guérisons miraculeuses sont le signe de sa mission.

Matthieu, à cet endroit, renvoie les scribes pharisiens à une parole d'Osée (VI, 6) : « C'est l'amour que je veux et non les sacrifices ; la connaissance de Dieu et non les holocaustes. » La citation est particulièrement bien en place en ces débuts du ministère si on pense qu'Osée est un prophète de la miséricorde chez qui, plus lumineusement que chez les Pharisiens (ou même chez Jean-Baptiste), « le jugement surgira comme la lumière, viendra à nous comme l'ondée, comme la pluie de printemps qui arrose la terre » (VI, 3 sq.).

LA QUESTION DU JEÛNE

La péricope du jeûne n'est pas rattachée à la précédente, sinon par l'antithèse repas-jeûne et par la ressemblance du ton conciliant de la réponse. La question, du reste, est posée, chez Matthieu, par les disciples de Jean. Marc leur adjoint les pharisiens, mais la probabilité est du côté de Matthieu car Marc, au verset 18 b, parle de « disciples des Pharisiens » qui n'ont jamais existé, les Pharisiens formant un parti mais ne tenant pas école comme tels. Marc, pour l'unité de sa section, aura ajouté les Pharisiens aux disciples de Jean, et d'autant plus facilement que les Pharisiens, comme les baptistes, observaient des jeûnes de dévotion.

Les seuls jeûnes obligatoires du judaïsme étaient celui du jour des Expiations et quelques autres mais les Juifs pieux en observaient davantage. C'est ainsi que les Pharisiens jeûnaient le lundi et le jeudi.

Même si la question est posée par les disciples de Jean (ou à propos d'eux), il n'est pas nécessaire de supposer avec Rawlinson qu'il s'agissait précisément d'un jeûne de deuil à l'occasion de la mort de Jean. Ils pouvaient jeûner à l'occasion de son emprisonnement aussi bien, et au surplus avaient sans doute leurs propres jours de jeûne. La question, cette fois, est posée à Jésus directement : « Pourquoi tes disciples ne jeûnent-ils pas ? » Peut-être y a-t-il là, de la part des disciples de Jean un reproche : pourquoi Jésus ne s'associe-t-il pas à leur deuil, lui qui a été baptisé par Jean et à qui Jean s'adresse de sa prison ? Cette situation conviendrait particulièrement bien à la réponse : « Sied-il aux compagnons de l'époux de jeûner pendant que l'époux est avec eux ? » La comparaison implicite entre Jean et Jésus comme entre la situation actuelle des disciples de l'un et de l'autre ne nécessite pas, dans ce cas, de plus longue réponse (ce qu'il est intéressant de noter parce que l'authenticité des versets 19 b-20, immédiatement suivants, a été contestée).

Par ailleurs, les versets 21-22 contiennent une critique radicale qui contraste avec le ton conciliant de la première réponse. Pour remettre ces versets en situation, il faut supposer que Jésus répond aux disciples de Jean (plus proches de lui que les Pharisiens par l'esprit mais restés plus proches des Pharisiens sur la question des observances). Il veut leur montrer l'opposition inévitable entre l'esprit nouveau et les cadres anciens et les appelle de son côté dans la lutte qui va s'ouvrir et où ils seraient des alliés non négligeables.

A côté de la circoncision et du recours constant à la Tradition, l'observation du sabbat est sans comparaison le point le plus important du judaïsme pharisien et, généralement, du judaïsme post-exilique. Les rabbins déclarent que « le commandement du sabbat pèse autant que tous les autres commandements de la Loi » et l'un d'eux affirme que l'observation parfaite d'un seul sabbat par tout Israël amènerait infailliblement l'accomplissement des temps promis. Cette affirmation mesure la difficulté de la parfaite observance. La *Mischna* énumère, non pas 39 actions, mais 39 groupes d'actions interdites en sabbat, comme de parcourir un total de plus de 900 mètres, d'éteindre une lampe ou d'écrire deux lettres de l'alphabet. Cueillir des épis en passant dans le champ d'autrui est permis par le Deutéronome (XXIII, 26) mais les Pharisiens le défendent en sabbat sous prétexte qu'il y a là un début de travail de moisson.

Seul le danger de mort permet d'enfreindre le repos sabbatique, tout autre soin est interdit. On peut baigner un membre foulé dans l'eau froide, parce qu'il s'agit d'une ablution — mais non l'y agiter, car cela deviendrait un bain médical ! (*Shabb.* XXII,6)

Devant la sévérité des règles et ces minuties étouffantes, il était inévitable qu'on eût recours à des artifices juridiques. A la défense de dénouer un nœud s'opposera par exemple la permission de le défaire si on le peut à une seule main. Cette règlementation tracassière favorisait une religion extérieure et juridique aux dépens de l'esprit, seul capable d'accomplir la Loi. Il n'est donc pas autrement étonnant que le conflit principal entre Jésus et les Pharisiens éclate à propos de l'observation du sabbat.

Ce conflit est ici résumé en deux épisodes :

A) LES ÉPIS ARRACHÉS (MARC II, 23-8)

Cet épisode n'est pas situé mais il marque clairement une progression. Les Pharisiens n'ont pas réussi à séparer les disciples du maître dans le cas du repas avec les pécheurs. Depuis lors, le

groupe est tombé sous la surveillance pharisienne. Ici, l'occasion
venue, ils posent à Jésus une question agressive à laquelle les
autorise leur qualité de gardiens jaloux de la Loi. Les disciples
viennent de froisser quelques épis en sabbat : « Vois ! Pourquoi
font-ils en sabbat ce qui n'est pas permis ? »

Il importe, ici, de se remettre dans la situation juive. Quiconque
enfreint délibérément un précepte méprise Yahvé et est punissable
de mort, ne fût-ce que pour avoir ramassé du bois (Num. xv,
30-6) ; or, les prescriptions de la tradition, la *Halacha*, sont aussi
obligatoires que celles de la Loi, qu'elles déterminent. Toutefois,
l'infraction par inadvertance n'est pas punissable et se rachète
par un simple sacrifice d'expiation. Aussi, avant toute procédure,
le criminel doit-il être officiellement averti (*Sanh.* v, 1 ; vii, 8).
C'est ici, dans la lutte des Pharisiens contre Jésus, la phase de
l'avertissement officiel, de la mise en demeure. Bien qu'il n'ait pas
lui-même arraché les épis, l'avertissement concerne directement
Jésus car le maître est responsable de l'attitude de ses disciples
et c'est lui, depuis longtemps, qui est visé.

Selon une méthode qui sera celle de la lutte ouverte, Jésus, pour
leur répondre, se place sur le seul terrain où la discussion soit
possible entre eux, celui de l'Écriture. Avec une formule d'introduction typiquement rabbinique (« N'avez-vous jamais lu ... »),
il les renvoie à un passage où le besoin suspend le précepte sans
qu'il y ait faute, et à un passage, qui plus est, qui le compare
implicitement à David et sous-entend sa prétention messianique,
le passage où David « entra dans la maison de Dieu et mangea
les pains de propositions, qu'il n'est permis de manger qu'aux
prêtres, et en donna à ses compagnons » (I Sam. xxi, 1-7).

Le sens de la réponse est explicité par le verset 27, qui n'appartient pas, historiquement, à l'épisode mais renvoie au principe
de l'attitude de Jésus : le sabbat fait pour l'homme et non l'homme
pour le sabbat. Ce principe, doit-on le dire, ne livre pas l'observation du sabbat à l'arbitraire individuel. Comme dans le cas du
divorce et des discussions ultérieures, Jésus remonte à l'origine
même du précepte, à l'intention divine qui en est la source et qu'il
est venu révéler plus clairement. De sorte que ses infractions du
sabbat pharisien ne sont que des accomplissements du sabbat de
Dieu. Comme l'indique une seconde adjonction, l'autorité qui lui

est déléguée s'étend jusque là : « le Fils de l'homme est maître même du sabbat. » Pour en diriger plus exactement vers Dieu l'observation.

Ce principe général nous expliquera sa conduite dans l'épisode suivant :

b) LA GUÉRISON EN SABBAT (MARC III, 1-6)

Cette péricope termine la section des controverses et en représente le point culminant. Elle la clôt sur un miracle-signe qui rappelle celui du paralytique (inclusion de la section) mais aussi le premier miracle de Capharnaüm (inclusion des deux sections, soit de la division *Jésus et le peuple* signalée p. 172).

En effet, « Il entra *de nouveau* à la synagogue » ne peut faire allusion qu'à sa première entrée, en I, 21. « Et il y avait là un homme à la main desséchée » de même qu'alors « il y avait là un homme possédé d'un esprit impur ». Et déjà, cette première fois, il y avait eu guérison en sabbat sans que le parti pharisien s'en soit autrement formalisé. Étaient-ils donc à ce point sidérés par ce premier miracle ? Sans doute. Mais surtout ce premier miracle n'autorisait pas explicitement, à ce moment-là, une doctrine hérétique et des prétentions blasphématoires. Cette fois, après l'avertissement devant témoins, le jour des épis, « ils l'épiaient pour voir s'il allait guérir le jour du sabbat, afin de pouvoir l'accuser » — l'accuser formellement, officiellement car, après l'avertissement, le caractère volontaire de son infraction serait indubitable et, par ailleurs, public. L'accusation serait portée devant les juridictions juives normales c'est-à-dire le sanhédrin local ou, pour les cas particulièrement graves, devant le Grand Sanhédrin de Jérusalem. C'est bien ainsi que se passeront les choses, à en juger par III, 22, où Jésus est accusé, par « les scribes venus de Jérusalem » en enquêteurs, d'être un prophète de perdition.

Dans la synagogue, Jésus est évidemment au courant de leurs intentions (judiciairement) meurtrières. Et tout le monde. D'où l'immédiate atmosphère de tension. L'humaine prudence eût conseillé de se tenir coi mais, dans la circonstance et devant l'attente générale, toute abstention eût été interprétée comme une dérobade, voire comme un semi-reniement. C'eût été, de la part du Messager, faillir à sa mission de témoignage.

Jésus, donc, fera face.

S'adressant à l'homme, il lui ordonne de se tenir debout au milieu de l'assemblée, employant pour cet ordre le même verbe « égeirô » qui avait fait lever le paralytique et, comme pour le paralytique, il commence par poser une question aux pharisiens, une question qui éclairera la portée de la guérison. Cette question porte sur le fond du litige, sur l'observation sabbatique, elle-même significative du débat fondamental entre la religion des observances et la religion selon l'esprit : « Est-il permis, en sabbat, de faire du bien ou de faire du mal ? De sauver ou de perdre une vie ? »

L'alternative est si exactement adaptée à la situation qu'elle n'est pas compréhensible en dehors d'elle. Elle dévoile l'hypocrisie d'un culte extérieur qui permet aux pharisiens d'épier Jésus pour le perdre mais défend par contre à Jésus d'accomplir un acte de charité. A l'évidence, la lettre va ici à l'encontre de l'esprit, celui de l'origine, qui est la volonté de Dieu, tenue en échec par la tradition des hommes.

« Eux cependant se taisaient. » Mais ce silence, comme l'indique leur regard, n'est pas celui de la honte et de la rentrée en soi-même, c'est le lourd silence, tendu, de l'endurcissement et de l'attente.

« Alors promenant ses regards sur eux avec colère, navré de l'aveuglement de leurs cœurs, il dit à l'homme : Étends la main. Et il l'étendit et sa main fut rétablie.

« Et, une fois sortis, les Pharisiens tenaient bientôt conseil contre lui avec les Hérodiens [pour savoir] comment le perdre. »

Pourquoi cette collusion entre gens normalement ennemis ? Essentiellement pour les mêmes motifs que plus tard à Jérusalem : Jésus est protégé par la foule qui l'entoure et, par ailleurs, le droit d'exécuter des sentences capitales (et il ne peut s'agir de moins dans le cas de Jésus) a été enlevé au Sanhédrin. Le recours aux autorités civiles s'impose donc, qui ont déjà agi dans le cas de Jean et craignent l'agitation messianique des masses. Il s'agit de leur démontrer que Jésus représente un danger. Mais les tractations ont dû être plus longues que ne peut l'indiquer le verset de Marc. Les Hérodiens devaient se méfier de ces alliés inhabituels ; ils savaient très bien qu'ils attendaient eux-mêmes le Messie, et selon la même conception que les masses. Pourquoi donc leur dénoncer celui-ci ? Cette méfiance donnera un répit à Jésus.

En attendant, la situation est suffisamment sérieuse pour que, quittant une nouvelle fois Capharnaüm, « il se retire avec ses disciples au bord du lac ». Sauf une dernière fois à Nazareth, nous ne le verrons plus jamais entrer dans une synagogue. Le parti pharisien, en attendant mieux, avait très probablement obtenu contre lui le ban synagogal.

LA CRISE OUVERTE
MARC III, 13-35

Désormais, la prédication de Jésus sera exclusivement une prédication de plein air, et tout d'abord « aux bords du lac ». On ne mentionnera plus que deux fois sa présence à Capharnaüm, et encore une de ces mentions est-elle discutable. Les foules, du reste, le suivent et même, outre les Galiléens, Marc nomme, préparant la prédication itinérante, des Judéens, des gens d'au-delà du Jourdain, voire de la tétrachie de Philippe et du sud de la province syrienne.

La renommée de Jésus grandit-elle comme l'évangéliste en donne l'impression ? La controverse avec les Pharisiens, rappelant celle de Jean, a pu y contribuer en même temps que les guérisons. Le Royaume, en tout cas, continue à être annoncé. Il reste le grand sujet des paraboles. Mais il est annoncé dorénavant en rupture avec le judaïsme officiel, contre les Pharisiens et en marge des synagogues et malgré, bientôt, (cf. VI, 14-6) l'inquiétude soupçonneuse d'Hérode. Le Fils de l'Homme, n'aura plus une place où reposer sa tête et déjà « il dit à ses disciples qu'une barque fût tenue à sa disposition » (III, 9). « A cause de la foule, pour qu'elle ne le pressât pas trop », motive Marc ; « les malades se précipitaient vers lui pour le toucher ». Et donc pour pouvoir enseigner, debout dans la barque, plutôt qu'être bousculé comme un être miraculeux (ce qui est conforme à sa conception du miracle signe). Mais aussi sans doute, certains jours, parce que le lac forme frontière entre les états d'Hérode Antipas et de Philippe : il suffit de regarder une carte et de se souvenir de ce brusque départ vers Bethsaïde, continué par un voyage en Iturée (VIII, 13, 22, etc).

Jésus reste donc en contact avec les foules mais des foules attirées d'abord par les guérisons. Sa situation, si on se permet de

l'envisager d'un coup d'œil politique, est extrêmement précaire.
On imagine facilement que ses puissants adversaires puissent le
faire passer pour une sorte de faux prophète démagogue : il attire
les foules ignorantes par des guérisons suspectes et leur apprend
à ne pas observer les traditions des Anciens. Alors que, profondément, sa position est plus exigeante que celle des Pharisiens,
enseignant un accomplissement de la Loi qui suppose une conversion totale. Il se coupe d'un appui assuré — ah ! c'était bien la
grande tentation ! — en refusant le messianisme de type populaire.
Quel peut donc être son espoir ? Ces masses dont l'afflux est sa
plus sûre protection, il lui faut les « convertir » et, pour cela,
décourager leurs illusions — se retirer quand elles veulent le faire
roi, dans Jean — avant que ne se resserrent les rets qu'on tend de
toutes parts autour de lui comme autour du juste des Psaumes.
Cet espoir, visiblement, est plus qu'humain et sa fidélité à la
volonté du Père est évidente. La seule chose qui le protège encore,
provisoirement, est la séparation, voire l'antagonisme, du pouvoir
religieux et du pouvoir civil. Mais déjà le verset III, 6 a laissé
prévoir leur collusion possible. Le temps presse et tout, humainement, reste à faire. Mais Dieu réalise ses desseins, que nul œil
d'homme ne pénètre, malgré la coalition des méchants et des
puissants.

> « Les rois de la terre se lèvent,
> les princes conspirent contre Yahvé et son Oint...
> J'énoncerai le décret de Yahvé.
> Il m'a dit : « Tu es mon fils,
> moi, aujourd'hui, je t'ai engendré.
> Demande, et je te donne les nations pour héritage,
> pour domaine, les extrémités de la terre... »
> Heureux qui s'abrite en Lui ! » (Ps. 2)

C'est alors que, gravissant la montagne comme aux moments
solennels, et après avoir prié toute la nuit selon Luc, « il appelle
à lui ceux qu'il voulait. Ils vinrent à lui, et il en institua douze
pour être ses compagnons et pour les envoyer prêcher » (VI, 13-14).

Il ne les enverra en mission qu'après les avoir formés dans les discours en paraboles : ils doivent être d'abord ses compagnons de tous les instants avant qu'il ne les envoie prêcher. L'heure a sonné du rassemblement du peuple eschatologique et ce chiffre de Douze fait d'eux les patriarches de l'Israël des derniers temps. Il resserre ce petit groupe autour de lui comme une troupe d'élite. Et certes, dans la situation, ils ne devaient pas avoir froid aux yeux, ces pêcheurs qui avaient essuyé plus d'une tempête, ce publicain qui avait essuyé les mépris de toute une ville pharisienne, ce rescapé des maquis zélotes : Simon, surnommé bientôt Pierre, qui tirera l'épée au jardin des Oliviers, Jacques et Jean, les fils du tonnerre, André et Philippe aux noms grecs, le fils de Talmaï (Bar Tholomé), Matthieu, l'homme de plume du groupe, futur père du premier évangile, Jacques fils d'Alphée, frère peut-être de Lévi, Thaddée ou Lebbée, l'inconnu, qui se prénommait sans doute Judas, Simon le Zélote et Judas Iscariote, qui n'était pas Galiléen mais qui lui aussi, à ce moment-là, tentait l'aventure (à moins de le supposer déjà agent double, envoyé de Judée, de Kérioth, pour surveiller le prédicateur hérétique). Qu'ils aient été prêts à tout risquer, aucun doute — mais aussi qu'ils espéraient une récompense proportionnée dans un royaume messianique terrestre. Jésus devra les instruire, eux d'abord, avant qu'ils n'aillent instruire les autres. Au reste, le début de cette section (en III, 7, 9) et le début de la section de paraboles (IV, 1-2) se juxtaposent assez exactement. L'indication est qu'elles se déroulent à peu près dans le même temps. Mais le groupement thématique de Marc, enchaînant présentement sur la section des controverses, nous contraint à les envisager séparément. La probabilité historique est cependant que les événements qui viennent se situent au milieu de l'enseignement en paraboles.

FAMILLE ET DISCIPLES DEVANT LA CRISE

Au cœur du ministère galiléen, la composition de la courte section III, 13-35 est remarquable. L'accusation des scribes-enquêteurs de Jérusalem s'y trouve au centre d'une inclusion que fera ressortir le résumé suivant :

    I. a) Famille spirituelle : choix des douze compagnons de lutte.
       b) Famille charnelle : angoissée, elle voudrait rompre le combat en faisant passer Jésus pour « hors de lui ».
    II. Le verdict des scribes : Jésus est possédé par Béelzéboul, c'est un prophète de perdition.
    III. Vraie famille de Jésus : ceux qui font la volonté de Dieu.

Nous avons parlé de plusieurs de ces passages, à un autre point de vue, aux pages 196, 203 ; on voudra bien s'y reporter pour les replacer dans la perspective actuelle.

Nous nous trouvons, c'est clair, au cœur de la crise suscitée par l'opposition pharisienne. Pour la troisième fois, Marc repart de Capharnaüm et, plus précisément, de la maison de Pierre : « Et il revient à la maison, et de nouveau la foule se presse au point qu'ils [Jésus et les disciples] ne trouvaient pas moyen de manger. Ce qu'ayant appris, ceux de chez lui partirent pour s'emparer de lui, disant qu'il était hors de sens. » Par souci de sa santé ? Plus probablement parce qu'en face de la grave accusation pharisienne ils plaident à l'avance la thèse de la responsabilité atténuée. « Ceux de chez lui », parents et gens de Nazareth, peuvent en effet, d'après le chapitre XIII de la législation deutéronomique, être tenus pour solidaires. Comme les parents de l'aveugle-né, qui refusent de répondre à la place de leur fils, ils peuvent craindre d'être mis au ban de la communauté israélite, ce qui, dans une société où vie religieuse et vie sociale étaient confondues signifiait la mort sociale, la réduction à l'état de lépreux : « C'est par crainte des Juifs que ses parents parlèrent ainsi, car les Juifs s'étaient déjà mis d'accord pour exclure de la synagogue quiconque reconnaîtrait Jésus pour le Messie. » (Jo. IX, 22)

En effet, « les scribes descendus de Jérusalem », spécialement pour l'enquête « inquisitoriale », disaient, concluaient, dans le sens de leurs confrères galiléens : « Il est possédé par Béelzéboul » (littéralement : il a Béelzéboul). Ceci équivaut à le déclarer « fils de Bélial », selon la vieille expression de Deutéronome XIII, 13 appliquée au prophète de perdition, et cette accusation peut conduire à la peine capitale.

Nous rencontrons la même séquence des événements dans Jean : faisant allusion à l'épisode décisif de l'infirme, Jésus demande : « Pourquoi voulez-vous me tuer... Vous êtes en fureur parce que j'ai guéri un homme tout entier le jour du sabbat » (vii, 19, 23) ; puis c'est l'accusation : « N'avons-nous pas raison de dire que tu es un Samaritain et qu'un démon te possède ? — Je ne suis pas un possédé, répondit Jésus, mais j'honore mon Père et vous, vous cherchez à me déshonorer » (viii, 48-9) ; ce sera ensuite l'équivalent, chez Jean, du « péché contre l'Esprit » commis ici par les Pharisiens (Mc. iii, 29-30) : « Si vous étiez des aveugles, vous seriez sans péché ; mais vous dites : Nous voyons ! Votre péché demeure. » (ix, 41) [1]

Ce n'est pas hasard si les enquêteurs affirment que Jésus est sous la puissance de Béelzéboul, et non d'un démon quelconque. Car on peut leur objecter que Jésus chasse les démons et guérit les malades. « Est-ce qu'un démon peut ouvrir les yeux des aveugles ? » demandent, en Jean x, 21, les partisans de Jésus. A quoi ils répondent, niant la valeur de signe des miracles — et davantage : changeant, au sens algébrique, les miracles de signe, renversant diamétralement la signification de ces miracles faits par la puissance de l'Esprit : « C'est au nom du chef des démons qu'il chasse les démons. » Renversement lui-même diabolique ! Ils ruinent l'intention de Jésus de faire des miracles, non des merveilles, mais des signes. Ils proclament sujet du diable et serviteur de l'Ennemi (signification possible du nom de Béelzéboul) l'annonciateur du Règne en qui repose l'Esprit depuis qu'il a été proclamé Fils de Dieu par la voix céleste ! C'est là, Marc le dit expressément, l'impardonnable blasphème contre l'Esprit des aveugles qui se proclament voyants et guident les autres aveugles dans la fosse. Leur accusation de blasphème contre Jésus est elle-même le pire des blasphèmes !

---

1. Jean lie aussi l'époque des paraboles et celle de l'accusation. Cf. en ix, 39, immédiatement avant notre dernière citation, son équivalent de la parole d'Isaïe appliquée en Marc iv, 12 aux paraboles : « Je suis venu en ce monde pour un jugement : pour que voient ceux qui ne voient pas et pour que les voyants deviennent aveugles. »

Comment Jésus répondra-t-il ?

Et d'abord, à qui répondra-t-il ? Aux scribes, certes, mais j'entends : devant quels auditeurs ?

Les Pharisiens, selon Matthieu et Luc, mais leur formule n'est pas primitive. Elle remplace celle de Marc par une formule empruntée à une situation antérieure et supposant des auditeurs muets : « Jésus, connaissant leurs pensées . . . » Or, l'accusation, ici, est parfaitement formulée. Par ailleurs, la formule d'introduction de Marc, plus primitive, est peu vraisemblable dans le contexte : « Les ayant appelés à lui, il leur disait en paraboles . . . » On voit mal Jésus appeler ainsi près de lui des enquêteurs officiels aussi mal disposés pour répondre, à une accusation atroce, en paraboles et sur un ton d'abord conciliant (23-7) avant de lancer la condamnation la plus amère de toute sa carrière (28-30).

Ceci oblige à l'hypothèse. La formule de Marc, seule originale, est difficilement acceptable si on la rapporte, comme la grammaire y oblige, aux scribes enquêteurs. La formule n'est acceptable qu'à la rigueur, en supposant Jésus dans une position de force, s'efforçant de leur ouvrir les yeux après les avoir fait venir du sein de la foule où ils l'écoutent (23-7), puis, devant leur endurcissement, les condamnant devant ses auditeurs.

A supposer par contre l'inversion du sujet et du complément direct, nous obtenons « ayant été appelés par eux » — mais ceci est encore moins vraisemblable : s'ils avaient été, eux, dans cette position de force, on imagine mal qu'ils aient laissé Jésus en liberté.

Il reste l'hypothèse que « les » désigne les disciples et non les scribes. C'est l'hypothèse la plus vraisemblable du point de vue du vocabulaire : on emploie ici le même verbe que pour l'appel des disciples (III, 13) et par ailleurs on parle d'un discours en paraboles semblables à ceux du chapitre suivant (historiquement contemporain).

Au reste, la question des auditeurs de Jésus laisse inchangé le sens de ces paroles. Elle n'importe que du point de vue historique. Si c'est aux scribes que s'adresse Jésus, il nous faut admirer le ton conciliant de ses premières paroles, l'effort pour expliquer. Par contre, s'il s'adresse aux apôtres, le ton conciliant s'explique de lui-même. Prononcée devant eux, cette auto-défense démonstrative les supposerait ébranlés, ayant besoin d'être soutenus. Mais ce plaidoyer peut fort bien avoir été adressé aux foules, qui sont l'enjeu de la lutte ; c'est, historiquement, le plus vraisemblable. La condamnation de 28-30, par contre, se situe aussi bien dans le cercle étroit des fidèles, et sans doute mieux.

La défense de Jésus contre la diabolique accusation pharisienne prend la forme d'un dilemme dont la conclusion est la victoire de ce Royaume qu'expliquent les paraboles. Mais ces deux parties du dilemme ne sont pas équivalentes. La première ressemble à une démonstration par l'absurde : « Comment Satan peut-il expulser Satan ? Si un règne est divisé contre lui-même, ce règne-là ne pourra se maintenir ; et si une maison est divisée contre elle-même cette maison-là ne pourra subsister. Si Satan s'est dressé contre lui-même et s'est divisé, il ne peut pas subsister mais il est fini. » (23b, 26).

La perspective eschatologique est ici supposée. On oppose le règne de Satan au Règne de Dieu (qui vaincrait même dans l'hypothèse absurde de ses ennemis). Toutefois, c'est l'absurdité de l'accusation qui est d'abord soulignée. Les Pharisiens ont mal interprété les signes et les paroles de Jésus à cause de la méchanceté de leur cœur, et cela même les juge : « La bouche parle du trop-plein du cœur ; le bon tire de son bon trésor de bonnes choses et le mauvais, de son mauvais fond, de mauvaises. Or, je vous le dis : au jour du Jugement, les hommes rendront compte de toute parole ruineuse qu'ils auront proférée. » Cette parole est rapportée par Matthieu (xii, 35-6) dans notre contexte, avec une interpellation aux pharisiens qui reprend toute la menaçante colère du Baptiste : « Engeance de vipères, comment pourriez-vous tenir un bon langage ? » L'apostrophe retourne en quelque sorte l'accusation : ce sont eux l'engeance de Bélial.

A l'accusation mauvaise dont l'absurdité se réfute elle-même, Jésus oppose la vraie interprétation de son rôle et de sa personne. Aussi ce qui est un dilemme, envisagé du point de vue du Royaume, devient-il une alternative tranchée en ce qui concerne Jésus : « Mais nul ne peut entrer dans la maison de l'Homme fort pour piller ses possessions s'il n'a d'abord lié ce Puissant, et alors il pillera sa maison. » L'homme fort désigne ici Satan et allusion est faite à Isaïe XLIX, 25 : « Les prisonniers d'un puissant lui seront ravis et la proie d'un guerrier [ou : du terrible] sera délivrée. A ton querelleur je chercherai querelle et je sauverai tes enfants » ; c'est une attente du judaïsme d'alors que Satan soit « lié » ou « précipité ». Nous restons dans la perspective eschatologique. Si Jésus ne chasse pas les démons par Satan, il est plus fort que lui. Or, qui est plus fort que Satan sinon, par la puissance de l'Esprit, l'Envoyé des temps de la fin ? Il n'y a pas de milieu : ou Jésus est un blasphémateur ou il est cet Envoyé. D'où la parole que Matthieu et Luc rapportent à cet endroit ; elle force à prendre parti, sonne comme un avertissement : « Qui n'est pas avec moi est contre moi, et qui ne rassemble pas avec moi disperse », ce qui peut s'entendre du rassemblement d'Israël au contraire d'une dispersion douloureusement ressentie sous la domination des Gentils, identifiée avec celle de Bélial.

On peut s'étonner de la patience dont fait preuve la défense de Jésus (mais ce ton s'explique si elle n'est pas adressée aux Pharisiens). La parole suivante, séparée de la précédente par un intervalle, prononcée sans doute à la suite d'un rebondissement de la situation (indéterminable), cette parole, annoncée par le solennel « amen, je vous le dis », est une des plus amères et des plus navrées de l'Évangile. Elle commence par réaffirmer l'infinie miséricorde qui est à l'arrière-plan de la Bonne Nouvelle, cette miséricorde qui pardonne tout péché et qui a tant scandalisé les Pharisiens : « En vérité, je vous le dis, tout sera pardonné aux enfants des hommes, les péchés et les blasphèmes tant qu'ils en auront proféré. » Mais pour ceux qui refusent la miséricorde, pour les aveugles volontaires affirmant qu'ils voient et affirmant noir le blanc, pour ceux qui attribuent à Satan les œuvres qui prouvent l'Esprit, faisant eux-mêmes au nom de Dieu les œuvres de Satan, pour ceux-là vaut la parole qui suit : « Mais quiconque aura blasphémé contre l'Esprit saint n'aura jamais de pardon, il est coupable d'une faute éternelle. »

C'est aux mêmes aveugles volontaires que s'applique la parole sur le sens (et l'effet) de la prédication en parabole : à ceux qui ne veulent pas entrer dans l'intention du Royaume et restent « dehors », tout arrive en énigmes (Mc. IV, 11) afin, selon Isaïe

225

vi, 9-10, « qu'ils aient beau voir et n'aperçoivent pas, entendent et ne comprennent pas, afin qu'ils ne se convertissent pas et qu'il ne leur soit pas pardonné ».

Ce verbe « pardonné », qui transforme un hébreu « guéri », montre bien le rapport établi par Marc entre cette parole et la précédente, et comment elle s'applique au ministère de Jésus : ils voient les miracles mais n'en aperçoivent pas le sens, entendent la Parole mais n'en comprennent pas l'appel et la portée ; ils ont refusé l'appel au changement de cœur et ne se convertissent pas.

A se reporter, du reste, au contexte d'Isaïe, on s'aperçoit qu'il s'applique assez exactement à la situation de Jésus à ce moment-ci, et que Jésus a pu s'en servir pour expliquer aux disciples la possibilité d'un échec apparent du messager du Royaume. Ce contexte, en outre, dissipe l'effet troublant produit par le « afin que » de la citation, semblant insinuer que l'endurcissement est voulu par Dieu. On y voit mieux qu'il s'agit d'un « afin que » prophétique, signifiant non une volonté mais une prévision qui ne doit pas décourager le prophète. Voici ce texte, tiré de la vocation d'Isaïe :

« Alors j'entendis la voix du Seigneur disant :
Qui enverrai-je ? Quel sera notre messager ?
Je répondis : Me voici. Envoie-moi. Il me dit :
Va et dis à ce peuple :
Écoutez de toutes vos oreilles sans comprendre,
voyez de vos yeux sans apercevoir.
Appesantis le cœur de ce peuple,
rends-le dur d'oreille, bouche-lui les yeux,
de peur que ses yeux ne voient, que ses oreilles n'entendent,
que son cœur ne comprenne, qu'il ne se convertisse et ne soit guéri.
Je dis : Jusques à quand, Seigneur ? Il me répondit :
Jusqu'à ce que les villes soient dévastées et désertes,
les maisons sans personne, la campagne inhabitée,
et que Yahvé en chasse les gens. » (Is. vi, 8-12).

Il semble que Jésus se soit souvenu de ce moment final de l'inconversion, qui aura empêché le « rassemblement », dans l'apostrophe à Jérusalem, à la fin de sa carrière : « Que de fois j'ai voulu rassembler tes enfants... et vous n'avez pas voulu ! Eh bien, votre demeure va vous être laissée déserte. » (Mt. XXIII, 37-8).

Dans pareille situation, au moment crucial d'un tel combat, Jésus n'a pas le temps d'interrompre la prédication pour une discussion familiale. Non que les liens du sang, si forts en Israël, soient reniés, mais quand les camps se partagent aussi nettement, aucune pensée ne peut plus être distraite de l'engagement décisif. Parents ou non (et il n'est pas exclu qu'il y ait eu des parents de Jésus parmi ses disciples), la seule famille qui compte à l'heure du combat de Dieu est la famille de ceux qui font la volonté du Père, afin qu'arrive son Règne [2].

---

2. Luc a adouci ce passage, comme d'autres, mais il en a conservé la nuance de reproche dans l'épisode de Jésus au Temple, où la situation est semblable. Au « nous te cherchons, angoissés », il répond : « Et pourquoi me cherchiez-vous ? Ne saviez-vous pas que je me dois aux choses de mon Père ? » (II, 48-9):

LES PARABOLES
MARC IV, 1-34

La composition du chapitre des paraboles est évidemment thématique. En fait, l'artifice de Marc est si évident qu'il va jusqu'à les supposer prononcées en une seule journée (IV, 35) mais il est clair (pour lui comme pour nous) qu'elles couvrent, chronologiquement, toute une période et même, plus précisément, la période de contradiction ouverte.

Marc et Matthieu sont d'accord pour situer l'ensemble des paraboles après la grande accusation pharisienne et avant le rejet à Nazareth. Leur seul désaccord est que Marc place les paraboles avant la mission des Douze alors que Matthieu les situe après. La situation de Marc doit être préférée pour deux raisons claires : la première, générale, est que la composition de Matthieu, organisée autour de cinq grands discours, est nettement plus thématique que celle de Marc ; la seconde est que nous avons un indice précis du caractère secondaire de Matthieu sur ce point particulier. C'est lui qui a dissocié ce qui avant lui était joint : il mentionne une première fois, dans un contexte de raccroc, la grande accusation pharisienne avant l'envoi en mission (IX, 34) mais il doit la reprendre, dans son vrai contexte, avant les discours en paraboles (XII, 24). Il sépare de même, et pour les mêmes raisons, les récits groupés par Marc dans la section des controverses. Historiquement, la façon de procéder de Matthieu est intéressante. Elle indique, semble-t-il, que Matthieu a eu conscience que la matière du discours apostolique et celle du discours parabolique appartenaient, en fait, à la même époque.

Les paraboles, comme l'envoi en mission, appartiennent à la période de crise. Plus précisément, elles se situent entre le choix des Douze et leur envoi en mission. Si nous acceptons que les Douze ont été envoyés en mission « en bloc », elles se situent *avant* la mission. Mais elles peuvent se situer *pendant* la mission si nous lisons dans le verset VI, 7 un envoi des apôtres deux par deux à intervalles.

L'analyse des paraboles, mais en particulier de celles de Marc, confirme cette vue : elles ont pour premier objet le Royaume que prêche Jésus et qu'ils vont aller annoncer — et elles l'envisagent notamment sous l'aspect de la Parole. Elles sont donc, sous cet aspect, un enseignement aux apôtres. Mais elles ne leur sont pas réservées car Jésus commence par les adresser à la foule et les commente devant l'ensemble des disciples. Les paraboles se prêtent ainsi à un enseignement à deux degrés, différent en méthode de l'enseignement précédent. Les raisons de ce changement de méthode se trouvent dans le changement de la situation.

L'enseignement en paraboles est visiblement un enseignement de plein air. Cela ressort non seulement du cadre — les foules au bord de la mer de Galilée et Jésus parlant de la barque (assis, ce qui est la position du maître) — mais aussi de la forme, qui emprunte ses comparaisons à la vie quotidienne des auditeurs et au paysage environnant. Cet enseignement exclusivement de plein air est en accord avec la situation historique : depuis l'enquête des scribes, Jésus a été banni des synagogues, où les Pharisiens sont tout-puissants.

Cela ne signifie pas qu'ils lui abandonnent tout le reste et renoncent désormais à le surveiller. Il nous faut au contraire supposer parmi les auditeurs de Jésus des auditeurs pharisiens, prêts à dénigrer sinon à contredire, et continuant à dépister l'hérésie. Cette situation ne devait pas être épargnée aux apôtres en mission, et nous ne pouvons guère les croire versés dans les disputes d'école. C'est là un des motifs pour lesquels Jésus les forme à une prédication en paraboles, moins susceptible d'être déviée en dispute théologique. D'où l'enseignement à deux degrés et un conseil que Matthieu nous a conservé et qui trouve ici son contexte : « Ne donnez pas aux chiens ce qui est sacré, ne jetez pas vos perles devant les porcs : ils pourraient bien les piétiner, puis se retourner contre vous pour vous déchirer. » (VII, 6.) Le rapport formel à notre situation pourrait se trouver dans la courte parabole de la perle, propre à Matthieu (XIII, 45-6). Quant à la comparaison de la perle elle a pu s'appuyer sur la parenté des deux mots araméens *qodesh* (ce qui est saint) et *qedasha* (ornement précieux).

La distinction entre la foule et les Pharisiens présents parmi elle dénoue aussi une contradiction apparente : celle qu'on trouve entre les paroles de Jésus invitant ses auditeurs à méditer et à comprendre (IV, 9,23) ou encore « leur annonçant la Parole dans la mesure où ils étaient capables de l'entendre » (IV, 33) — et les versets IV, 11-2, qui parlent au contraire d'un aveuglement par les paraboles. Les premières visent la foule en général et, les seconds, les émissaires pharisiens [1].

Jean cite la même parole d'Isaïe sur l'aveuglement à la fin du ministère à Jérusalem (mais Jean situe presque tout à Jérusalem) et il la cite dans un contexte semblable : l'incrédulité malgré les miracles, la division parmi le peuple au sujet de Jésus et la crainte des Pharisiens : « Un bon nombre crurent en lui, mais à cause des Pharisiens ils ne se déclaraient pas, de peur d'être exclus de la synagogue. » (XII, 42.) Le discours de Jésus qui suit contient par ailleurs une allusion à la parabole du semeur (v. 47) et base la condamnation sur le rejet de la Parole.

En résumé, situer les paraboles au moment où nous sommes arrivés se justifie à plusieurs points de vue :

1° Les paraboles permettent un enseignement populaire que sa forme soustrait plus ou moins à la discussion pharisienne. Par ailleurs, cet enseignement imagé met à la portée des auditeurs une juste conception du Règne annoncé. Comme le grain en terre, il reste dans les mémoires et y mûrit, incite à la réflexion.

2° Cette prédication en paraboles peut servir de modèle aux futurs prédicateurs du Royaume. Elle leur composera un langage adapté. A eux, par ailleurs, Jésus montrera ce qui fait le fond et l'unité des paraboles. Il les leur commentera en des sortes de

---

1. On peut remarquer que cette parole de condamnation est incluse entre la parabole du semeur et son explication. Cette situation correspond à l'inclusion de l'accusation pharisienne dans la section précédente. Elle pourrait aussi motiver la condamnation par le rejet obstiné de la Parole.

séminaires (mot tiré lui-même des paraboles de la semence, dans le sens qu'il a depuis le concile de Trente !)

Car il ne faut pas se le dissimuler : les disciples eux-mêmes ont besoin de comprendre ce qu'est le Royaume, comme le montrera leur manque de compréhension même après l'envoi en mission. Jésus ne peut leur laisser carte blanche. Il doit pouvoir contrôler ce qu'ils diront, et les paraboles servent admirablement ce but. Voit-on les disciples, à ce moment-là, lancés dans des explications personnelles concernant le Règne qui vient et la façon dont il se réalisera ? Comment auraient-ils pu, avec la meilleure volonté, éclairer le peuple là-dessus et redresser ses conceptions, eux qui les partageront encore si longtemps ?

Ils les partagent même si bien qu'il faut supposer, au moment de l'accusation pharisienne et du rejet des synagogues, un scandale des disciples : si Jésus est bien l'Envoyé des derniers temps, celui qu'ils ont suivi pour la pêche eschatologique, pourquoi cet échec apparent au lieu des résultats immédiats, éclatants, qu'ils avaient pu espérer lors des premiers miracles et des premiers rassemblements de foules ? Après la multiplication des pains, Jésus devra les « obliger » à repartir en barque pendant qu'il renvoie la foule, cette foule qui voulait le faire roi selon Jean. Les disciples auraient sans doute volontiers cédé à la foule. Sans doute ne comprennent-ils pas que Jésus calme les enthousiasmes au lieu de diriger les fureurs contre les résistances, de briser dans l'émeute l'opposition pharisienne et de proclamer la grande insurrection.

Les paraboles répondront à ce scandale des disciples comme à celui de la foule en montrant la venue certaine mais invisible du Royaume, comme d'un grain mis en terre. Mais elles montreront aussi la liaison du Royaume à la parole, la possibilité de semences perdues et la responsabilité des auditeurs.

Nous pouvons maintenant nous tourner vers les paraboles ainsi situées.

Les trois Synoptiques nous rapportent cette parabole. Tous trois la rapportent en premier lieu et tous trois la font suivre d'une explication. C'est dire son importance dans la tradition. La voici selon Marc :

« Écoutez : voici que le semeur sortit pour semer. Et il arriva, au cours des semailles, que du grain tomba sur le sentier, et les oiseaux vinrent et le mangèrent ; et d'autre tomba dans les pierres, où il n'y avait guère de terre, et il a levé aussitôt parce que la terre n'était pas profonde, et lorsque le soleil s'est levé, il a été brûlé et, n'ayant pas de racines, s'est desséché ; et d'autre tomba dans les épines, et les épines ont monté et l'ont étouffé et il ne donna pas de fruit. Mais d'autres grains tombèrent dans la bonne terre et donnaient un fruit montant et augmentant, et ils rapportèrent trente, soixante et cent pour un ! Qui a des oreilles pour entendre, entende ! » (Mc. iv, 3-9).

La parabole est tellement connue que nous la lisons automatiquement à travers son interprétation (iv, 13-20). Il faut déshabituer notre regard et nous remettre dans la situation des Juifs qui l'entendirent pour la première fois. Ils attendent un Messie et un Royaume venant avec éclat. Plus d'un parmi eux a espéré que Jésus pourrait être, sinon le Messie, du moins le prophète précurseur de sa venue. Or, les scribes pharisiens, qui espèrent aussi sa venue, et de la même façon, voici qu'ils le rejettent de la synagogue sur base de la plus grave accusation. Il y a là, il faut l'admettre, de quoi laisser perplexe plus d'un Juif du peuple. Passer outre au ban pharisien et, malgré la surveillance pharisienne, soutenir le prophète de perdition, c'est là une décision grave. On risque de se couper de la communauté. A moins que Jésus ne l'emporte ? Mais ce thaumaturge ne fait aucun miracle contre ses ennemis. Si du moins on voyait quelque manifestation de cette puissance avec laquelle doit venir le Jour de Yahvé...

A ce moment, il est impératif que Jésus fasse porter son effort sur l'explication aux simples du Règne et de sa vraie nature. Plus précisément, il doit leur expliquer le caractère de sa venue. Seule cette explication peut maintenir la foi de la foule en même temps que rectifier ses conceptions. Seule, elle rend compte de l'échec que constitue l'incrédulité et la violente opposition des notables et des docteurs en Israël. Cet échec n'est vraiment un échec que dans la conception populaire du messianisme. Son scandale disparaît dans une conception plus spirituelle. Mais déjà il s'atténue si on admet que la venue du Royaume reste certaine même si elle n'est pas immédiate, fulgurante. C'est à quoi viseront les paraboles de la semence : à préserver la foi dans la moisson eschatologique dès les semailles et malgré les échecs apparents. Dès avant la moisson, le semeur ouvre les temps eschatologiques. N'était l'expérience de chaque année, le temps d'après les semailles n'est-il pas un temps d'échec apparent ?

Qu'on ne s'étonne pas de l'insistance avec laquelle Jésus reviendra sur cette idée et sur cette image, ou sur l'idée voisine de l'extrême petitesse du grain de sénevé par opposition avec la plante qui cependant, par la grâce de Dieu, en procède. Si les Juifs chantent dans les Psaumes la protection de Dieu sur les humbles, ils n'ont aucune idée par contre d'une humilité du Royaume. La seule idée leur en paraîtrait contradictoire. Pour l'admettre — et ceci marque le lien des Paraboles à la Bonne Nouvelle — il leur faut opérer une conversion, changer d'esprit et de cœur. Seul un chrétien peut concevoir d'emblée l'humilité, en ce monde, du Royaume qui n'est pas de ce monde — mais c'est parce qu'il la conçoit à travers l'humiliation du Crucifié suivie de l'exaltation du Ressuscité. D'où l'insistance de Jésus, qui ne porte pas sur la difficulté d'une opération intellectuelle mais sur l'intuition d'une réalité supérieure : « Écoutez » commence-t-il par dire ; puis il avertit pour terminer : « Qui a des oreilles pour entendre, qu'il entende ! » Ce n'est pas qu'il parle à mots couverts. Il parle en images, mais les images dirigent vers une intuition plus sûrement que les mots abstraits. Cette insistance s'oppose à la parole de condamnation des Pharisiens incrédules, « ceux-là qui sont dehors » et refusent d'entrer.

La parabole du semeur ne doit pas d'abord s'interpréter en fonction de l'explication qui la suit. Cette explication déplace l'accent en insistant sur une interprétation allégorique, psychologique et morale qui répartit surtout les auditeurs de la Parole en catégories. La parabole est plus primitive que cette interprétation. Elle contient des sémitismes qui sont absents de la seconde. Elle reste toute proche également de l'authenticité palestinienne. En Palestine, en effet, le champ n'était labouré qu'*après* les semailles — ce qui explique la présence d'épines et de sentiers frayés par les passages. Il ne s'agit donc nullement d'un semeur un peu fantaisiste créé pour les besoins d'une allégorie.

L'accent de la parabole porte sur les semailles plutôt que sur le semeur, et, même, elle ne parle des semailles que dans la perspective de la moisson. En somme, elle ne remonte aux semailles que pour affirmer ceci : l'échec de certaines semences ne compromet pas la certitude de la moisson. La même certitude s'exprime sous la même image dans la parabole du grain qui pousse tout seul (26-9). Cette courte parabole, propre à Marc, insiste sur le point important de la parabole du semeur en l'abordant d'un autre point de vue : le grain une fois jeté pousse mystérieusement, invisiblement, mais sûrement, avec la certitude de toute action divine. La moisson n'est pas encore là et pourtant elle est déjà là. Une fois mûre, « il y envoie la faucille car la moisson est à point » (29). L'image de la moisson, comme celle de la vendange, est généralement eschatologique. Ici, elle est plus précisément tirée de Joël, iv, 13, dont le contexte est le Jour de Yahvé et le jugement des nations (et ce contexte lui-même est voisin de la promesse de l'effusion de l'Esprit).

Cette image de la moisson semble avoir été familière à Jésus à l'époque des paraboles et de l'envoi en mission. A-t-il pensé à « envoyer » ses apôtres (le mot veut dire « envoyés ») comme le texte de Joël « envoie » la faucille dans la moisson ? Le mot correspondrait à celui de « pêcheurs d'hommes » comme la parabole du filet correspond, chez Matthieu, à celle de l'ivraie. Matthieu (ix, 37) et Luc (x, 2) nous ont, en tout cas, conservé ce mot de l'envoi en mission : « La moisson est abondante mais les ouvriers sont peu nombreux ; priez donc le Maître de la moisson d' *envoyer* des ouvriers à sa moisson. » Jésus regardait-il à ce moment vers l'avenir ou vers un temps plus immédiat ? Jean (iv, 35-8) a conservé le mot et l'idée mais distinguera les temps en citant un dicton : « L'un sème et l'autre moissonne. »

Que la parabole du semeur soit bien dirigée vers la moisson, nous en avons un indice philologique au verset 8 : le pluriel des derniers grains, des « autres », ceux qui feront la moisson, par opposition au singulier de celui-ci ou celui-là *(allo... allo...)* qui périra. Il ne faut pas que la multiplicité relative des cas de perte (trois exactement) monopolise l'attention. Elle ne peut compromettre la moisson. Le Règne arrivera malgré tous les obstacles. Il viendra sûrement même s'il ne vient pas subitement et comme une chose qui se voit. Il viendra aussi sûrement que la moisson après les semailles. Cette image simple permet de vaincre le scandale des faibles, vient au secours de leur foi en jetant un pont entre les apparences décevantes du présent et la magnificence future. Elle aide à faire admettre que le chemin passe par cette humilité, voire cette humiliation.

L'EXPLICATION DE LA PARABOLE (MARC IV, 13-20)

L'explication identifie le grain à la Parole et souligne la responsabilité du « terrain » c'est-à-dire des auditeurs. Nous avons mis en garde contre la majoration de cet aspect, mais il est présent : Si la communauté l'a particulièrement souligné, en raison de sa situation à elle, cette situation a pu reproduire partiellement celle de Jésus. L'explication a d'ailleurs retenu des traits qui n'intéressaient pas directement la communauté, comme l'introduction, qui s'adresse aux disciples et montre la première impatience de Jésus devant leur incompréhension. Cette impatience est particulièrement plausible si un des buts des paraboles est de former les apôtres à leur mission de prêcheurs : « Vous ne saisissez pas cette parabole », où pourtant il est question de ce que vous avez sous les yeux, de moi et de vous et du Royaume ? « Comment alors comprendrez-vous toutes les paraboles ? » Cette totalité est remarquable : ils doivent les saisir toutes — elles ont toutes le même objet — s'ils doivent eux-mêmes transmettre correctement le message. Ce reproche de Jésus aux fondateurs de la communauté chrétienne ne peut guère avoir été inventé par celle-ci, même pour fournir une introduction.

Un autre élément d'authenticité est que l'explication, comme la parabole, laisse dans l'ombre la personnalité du semeur pour s'intéresser au grain, identifié à la Parole. Sans doute cette Parole peut-elle être entendue par la communauté comme celle de l'Évangile, mais le même mot a pu désigner la proclamation de la Bonne Nouvelle. Par contre, la distinction des quatre catégories d'auditeurs, qui fait le principal de l'explication, exprime plus directement un intérêt de la communauté organisée dorénavant pour la prédication. On s'en aperçoit en particulier dans les versets 16-19, plus développés. Encore peut-on y retrouver en filigrane la situation de Jésus. Ainsi de Satan, l'Adversaire, qui, la Parole entendue, arrive aussitôt et l'enlève. Jésus peut fort bien l'avoir désigné à travers ses adversaires pharisiens organisant une sorte de contre-propagande systématique. La « persécution à cause de la Parole », de même, reflète certainement une situation chrétienne, mais déjà les partisans juifs de Jésus ont pu être inquiétés par l'inquisition pharisienne. Cette persécution, Matthieu la prévoit expressément dans un passage de ton archaïque concernant l'envoi en mission : « Si on vous pourchasse dans telle ville, fuyez dans telle autre... En vérité, je vous le dis, vous n'achèverez pas le tour des villes d'Israël avant que ne vienne le Fils de l'homme. Le disciple n'est pas au-dessus du maître... Dès lors qu'ils ont traité le maître de maison de Béelzéboul, que ne diront-ils pas de sa maisonnée ! » (Mt. x, 23-5) Il n'y a donc pas, dans l'explication de la parabole, invention de la communauté mais un déplacement d'accent, à vrai dire important. L'affirmation eschatologique s'efface et fait place au classement des auditeurs par catégories allégorisées. Mais Jésus lui-même, sans s'attarder aux classifications, a souligné la responsabilité de ses auditeurs. Cela ressort du *logion* de condamnation, qui précède l'explication, comme de la parabole de la mesure, qui la suit ; cela ressort aussi de ses avertissements répétés.

Les deux paraboles suivantes semblent, comme l'explication, adressées spécialement aux disciples : la parabole de la lampe et celle de la mesure. Formaient-elles, avant « l'explication », une sorte de commentaire implicite des deux aspects de la parabole du semeur ? Il est curieux de remarquer que la première porte d'abord sur la confiance en la venue du Royaume tandis que la seconde souligne la responsabilité des auditeurs.

PARABOLE DE LA LAMPE

Cette parabole est rattachée aux paraboles du grain (qui forment encadrement) par ce mot de *boisseau,* désignant une mesure à grains, comme aussi par le principe général, applicable au grain, que ce qui est caché est destiné à être manifesté. Mais elle leur est surtout rattachée, particulièrement au dernier verset de la parabole du semeur, par la même confiance dans la venue du Royaume. Elle est d'ailleurs suivie du même avertissement :

« Est-ce que la lampe vient pour qu'on la mette sous le boisseau ou sous le lit et non pour qu'on la mette sur le lampadaire ? Car il n'est rien de caché sinon pour être manifesté, ni rien de secret que pour devenir manifeste. Si quelqu'un a des oreilles pour entendre, qu'il entende ! » (Mc iv. 21-3)

Matthieu et Luc appliqueront la parole de la lampe aux Apôtres, en dehors de toute situation. C'est Marc, plus précis et plus difficile, qui est primitif. Ici, comme dans la parabole du semeur, il n'y a aucune insistance sur les personnes. Ici comme là, Jésus répond au scandale du Royaume venant secrètement et rencontrant résistance, scandale si réel pour les Juifs quêteurs de signes qu'il en reste quelque chose chez Marc. Il insiste sur un secret messianique que les faits ont imposé à sa préférence secrète pour les miracles.

PARABOLE DE LA MESURE

Formellement, la « mesure » est apparentée au « boisseau » et donc au grain symbolique de la Parole, mais il ne faut pas insister sur ces éléments formels, l'unité de l'imagerie important moins que l'unité de leur objet. Il reste intéressant toutefois de noter que la « mesure », au contraire du boisseau, est une unité indéterminée, variable et que ce sens est nécessaire dans le cas de cette parabole.

Elle s'ouvre par une reprise, sous une autre forme, de l'avertissement : « Prenez garde à ce que vous entendez ! » On pourrait traduire : « Considérez bien quelle chose vous entendez ! » La précision est intéressante : la parabole s'adresse aux apôtres en tant qu'auditeurs particulièrement responsables, destinés à la prédication. Leur attention doit viser d'abord à la juste compréhension de l'objet des paraboles. Ils né pourront transmettre fidèlement que dans la mesure où ils auront d'abord compris. « Dans la mesure » : ce terme est devenu abstrait en français (et dans d'autres langues). Mais il exprime assez bien le sens de l'image concrète de la parabole, qui se traduit littéralement : « Dans la mesure où vous mesurez, il vous sera mesuré et ajouté. Car, celui qui a, il lui sera donné et, celui qui n'a pas, même ce qu'il a lui sera enlevé. » (Mc. IV, 24-5)

La justification est donnée dans une sorte de proverbe, sans doute courant, qui sera développé par Matthieu et Luc dans la parabole plus tardive des talents (ou des mines). Cette parabole est également applicable aux apôtres par priorité. Les apôtres sont responsables de la Parole. Mais non seulement dans sa distribution. D'abord dans sa réception.

La conclusion revient à la distinction du double auditoire : « C'est par un grand nombre de paraboles semblables qu'il leur annonçait la Parole dans la mesure où ils étaient capables d'entendre, et il ne leur parlait pas sans paraboles, mais en particulier il expliquait tout à ses disciples. » (IV, 33-4.) Ces explications aux disciples ne signifient ni qu'ils comprennent moins vite que la foule ni que celle-ci est délibérément tenue dans l'ignorance. Les disciples sont formés pour transmettre le message du Royaume dans une forme imagée, populaire et intuitive, mais aussi dans une forme contrôlée, multipliant fidèlement la parole du Maître. Ils doivent être capables de la comprendre et de la manier.

LES MIRACLES AUTOUR DU LAC
MARC IV, A V, 43

Marc a placé après les Paraboles une série de quelques grands miracles. C'est ici, dans son évangile, la seule section purement miraculeuse. C'est celle aussi des miracles les plus spectaculaires et les plus longuement racontés mais c'est également la plus composite à certains égards.

Depuis longtemps, depuis les controverses, Marc n'a plus relaté de miracles. Et il n'en racontera plus avant la multiplication des pains. A se remettre dans son optique générale, qui conjugue les paroles et les faits, avec une insistance sur ceux-ci, la mention d'un groupe de miracles devenait souhaitable, voire urgente. D'autant plus que nous nous trouvons entre deux échecs galiléens — l'accusation pharisienne et le rejet à Nazareth — et avant le départ de Galilée. Marc veut montrer que, malgré les échecs humains, la force de l'Esprit qui agit en Jésus n'est pas atteinte mais se manifeste au contraire de façon plus éclatante. Il aura donc tendance à majorer le caractère spectaculaire des miracles, naïvement, sans trop se demander si cette majoration ne va pas au rebours de la tendance de Jésus, qui est de les rattacher étroitement à la foi et au message, et d'éviter toute publicité.

Dans la construction générale du deuxième évangile, ce groupe de miracles répond aux miracles de la première journée de Capharnaüm, mais comme si Marc en avait oublié la leçon (ou ne l'avait pas aperçue). On discerne, ici comme là, une certaine « tension » entre la tendance du narrateur et l'intention propre des faits, ce qui rend la tâche de l'historien délicate mais constitue en soi une garantie générale d'authenticité. De l'une à l'autre tendance, on entrevoit pourtant un point d'accord : le rapport des miracles à la foi des disciples en la personne de Jésus. Ils éveillent cette foi comme les paraboles soutiennent la foi en la venue du Royaume. Malgré l'échec relatif de la prédication, Jésus, d'après ces miracles, est plus qu'un prophète, et ceci prépare la confession de Césarée.

Il reste que plus d'un point est historiquement discutable dans cette section. Les liaisons temporelles sont même fort évidemment artificielles : « le même jour » où sont supposées tenir toutes les paraboles, on passe sur l'autre rive, « le soir venu ». Là, « aussitôt qu'il eût débarqué », Jésus rencontre un démoniaque. Après sa guérison, on le supplie de s'en aller et il regagne la rive galiléenne. Historiquement, l'indication la plus intéressante sera celle d'un départ improvisé à la nuit tombante : « ils l'emmènent comme il était, dans la barque, et il y avait d'autres barques avec lui » (v, 36). Où l'emmènent-ils ainsi ? Dans un territoire païen qui échappe à la surveillance pharisienne et à la juridiction d'Hérode. Ceci laisse entrevoir un ministère conduit dans une semi-clandestinité, ce qui est bien en accord avec la situation générale depuis l'accusation des Pharisiens et les contacts qu'ils prennent avec les Hérodiens.

Passons à l'examen de chaque péricope.

LA TEMPÊTE APAISÉE (IV, 35-41)

Cette péricope conclut sur ce que Marc veut mettre en évidence : la question de Jésus, qui contient un reproche : « Pourquoi avoir peur ainsi ? N'avez-vous pas encore de foi ? » Et la crainte révérentielle des disciples qui se demandent qui est donc leur maître.

Cette conclusion, toutefois, semble ici prématurée. Elle est « en avance » sur la conclusion des miracles suivants. En outre, l'épisode de la tempête présente une évidente ressemblance avec celui de la marche sur les eaux (VI, 45-51), situé dans le même cadre et arrivant à la même conclusion : le vent qui tombe et la stupeur des disciples. Sans doute les deux récits sont-ils difficilement conciliables dans leur déroulement. On a pourtant bien l'impression de se trouver en présence d'un doublet. Luc, qui ne laisse rien perdre de la matière synoptique, qui même y ajoute, ne retient que la tempête apaisée, tandis que Jean ne conservera que la marche sur la mer après la multiplication des pains. D'ailleurs, n'est-ce pas insister indûment sur l'incompréhension que de conclure deux fois à la lourdeur d'esprit des disciples à propos de deux miracles si semblables ?

Au total, si le récit de la tempête apaisée comporte plus de traits vécus, la situation de la marche sur la mer semble meilleure. Nous reporterons donc à cet endroit la discussion du problème.

LE DÉMONIAQUE PAIEN (V, 1-20)

Ce récit est notre plus long récit de miracle, un des plus pittoresques mais aussi le moins édifiant si on en juge par la peine que se donnent les commentateurs pour justifier, par des considérations plus ou moins contestables, la perte du troupeau de porcs sur la permission accordée par Jésus. Toute cette peine suppose un jugement d'historicité positif, cependant, et ce jugement est loin d'être acquis.

Un premier point peut réunir l'historien et le théologien : la contradiction entre ce premier miracle en territoire païen, exécuté sans objection, et l'objection que Jésus fera plus tard à la Syrophénicienne qui lui demandera une semblable guérison : « Laisse d'abord les enfants se rassasier car il ne sied pas de prendre le pain des enfants pour le jeter aux petits chiens. » (VII, 27.) Entre cette parole imagée, de saveur typiquement juive, qui pouvait même choquer les lecteurs non-juifs de Marc, et le récit beaucoup plus général d'exorcisme qui nous occupe, le choix, s'il doit être fait, est vite fait.

Pourquoi donc ce récit ?

D'abord, Marc a un faible pour les expulsions de démons, comme on peut le constater dans ses notices générales sur les miracles. Ces expulsions lui permettent de montrer Jésus en face du grand

Adversaire dans le combat eschatologique. Ensuite, précisément, Marc, qui s'adresse à Rome à un public de double origine, païenne et juive, a pu vouloir prévenir la dureté apparente de la parole à la Syrophénicienne. Le miracle de la rive est, en territoire païen, fait pendant au miracle, bientôt, de la rive ouest, en territoire juif ; le parallélisme montre qu'au sein du christianisme, il n'y a plus, selon la parole de saint Paul, ni Juifs ni Grecs. Ce miracle prépare ainsi, dans la vie de Jésus, le voyage hors Galilée (en en dissimulant le caractère d'échec) et, dans la vie de l'Église, la mission auprès des païens. D'où l'ordre au possédé guéri de publier les merveilles du Seigneur, en contradiction avec l'habituelle consigne du silence. Enfin, il a pu paraître inadmissible que Jésus se soit retiré sur la rive est simplement pour attendre de pouvoir repasser sur l'autre rive. Mais il y a plus d'une objection à présenter au récit de Marc.

Tout d'abord, la localisation topographique n'est rien moins qu'assurée. Il s'agit du pays des Géraséniens selon Marc, des Gadaréniens selon Matthieu et des Gergéséniens selon certains manuscrits de Luc ; aucune de ces situations n'est admissible sans réserves. La description du démoniaque et de ses antécédents est fort pittoresque mais elle déplace l'attention et est sans correspondant dans l'Évangile. La façon dont se déroule l'histoire, surtout, ressemble aux histoires d'exorcismes grecques ou juives plus qu'à la manière habituelle de Jésus, auquel un commandement suffit : caractère dangereux du démoniaque, sa méfiance de l'exorciste, etc. Comme ces exorcistes, Jésus, ici et ici seulement, demande son nom au démon (ce qui renvoie à la croyance ancienne que la connaissance du nom entraîne un pouvoir sur la personne ou l'esprit). Le commandement de Jésus, curieusement, n'est pas suivi d'effet immédiat, et il va accéder à la demande des esprits. De plus, la preuve de l'effet de l'exorcisme est donné par la destruction du troupeau de porcs de même que, dans les histoires d'exorcismes, par le bris d'une statue, le retournement d'un ustensile, etc. Enfin, contrairement à l'habituelle consigne du silence, le possédé guéri est renvoyé chez les siens pour y publier les merveilles du Seigneur à son égard (alors que la consigne du silence sera encore donnée dans l'épisode suivant, et cela dans des conditions qui la rendent particulièrement difficile).

LES MIRACLES AUTOUR DU LAC

Un dernier fait digne de remarque est que les apôtres, présents dans l'épisode précédent et dans le suivant, sont étrangement absents de ce long récit. Son pittoresque le fait paraître homogène, littérairement, à ces deux épisodes, pleins de détails « vécus », mais cette homogénéité ne résiste pas à l'analyse de fond. Les critiques de la forme voient ici la version christianisée d'un miracle non évangélique. Cette conclusion n'est pas nécessaire. L'alternative, dans notre connaissance actuelle de la littérature de l'époque, serait qu'un miracle authentique a revêtu une forme hellénistique (ou judéo-hellénistique) sous laquelle il est difficile de retrouver exactement les gestes et l'intention de Jésus.

LA FILLE DE JAIRE ET L'HÉMOROISSE
(V, 21-43)

Ces deux miracles — le second inclus dans le premier — sont pratiquement inséparables. Et l'inclusion est certes un procédé de Marc. Ici, toutefois, son habileté ou son naturel est tel qu'il faut supposer un narrateur précédent (qui pourrait être responsable du groupement de la section) ou bien, ce qui n'exclut pas entièrement la première hypothèse, un récit tiré de la vie même. C'est l'impression que donne cet épisode par opposition au précédent.

Nous revenons parmi la foule galiléenne du bord de la mer, celle des paraboles et de la retraite après les controverses. « Et arrive un des chefs de synagogue, du nom de Jaïre, qui, le voyant, tombe à ses pieds et le supplie instamment : Ma petite fille est au plus mal. Viens lui imposer les mains pour qu'elle soit guérie et qu'elle vive ! »

Qu'il s'agisse d'un chef de synagogue est remarquable, et tellement que le nom de cet homme a été retenu (ou ajouté très tôt). Il ne pouvait guère être que du parti pharisien ou du moins se trouver sous sa coupe. Or Jésus ne prêche plus — ne peut plus prêcher — dans les synagogues. Il faut que sa petite fille soit en effet à toute extrémité pour que Jaïre, au mépris du ban jeté sur Jésus et au risque d'être exclu des fraternités pharisiennes, vienne

243

se jeter aux pieds du prophète des bords du lac. Car il se jette à
ses pieds, comme jadis le lépreux, et ce pourrait être une indication de la grandeur du miracle qu'il demande — mais il a aussi à
se faire pardonner l'attitude hostile de ses confrères, la sienne
même peut-être.

Jésus l'accompagne aussitôt. La « foule nombreuse » suit toute
entière, car c'est une « sensation » déjà que cette démarche auprès
de Jésus d'un chef de synagogue. C'est au sein de cette foule que
va se situer la guérison de l'hémoroïsse que nul médecin n'avait
pu guérir. Comme les gens de son époque (cf. III, 10), et comme
on en use encore aujourd'hui avec les reliques, elle est persuadée
que le simple contact du vêtement du thaumaturge, du Saint de
Dieu, peut la guérir. Elle ne demande rien, car sa maladie est
humiliante et la met en état constant d'impureté lévitique (Lév.
xv, 27). Elle profite donc de la presse pour toucher, par derrière,
le manteau de Jésus. Aussitôt — Marc est le seul à oser le dire
de cette façon — « elle sentit dans son corps qu'elle était guérie ».
C'est ici le seul cas d'une guérison non commandée par Jésus (mais
qui sera confirmée par lui) ; elle peut être rapprochée, de ce point
de vue, de la guérison d'un infirme par l'ombre de Pierre. Jésus,
cependant, eut conscience de ce qui venait de se passer et, se retournant, demanda qui l'avait touché. La question provoque chez
les disciples, parmi cette presse, un étonnement assez peu respectueux qui équivaut à un haussement d'épaules. Mais Jésus est seul,
avec l'intéressée, à savoir la portée de sa question, et il promène
ses regards autour de lui. Se sentant découverte, elle « vient »
alors — elle s'était donc déjà quelque peu éloignée — se jeter à ses
pieds, car elle est en faute. Surmontant sa honte, elle avoue « toute
la vérité », s'attirant la réponse de Jésus : « Ma fille, ta foi t'a
sauvée : va en paix et sois guérie de ton mal. » C'est la même
attitude qu'envers le paralytique auquel, « voyant leur foi », il
avait remis ses péchés en l'appelant « mon enfant ». Sa foi l'a
« sauvée », et le mot est bien fort pour un mal qui ne menaçait
pas directement la vie. Il y a ici davantage que l'affirmation que
sa foi a permis sa guérison, il y a un pardon, une remise de faute
justifiée par la foi (comme chez Luc par l'amour de la pécheresse
repentante) et ce pardon, au-delà des règles lévitiques, est bien en

accord avec la mission de Jésus. C'est après seulement qu'il la
renvoie en paix et confirme la guérison, après avoir rétabli les
choses dans leur vraie perspective.

« Il parlait encore quand arrivent, venant de chez lui, des gens
qui disent au chef de synagogue : Ta fille est morte. Pourquoi
continuer à importuner le rabbi ? — Mais Jésus, qui avait surpris
leurs paroles, dit au chef de synagogue : Ne crains pas. Aie seulement la foi. — Et il ne permit à personne de l'accompagner sinon
à Pierre, à Jacques et à Jean, frère de Jacques. »
Cette péripétie centrale, sur le chemin de la maison, mérite
d'être examinée de près. Il serait superficiel d'y voir un simple
raccord entre les deux histoires (l'arrêt avec l'hémoroïsse permettant l'arrivée de nouvelles récentes qui feraient ressortir la grandeur du miracle). Plusieurs traits frappent. C'est d'abord la bru-
talité de l'annonce à un père éperdu : « Ta fille est morte. » Sans
doute ont-ils pu parler moins brièvement, mais il n'empêche.
Pourquoi, d'autre part, le prendre à l'écart, ou du moins s'adresser
à lui seul, de sorte que Jésus doit « surprendre » leurs paroles ?
Le fait est d'autant plus étonnant que le but apparent de leur
démarche est d'empêcher que Jaïre « importune » Jésus. Des gens si
préoccupés d'éviter à Jésus un dérangement, et tellement qu'ils se
hâtent d'annoncer à un père la mort de sa fille, comment s'in-
quiètent-ils si peu de ce maître qu'ils ne lui adressent pas la
parole ? Il n'y a qu'une explication qui soit d'accord à la fois
avec la situation générale et avec la situation particulière : ces
gens sont des Pharisiens de l'entourage de Jaïre, ils désapprouvent
son recours à Jésus et, en conséquence, peu charitablement, s'em-
pressent de lui faire savoir que ce recours est désormais inutile.
C'est en opposition directe à leur intervention que Jésus s'adresse
à Jaïre : « Ne crains point. Aie seulement la foi. »
Ce verbe « craindre », employé absolument, à quoi se rapporte-
t-il ? A sa fille ? Mais maintenant qu'elle est morte, qu'a-t-il
encore à craindre pour elle ? Le verbe ne peut avoir ici que deux
sens. Ou bien il signifie : ne crains point que ta fille soit morte
(Jésus affirmera qu'elle dort) ou bien il se rapporte à une crainte
possible de Jaïre devant la démarche d'intimidation des Pharisiens.
A cette crainte, quelle qu'elle soit, s'oppose la foi en l'Envoyé,

en Jésus et en son pouvoir, qui est de Dieu et non de Satan, et peut donc s'étendre sur la vie et la mort.

C'est alors, pour éviter à sa démarche tout caractère spectaculaire (voire tout caractère de controverse) que Jésus renvoie la foule qui les accompagnait. Il ne garde avec lui que Pierre, Jacques et Jean, les trois principaux apôtres, qui seront témoins de la Transfiguration et de la prière angoissée à Gethsémani. Qu'ils se détachent dès maintenant situe implicitement l'épisode entre le choix des apôtres et les paraboles d'une part et le départ de Galilée de l'autre, c'est-à-dire à l'époque de la plus grande tension avec les Pharisiens.

Ce groupe des trois a fait penser aux « deux ou trois témoins » nécessaires à la validité du témoignage (Deut. xix, 15 ; etc.), et l'indication est certaine. Mais il est probable également que Jésus, devant l'urgence de l'heure, a pensé à organiser la diffusion du Message en l'institutionalisant, choisissant douze apôtres parmi ses disciples, puis en distinguant trois qui joueraient un rôle directeur. On avait gardé le souvenir de cette organisation à l'époque de saint Paul, qui parle des « trois colonnes » de l'Église. Car il n'est pas nécessaire de supposer une projection de la situation communautaire : on rencontre dans la *Règle* de Qumrân un précédent important pour cette organisation en douze et en trois, également dans une perspective eschatologique : « Dans le Conseil de la Communauté, (il y aura) douze hommes et trois prêtres... pour garder la foi sur la terre. » (viii, 1-3.) « Quand ces choses arriveront pour Israël, le Conseil de la Communauté sera affermi dans la vérité en tant que plantation éternelle. » (Id. 4-5)

La suite se passe à la maison de Jaïre. La fillette semble bien morte en effet. En approchant, c'est le tumulte, pleurs et cris, du deuil oriental, et ce spectacle a dû être une épreuve pour la foi de Jaïre. « Étant entré, Jésus leur dit : Pourquoi ce tumulte et ces pleurs ? L'enfant n'est pas morte mais elle dort. » Parole paradoxale, qui doit être mise en rapport avec le renvoi de la foule, puis le renvoi des gens qui encombrent la maison et enfin la recommandation de ne rien dire — toutes choses qui veulent éviter le caractère spectaculaire du miracle.

La réaction à cette parole des gens qui emplissent la maison

est-elle naturelle ? Elle est surtout déplacée et traduit non seulement l'incrédulité mais l'hostilité : « Et ils se moquaient de lui. »
Jésus les traite assez rudement. Il les met dehors, les chasse, les
expulse ; le verbe *(ekballein)* est celui qu'on emploie pour les
expulsions de démons ou lorsque Jésus chasse les marchands du
Temple. Ensuite, « il prend avec lui le père de la petite fille et sa
mère et ses (trois) compagnons et pénètre là où était l'enfant. »
Comme il a fait pour le paralytique, mais aussi comme il fera,
devant son père, pour le garçon épileptique dont « la plupart
disaient : Il a trépassé ! » (ix, 26), il lui prend la main (et Pierre
reprendra ce geste du maître pour l'impotent du temple, Actes
iii, 7). En même temps, il s'adresse à elle avec une des très rares
paroles araméennes que nous conserve l'Évangile : « *Talitha
koum,* c'est-à-dire « Fillette [littéralement, agnelle], lève-toi ». « Et
la fillette se leva aussitôt et elle marchait — car c'était une enfant
de douze ans. Et ils furent absolument hors d'eux. Et il leur
recommanda avec instance que nul ne le sût et dit de lui donner
à manger. »

Cette consigne du silence, semblable aux précédentes, ne peut
évidemment vouloir cacher le fait que l'enfant, crue morte, vit et
est guérie. Elle doit se comprendre par référence au renvoi des
gens et à la parole : « Elle n'est pas morte mais elle dort. » Il
s'agit de garder le silence sur le « comment », sur le caractère
extraordinaire de ce qui vient de se passer, qui n'a eu pour témoin
que des gens qui ont la foi et qui interpréteront justement le miracle. A quoi on peut ajouter — Jésus devra bientôt quitter la
Galilée — que la demi-clandestinité des déplacements de Jésus
constitue dorénavant un motif supplémentaire du renvoi des gens
et de la consigne du silence.

LA FIN DU MINISTÈRE GALILÉEN
MARC VI, 1-32

Les miracles d'après les paraboles sont suivis d'importantes péricopes mais qui à première vue, et pour la première fois, ne paraissent guère avoir de relations entre elles. Quel thème commun bien défini, quels rapports chronologiques déterminés unissent la visite à Nazareth à la mission des Douze, aux inquiétudes d'Hérode et à la multiplication des pains ? La seule impression sûre est que nous nous trouvons à la fin du ministère galiléen et même à un tournant entre le ministère auprès des foules et la période de formation des disciples. Certes, cette formation a commencé dans les paraboles, mais il s'agissait là de leur formation de prédicateurs avant leur envoi auprès du peuple. Dorénavant, leur formation se continuera dans une demi-retraite et elle sera centrée, non plus sur la proclamation immédiate de la Bonne Nouvelle, mais sur la personne et la destinée de Jésus-Fils de l'Homme. Entre l'une et l'autre formation (la seconde ne s'opposant d'ailleurs pas à la première mais la reprenant à un plan supérieur), il y a l'échec du ministère galiléen, échec dont il faudra tâcher de préciser la nature, les causes, le sens. Auparavant toutefois, et avant aucune décision concernant l'historicité et la chronologie, cette section composite oblige à considérer la composition littéraire des grands ensembles de Marc.

LA COMPOSITION LITTÉRAIRE

Dans ce cadre général, nos épisodes sont moins isolés qu'ils ne paraissent d'abord :

1° Le dyptique Nazareth-Mission des Douze oppose une nouvelle fois la parenté charnelle et la parenté spirituelle. Ceci renvoie à III, 13-21 et 31-35 c'est-à-dire à la petite inclusion encadrant la calomnie des scribes pharisiens. Ce rappel inclut la période de contradiction aiguë (paraboles et miracles du lac). Appelons ceci « grande inclusion » et remarquons que ses deux extrémités forment chiasme : élection des Douze et gens de Nazareth — gens de Nazareth et envoi en mission.

2° La péricope sur Hérode est encadrée par l'envoi en mission et le retour des apôtres (deuxième « petite inclusion »). Par ailleurs, l'interprétation hérodienne et populaire de Jésus (Jean-Baptiste ressuscité, Élie ou un prophète) est rappelée avant la Confession de Pierre (VIII, 28), avant d'être transcendée par celle-ci (deuxième «grande inclusion »). Cette fois, c'est le départ de Galilée et le séjour en territoire païen qui sont « inclus ».

On notera que les deux petites inclusions soulignent les moments « extérieurs » importants (accusation pharisienne, inquiétude d'Hérode). Leur conjonction était annoncée à la fin de la section des controverses, dans le verset III, 6.

Le plan est complexe mais net : aux petites inclusions répondent les grandes inclusions qui contiennent, en opposition aux premières, les réactions de Jésus, en paroles et en actes (alors que les petites inclusions peuvent passer pour donner les réactions de ses adversaires [1]).

La Confession de Pierre servira de charnière, concluant la prédication galiléenne du Royaume et ouvrant l'instruction aux disciples sur le Fils de l'Homme souffrant. Cette instruction elle-même sera prise entre le ministère galiléen et le ministère à Jérusalem, et elle est subdivisée par les trois annonces de la Passion [1].

---

1. Cette technique de composition demanderait une étude spéciale. La naïveté ou la maladresse de Marc ne vaut en tout cas pas au stade de l'agencement. Ce système de l'inclusion — car il s'agit d'un véritable système — fait penser à une sorte de composition à trois termes, de composition « trinitaire ». On peut la rapprocher de la triple annonce de la Passion ou de la triple prière à Gethsémani. Ces procédés ne sont pas particuliers à Marc. Nous les avons rencontrés chez Matthieu dans l'inclusion du Pater (au sein de la triple sentence sur le jeûne, la prière et l'aumône) comme dans la triple expression de la Tentation. S'agit-il d'un procédé de littérature écrite ou de littérature orale ? Les inclusions de Marc sont à trop longue portée pour être conçues comme procédé oral mais

Si nous revenons de ce plan d'ensemble à nos péricopes de départ, nous pouvons à présent constater que, si leur groupe est composite, ce n'est pas à cause d'une désorganisation mais au contraire parce qu'il se trouve à la suture de groupements organisés. Cette constatation nous permet de poser la question : où situer, historiquement, la mission des apôtres ? Et, subsidiairement, comment concevoir son organisation ?

SITUATION DE LA MISSION

La mission des Douze (Mc. vi, 7b - 13) appartient à la fois à la première grande inclusion, qu'elle termine, et à la deuxième petite inclusion, qu'elle ouvre. Servant ainsi de charnière, elle occupe une situation obligatoire du point de vue de la composition générale. Il serait trop beau, dans ces conditions, qu'elle occupe en même temps sa situation chronologique réelle et en effet, historiquement, elle ne paraît pas à sa place. Elle a été retardée. Matthieu l'a bien reportée en avant mais (son point de vue à lui non plus n'étant pas d'abord historique) l'a reportée trop loin en avant, avant les paraboles. Normalement, l'envoi en mission devrait intervenir juste après les paraboles, voire pendant les paraboles. Mais le groupement thématique des évangiles ne leur permet pas de maîtriser des situations chronologiques complexes (à supposer que l'information des évangélistes leur ait donné les moyens de les reconstituer).

Dans le cas de Marc, on voit assez clairement pourquoi l'envoi en mission a été retardé : d'une part, une section des miracles était nécessaire dans le groupement retraçant la période de contradiction aiguë ; d'autre part, il avait besoin de la « charnière » de l'envoi en mission à la jonction de deux inclusions.

la répétition triple est un procédé fort ancien (cf. I Sam. III, etc.). Elle se retrouve toutefois avec une fréquence remarquable dans l'Évangile et on peut se demander jusqu'où elle remonte quand on voit que le Pater est composé de deux groupes de trois demandes.

A cela s'ajoutent des motifs généraux : les évangélistes n'ont pas de renseignements détaillés sur la mission des apôtres. Ils rapportent surtout les instructions de Jésus (qui intéressent au premier chef la communauté, toute entière en état de mission) mais ils ne font que mentionner le départ ou le retour (que Matthieu passe même sous silence). Ils conçoivent d'ailleurs départ et retour comme s'effectuant « en bloc », ce qui est certes le plus simple mais n'est pas nécessairement le plus sûr. Par ailleurs encore, cette simplification leur crée une difficulté : comment laisser Jésus seul pendant ce départ général ? Matthieu, sans dire expressément qu'il reste seul, ne mentionne plus les disciples pendant un temps puis les réintroduit sans crier gare et sans qu'il soit question d'un résultat de la mission. Luc suit Marc pour la mission des Douze mais raconte surtout une mission des soixante-douze disciples qu'il fait revenir sans transition après le discours d'envoi. Marc, quant à lui, s'en était tiré fort artificiellement : il intercale, entre le départ et le retour, non seulement la mention des inquiétudes d'Hérode (comme fera Luc) mais aussi le récit de la mort de Jean — ce qui donne à la mission le temps de s'accomplir sans qu'il ait, par ailleurs, à parler de Jésus resté seul, une chose que ses sources ne mentionnent manifestement pas.

Bien qu'elle n'intervienne pas à la place normale, c'est la notice de Marc qui serre du plus près la réalité historique, les discours plus développés de Matthieu et de Luc étant influencés par les préoccupations apostoliques de la communauté.

Sa première phrase est générale et rédactionnelle : « Il parcourait les bourgs à la ronde en enseignant. Il appelle alors les Douze. » Mais la suite est précieuse parce que ni Matthieu ni Luc ne la reproduiront telle quelle et parce qu'elle permet de concevoir plus concrètement les conditons de la mission : « Et il commença à les envoyer, deux à deux, et il leur donnait pouvoir sur les esprits impurs » (vi, 7). Et le verbe « commencer » et l'imparfait de « donnait » imposent l'idée d'une durée. La mission a été unique mais elle a duré un certain temps et il y a eu plusieurs envois en mission, par paires. Non pas sans doute une seule paire à la fois, mais pas non plus nécessairement les six paires simultanément. On conçoit mieux une sorte de roulement, Jésus restant toujours accompagné de quelques disciples (comme de Pierre, Jacques et Jean dans l'épisode de Jaïre).

Pourquoi Jésus les envoie-t-il « deux par deux » — et si bien que les listes d'apôtres nous sont parvenues par paires ? C'était d'abord la coutume juive, celle des disciples du Baptiste et, plus tard, de Paul et Silas, etc. Non seulement ils pouvaient ainsi s'entraider, mais ils pouvaient porter, aux termes de la Loi, un témoignage valide. Or, quel témoignage portent ici les envoyés ? « Ils s'en allèrent prêcher qu'on se repentît » (Mc. vi, 12) car « le Royaume de Dieu est tout proche » (Mt. x, 7 ; Lc. x, 9). C'est bien toujours, prolongeant celui de Jean, le premier message de Jésus, mais multiplié par les apôtres à cause de l'urgence de l'heure : Jésus est rejeté des synagogues, accusé par les Scribes, surveillé par les Pharisiens. Jean-Baptiste, le précurseur, vient d'être exécuté et déjà les Pharisiens s'abouchent avec les Hérodiens. Il n'y a pas de temps à perdre pour faire comprendre aux foules, rêvant de messianisme politique, non seulement que le Règne est tout proche mais quel est ce Règne. C'était le but des paraboles mais aussi celui de la Mission car il est évident que la proclamation des apôtres ne tenait pas en une phrase. C'est pourquoi Jésus leur expliquait les paraboles. Mais c'est pourquoi aussi il les envoie par deux et leur fait faire rapport, comme Marc le dit dans le seul retour qu'il décrive : « Les envoyés se rassemblèrent près de Jésus et lui rapportèrent tout ce qu'ils avaient fait et tout ce qu'ils avaient enseigné. » (vi, 30). Marc, qui insiste sur les actes plutôt que sur les paroles, met l'enseignement en deuxième lieu mais nous avons tout lieu de croire que c'est à cet enseignement que Jésus s'intéresse d'abord. Et s'il se fait faire un rapport détaillé (*tout* ce que...), c'est non seulement pour juger des résultats mais pour contrôler la pureté de la transmission. Dans ces conditions-là, on conçoit mieux une suite d'allées et venues d'apôtres partant et revenant, puis tenant compte des commentaires voire des rectifications de Jésus.

Si les évangiles nous renseignent mal sur les résultats précis de la mission, ils reflètent bien, du moins, l'urgence de l'heure dans les instructions que Jésus donne aux apôtres : « Ne rien prendre pour la route qu'un bâton seulement, ni pain, ni besace, ni menue

monnaie pour la ceinture. » (Mc. vi, 8.) L'importance de cette
mission est soulignée par le fait que des versions des instructions
se retrouvent dans les quatre sources principales de nos évangiles :
Marc, Q, L et M [2].

Les apôtres ne doivent saluer personne en chemin. Ils accepteront la première hospitalité venue et s'y tiendront. Voilà pour
l'urgence.

Et voici pour l'importance : ils ne sont pas de vagues prédicateurs itinérants qu'on forme à leur métier, ils sont, comme leur
nom l'indique, des « envoyés » de Jésus, ses *sheluhim*, ceux qui
souhaitent la paix en son nom. Ceux qui les reçoivent le reçoivent
et ainsi Celui qui l'a lui-même envoyé (Mt. x, 40.) « Et si un
endroit ne vous accueille pas et que les gens ne vous écoutent
pas », se rangeant du côté des adversaires pharisiens, « sortez de
là et secouez la poussière sous vos pieds en témoignage pour eux »
(Mc. vi, 11.) Ce geste signifiera que le message a été transmis mais
n'a pas été accepté. Cet endroit, dès lors, sera quitté comme un
endroit païen, n'ayant pas de part avec le véritable Israël. C'est
que le temps presse et que le moment est venu de prendre parti.
C'est que, selon la parole que Matthieu et Luc ont rapportée lors
de l'accusation pharisienne, « Qui n'est pas avec moi est contre
moi ».

L'URGENCE DE L'HEURE
ET L'ÉCHEC DE LA MISSION

Devant l'urgence de l'heure, Jésus aurait-il, à cette époque,
escompté la venue imminente du Royaume ?

Nulle part encore il n'a parlé de la nécessité de sa Passion. Ne
pourrait-on pas dire — si on est en droit de laisser à Jésus toute
son humanité — qu'il n'a pas encore conçu clairement cette néces-

2. Q désigne, comme on sait, la source (en allemand = *Quelle)* de *logia* commune à Matthieu et Luc ; M et L désignent respectivement la source particulière
à Matthieu et à Luc.

sité et qu'elle ne se présentera à lui qu'après l'échec du ministère galiléen ? Elle ne transparaît d'aucune façon à travers l'immense espoir dont est chargée la première prédication. Et maintenant encore, malgré les filets qui se resserrent de toutes parts et à cause précisément de la gravité d'une situation humainement désespérée, l'espoir subsiste d'une conversion de la dernière minute et d'une volonté du Père qui installerait le Règne et manifesterait le Fils. L'urgence de cette heure galiléenne ne nous apparaît plus guère à nous qui connaissons la suite, Passion et Résurrection, et déjà elle n'apparaissait plus guère aux évangélistes, pris dans un autre contexte historique. Mais pour qui vivait cette heure humainement, c'est-à-dire sans connaître l'heure que connaît seul le Père ? Or, l'urgence de l'heure ne se conçoit pas sans un espoir qui la justifie. Et quel pouvait être l'espoir de Jésus sinon celui de la venue du Royaume ?

Et c'est bien cet espoir qui se retrouve en effet dans quelques-unes des paroles les plus mystérieuses de l'Évangile — mais qui ne sont mystérieuses que parce que nous ne les entendons plus « en situation ». Elles s'éclairent, par contre, à la fin du ministère galiléen, dans l'attente d'une venue imminente du Royaume, quand le Fils de l'Homme ne s'est pas encore identifié au Serviteur souffrant d'Isaïe, quand le Fils obéissant n'a pas encore dû prévoir que son obéissance devrait aller jusqu'à la mort, et à la mort de la croix. L'agonie de Gethsémani témoignera assez que cette pré-vision n'a pas pu, humainement, être sa première prévision.

La première de ces paroles (dont l'authenticité est garantie par le fait qu'elles ont dû paraître obscures à l'évangéliste lui-même) est rapportée par Matthieu dans le Discours de mission : « Vous n'achèverez pas le tour des villes d'Israël avant que ne vienne le Fils de l'Homme. » (x, 23b.) Plus tard, on l'entendra de la Résur-rection, voire de la ruine de Jérusalem. Dans le contexte, cepen-dant, cette parole a un sens plus immédiat et cette « venue » du Fils de l'Homme doit s'entendre de sa manifestation au moment de la venue du Royaume.

Une autre parole rend le même son et cause les mêmes diffi-cultés aux commentateurs : « En vérité, je vous le dis, il en est d'ici présents qui ne goûteront pas la mort avant d'avoir vu le Fils de l'Homme venant avec son Royaume. » (Mt. XVI, 28)

Cette parole est plus tardive et peut dater d'après l'échec galiléen : tout en restant proche, la venue du Royaume est ici moins immédiate [3].

On retrouve dans la tradition propre à Luc la même succession d'un espoir immédiat suivi du même espoir mais assombri par l'échec de la mission. Au début, il semble que de premiers succès aient été enregistrés à nous reporter au retour des soixante-douze : « Je voyais Satan tomber du ciel comme l'éclair. » (Lc. x, 18.) La chute de Satan était l'équivalent (ou la conséquence), dans l'attente eschatologique, de la venue du Royaume, et ce trait se retrouvera dans l'Apocalypse. Il s'agit donc ici, exprimé autrement, du même espoir que plus haut. Plus tard, dans la parabole du juge inique, la même confiance se retrouve d'une « justice » de Dieu traduite par la « venue » du Fils de l'Homme (et des échos de cette parole se retrouvent aussi dans l'Apocalypse [vi, 9-11]). Mais cette confiance inébranlée est ici assombrie par la constatation de l'incrédulité : « Écoutez ce que dit le juge inique ! Et Dieu ne ferait pas justice à ses élus criant vers Lui jour et nuit tandis qu'il temporise à leur égard ? Je vous le dis, il leur fera prompte justice. Mais le Fils de l'Homme, à sa venue, trouvera-t-il la foi sur la terre ? » (Lc. xviii, 6-8.)

Israël, l'ensemble d'Israël que Jean était venu préparer, ne répondra pas par la foi à l'attente de Jésus lui envoyant les Douze. Israël n'est pas prêt à la venue du Royaume. Israël refuse le Royaume qui est aux portes. Échec, donc, et échec grave. Il n'ébranle pas un instant la certitude de Jésus dans la venue du Règne ni — mais c'est la même chose — sa conformation à la volonté du Père. Il n'empêche que ce moment est un moment de crise et de nécessaire retraite, à la fin de laquelle Jésus apprendra à ses disciples stupéfaits que le Fils de l'Homme doit souffrir et être livré — comme Jean le Baptiste — avant d'arriver à sa gloire, le Fils de l'Homme obéissant, substitué, comme le Serviteur d'Isaïe, à l'Israël incrédule.

3. La question de savoir si la prescience de Jésus fait ou non objection relève de la théologie et, plus précisément, d'un traité « De Verbo incarnato ». Je n'entends pas dire, ici, que Jésus se soit « trompé ». Mais les mêmes perspectives ont pu se préciser, pour lui, avec le déroulement du temps.

Sur le moment, toutefois, la profondeur de sa déception devant cette incrédulité se mesure à la rigueur des malédictions prononcées contre les villes galiléennes (malédiction que Marc ignore mais que Matthieu situe peu après l'envoi en mission) : « Alors il se mit à invectiver contre les villes qui avaient vu ses plus nombreux miracles mais n'avaient pas fait pénitence : Malheur à toi, Chorazeïn ! Malheur à toi, Bethsaïde ! Car si les miracles accomplis chez vous l'avaient été à Tyr et à Sidon, il y a longtemps qu'elles auraient fait pénitence par le sac et la cendre. Aussi bien, je vous le dis, Tyr et Sidon, au Jour du Jugement, auront un sort moins rigoureux que vous.

« Et toi, Capharnaüm, crois-tu que tu seras élevée jusqu'au ciel ? Tu sera précipitée jusqu'aux enfers. Car si les miracles accomplis chez toi l'avaient été à Sodome, elle subsisterait encore aujourd'hui. Aussi bien, je vous le dis, Sodome, au Jour du Jugement, aura un sort moins rigoureux que toi. » (Mt. XI, 20-4.)

La déception, terrible, de Jésus ne tient pas à une perte de popularité : Hérode va s'inquiéter de ses succès de foule, au contraire. Mais ce n'est pas le succès de la foi et de la conversion d'Israël. Cette génération adultère et pécheresse est incrédule (Mc. VIII, 38 ; IX, 19.) Le Royaume viendra, certes — qui arrête Dieu ? — mais il passera désormais par la souffrance et la mort de l'Envoyé.

LE REJET A NAZARETH
(Marc VI, 1-6a)

La visite à Nazareth doit être située à la fin de la période de mission. Elle est en effet significative de l'échec du ministère galiléen et c'est bien le sens que lui donne sa situation chez les autres Synoptiques. Matthieu la place en tête de la section qui conduit Jésus hors Galilée. Luc, plus librement, en fait une sorte de prologue où se trouve préfiguré le cours du ministère galiléen.

Selon Marc, Jésus part de l'endroit où des guérisons miraculeuses ont sanctionné la foi de l'hémoroïsse et de Jaïre en présence de quelques disciples. Il se rend dans son pays, mais non pas seul :

« ses disciples l'accompagnent » ajoute Marc. La mention est inhabituelle et mérite attention. Il y restera un certain temps car, « le sabbat venu, il se mit à prêcher ». Si nous prenons « il se mit » (ou « il commença ») au sens prégnant, nous pouvons supposer un temps assez long, surtout si nous soulignons la différence de sens des deux verbes (à l'imparfait) qui encadrent les commentaires des Nazaréens : ils sont d'abord « frappés d'étonnements » puis « scandalisés à son sujet ». Il se pourrait donc que Nazareth ait été, vers la fin de la mission, un point de regroupement pour les disciples prédicateurs, voire une sorte de quartier général provisoire où peut s'imaginer le va-et-vient décrit en vi, 30-31. C'était une sorte de position de repli aussi, où Jésus a pu prêcher une dernière fois en synagogue. Mais la grande question qu'il soulève et qui divise les esprits à son sujet va se poser jusqu'à Nazareth : quelle est l'origine, la nature, de ses dons extraordinaires, en actes et en paroles ? « D'où cela lui vient-il ? » C'est-à-dire, finalement : de Dieu ou de Satan ? Car ces choses extraordinaires, ces œuvres de prophète, ne peuvent venir de source humaine. Prophète de Yahvé ou de Bélial ? « Quelle est cette sagesse qui lui a été donnée ? Et ces pouvoirs qui passent par ses mains ? » La question de la nature rejoint ici celle de l'origine. Plus que personne, les Nazaréens en sont intrigués car ils connaissent Jésus et sa famille. Lui, un *tektôn,* c'est-à-dire un artisan de village travaillant bois, métal ou pierre ; sa mère est connue, et toute sa parenté. Mais le *scandale* des villageois, à prendre au sens religieux, n'est pas simplement d'une ascension hors de leur cercle. A la racine, bien que moins doctrinalement, il est celui des Scribes : *« D'où* viennent ces *pouvoirs ? »* Le mot sera repris plus loin, au verset 14, quand certains Galiléens, qui ne connaissent pas Jésus depuis l'enfance, expliquent favorablement l'origine de ces pouvoirs en voyant en lui Jean ressuscité des morts. Cette explication populaire n'était pas possible à Nazareth. « La plupart » y sont « scandalisés » c'est-à-dire qu'ils concluent, comme les adversaires de Jésus, que ses pouvoirs ne viennent pas de Yahvé. Car ils ne nient pas ces pouvoirs. Seuls « quelques malades » *(quelques* s'opposant à *la plupart)* croiront assez en lui (eux ou leur entourage) pour qu'il puisse les guérir en leur imposant ces mains par où, selon la croyance populaire, passait ses pouvoirs. Ici comme ailleurs les miracles sont des signes qui ne sont accordés qu'à la bonne volonté de la foi.

Jésus, à son tour, sera « étonné » de leur incrédulité, douloureusement surpris. Jusqu'où est allée une incrédulité qui ne pouvait se traduire que par une opposition (et non, comme dans nos sociétés blasées, par un simple haussement d'épaules) ? D'après Luc (IV, 29), jusqu'à une expulsion, voire une tentative de meurtre qui pourrait s'expliquer sur la base du Deutéronome (XIII, 2-17) : si eux-mêmes ne le mettent pas à mort, les concitoyens d'un prophète de perdition sont tenus pour solidaires et leur ville est vouée à l'anathème.

A vrai dire, Luc motive autrement leur fureur mais sa motivation peut être supposée, et l'est probablement. Leur fureur aurait été provoquée par le rappel de miracles prophétiques en faveur de païens et à l'exclusion de Juifs. Luc, ici, a développé le proverbe « Nul prophète n'est bien reçu en son pays » en une annonce des miracles en pays païen. Il est possible que Marc lui-même y ait pensé mais son texte indique surtout une gradation, une cascade de replis successifs après quoi, le terrain lui manquant, le prophète n'a plus qu'à s'en aller : « Un prophète n'est méprisé que dans sa patrie, dans sa parenté et dans sa maison[4]. »

---

4. La *Formgeschichte*, d'ordinaire, estime le récit centré sur ce proverbe, voire construit autour de lui pour répondre au scandale que constituait pour la communauté l'incrédulité des Juifs. C'est accorder une importance trop absolue au critère littéraire et surestimer, notamment, le proverbe retrouvé dans le papyrus d'Oxyrinchos (2ᵉ-3ᵉ sq.) : « Un prophète n'est pas accepté dans son pays et un médecin ne fait pas de guérisons parmi ses connaissances. »

Quelques remarques peuvent aider à mettre les choses au point et à défendre l'historicité de l'épisode :

1° Ce qui ressort d'abord du récit, c'est moins le proverbe que l'incrédulité et l'hostilité des Nazaréens. Le proverbe ouvre au contraire une perspective universaliste.

2° S'il est possible de développer un récit de six versets autour d'un proverbe d'une ligne, il est pour le moins aussi facile d'insérer ce proverbe dans un récit.

3° Qu'il s'agisse d'un proverbe ne prouve rien contre l'authenticité, Jésus pouvant fort bien s'exprimer en proverbes. C'est même fort probable si on pense au caractère populaire de son auditoire et au genre qu'il venait d'adopter avec les paraboles.

4° C'est le proverbe d'Oxyrinchos qui est secondaire et doit être expliqué, non le contraire. Le proverbe du prophète est juif ; celui du médecin en est un

HÉRODE ET LA RUMEUR POPULAIRE
(Marc VI, 14-6)

Un premier résultat de la mission a été de répandre encore davantage la renommée de Jésus et d'obliger les gens à se faire une opinion. Marc nous rapporte les diverses opinions de ceux qui sont favorables à Jésus. Les uns le prennent pour Jean ressuscité, les autres pour Élie, d'autres encore, plus prudents, pour un prophète. Mais nul ne voit en lui le Messie attendu car nul ne se représente le Messie de cette façon. Jean annonçait le Royaume et certains croyaient qu'Élie devait revenir avant la fin. Prendre Jésus pour l'un d'eux, c'est donc le prendre pour un annonciateur, non pour un instaurateur. Les gens n'ont pas changé leur cœur. Ils n'ont pas compris, malgré les paraboles, ce qu'était le Royaume. Comment comprendraient-ils qui est Jésus ? L'attitude envers l'un détermine l'attitude envers l'autre. Bref, c'est l'échec.

C'est l'échec pour Jésus et du point de vue de Jésus, et cet échec explique sa retraite. Mais cet échec, pour tout autre, eût passé pour une réussite : se voir prendre pour Jean ou Élie, créer tant de mouvements et de remous et entraîner tant de foules qu'Hérode en prenne ombrage... Rien ne lui eût été plus facile que de

doublet hellénique. C'est chez Luc qu'il apparaît d'abord, sous sa forme normale : « Médecin guéris-toi toi-même » (forme normale, mais dont on ne voit guère l'application à Jésus). La seconde partie du proverbe d'Oxirinchos est une corruption postérieure, qui trahit une volonté d'adaptation et ne peut faire remonter à une source indépendante. Croire que c'est toujours le texte évangélique qui est « à expliquer » et le texte extérieur qui « explique » est une déviation du sens critique.

5° Le *Sitz im Leben* communautaire peut expliquer la transmission du souvenir aussi facilement que la création d'un récit, voire plus facilement. Il n'y a que des cas d'espèces. En l'occurrence, tout en rangeant ce récit parmi les « paradigmes », Dibélius a dû reconnaître qu'il présentait trop de matériaux particuliers pour qu'on puisse le considérer comme une simple mise en scène du proverbe.

Ces remarques cursives sont évidemment beaucoup trop rapides pour pouvoir être considérées comme une discussion. Je ne les donne que comme un exemple des considérations de détails par lesquelles il convient de passer mais qu'il serait fastidieux de noter.

259

prendre la tête d'un mouvement populaire, à la seule condition de faire quelque concession au messianisme populaire. Mais c'est la grande tentation qu'il a repoussée lors de la première retraite, la trahison du seul vrai Règne, qui arrivera cependant mais par ses moyens propres, qui sont du secret de Dieu.

Hérode, par contre, et paradoxalement, ne peut voir en Jésus qu'un agitateur messianique, de l'espèce de ce Jean, qui avait tant d'ascendant sur le peuple qu'il l'avait jugé dangereux et, finalement, fait décapiter. Il est peu probable qu'Hérode ait partagé la croyance populaire qui voyait en Jésus Jean ressuscité, mais il est probable qu'à peine débarrassé de Jean il s'est trouvé avec ennui devant un nouveau prédicateur de même espèce : « Voilà de nouveau un Jean-Baptiste ! » Jésus court dès lors le même danger que Jean et la surveillance de la police hérodienne va se joindre à celle des Pharisiens, mais avec des moyens d'intervention autrement puissants.

Est-ce cette conjonction des menaces qui va décider Jésus à faire retraite et à quitter la Galilée ?

Oui et non.

D'après Matthieu (xiv, 13), c'est à la nouvelle de la mort de Jean que Jésus se retire dans le « lieu désert » où aura lieu la multiplication des pains. Mais la liaison est rédactionnelle et il est préférable de s'en tenir aux indications générales de Marc, qui a annoncé la collusion entre les Pharisiens et les Hérodiens (iii, 6), qui encadre ici les rumeurs populaires au sujet de Jésus par une double mention d'Hérode (vi, 14a-16) et qui unira de nouveau les Pharisiens et Hérode dans l'avertissement aux disciples lors du départ définitif : « Gardez-vous du levain des Pharisiens et de celui d'Hérode. » (viii, 15.) Pour motif immédiat de la retraite au désert de la multiplication, Marc donne le besoin de repos des apôtres et sans doute (cf. « vous-mêmes ») le besoin pour Jésus de les reprendre en main : « Venez vous-mêmes à l'écart, dans un lieu désert, et reposez-vous un peu. » (vi, 31.) De toute façon, la multiplication des pains sera une sorte de prise de congé des foules galiléennes de même que la dernière Cène, plus tard, sera l'adieu aux disciples. Ceci ne donne pas l'idée d'une fuite précipitée mais d'une retraite décidée. Jésus devra même renvoyer les foules après avoir fait partir les disciples (vi, 45), des foules qui selon le qua-

trième évangile (VI, 15) veulent le faire roi (sans pour autant le
proclamer Messie). Il aura encore une dernière controverse avec
les Pharisiens (VII, 5-13 et VIII, 11-13). Tout ceci indique que la
menace hérodienne a joué le rôle d'une occasion plutôt que d'une
cause. La cause profonde est l'échec final, au moment de la mission, du ministère galiléen : les foules n'ont pas compris ou ont mal
compris. Son succès apparent, basé sur un malentendu, décide
Jésus à une seconde retraite : « Partant de là, il s'en alla au pays
de Tyr ; et, étant entré dans une maison, il ne voulait pas que
personne le sût. » (Mc. VII, 24.) Il y repensera la situation : la
contradiction apparemment insoluble entre le messianisme politique des masses et le Règne qu'il est venu annoncer de la part de
Dieu. A l'issue de cette retraite, il se consacrera presqu'uniquement
à l'instruction des disciples, une instruction destinée à remplacer
chez eux les conceptions messianiques populaires par l'idée, scandaleuse, d'un Messie souffrant, assimilé au Serviteur d'Isaïe, qui
entre dans son règne par la mort et l'expiation. A ce moment, il
« affirmera sa face pour monter à Jérusalem » (Lc. IX, 51), après
avoir été confirmé dans sa résolution par la Transfiguration en
présence de Pierre, qui l'avait reconnu pour le Messie-Roi, de
Jacques et de Jean.

C'est sur ce chemin de Jérusalem, alors qu'il retraverse les territoires d'Hérode, que « quelques Pharisiens s'approchèrent qui lui
dirent : Pars et va-t-en d'ici car Hérode veut te faire mourir. Il
leur répondit : Allez dire à ce renard : Voici que je chasse les
démons et que je guéris aujourd'hui et demain, et le troisième jour
je suis à mon terme. Mais aujourd'hui et demain et le jour suivant,
je dois poursuivre ma route car il ne convient pas qu'un prophète
périsse hors de Jérusalem. » (Lc. XIII, 31-3.)

Il ne faut pas trop appuyer sur cette tradition propre à Luc
(le symbolisme du troisième jour, bien qu'obscur, peut être rédactionnel, et la dernière phrase prépare l'apostrophe suivante à
Jérusalem). Mais l'attitude envers la menace hérodienne est bien
celle que supposent les textes précédents et la démarche des Pharisiens est trop particulière, trop peu déductible des autres textes
évangéliques, pour ne pas forcer la considération.

DE LA MULTIPLICATION DES PAINS
A LA CONFESSION DE CÉSARÉE
MARC VI, 31 A VIII, 30

Située entre le ministère galiléen et la montée à Jérusalem, la retraite « dans la région de Tyr » est, historiquement, de la plus grande importance pour comprendre la carrière de Jésus. Son importance historique est comparable à l'importance théologique de la Tentation. Et, la voix de la Transfiguration confirmera celle du Baptême au seuil de cette seconde partie de la carrière de Jésus.

Ici encore, notre meilleure source est Marc. Une tradition ferme a obligé Matthieu à situer à Césarée la Confession de Pierre comme à mentionner le séjour « dans la région de Tyr et de Sidon » (xv, 21.) Mais, s'adressant à des judéo-chrétiens et préoccupé d'apologétique juive, il répugne si visiblement à faire séjourner Jésus en territoire païen qu'au verset suivant, par une contradiction évidente, il fait sortir la Cananéenne de son territoire (où se trouve Jésus !) pour demander la guérison de sa fille : ainsi, la grâce accordée par Jésus le sera tout de même en terre d'Israël. Luc et Jean n'ont sans doute pas de telles préventions mais, centrant tout sur Jérusalem, ils n'envisagent un abandon de la Galilée que pour la Ville Sainte et ne situent même plus la confession de Pierre.

C'est donc vers Marc qu'il faut se tourner. Mais lui-même, à cet endroit, s'est trouvé embarrassé. S'est-il senti en terrain dangereux (rivalité entre chrétiens issus de la Gentilité et Juifs convertis par exemple) ? S'est-il plus simplement trouvé en présence d'une double tradition dont il a mal perçu l'unité foncière ? Toujours est-il qu'ici — et c'est la seule confusion notable qui se soit glissée dans son évangile — il rapporte successivement ou pêle-mêle deux traditions parallèles. Il convient dès lors de prendre de la section une vue d'ensemble préalable.

Un fil conducteur nous est fourni par une indication géographique. Après la première multiplication des pains, Jésus « oblige ses disciples à remonter dans la barque et à prendre les devants vers Bethsaïde » (VI, 45.) Or, ils n'y arrivent pas, à cause de la tempête, et abordent à Gennésareth, où se situe une dernière controverse. Jésus ne se rembarque qu'en VIII, 13, pour arriver enfin à Bethsaïde en VIII, 22 — mais entre temps Marc a intercalé une seconde multiplication et une seconde traversée (vers la région absolument inidentifiable de Dalmanoutha). La suite des ressemblances oblige à l'hypothèse de deux versions, accolées ou combinées, des mêmes faits. Appelons ces deux versions version A et version B et dressons le tableau de leur parallélisme. Il nous amènera à constater (si nous voulons bien nous reporter au texte) que la version A est assez constamment plus colorée et plus longue que la version B, ce qui fortifie l'hypothèse.

Version A	*Version B*
1. Rassasiement des 5.000 (VI, 33-44).	1. Rassasiement des 4.000 (VIII, 1-9a).
2. Renvoi de la foule (VI, 45b).	2. Renvoi de la foule (VIII, 9b).
3. Traversée. — Tempête (Marche sur les eaux). — Arrivée à Gennésareth (VI, 47-56).	3. Traversée. — Arrivée à Dalmanoutha (?) (VIII, 10).
4. Controverse avec les Pharisiens et instructions à la foule et aux disciples (VII, 1-23).	4. Controverse et refus d'un signe aux Pharisiens (VIII, 11-3).
5. Guérison près du lac, en Décapole (VII, 31-7).	5. Guérison à Bethsaïde (VIII, 22-26).

Un parallélisme aussi poussé est proche de la preuve formelle, même si les divergences de détails restent importantes (on ne peut évidemment attendre un parallélisme mécanique, par lequel le narrateur se démentirait lui-même).

Ont été laissés en dehors du tableau, entre les points 4 et 5, l'épisode de la Syrophénicienne (VII, 24-30) et l'avertissement de se garder du levain des Pharisiens et d'Hérode (VIII, 14-21.) Ces deux péricopes ne peuvent être mises en parallèle que sur une base formelle fort fragile : le « pain des enfants » dans l'une et le « levain » dans l'autre. En réalité, la mise en garde est une suite de la dernière controverse et se situe pendant le voyage en barque vers Bethsaïde. Quant à l'épisode de la Syrophénicienne, il doit être considéré comme une intercalation entre les deux versions. Il est destiné à permettre un passage (maladroit) de l'une à l'autre. Normalement, il doit se situer après le voyage et la guérison du point 5, avant la confession de Césarée. Cette situation prescrite par la critique littéraire, supprime une impossibilité géographique (provenant de la soudure maladroite des deux versions) : Jésus revient de Tyr vers la mer de Galilée par Sidon (!) (VII, 31), passe en barque dans une région de Dalmanoutha (VIII, 10) inconnue de tous les historiens-géographes, avant de remonter vers Césarée de Philippe par une Bethsaïde vers laquelle il se dirigeait lors du premier départ. S'il y a une seule retraite de Jésus en terre païenne et non deux retraites identiques, il sera revenu du « pays de Tyr » vers Césarée de Philippe avant de retraverser la Galilée — « et il ne voulait pas qu'on le sût » (IX, 30) — pour monter à Jérusalem.

Une autre hypothèse est suggérée par le tableau. On s'attendrait, au point 3, à trouver le parallèle « Tempête apaisée — Marche sur les eaux ». Marc n'aurait-il pas distrait cet élément des versions parallèles au profit de sa section composite des miracles autour du lac, qu'il avait besoin d'étoffer ?

Par ailleurs et en tout cas, une chose est sûre, c'est que Marc considère l'ensemble des deux versions comme formant une unité. La section, en effet, est située entre les rumeurs populaires qui font de Jésus Jean, Élie ou un prophète et le rappel de ces mêmes rumeurs avant la Confession de Pierre. Cette sorte de garantie d'unité nous engage, comme la constatation de leur parallélisme, à faire de la double version une lecture synoptique qui aura les meilleures chances de rétablir, dans la mesure du possible, l'ordre historique.

LA MULTIPLICATION DES PAINS
(Mc. VI, 32-44 ; VIII, 1-10)

Cet événement final du ministère galiléen est des plus importants et en même temps — malgré les apparences — des moins spectaculaires. Il s'adresse aux disciples [1] et nous n'enregistrons aucune réaction directe de la foule (comme il serait naturel si elle s'était rendu compte, et comme Marc ne manque pas de le souligner en d'autres occasions). En ce sens, la multiplication réalise l'idéal, auquel tendait toute la première partie du deuxième évangile, d'un miracle purement significatif et nullement spectaculaire.

Ce sens apparaît particulièrement dans la version A, où le miracle des pains est mis en rapport avec le retour de mission des apôtres et avec la prédication (la version B sera une version résumée, coupée de cette introduction et située en territoire païen). Les apôtres se sont réunis autour de Jésus. Ils lui ont rendu compte de leurs paroles et de leurs gestes comme aussi de leur résultat. C'est alors que Jésus, d'autorité, les emmène « eux-mêmes » à part, « vers un endroit désert », loin des constantes allées et venues de l'espèce de quartier général qu'était devenu le lieu du rassemblement. Le motif donné par Marc est que les apôtres pourront se reposer — mais aussi se recueillir sans doute, être seuls avec Jésus et pour ainsi dire sous sa houlette. Car, comme au temps de la fiévreuse activité de Capharnaüm, à l'époque de la mise en accusation, « ils n'avaient même pas le temps de manger » — ce qui nous oriente vers le miracle des pains mais aussi vers sa signification, qui est la nécessité d'une plus haute nourriture, celle du pain surnaturel, de la parole de Dieu écoutée au désert et de la prière au Père loin de l'agitation, celle qui mérite la manne et la nourriture apportée par l'ange, celle enfin qui introduit au banquet messianique de la fin des temps.

« On les vit s'éloigner, et beaucoup les reconnurent, et de toutes les villes, à pied, on se rassembla là-bas, les devançant. »

---

1. E. LOHMEYER, *Das Evangelium des Marcus*, 1957 (5ᵉ édit.) Göttingen, p. 128-9.

(VI, 33.) Ce large rassemblement, convergeant « de toutes les villes », explique le nombre élevé des participants : 5.000 selon la version A et 4.000 selon la version B. Il s'agit évidemment d'approximations (avec peut-être une intention de mettre l'accent sur la première version). Dans les deux cas, un nombre plus élevé que celui de la population entière de Capharnaüm ou de Bethsaïde, d'après des estimations. Il ne faut pas supposer trop vite que ces chiffres sont uniquement destinés à faire ressortir la grandeur du miracle. Ce rassemblement est un rassemblement d'adieu et l'instruction de Jésus sera la dernière grande instruction avant le départ de Galilée. Cela explique la pitié de Jésus et la longueur particulière de sa prédication : « Au débarquer, il vit une foule nombreuse, et il fut saisi de pitié pour eux, car ils étaient *comme des brebis sans pasteur*, et il se mit à les enseigner longuement. » (VI, 34.)

Car il se voit contraint de les abandonner, brebis mal conduites, aveugles conduits par des aveugles qui affirment voir. Qu'ils s'en rendent compte ou non, leur besoin est besoin de la Parole qui guide. D'où la longueur de cette dernière instruction au désert, où « l'homme ne vit pas seulement de pain » mais où Dieu nourrit par surcroît celui qui écoute sa Parole. On retrouve la même pitié, dans les mêmes termes et pour le même motif, en Matthieu IX, 36. Matthieu l'a déplacée avant l'envoi en mission (qui répond au même besoin) mais il a gardé l'indication de la « pitié » en XIV, 14, sans plus en donner le motif.

Ce motif — « ils étaient comme des brebis sans pasteur » — nous renvoie expressément à plusieurs textes de l'Ancien Testament mais surtout à deux d'entre eux. Le premier (Num. XXVII, 15-21) rapporte l'élection par Dieu d'un pasteur en qui réside l'Esprit : « Moïse parla ainsi à Yahvé : Que Yahvé, Dieu des esprits qui animent toute chair, établisse sur cette communauté un homme qui sorte et rentre à leur tête, les fasse entrer et sortir, pour que la communauté de Yahvé ne soit pas comme un troupeau sans pasteur. Yahvé répondit à Moïse : Prends Josué, fils de Nûn, homme en qui demeure l'esprit. Tu lui imposeras la main... » Est-il besoin de souligner les rapports et les allusions ? Jésus est une autre forme du nom de Josué (et tous deux veulent dire : Yahvé sauve). Josué introduira le peuple dans la Terre promise et Jésus dans les Temps promis. Josué est le premier successeur de Moïse et Jésus sera le dernier. Yahvé a choisi Josué, « homme en qui réside l'esprit » et Moïse lui imposera la main, en un geste que les Apôtres conserveront pour communiquer l'Esprit — mais l'élection de Jésus sera celle du Baptême, sans nul intermédiaire humain, et ce sera celle d'un Fils, dans la plénitude de l'Esprit. Il est bien le vrai Pasteur, celui qui sera frappé aux jours de la Passion, selon la prophétie de Zacharie.

Mais le second texte, un texte prophétique, le chapitre 34 d'Ezéchiel, est plus explicite encore et mieux adapté à la situation. Le prophète (qui se désigne lui-même comme un « fils de l'homme ») le dirige tout entier contre les mauvais pasteurs d'Israël et finit par promettre le Pasteur messianique fils de David ; on y trouve même une première esquisse de la parabole de la brebis perdue (Mt. XVIII, 12-4) et le thème du Bon Pasteur qui sera développé par Jean (x, 11-8) : « Malheur aux pasteurs d'Israël qui se paissent eux-mêmes !... vous n'avez pas fait paître le troupeau... Vous n'avez pas pansé la brebis malade, ni ramené l'égarée ni cherché celle qui était perdue. Mais vous les avez régies avec dureté et violence. Faute de pasteur, elles se sont dispersées pour devenir la proie de toute bête sauvage... Mon troupeau est dispersé sur toute la surface du pays, nul ne s'en occupe et nul ne se met à sa recherche.

« ... Ainsi parle le Seigneur Yahvé : Voici que je vais prendre à partie les pasteurs. Je leur reprendrai mon troupeau et les empêcherai de le paître... Voici que j'aurai soin moi-même de mon troupeau... Je susciterai, pour le mettre à leur tête, un pasteur qui les fera paître, mon serviteur David... Il n'y aura plus dans le pays de victime de la famine et ils ne seront plus en butte aux insultes des nations. »

L'image de la vigne reprise aux mauvais vignerons sera proche de l'image des brebis reprises aux mauvais pasteurs. Certes, il n'est pas encore question, ici, de la mort du fils — il devra d'abord être assimilé, s'assimiler, au Serviteur d'Isaïe — mais déjà il est contraint à la retraite et peut commencer à prévoir son sort, lui qui, selon un mot de Jean, « donnera sa vie pour ses brebis ».

C'est dans cette situation historique et sur ce fond de prophéties messianiques toujours présentes à l'esprit juif que doit être comprise une multiplication des pains où les apôtres, revenant d'une mission déjà pastorale, vont continuer à apprendre quel est leur rôle et commenceront à entrevoir qui est leur maître.

Le récit proprement dit de la multiplication est précédé d'une discussion de Jésus avec les disciples. Cette discussion, la première de ce genre que nous rapporte l'Évangile, est, à l'avance, de style johannique — j'entends qu'elle est basée sur un paradoxe qui entraîne un quiproquo. Ceci renvoie à un sens second qui éclaire la signification du miracle.

« L'heure étant déjà fort avancée, ses disciples, s'approchant de lui, lui dirent : L'endroit est désert et l'heure déjà fort avancée ; renvoie-les, qu'ils aillent dans les fermes et les villages d'alentour acheter de quoi manger. Il leur répondit : Donnez-leur vous-mêmes à manger. Sur quoi, ils lui disent : Nous irions acheter des pains pour deux cents deniers et leur donnerions à manger ? » (VI, 35-7.)

Les disciples, préoccupés assez réalistement du pain matériel, interrompent l'enseignement du maître ou, plus probablement, profitent d'une pause de ce dernier. Sur l'étonnante réponse de Jésus (« Donnez-leur vous-mêmes à manger »), ils s'étonnent assez rudement, d'un ton d'incrédulité peu respectueuse, équivalant à un haussement d'épaule (cl. v, 31.) Ils pensent à l'impossibilité matérielle, un seul denier représentant le salaire d'une journée de travail (Mt. XX, 2 sq.) ; en outre, il y a la besogne et le chemin que représentent découverte, acheminement et distribution des provisions. Il était bien dans leur rôle toutefois de s'occuper des provisions de la petite communauté, comme il ressort de VIII, 4 et de la suite du dialogue :

« Combien de pains avez-vous ? Allez voir. — Après vérification, ils disent : Cinq et deux poissons. » (VI, 38.)

Ces pains étaient des sortes de crêpes de seigle ou d'orge, de la grandeur d'une assiette et de l'épaisseur du pouce, qu'on brisait pour les partager ; quant au poisson, salé ou rôti, il était, près du lac, un complément ordinaire. C'était donc à peine de quoi fournir au frugal repas des disciples. Et cependant, bénie par Jésus et passant par ses mains puis par les mains des disciples, cette nourriture va suffire. Au cours de la mission, et plus tard, le message de Jésus arrive de même à la foule en se multipliant. C'est eux qui sont chargés de distribuer l'une et l'autre nourriture, mais celle de la Parole d'abord, et l'autre sera donnée par surcroît, comme Jésus l'a enseigné à l'époque du Pater et comme le prouve, nouvelle manne, ce miracle du désert, image du banquet messianique. Car l'homme ne vit pas d'abord de pain. Tel sera le premier sens du miracle.

Quelques rapprochements peuvent aider à le confirmer. L'opposition des disciples préoccupés d'abord du pain matériel et de Jésus occupé d'abord du surnaturel se retrouve dans un passage de Jean (IV, 31-4) : « Les disciples le pressaient, disant : Rabbi, mange. — Mais il leur dit : J'ai à manger une nourriture que vous ne connaissez pas. — Les disciples se demandaient entre eux : Quelqu'un lui aurait-il apporté à manger ? — Ma nourriture, leur dit Jésus, est de faire la volonté de celui qui m'a envoyé et d'accomplir son œuvre. » Cette nourriture est, pour Jésus de répandre la Parole, mais cette Parole est elle-même une nourriture comme il est dit dans un autre passage de Jean, qui commente expressément la multiplication : « Travaillez, non pour la nourriture périssable, mais pour la nourriture qui subsiste dans la vie éternelle, celle que vous donne le Fils de l'Homme, car c'est lui que le Père, que Dieu a marqué de son sceau. » (VI, 27) [2].

Un autre rapprochement, dans le texte même de Marc, n'est sensible que dans le grec. Le « *Dote autois umeis phagein* » du verset 37 est toute proche, même phonétiquement, du « *Deute umeis autoi...* » du verset 31, suivi lui-même du verbe « *phagein* », appliqué ici aux apôtres. Ce grec du verset 31 est assez particulier pour suggérer un parallélisme voulu. De ce parallélisme se dégage symboliquement cette idée : Jésus commande aux apôtres de le suivre à l'écart et de se nourrir de sa parole, puis il leur

2. Confirmation curieuse du contact de nos textes : la parole sur la moisson qui est grande est rapportée par Matthieu après la pitié pour les brebis sans pasteur, et par Jean après la parole sur la nourriture de Jésus (IV, 35), soit de toute façon, dans le voisinage de notre péricope. Elle suggère un rapprochement entre la parabole du semeur et la multiplication.

Enfin, chez Jean, un parallèle est possible entre la surabondance du vin de Cana et la surabondance des pains, ici à la multiplication. L'une et l'autre ont d'ailleurs, pour lui, une signification eucharistique.

commande de la distribuer pour calmer la faim spirituelle de ces « brebis sans pasteur ».

Enfin, Jésus va faire étendre les convives par carrés (littéralement, par « parterres ») de cent et de cinquante. Ceci peut être rapproché de la façon dont les élèves se groupent autour du Rabbi, « en rangs, comme des ceps dans un vignoble » *(jér. Bérach.* IV § 1). Ainsi, le tableau lui-même de la foule couchée par groupes aiderait à comprendre l'assimilation du pain et de la Parole.

Mais ce seul sens n'épuise pas la signification du récit dont voici la suite :

« Alors il leur commanda de les faire tous s'étendre par groupes de convives sur l'herbe verte. Et ils s'allongèrent par carrés de cent et de cinquante. Et prenant les cinq pains et les deux poissons, levant les yeux au ciel, il dit la bénédiction puis rompit les pains. Et il les donnait à ses disciples pour qu'ils les distribuent, et il partagea pour tous les deux poissons. Tous mangèrent et furent rassasiés. Et on ramassa les restes : douze couffins pleins de bouts de pains et de poissons. Or, cinq mille hommes avaient mangé les pains. » (39-44).

Ici, la complexité des allusions est telle que nous allons les sérier.

1° Les douze couffins renvoient aux douze apôtres, confirmant ainsi l'identification du pain à la Parole.

La version B, située en territoire païen, parlera de sept corbeilles. Cet autre chiffre doit faire penser aux « sept hommes remplis d'esprit et de sagesse » (Act. VI, 3) institués pour distribuer le pain et la Parole chez les hellénistes. La liaison pain-Parole, avec priorité de cette dernière, est expresse en Actes VI, 2 : « Il ne sied pas — disent les Apôtres — que nous délaissions la Parole de Dieu pour servir aux tables. » Ils imposent donc les mains aux Sept et « la Parole du Seigneur croissait »[3].

Les sept corbeilles font ainsi penser à la diffusion du message

---

3. La signification de ce chiffre est confirmée par les « sept nations » de Deutéronome VIII, 1-9. Et aussi par le fait que Luc remplace la 2e multiplication par la mission des 72 en Samarie.

en pays de langue grecque et la tension entre chrétiens juifs et hellénistes peut expliquer la double version.

2° Dans les Actes, le « service des tables » évoque le repas eucharistique. La communauté a pu voir dans la multiplication une préfiguration de la Cène, comme le montre la suite des parallélismes : le soir qui tombe, Jésus qui prend les pains, les bénit, les rompt et les distribue aux disciples pour qu'eux-mêmes continuent à les distribuer. Jean (VI, 48-58) insistera sur cette signification. Elle est évidemment anachronique en ce sens qu'elle projette sur l'épisode la lumière d'un événement postérieur mais ceci ne prouve pas qu'elle ne soit pas théologiquement légitime : les développements postérieurs peuvent éclairer la tendance d'un fait précédent. C'est ainsi que l'enfance de leur héros s'éclaire, pour les biographes, de leur vie postérieure, de même que cette vie est expliquée par les tendances de l'enfance. Au reste, dans le cas présent, multiplication et dernière Cène ont une signification eschatologique commune qui les prolonge vers l'avenir du Règne (que par ailleurs toutes deux rendent en quelque manière présent).

Le détail de l'herbe verte, pris comme indication chronologique, a pu aider à fonder ce sens eucharistique. L'herbe, en Palestine, n'est guère verte qu'au printemps, de sorte que Jean est justifié à dire que « la Pâque juive était proche ». (VI, 4.) Or, Jean a, pour la Cène, une autre date que les Synoptiques et la découverte d'un ancien calendrier juif, différent de celui du Temple au temps de Jésus, lui donne raison [4] : la Cène a eu lieu dans la nuit du mardi au mercredi, et peut-être sans agneau, celui-ci devant être sacrifié au Temple, au jour officiel. La multiplication se situe donc assez exactement un an auparavant et cette Pâque galiléenne, liée elle aussi à un adieu, a pu prendre facilement, outre son rapport à la Parole, la signification d'une Pâque « du pain de vie ».

3° Jésus fait « se coucher » la foule comme pour un banquet. Comme pour le banquet pascal et celui de la Cène, mais aussi comme pour ce banquet eschatologique dont l'image, fréquente dans les paraboles de Luc et de Matthieu, évoquait pour les Juifs de l'époque les temps messianiques. Il n'y a là nulle contradiction avec la signification pascale (et eucharistique) : la fête de Pâque,

---

4. Cf. ANNIE JAUBERT, *La date de la Cène*, Paris 1957.

notamment, était chargée à l'époque d'espérances messianiques. N'évoquait-elle pas la délivrance d'Israël du joug étranger ? Aussi des échauffourées étaient-elles particulièrement à craindre à ce moment à Jérusalem, et le procurateur y séjournait-il. Les pèlerins les plus bouillants étaient ces Galiléens qui fourniront le gros des révoltés zélotes. A cette Pâque précisément, Luc nous rapporte que des Galiléens avaient péri à Jérusalem dans une émeute ; Jésus, en commentaire, rappellera encore une fois la nécessité d'une « conversion » de tout le peuple plutôt que de ces vains et catastrophiques recours aux armes. « En ce même temps, survinrent des gens qui l'informèrent au sujet des Galiléens dont Pilate avait mêlé le sang à celui de leurs sacrifices. Il leur dit en réponse : Pensez-vous que, pour avoir ainsi souffert, ces Galiléens fussent les plus grands pécheurs de tous les Galiléens ? Non, je vous dis, mais si vous ne vous convertissez, vous périrez tous de même. » (Lc. xiii, 1-3.)

Mais, tout en rejetant le messianisme politique, qui tenait au cœur juif comme la chair à l'ongle, Jésus a accordé à la Cène comme à la multiplication un sens eschatologique qui transparaît dans la parole solennelle : « En vérité, je vous le dis, je ne boirai plus du fruit de la vigne jusqu'au jour où je le boirai nouveau dans le Royaume de Dieu. » (Mc. xiv, 25 et par. Luc : « jusqu'à ce que le Royaume de Dieu soit venu. »)

Le rapport à la manne du pain multiplié au désert comporte le même sens messianique et eschatologique. On attendait, pour les temps promis, et ceci rejoint l'image du banquet, le renouvellement du grand miracle si souvent rappelé par les Psaumes et les Prophètes. Jean soulignera cette comparaison, mais elle est implicite dans le rassasiement (voir Ps. 81, 17 ; 105, 40 etc.). C'est par une allusion commune à la manne que s'explique le rapprochement (clair en Jean vi, 9a ; 13b) de notre texte et de celui où Élisée nourrit cent personnes avec vingt pains d'orge (II Reg. iv, 42-4).

Ces multiples allusions achèvent de donner sa portée au récit. Elles sortent pourtant d'un récit vivant, concret, naturel. Si certaines allusions sont manifestement voulues par le rédacteur (cf. les douze et les sept corbeilles par exemple), la richesse du texte ne doit pourtant pas faire croire à un récit construit, savant.

Cette richesse, en son fond, tient à la multiplicité des significations du concret, (que ne nieront ni les philosophes ni les historiens). Aussi convient-il que l'exégèse du texte ne fasse pas perdre de vue ce caractère concret et simple de la scène.

La coutume juive est de manger le soir. C'est là le seul grand repas après celui du matin. C'est la coutume encore que l'hôte ou le père de famille prononce auparavant la bénédiction, qui, à l'époque, était celle-ci : « Loué sois-tu, Seigneur notre Dieu, Roi du monde, qui fais, de la terre, croître le pain. »

Jésus est ici l'hôte et le père de famille du banquet messianique. Mais il est aussi, comme l'annonçait l'introduction, le pasteur davidique promis par Ézéchiel. Contrairement à la coutume qui laisse tout le monde debout pour la prière, il les fait d'abord se coucher, lui seul restant debout, comme un pasteur parmi ses brebis.

Cependant, tout passe par les disciples, et le miracle est si discret qu'il ne devient évident qu'à la fin.

Quel sera son effet sur la foule et les disciples ? Il ne nous est pas décrit, je l'ai dit. Toutefois le verset suivant suppose une rumeur que Jean interprète comme une volonté d'enlever Jésus pour le faire roi. Le verset suppose même une entente, en ce sens, entre la foule et les disciples (dont les conceptions messianiques sont encore fort semblables). C'est pourquoi « aussitôt, il *obligea* ses disciples à embarquer et à prendre les devants vers Bethsaïde pendant qu'il renverrait la foule ». (vi, 45). Après quoi, il s'en alla (il « s'enfuit » dit Jean) prier dans la montagne.

TEMPÊTE APAISÉE ET MARCHE SUR LES EAUX
(Mc. iv, 35-41 ; vi, 45-51)

De la double suite de Marc, Luc retient un bloc qui commence à la tempête apaisée et se termine, immédiatement après la multiplication, par la confession de Pierre. Son omission de la Marche sur les eaux est donc voulue. Jean, par contre, commence par la multiplication et la fait suivre par la Marche sur les eaux avant son discours de Capharnaüm et la confession de Pierre. Le choix de tous deux est conforme à leurs tendances, plus réalistes chez Luc et plus symboliques chez Jean — mais tous deux sont d'accord pour mettre l'un ou l'autre épisode en rapport avec la multiplication et la confession. Encore une fois, c'est sur la base de Marc qu'il faudra décider mais la décision est difficile. Il faut passer par l'hypothèse et ce que j'avancerai plus loin doit être affecté du coefficient d'incertitude.

Dans les deux épisodes, la conclusion est semblable et généralement le cadre et les éléments du récit : rescousse, peur calmée, pouvoir de Jésus sur les éléments, crainte révérentielle des disciples mais caractère lent de leur esprit. Malgré d'importantes différences, c'est suffisant pour justifier l'hypothèse d'un doublet. Il est peu vraisemblable aussi, si piètre opinion qu'on puisse avoir des disciples, que deux miracles aussi semblables ne suscitent aucun progrès dans leur réaction. Au contraire, leur seconde réaction semble en recul sur la première. Or, par ailleurs, la Tempête apaisée a sa place préparée par un vide dans une des versions parallèles (VIII, 9-10). Dans l'hypothèse, c'est donc finalement trois passages qu'il nous faut comparer.

1° Dans chacun intervient un « renvoi » des foules. Or, ces renvois sont rares, si rares même que ce sont les seuls, dans Marc, où sont renvoyées des foules qui, dans les trois cas, viennent chercher un enseignement plutôt que des miracles. Il faut à ce renvoi un motif grave, peut-être unique, comme serait le départ de Galilée en direction de Bethsaïde. L'indice est remarquable en vue de notre problème.

2° En VI, 45, c'est Jésus seul qui renvoie la foule, et cette solitude est explicable. Par contre, en IV, 36, ce sont les disciples seuls qui renvoient une foule, mais une foule dont la présence *à cet endroit* est purement rédactionnelle. Dans les deux cas, nous avons, au moment du renvoi de la foule et pour la renvoyer, une séparation du maître et des disciples qui est unique. Le renvoi par les disciples pourrait donc être une variation destinée à dissimuler le changement de contexte.

3° Le reproche de Jésus après la tempête — « N'avez-vous pas encore de foi ? » — de même que la question des disciples — « Qui est donc celui-là… » — se situe beaucoup mieux après la

multiplication qu'après les paraboles. Après l'interprétation populaire (Jean, Élie ou un prophète), la question se pose aux disciples de savoir qui est finalement Jésus, car multiplication des
pains et tempête apaisée dépassent ce qu'on attend d'un prophète.
Ainsi posée, la question prépare la confession de Césarée. En
attendant, elle rejoint fort bien le commentaire de l'évangéliste
en VI 51b-52 : « Ils étaient au comble de la stupeur car ils n'a-
vaient pas compris le miracle des pains, leur esprit était fermé. »

4° Si la tempête apaisée suppose un embarquement de Jésus en
même temps que des apôtres, le verset VIII, 10 fournit le point
d'attache nécessaire. Mais, dans l'hypothèse (fort admise) de la
double version A et B, il semble préférable d'envisager un voyage
unique qui comprendrait deux moments : un départ des apôtres
d'abord, puis un embarquement de Jésus quelques stades plus
loin et enfin une tempête subite.

a) Les apôtres partis, Jésus renvoie la foule. Sans être en
danger, ils sont en grande difficulté à cause d'un fort vent
contraire. Jésus peut donc les rattraper facilement le long de la
côte, voire les dépasser pour les rejoindre plus aisément, grâce
à quelque jetée naturelle. Son arrivée inattendue le fait prendre,
dans la nuit, pour son fantôme (cf. Act. XII, 15b). Jésus vient vers
eux *epi thalassês* c'est-à-dire soit *sur*, soit *le long de* la mer.

Il ne fait pas de doute, pour Marc, que Jésus marche « sur »
la mer, mais il est notable que la frayeur des disciples n'est pas
directement causée par la vue d'un miracle mais par leur croyance
qu'il s'agit d'un fantôme. On peut dès lors se demander si le
thème de la marche « sur » la mer n'est pas tardif et influencé
par Job IX, 8 ; Ps. 77, 20 et Is. XLIII, 16. Le style du récit est en
effet un style de théophanie. Jésus commence par passer devant
eux comme Yahvé devant Moïse sur le Sinaï ou devant Élie
sur l'Horeb, puis leur dit de ne pas craindre.

Ce style peut garder le reflet d'un souvenir post-pascal, d'une
apparition au bord du lac comme celle de Jean XXI. C'est d'autant
plus possible que l'abîme et les grandes eaux symbolisent la mort
dans l'Ancien Testament. La marche sur les eaux signifie la victoire sur les forces de l'abîme et de la mort. La tendance est
particulièrement visible chez Matthieu, qui fait venir Pierre à
la rencontre de Jésus et semble même symboliser sa chute et son

relèvement ; enfin, il le fait reconnaître « Fils de Dieu » ce qui, au sens strict, n'est possible qu'après la Résurrection.

Dans notre hypothèse, l'apparition subite et l'embarquement nocturne ont été réinterprétés après la Résurrection et plus ou moins confondus avec l'épisode immédiatement suivant de la tempête apaisée.

b) Cette tempête se serait déchaînée un peu plus tard et son caractère subitement violent est tout à fait conforme aux conditions locales sur la mer de Galilée, où descendent brusquement les vents frais de l'Hermon. Le style, cette fois, n'a été que légèrement influencé par Ps. 105, 25-30 ; 65, 8 et Is. 43, 2, exprimant la confiance en Yahvé qui apaise les flots et peut-être (pour le sommeil de Jésus et l'éveil par les disciples) par Jonas 1, 5-6. Étant donné l'application facile à la situation générale du danger en mer, l'influence est même étonnament faible, pour qui connaît l'influence du style de l'Ancien Testament sur les évangélistes. Le récit est parsemé d'indications concrètes, qui ne prêtent à aucun symbolisme, inutiles en quelque sorte, du moins didactiquement, mais d'autant plus vivantes et plus précieuses. Jésus dort « à la poupe » — à la place d'honneur — « sur un coussin ». Les vagues se jettent dans la barque, et la situation doit être grave pour que ces pêcheurs endurcis perdent cœur et espoir. A ce moment, leur réaction se marque par une question absolument conforme à celles qu'on relève en v, 31 et vi, 37 : « Ils le réveillent et lui disent : Rabbi, tu ne t'occupes pas que nous périssons ? — Réveillé, il menaça le vent et dit à la mer : Silence ! Calme-toi. Et le vent tomba et il se fit un grand calme. Puis il leur dit : Pourquoi être si peureux ? N'avez-vous pas encore de foi ? » (iv, 39-40).

LE DÉPART RETARDÉ
(*Mc.* vi, *53-6 ;* viii, *10*)

Après la tempête, « ayant mis le cap sur la terre (ferme), ils se dirigèrent vers Gennésareth et abordèrent » (53). La direction fixée pour le voyage, après la multiplication, avait été Bethsaïde, située hors de Galilée et de la juridiction d'Antipas. La multiplication des pains était donc bien un adieu, mais voici que la tempête de la nuit les a rejetés vers la rive ouest. Ils abordent dans la plaine de Gennésareth, plaine fertile qui s'étend au sud de Capharnaüm, longue de cinq kilomètres et large de deux. La version B parle d'une Dalmanoutha ou d'une Mageda décidément inconnues mais que le contexte situe également dans un endroit peuplé de la rive ouest, si bien que l'assimilation ne paraît pas offrir, géographiquement, de grandes difficultés.

« Dès qu'ils eurent débarqué, des gens qui l'avaient reconnu parcoururent toute la région et on se mit à lui amener les malades sur leurs grabats là où on apprenait qu'il était. » (54-5).

On doit commencer par souligner le parallélisme avec vi, 33 parallélisme qui ressort mieux dans le grec. *Epergnôsan ... apo pasôn tôn poléôn sunédramon ékei* et *épignontes ... périedramon olên tên chôran kai opou ...* Dans les deux cas, on le reconnaît alors qu'il fait route comme à la dérobée (ainsi qu'il fera du reste après le séjour en pays païen). On accourt se rassembler autour de son enseignement, lors de la multiplication, à cause de ce départ définitif dont on a eu vent. D'où, devant ce grand rassemblement de partout, la pitié de Jésus qui ne peut leur refuser la parole et le pain. Une tempête imprévisible l'a rejeté sur la côte galiléenne et cette fois, sur son passage, c'est l'alignement des malades qui n'avaient pu être conduits à « l'endroit désert » de la multiplication. Il y a plus ici que l'habituelle alternance, chez Marc, de la prédication et des miracles, de la parole et des faits. Ce dernier cortège et cette haie de malades (où Marc ne mentionne même plus les possédés qui lui sont chers) borde le chemin d'un exil. Car Jésus, cette fois, ne s'arrête pas pour prêcher mais avance comme un proscrit, dans un étrange silence. « Et partout où il pénétrait — villages, villes ou fermes — on étendait les malades sur la place, lui demandant avec prière de leur laisser toucher ne fût-ce que la frange de son manteau, et ceux qui le touchaient étaient sauvés. » (56)

Vers où Jésus se dirige-t-il ainsi ?
Vers la frontière.
Il sera arrêté (dans les deux versions) par une dernière confron-

tation avec les Pharisiens. Puis les deux versions se séparent. La première lui fait franchir la frontière à pied : « Partant de là, il s'en alla au pays de Tyr » (VII, 24a) ; la seconde le fait se rembarquer immédiatement pour l'autre rive (VIII, 13) et le fait passer par Bethsaïde (VIII, 22). L'examen de la carte rend les deux versions également possibles, si bien qu'il est difficile de trancher.

La décision a une certaine importance, car elle entraîne un déplacement de péricopes. La voie de terre entraîne la suite : retraite, miracle en Syrophénicie, miracle près du lac (le sourd-bègue ou l'aveugle), confession de Pierre à Césarée. La voie de mer place le miracle du lac avant celui de la Syrophénicienne et simplifie l'itinéraire. C'est celle qu'on préfère normalement au premier coup d'œil jeté sur le tableau des versions parallèles, mais une réflexion plus analytique penche finalement pour la voie de terre.

Cette voie me paraît plus probable pour plusieurs raisons :

1º le double miracle près du lac, propre à Marc, est placé par lui à cet endroit pour préparer la reconnaissance en Jésus du Messie beaucoup plus que pour jalonner un itinéraire ; ce double miracle messianique, s'il ne pouvait être situé en Galilée, devait au moins être situé « en bordure ». L'objection de l'itinéraire n'est donc pas importante.

2º Le départ définitif a été précédé d'une période de ministère semi-clandestin autour du lac, comportant plusieurs traversées. Rien n'est donc plus facile, en l'absence de renseignements précis, que de lui faire encore une fois traverser le lac. Par contre, le tableau du voyage silencieux est nettement plus original malgré ses premières apparences de notice générale.

3º Le voyage par terre fait suivre à Jésus le chemin d'Élie, d'Élie dont il est question et avant le départ, et avant la Confession et à la Transfiguration, d'Élie poursuivi par Achab et Jézabel comme Jean l'a été par Hérode et Hérodiate, d'Élie dont on attend le retour pour la fin des temps. La carte, ici, parle assez clairement. Le « pays de Tyr » entoure la Galilée à l'ouest et au nord (le Jourdain supérieur la séparant des états de Philippe). En direction du Carmel, où Élie massacra les prophètes de Baal, la frontière n'est éloignée de Nazareth que d'une vingtaine de kilomètres ; elle n'est guère plus éloignée de Capharnaüm en direction de Sarepta, où Élie avait multiplié la farine de la veuve, au temps de la famine, avant de ressusciter son fils.

On peut croire que, si Jésus ne s'est pas immédiatement rembarqué, c'est que la barque avait été sérieusement endommagée au cours de la tempête et n'était plus en état de reprendre le large. Au reste (à écarter l'hypothèse de Bethsaïde) c'est la dernière fois que l'Évangile nous parle de la barque des prédications au bord du lac. Avant de l'abandonner, les disciples-pêcheurs l'auront échouée près de Capharnaüm plutôt que de la laisser sur le bord étranger.

On pourrait enfin s'étonner que Jésus, arrêté, plus loin, par une dernière controverse avec les Pharisiens, n'ait pas été davantage inquiété. Tout d'abord, la localisation de l'épisode vii, 1-23 n'est pas sûre : il est composé par Marc sur le modèle controverse-parabole à la foule et explication aux disciples, qui rappelle les chapitres précédents et ainsi la cause du départ.

Ensuite, nous ne savons pas exactement jusqu'où a pu aller la collusion des Pharisiens et des Hérodiens. Bien qu'ennemis de Jésus, les deux groupes n'avaient pas des objectifs identiques. On s'en aperçoit en Luc xiii, 31-3, où les Pharisiens qui avertissent Jésus de fuir ne l'avertissent sans doute que pour s'en débarrasser plus sûrement. Son départ en territoire païen leur donnera du reste l'occasion de le déconsidérer auprès de la masse juive. L'annonciateur de la délivrance d'Israël qui passe chez les *Goyim !* Cela suffisait à démasquer l'imposture. D'où sans doute la retenue extrême des évangiles à propos de ce voyage et, dans Jean, l'écho d'une discussion sur ce point : « Va-t-il rejoindre ceux de la Dispersion et va-t-il instruire les Grecs ? » (vii, 35).

Non. Le Fils de l'Homme n'instruit plus personne que ses disciples, ceux qui dorénavant distribueront la parole et le pain. Il ne sortira de la retraite et d'un exil de quelques mois que pour monter à Jérusalem et y être livré aux prêtres comme Jean, jadis, à Hérode.

Dans toute la section qui va d'ici à la confession de Pierre, le jugement d'historicité est rendu délicat par le fait que nous avons affaire d'une part à des groupements fort élaborés et, d'autre part, à des matériaux authentiques placés en excellente situation. C'est ainsi qu'une dernière explication avec les Pharisiens peut avoir paru nécessaire thématiquement — mais est aussi fort vraisemblable historiquement, surtout depuis le retour imprévu et le départ différé ; c'est ainsi encore que la version A peut paraître plus thématique et la version B plus historique mais que leur parallélisme reste assuré, la seconde comme la première étant suivie d'une instruction aux disciples qui tire la leçon de l'incident. C'est ainsi enfin que nous retrouvons le mot-clef des pains dans toute la section (Les disciples mangent « les pains » avec des mains impures (VII, 2), Jésus répond à la Syrophénicienne qu'il ne sied pas de donner aux petits chiens « le pain des enfants » (VII, 27), il parle du « levain » des Pharisiens et d'Hérode (VIII, 15) ; mais il reste à décider si l'évangéliste a ainsi imposé une unité thématique à un groupe historiquement fondé ou a groupé les épisodes d'après ce thème préalable. En gros, malgré l'élément rédactionnel, le groupement que reconstitue la lecture parallèle des deux versions paraît suffisamment sûr du point de vue historique. Nous allons passer, du reste, à l'analyse du détail.

LA DISCUSSION. VII, 1-23

La discussion avec les Pharisiens (VII, 1-23) se répartit en une discussion proprement dite (1-13), une parabole (ou plutôt un *mashal*) proposé à la foule (14-6) et son explication aux disciples (17-23). On note une parenthèse explicative (3-4) et une scolie manifeste (21b-22). L'ensemble est donc fort composé et rassemble tout ce qui a conduit à la rupture et au départ : la question des

Pharisiens est semblable à celle de la section des controverses ; elle est suivie par une parabole et son explication, comme dans la section qui suivait la grande accusation. Cette composition visible s'explique peut-être par le fait que cet épisode recourt à une source de *logia*, ce qui est exceptionnel chez Marc ; le même fait peut expliquer que la version de Matthieu, mieux renseigné dans ce genre de source, semble plus primitive par endroits. Mais c'est Marc qui donne la situation générale et cette situation est fort bonne malgré la coupure formelle avec la péricope précédente.

a) La discussion (VII, 1-13)

De prime abord, l'introduction, comme tout le cadre, paraît rédactionnelle. C'est ainsi que « les Pharisiens et certains des Scribes venus de Jérusalem » se réfère expressément à III, 22. Mais le fait est que le départ de Jésus est finalement une conséquence de la grande accusation rapportée à cet endroit. Marc semble plus renseigné sur le déroulement des événements que sur celui des discussions mais, en l'absence de sources écrites, il peut être livré à lui-même pour exprimer ce déroulement. Le caractère « rédactionnel » de son introduction n'exclut donc pas qu'elle ne soit basée sur des souvenirs réels que la tradition fait, d'une façon générale, remonter à Pierre.

Il n'y a rien d'impossible, en effet, à ce que certains enquêteurs soient restés sur place. Le cas a pu paraître suffisamment sérieux, à Jérusalem, pour justifier le séjour sur place d'une délégation. Un des buts de l'association des Pharisiens avec les Hérodiens a été d'obliger Jésus à quitter la Galilée — soit pour un territoire païen, ce qui lui ferait perdre de son prestige, soit pour la Judée où le Sanhédrin gardait une autorité plus réelle qu'en Galilée. Jean, qui ramène tout en Judée, connaît une retraite de Jésus « dans la région voisine du désert, dans une ville nommée Ephraïm » (XI, 54). Elle correspond chez lui à la seule retraite que connaissent les Synoptiques, celle du pays de Tyr. Cette retraite est la suite d'un conseil tenu à Jérusalem. Si ce conseil n'est pas le simple pendant judéen du conseil tenu chez Marc en III, 6, il a pu avoir lieu vers l'époque des paraboles, sur le rapport d'enquêteurs revenus à Jérusalem, pendant que d'autres restaient sur place. « Quelques-uns d'entre eux allèrent trouver les Pharisiens et leur racontèrent ce qu'avait fait Jésus. Les grands-prêtres et les Pharisiens réunirent alors un conseil : Que faisons-nous ? dirent-ils ; cet homme multiplie les miracles [5]. Si nous le laissons faire, tous croiront en lui et les Romains viendront détruire notre Lieu et notre nation. Un d'eux, Caïphe, grand-prêtre cette année-là, leur dit : Vous n'y entendez rien. Vous ne voyez pas qu'il vaut mieux qu'un seul homme meure pour le peuple et que la nation ne périsse pas toute entière... A dater de ce jour, ils furent résolus à le tuer. » (Jo. xi, 46-50 ; 53).

Que ce soit Caïphe, chef du parti sadducéen, ou plus généralement les Sadducéens, qui prennent la froide résolution de se débarrasser de Jésus est parfaitement conforme à la vraisemblance historique : ils étaient nettement plus durs et plus « politiques » que les Pharisiens. Ceci expliquerait comment Matthieu a pu ajouter, même en Galilée, les Sadducéens aux Pharisiens lors de la demande d'un signe du ciel (xvi, 1). Marc, écrivant pour des lecteurs de la Gentilité auxquels il doit déjà expliquer les coutumes pharisiennes, a pu connaître le rôle joué par les Sadducéens sans se soucier de le mentionner, pour éviter des explications supplémentaires.

A première vue, de même, l'occasion prise pour attaquer Jésus semble appartenir à l'époque des controverses (et même, la controverse du sabbat paraît, de soi, plus importante). Le sujet de la controverse a pu être choisi par Marc en fonction du thème des pains. Mettons donc qu'il ne s'agit que d'un prétexte dont l'historicité n'est pas assurée. Jésus n'y répond d'ailleurs qu'indirectement et élargit le débat. Il est possible cependant que ses adversaires aient profité de n'importe quelle circonstance. De toute façon, leur reproche général est plus important que l'occasion particulière et leur question distingue l'un de l'autre. Cette question

---

5. Rapporté par Jean à la résurrection de Lazare, le mot s'appliquerait mieux aux nombreux miracles galiléens sur lesquels portait l'enquête et qu'on attribuait à Béelzéboul.

contient une accusation formelle et formulée de façon très palestinienne : «Pourquoi tes disciples ne marchent-ils pas *(halach)*
selon la tradition des Anciens (la *halachah*, la Voie) mais man-
gent-ils le pain avec des mains [rituellement] impures ? » (VII, 5.)
Impures de cette impureté qu'on contracte notamment par le
contact avec les païens.

La riposte sera dure elle aussi, sans ménagement, et portant sur
le reproche général. Comme souvent chez Jésus, et c'est là une
marque d'authenticité, elle remonte du précepte humain à l'intention divine. Elle les oppose cette fois nettement, trace la limite
entre deux attitudes, accepte la rupture et en dévoile les causes :
«Et vous, pourquoi transgressez-vous le commandement de Dieu
au nom de votre tradition ? » (Mt. xv, 3.) Il en cite l'exemple des
biens déclarés *corban,* dont on était dès lors prétendument dis-
pensé d'assister ses parents. L'exemple est extrême mais net. Il
oppose la religion formelle, juridique, à la religion profonde, celle
du cœur changé et tourné vers Dieu, d'où procède tout acte et
toute pensée. Dès lors, la réponse à la question de l'impureté
rituelle est sous-entendue : ce n'est pas la pureté extérieure qui
compte mais la pureté intérieure, celle du cœur, des « purs qui
verront Dieu ». Ici, pour la première fois, Jésus traite ses adversaires d'*hypocrites* et on doit se dire que les sept malédictions solennelles de Matthieu XXIII, 13-32, inconnues de Marc, trouveraient
bien ici leur situation, d'autant plus qu'elles enveloppent à la fois
les scribes et les Pharisiens, c'est-à-dire les adversaires présents de
Jésus. « Malheur à vous, scribes et Pharisiens hypocrites, qui fer-
mez aux hommes le Royaume des Cieux ! Vous n'entrez certes
pas vous-mêmes mais ne laissez même pas entrer ceux qui le vou-
draient... Guides aveugles qui filtrez le moustique et engloutissez
le chameau. Malheur à vous, scribes et Pharisiens hypocrites, qui
purifiez l'extérieur de la coupe et de l'écuelle, quand l'intérieur est
rempli de rapine et d'intempérance ! Pharisien aveugle ! purifie
d'abord l'intérieur de la coupe et de l'écuelle afin que l'extérieur
aussi devienne pur... Malheur à vous, scribes et Pharisiens hypocrites, qui bâtissez les sépulcres des prophètes et ornez le tombeau
des justes en disant : Si nous avions vécu des temps de nos pères,
nous ne nous serions pas joints à eux pour verser le sang des
prophètes. Vous témoignez ainsi contre vous-mêmes que vous êtes

bien les fils de ceux qui les ont assassinés ! Eh bien ! Comblez donc la mesure de vos pères ! »

Ces dramatiques apostrophes, dont Matthieu a porté le nombre à sept, s'encadrent parfaitement dans la situation que nous sommes en train de retracer : la rupture éclatante, le reproche fondamental d'avoir rejeté le Royaume et d'empêcher le peuple d'y entrer, la purification intérieure opposée aux purifications rituelles et enfin la finale abrupte, visant la poursuite acharnée à laquelle est soumis Jésus, et la comparaison de son sort avec celui des prophètes. Alors qu'il s'apprête, comme Jérémie, à prendre le chemin de l'exil.

Dans notre péricope, le reproche d'hypocrisie et de religion trop humaine est exprimé dans une citation d'Isaïe (XXIX, 13) appliquée aux Pharisiens et aux scribes. La citation est faite d'après la LXX, mais le texte hébreu donne essentiellement le même sens. Et surtout, comme presque toujours, il convient de recourir au contexte de la citation et de la prolonger. On voit alors comme les « Malheurs ! » sont ici à leur place et combien les paroles d'Isaïe peuvent faire allusion à ces inquisiteurs dont les filets se resserrent sur Jésus :

« Malheur à ceux qui se cachent de Yahvé pour dissimuler leurs projets et qui trament leurs desseins dans l'ombre ... ceux dont la parole rend les autres coupables, ceux qui tendent un piège à celui qui les confond à la porte et perdent le juste sans raison. » (Is. XXIX, 15 ; 21.) « Mais les humbles se réjouiront encore en Yahvé et les pauvres exulteront dans le Saint d'Israël. » (*Id.* 19.) Dans la forme de Matthieu ou celle d'Isaïe, ceci a dû être dans la pensée et les paroles de Jésus à ce moment-là. Même si la citation était attribuable à l'évangéliste, il a pu l'emprunter pour donner forme à un contenu de sens identique. Mais cette hypothèse n'est même pas nécessaire, l'influence d'Isaïe étant certaine dans la conception d'un Messie souffrant, qui se développera bientôt, et déjà dans le récit du Baptême et dès auparavant à Qumrân.

Un autre verset du même passage d'Isaïe cependant a pu exercer une influence sur la composition de Marc, le verset 18 : « Alors les sourds, ce jour-là, entendront les paroles (d'un livre) et, délivrés des ténèbres, les yeux des aveugles verront. » Lue synoptiquement, notre double version, en effet, va aussitôt rapporter la guérison d'un sourd-bègue et celle d'un aveugle et cette double guérison, propre à Marc, ainsi placée immédiatement avant la confession de Pierre, acquiert un sens symbolique conforme au verset d'Isaïe. Cette nouvelle concordance empêche de croire à un hasard et renforce l'hypothèse de la double version.

b) Le pur et l'impur

« Et ayant rappelé la foule, il leur dit : Écoutez-moi tous et saisissez : il n'est rien d'extérieur à l'homme qui, pénétrant en lui, puisse le souiller, mais ce qui sort de l'homme, voilà ce qui le souille. Si quelqu'un a des oreilles pour entendre, qu'il entende ! » (VII, 14-16.)

Ici comme en III, 23, la vraie réponse est moins donnée aux adversaires qu'aux disciples — ou, plus exactement, à la foule puis aux disciples, comme dans les paraboles, encadrées par les mêmes invitations à comprendre. Ce principe imagé renvoie de nouveau à l'homme intérieur, à la source qu'il s'agit de purifier, comme dans le Sermon sur la Montagne. Malgré le contexte polémique, ce principe reste rigoureusement dans la ligne de Jésus, est étroitement rattaché à son attitude centrale. Il n'empêche qu'il faut bien voir combien, en milieu juif, ce principe est révolutionnaire, et tellement qu'il faudra la vision de Joppé pour décider Pierre à la communauté de table avec les Gentils, même convertis.

Aussi Jésus insistera-t-il, dans une instruction aux disciples (17-23). Bien qu'habituelle dans le cadre des paraboles, cette insistance est ici particulièrement justifiée, au moment d'un départ pour un long séjour en territoire païen, où se multiplient les occasions de « souillure » que pouvaient craindre des Palestiniens pieux.

LA DEMANDE D'UN SIGNE (VIII, 11-13)

Nous sommes ici en présence des mêmes adversaires mais un peu plus tard, car il y a progression. De quel droit Jésus change-t-il la Voie des Anciens ? Qu'est-ce qui justifie son autorité ? Les guérisons ? Elles sont l'œuvre de Béelzéboul. Aussi vont-ils le « mettre à l'épreuve », le « tenter », comme jadis l'Adversaire. Refusant les miracles de guérison, ceux d'Isaïe, « ils disputèrent avec lui, demandant un signe du ciel », un sygne apocalyptique conforme à leur conception des temps messianiques. Il s'agit pour eux de dépasser la discussion et de mettre Jésus au pied du mur, de contrer ses prétentions messianiques en demandant un signe incontestable, dont ils sont persuadés qu'il ne pourra le donner, un des grands signes dans le ciel réservés à Yahvé. Cette demande de signes est d'ailleurs tout à fait juive mais elle n'est pas toujours approuvée par Dieu : à Massa-Mériba, par exemple, ce fut un signe de tentation, un signe d'incrédulité que demandèrent les Israélites.

Il en est de même ici, d'où le soupir de Jésus. « Ayant profondément soupiré en son esprit, il dit : Pourquoi cette génération demande-t-elle un signe ? Amen, je vous le dis, il ne sera certes pas donné de signe à cette génération. »

L'expression « cette génération » est toujours prise en mauvaise part dans l'Ancien Testament et dans la littérature rabbinique. « Elle caractérise l'ensemble de ceux qui se tournent contre la révélation divine [6]. » D'où le refus solennel avec imprécation sous-entendue (*ei*). Les vrais signes ne s'adressent qu'à la foi. Or, ceux-ci ont fermé leur cœur au lieu de le changer, ils ne peuvent comprendre parce que leur cœur, plein de l'humain levain, s'y refuse, parce que leur voie est celle de l'homme et non de Dieu. Cette attente de signes apocalyptiques, spectaculaires, est liée, du reste, à la conception d'un messianisme populaire.

En ce sens, la manœuvre est habile et les Pharisiens pourront triompher extérieurement. Mais Jésus a rejeté dès la Tentation les signes spectaculaires et a toujours insisté sur la liaison des miracles à la foi. Le signe spectaculaire prive l'homme de sa liberté et de la

---

6. LOHMEYER, op. cit. p. 156.

foi de sa profondeur. Un psaume récité dans le Temple, le psaume 95, mettait expressément en garde contre le « signe de tentation » :
« N'endurcissez pas vos cœurs comme à Mériba,
     comme aux jours de Massa dans le désert,
     quand vos pères m'ont éprouvé et tenté,
     et pourtant ils voyaient mes actions. » (8-9)
Qu'on ne manque pas de le noter : tout en refusant cette sorte de signe, Jésus proclame implicitement l'origine de son autorité. Le passif désignant Dieu par périphrase, affirmer qu'il ne sera pas donné de signe à cette génération équivaut à s'affirmer au courant des desseins divins.

Au refus catégorique du signe, Matthieu ajoute (XVI, 4) : « sinon le signe de Jonas » — ce que Luc XI, 30-32 commente comme suit : « Car de même que Jonas devint un signe pour les Ninivites, ainsi le Fils de l'Homme pour cette génération... Les hommes de Ninive se dresseront au Jugement avec cette génération et ils la condamneront, car ils firent pénitence à la proclamation de Jonas, et il y a ici plus que Jonas ! » C'est là le signe de Jonas : la proclamation qui a suffi à Ninive et qui n'a pas suffi en Galilée à cause de l'opposition pharisienne [7]. « Sur quoi, les laissant là, il partit » (Mt). Et la brusquerie unique de ce départ marque, tous ponts désormais rompus, le grand départ pour le « pays de Tyr ».

LE LEVAIN PHARISIEN ET LA MULTIPLICATION (VIII, 14-21)

La précipitation du départ a été telle que les disciples ont oublié de prendre des pains. Jésus prend prétexte de la circonstance, non pour se préoccuper de ce manque de vivres, mais pour leur faire cette recommandation, en rapport avec les derniers incidents : « Voyez, gardez-vous du levain des Pharisiens et du levain d'Hérode. » Ils prennent cette parole au pied de la lettre, comme

---

7. L'interprétation de Matthieu XII, 40 est tardive et appuyée sur la Résurrection. *Vaticinium ex eventu.* Le « plus que Jonas », plus directement que Marc VIII, 12 b, est une revendication de la dignité messianique, maintenue malgré le refus du signe.

le mystérieux commandement d'avant la multiplication — ce qui les fait discuter entre eux sur le manque de pain. Il importe peu de savoir les termes exacts de leur discussion : ils se rejettent mutuellement la responsabilité, se demandent où ils vont s'en procurer et, sans doute, quelle est cette mystérieuse recommandation. Sur quoi, Jésus, impatienté : « Pourquoi discuter sur le manque de pains ? Ne comprenez-vous pas encore et ne saisissez-vous pas ? Avez-vous le cœur endurci — ne voyant pas avec des yeux et n'entendant pas avec des oreilles ? Quand j'ai rompu les cinq pains pour les cinq mille, ne vous rappelez-vous pas combien de couffins pleins de restes vous avez ramassés ? — Ils répondent : Douze... Il reprit : Ne saisissez-vous pas encore ? [8] » Matthieu interprète le levain de la doctrine des Pharisiens et des Sadducéens ; Luc, de l'hypocrisie des premiers. Ces interprétations facilitantes sont secondaires. Il convient de rester dans la situation et de se reporter au sens juif du levain. Il désigne généralement les mauvaises dispositions innées au cœur de l'homme. C'est le sens, adapté à l'image du « vieil homme », qu'il a chez saint Paul par allusion aux azymes de la Pâque : « Purifiez-vous du vieux levain... Célébrons la fête non avec du vieux levain ni un levain de malice et de perversité mais avec des azymes de pureté et de vérité. » (I Cor. v, 7-8.) On peut citer aussi cette prière de Rabbi Alexandre : « ... notre volonté est de faire ta Volonté. Et quel est l'obstacle sinon le levain dans la pâte et notre servitude envers les nations ? [9] »

Pris dans ce sens, le « levain » doit être référé au principe de VII, 15 : ce qui souille vraiment l'homme vient de ce point intime d'où procèdent ses actes et ses pensées. Ce levain désigne la source trouble d'où tout sort, qui envahit tout et fait tout lever. Il cause cet endurcissement des Pharisiens refusant les signes de la foi et réclamant un signe d'épreuve, un signe de Massa, parce que leurs pensées sont humaines. Ce danger peut menacer les apôtres dont

---

8. A cause de la double version, Marc ajoute les 7 pains pour les 4 000. Mais, alors que la première question reprend strictement les termes de VI, 44, la seconde cite plus librement VIII, 9, pourtant beaucoup plus proche. C'est un nouvel indice de la priorité de VI, 35-44.

9. Cité par ABRAHAMS, *Studies in Pharisaism and the Gospels*, I, Cambridge, 1917. p. 52 sq.

les conceptions restent fort terre à terre. « Ils n'avaient pas compris à propos des pains mais leur cœur était endurci. » (VI, 52)

Ils restent encore aveugles et sourds pour le moment car ils ne comprennet pas ce *mashal*. Leur discussion sur les pains le prouve et impatiente Jésus. Comme pour les paraboles, il les avertit de saisir et il cite de nouveau les mêmes paroles d'Isaïe que lors des paraboles, leur signifiant que l'obstacle à la compréhension est le cœur aveugle, insensible. Il leur remet en mémoire cette parabole en action qu'avait été la multiplication. Ce signe avait été fait pour eux. Il leur indiquait ce qu'était le vrai pain, le vrai Messie, le vrai Royaume, et de ne pas se préoccuper du pain matériel, qui a surabondé. Eux, les Douze, destinés à distribuer le vrai pain, doivent être « sans levain », comme des azymes.

Le rapprochement des Pharisiens et d'Hérode pourrait signifier plus précisément qu'ils aient à se garder d'un messianisme terrestre, politique, auquel ils sont encore trop enclins. Si Israël attend la nouvelle Pâque, la délivrance définitive du joug des nations aux temps de la fin, ils ont à se débarrasser de ce levain pour préparer la vraie Pâque du Seigneur et la vraie venue du Règne.

AU PAYS DE TYR (VII, 24-30)

On peut hésiter sur l'ordre dans lequel il convient de placer l'épisode de la Syrophénicienne et la double guérison du sourd-bègue et de l'aveugle. La décision dépend de l'itinéraire qu'on adopte et de la vue qu'on prend de ces deux miracles propres à Marc. Cette décision, toutefois, n'est pas capitale et le mieux, en l'absence d'éléments décisifs, est de conserver l'ordre du chapitre VII.

Le verset 24 est important. « Partant de là, il s'en alla au pays de Tyr. Et, étant entré dans une maison, il ne voulait pas que personne le sût ... »

Ce verset n'est pas un simple verset rédactionnel destiné à faire transition. Le fond en est fort particulier : outre la mention du séjour en territoire païen, scandaleux du point de vue juif (alors que le verset 27 sera choquant pour les Gentils), il insiste sur une volonté de complet isolement, et d'isolement prolongé, qui est unique depuis les quarante jours au désert. Un indice philologique confirme cette impression : le verset contient la forme rare ἠδυνασθη et un verbe λαθειν qui n'apparaît qu'ici.

L'importance du verset est bien soulignée par Vincent Taylor, un des meilleurs exégètes de Marc : « La retraite au pays de Tyr est le lien essentiel entre l'échec du ministère galiléen et le compte rendu de la journée décisive au voisinage de Césarée de Philippe [10]. » Si nous manquons si totalement de renseignements précis sur la stricte retraite de Jésus au début de son exil, cela tient à la nature des choses et à l'absence de témoins. Comme au moment de la retraite au désert, Jésus a vécu un moment dans la plus grande solitude : Marc, qui n'oublie jamais de mentionner les disciples à tous les moments importants, les passera complètement sous silence dans l'épisode de la Syrophénicienne.

Rien ne permet-il donc, à part l'épisode en question, d'évaluer la signification de cette stricte retraite de Jésus ? Rien, sinon cette chose capitale, qui porte sur tout l'Évangile : son attitude avant cette retraite et son attitude après. Avant, nous n'avons aucun indice que Jésus lie sa mission à la nécessité de sa souffrance et de sa mort. Si la voix du baptême fait écho à Isaïe, c'est à Isaïe XLII, 1, à un chant du Serviteur mais au premier, où il apparaît en libérateur. L'accent, au cours du ministère galiléen est mis sur la Bonne Nouvelle, sur le Royaume et l'imminence de sa venue, et non sur le destin du messager qui l'annonce. Après la retraite au pays de Tyr au contraire, lorsque Pierre le reconnaît pour le Messie, il commence à leur enseigner que le Fils de l'Homme doit souffrir et être rejeté et les annonces de sa mort encadrent sa montée vers Jérusalem. De même qu'après le Baptême il était allé se préparer à sa mission au désert de la Tentation, ici, dans la solitude et la prière, il réfléchit à l'échec galiléen à la lumière des prophètes et notamment d'Isaïe, et voit se préciser sa mission dans le destin expiatoire du Serviteur souffrant. A la Transfiguration,

10. *The Life & Ministry of Jesus,* London, 1955 (2ᵉ édit) p. 133. Cf. aussi, pour la suite, les pages suivantes.

où apparaissent Moïse et Élie, la voix divine le confirmera Fils
en présence des trois disciples et leur dira de l'écouter, alors qu'ils
se révoltent contre les souffrances qu'il prédit.

Des pensées qui l'occupent au début de sa retraite, on décèle
des traces dans l'épisode de la Syrophénicienne, où l'insistance se
porte sur les paroles plus que sur le miracle
Cette femme est grecque de langue mais surtout de religion.
Elle est dite Syrophénicienne de nationalité par opposition aux
Libyphéniciens, qui sont les Phéniciens d'Afrique, les Cartha-
ginois. On ne nous dira pas comment elle a connu la présence du
prophète juif et sa puissance miraculeuse. Peut-être par les disciples, vivant comme une troupe désœuvrée et entrés en contact
avec des Juifs de la région sinon avec les autochtones. Certes,
les rabbis évitaient le contact des femmes et des païens.
Mais Jésus vit dans l'esprit qui animait les prophètes bien plus que
selon les prescriptions de la Halachah pharisienne. Et des étrangères, jadis, s'étaient adressées à Élie et Élisée, les grands prophètes
du Nord. Donc, « il ne put rester caché car bientôt une femme
dont la fillette avait un esprit impur, ayant entendu parler de
lui, vint se jeter à ses pieds. C'était une « grecque », de nation
syrophénicienne, et elle lui demandait de chasser le démon de sa
fille. Il lui répondit : Laisse d'abord les enfants se rassasier, car il
ne convient pas de prendre le pain des enfants et de le jeter aux
petits chiens. Mais elle lui répliqua : Seigneur, même les petits
chiens sous la table mangent les miettes des enfants. Il lui dit
alors : A cause de cette parole, va, le démon est sorti de ta fille. »
(24 b-29)
La première réponse de Jésus ne doit pas être prise pour plus
dure qu'elle n'est. Autant qu'une fin de non-recevoir, c'est une
réflexion de lui-même à lui-même et la femme s'en est aperçue
comme en fait foi et son insistance et la parole finale de Jésus.
Les Juifs sont évidemment les enfants et l'image des « chiens »
était habituelle en Palestine pour désigner les païens. Rabbi
Eliézer, par exemple, affirmait : « Qui mange avec un idolâtre est
pareil à quelqu'un qui mange avec un chien [11]. » Jésus atténue ce

---

11. Cf. WELLHAUSEN *Das Ev. Marci,* Berlin, 1909 (2ᵉ éd.) p. 56.

que le mot avait d'insultant en usant d'un diminutif, « un petit chien », un chien familier vivait sous le même toit et non un chien errant comme celui qui lèche les plaies du pauvre Lazare.

Mais ce n'est pas cet aspect de sa parole — l'aspect extérieur, tourné vers la suppliante — qui doit nous retenir. Nous ne devons pas non plus nous arrêter exclusivement au principe. C'est un principe de base : la promesse est pour les Juifs ou du moins (car la vision des grands prophètes est plus universaliste) pour les Juifs d'abord. Ce même dogme se reflète, chez Jean, dans la parole à la Samaritaine : « Le salut vient des Juifs. » (IV, 22 b.) Et de même chez saint Paul : « Aux Juifs d'abord et puis aux Grecs » (Rom. I, 16 ; II, 9.) Il n'excluait d'ailleurs pas les individus, comme le prouve le prosélytisme pharisien. Il était valable « en bloc », nationalement en quelque sorte et même, plutôt, historiquement, dans le déroulement de l'histoire du salut et des desseins divins.

Qu'il ait été présent à la méditation de Jésus pensant, au pays de Tyr, à sa mission est, après l'échec galiléen, de la plus haute vraisemblance. Mais le contexte précis dans lequel il a pu y penser serait plus important encore à déterminer. Or, une double allusion indique qu'il y pense dans le contexte de la multiplication des pains.

Une première allusion vient du texte parallèle de Matthieu : « Je n'ai été envoyé qu'aux brebis perdues de la maison d'Israël. » (XV, 24) Cette parole du Pasteur messianique ne doit pas s'entendre de la parabole (postérieure) mais, selon l'image d'Ezéchiel et plus largement, de l'ensemble du peuple « comme des brebis sans berger » de la première multiplication (VI, 34). Une seconde allusion le confirme, celle du « rassasiement » des enfants, qui renvoie au rassasiement de la multiplication (VI, 42). Tel est le contexte dans lequel, outre la situation de l'épisode, doit se comprendre le « pain des enfants ».

Quel est ce pain des enfants ? Il se rapporte ici à la guérison demandée et là, à la parole de la Révélation. Mais pas plus qu'à la multiplication la Parole ne doit être, ici, opposée au miracle. L'un et l'autre sont la Révélation sous une double espèce. Étant essentiellement signe comme le veut Jésus, le miracle n'est pas séparable de son sens, qui renvoie à la Parole. Il est la Parole en acte et c'est endurcissement que de ne pas l'y voir. Si Jésus hésite à faire un « signe » en territoire païen, c'est parce que nulle part nous ne l'y voyons enseigner. L'essentielle valeur de signe du miracle y serait perdue, « jetée aux chiens ». C'est à cause de sa réponse, prouvant qu'elle accepte de mettre le miracle en rapport avec la mission de l'Envoyé, que Jésus accorde instantanément sa requête à la femme « grecque ».

Les autres évangélistes ont si bien saisi la corrélation que, géographiquement, ils rapprochent de la Palestine les miracles accomplis en faveur de païens. Et saint Paul, pour révéler aux néophytes de la Gentilité les insondables richesses du Christ, ne devra-t-il pas d'abord leur apprendre de quelles promesses, succédant aux Juifs, ils sont les héritiers ?

Dans le cadre d'un miracle (qui n'est d'ailleurs pas décrit), nous sommes donc reconduits à la Parole-pain spirituel, comme déjà lors de la première Tentation et du Pater. Les enfants à rassasier, cet Israël famélique et mal conduit, font penser à la prophétie d'Amos : « Voici venir des jours — oracle du Seigneur Yahvé — où j'enverrai la faim dans le pays, non une faim de pain ni une soif d'eau, mais d'entendre la parole de Yahvé. » (VIII, 11.) C'est Jésus, l'hôte du banquet messianique, qui est chargé de les rassasier.

Ici, il est important de noter que le thème se trouve dans Isaïe et que c'est à partir d'Isaïe que Jean le développera. « Pourquoi dépenser votre argent pour autre chose que du pain, votre salaire pour ce qui ne rassasie pas... Prêtez l'oreille et venez à moi, écoutez et votre âme vivra. » (LV, 2-3.) Et il est plus important encore de remarquer que le thème corrélatif des brebis errantes se trouve dans l'essentiel chapitre LIII, dans ce quatrième chant du Serviteur qui préfigure la Passion : « Tous, comme des brebis, nous étions errants, chacun suivant sa propre voie. » (6.) Au verset suivant, c'est l'image de l'agneau qui sauve les brebis, du Serviteur « comme un agneau conduit à la boucherie ».

Tant de juste méfiance qu'on puisse avoir envers les hypothèses, il est impossible, devant la convergence des indices, de ne pas supposer que Jésus, plein de ces thèmes, a médité devant Dieu sur ces chants du Serviteur, dont le premier avait été cité au Baptême. Il a dû méditer en particulier sur le sens expiatoire et volontaire de la mort du Serviteur : « S'il offre sa vie en expiation, ... ce qui plaît à Yahvé s'accomplira par lui » (10) c'est-à-dire, en termes chrétiens, « la volonté du Père ». « Par ses souffrances, mon Serviteur justifiera des multitudes en s'accablant lui-même de leurs fautes. » (11b.)

En référence au séjour phénicien et au principe maintenu d'« Israël d'abord », il faut penser aussi au second Chant du Serviteur : « C'est trop peu que tu sois mon serviteur pour relever les tribus de Jacob et ramener les survivants d'Israël : Je ferai de toi la lumière des nations pour que mon salut atteigne aux extrémités de la terre. » (XLIX, 6.)

Si les mauvais pasteurs empêchent Jésus de paître Israël, il se substituera à lui dans la Pâque du Seigneur, offrant sa vie en expiation pour la justification de multitudes afin que par lui s'accomplisse la volonté de Dieu — ce que répétera la prière de Gethsémani — et les nations alors, mais alors seulement, seront atteintes par la lumière.

C'est essentiellement ce que Pierre, se référant à Isaïe et à Joël, prêchera, d'abord à la maison d'Israël : « Dieu a ainsi accompli ce qu'il avait annoncé par la bouche de tous les prophètes, que son Messie souffrirait » (Act. III, 18), et : « C'est pour vous qu'est la promesse ainsi que pour vos enfants et pour tous ceux qui sont au loin, en aussi grand nombre que le Seigneur notre Dieu les appellera. » (Act. II, 39.)

Jugera-t-on que j'exagère ici l'influence d'Isaïe ? Elle est difficile à exagérer et le sens du double miracle qui suit (dans les versions parallèles, celui du sourd-bègue et de l'aveugle) le confirmerait au besoin.

LES MIRACLES ISAIENS : LE SOURD ET L'AVEUGLE (VII, 31-37 ; VIII, 22-6)

Le parallélisme des deux miracles peut être mis en relief par le tableau suivant :

Le sourd-muet (VII, 32-7)	L'aveugle (VIII, 22-6)
Et on lui amène...	Et on lui amène...
et on lui demande avec prière (de lui imposer la main)	et on lui demande avec prière (de le toucher)
et le prenant (à part, hors de la foule)	et lui prenant la main (il le conduisit hors du bourg)
et, ayant craché, (il lui toucha la langue)	et, ayant craché (sur ses yeux, il lui imposa la main)
et levant les yeux (au ciel)	et levant les yeux...
[Renvoi et ordre de se taire]	[Renvoi et ordre de se taire]
[L'ordre n'est pas obéi. Tous proclament : Il fait entendre les sourds et parler les muets]	

Ce parallélisme (non tant des miracles que de leur présentation) prouve que ces deux miracles sont conçus par l'évangéliste comme une paire [12], ce qui leur donne un sens nettement isaïen, exprimé par la fin de la première version (la plus développée et celle qui contient le plus de sémitismes) : « Il a fait entendre les sourds et parler les muets. »

En son lieu, j'ai remarqué que le miracle du sourd et de l'aveugle était prévu, en un sens spirituel, dans le prolongement d'Isaïe XXIX, 13, cité en réplique aux Pharisiens (VII, 6-7.) Ici, toutefois, la mention des « muets » renvoie plutôt à Isaïe XXXV, 5-6 : « Alors les yeux des aveugles se dessilleront, les oreilles des sourds s'ouvriront, alors le boiteux bondira comme un cerf et la langue du muet criera de joie. »

La suite fait allusion au miracle de l'eau dans le désert : « Car de l'eau jaillira dans le désert... et le pays de la soif se changera en sources. » Miracle d'eau plutôt que de « pain » mais, chez Jean, Jésus est équivalemment « pain de vie » et « source de vie »,

---

12. Plutôt que comme un doublet. La même chose peut se prétendre de la dispute avec les Pharisiens et de la demande d'un signe, mais plus difficilement des deux multiplications (ce qui ne signifie pas nécessairement qu'il n'y ait eu qu'un repas messianique au désert).

la prophétie d'Amos parle à la fois de la faim et de la soif de la parole de Yahvé et les merveilles de l'Exode dont s'inspirent les descriptions du temps messianique sont, aussi bien que de la manne, celles de l'eau du rocher. Marc n'a encore rapporté ni guérison d'aveugle, ni guérison de sourd ni de muet. Renvoyant à Isaïe, ces miracles désignent de plus en plus clairement Jésus comme le Messie et préparent ainsi la confession de Césarée. Mais aussi ils indiquent que l'action et la pensée de Jésus se situent de plus en plus précisément sous le signe d'Isaïe.

Le sens « isaïen » de ces miracles est explicitement confirmé par le passage parallèle de Matthieu xv, 30-1. Matthieu ne rapporte pas, à vrai dire les deux miracles de Marc, et nous verrons pourquoi. Mais il les remplace — après son épisode de la Cananéenne, ce qui justifie notre ordre — par cette notice générale de signification équivalente : « Et on vint à lui en grande foule, amenant des boiteux, des estropiés, des muets et d'autres encore qu'on déposa à ses pieds ; et il les guérit. Et les foules de s'émerveiller, voyant ces muets parler, ces estropiés valides, ces boiteux qui marchaient, ces aveugles recouvrant la vue ; et ils rendirent gloire au Dieu d'Israël. » Ceci renvoie aussi nettement que Marc à Is. xxxv, 5-6 mais également à Is. xxix, 23-4 : « On craindra le Dieu d'Israël. Les esprits égarés apprendront la sagesse. »

Par ailleurs, un détail important commun aux deux récits de Marc a nécessairement disparu de la notice générale de Matthieu, moins liée au concret : celui des yeux préalablement levé au ciel en geste de prière. Ce geste renvoie à la multiplication (vi, 41) et la concordance montre que le « pain » des miracles-signes, comme il apparaissait dans la parole à la Syrophénicienne, est bien le même que celui de la Parole qu'ils confirment.

Si Matthieu remplace le double miracle par une notice, c'est qu'il a déjà rapporté, dans une tradition qui lui est propre, deux miracles qui vont dans le même sens, celui des deux aveugles et d'un possédé muet (ix, 27-32.) Pourquoi ce décalage ? Pour permettre la réponse aux envoyés de Jean (épisode inconnu de Marc) par les miracles d'Isaïe. Matthieu n'a pas voulu se répéter. Une fois de plus la priorité de Marc paraît certaine, et la plus grande sûreté de sa chronologie — mais aussi l'importance, dans les deux sources, de ce que j'appellerai le signe d'Isaïe [13].

Ce signe a été donné hors de Galilée. D'où l'embarras de Matthieu qui, de façon volontairement ambiguë, le situe « sur les bords de la mer de Galilée » et déjà Marc le situait près des frontières, soit en Décapole (en passant par Sidon !) soit vers Bethsaïde. Cet embarras prouve bien que ces « signes » ont eu lieu en territoire païen ou semi-païen comme le demande un contexte qui les situe entre la retraite « au pays de Tyr » et la confession au voisinage de Césarée.

Dois-je dire que ce signe a réellement été donné ? De ce que Marc conçoit ces miracles comme donnant le signe d'Isaïe, il ne faudrait pas conclure, de façon rationaliste, que ces miracles sont purement symboliques. C'est là une vue « grecque » ou intellectuelle, non une vue « juive ». Radicalisée, elle conduit à l'intenable position qui fait de Jésus un mythe (parti de la Palestine monothéiste !). Ces miracles ne sont pas « purement symboliques ». Ils sont significatifs, ils sont des « signes », ce qui est tout autre chose et les réintègre nécessairement dans le réel. Le vrai problème est un problème littéraire qui se pose comme suit :

L'évangéliste, dans le même temps qu'il raconte le « signe », en fait ressortir la signification. Dans le cas présent, par un parallélisme de rédaction. Ces parallélismes, comme les inclusions et les allusions, sont des moyens de « composition » c'est-à-dire des moyens pauvres du point de vue du vocabulaire et de la forme mais suggestifs du point de vue de la pensée. La tendance existait

---

13. Luc ne connait ni les miracles de Marc ni ceux de Matthieu. Aussi place-t-il avant la question de Jean un autre récit qui lui est personnel : la résurrection du fils de la veuve de Naïn (VII, 11-7). Il faudrait revoir, à ce carrefour précis, la question des sources personnelles à Matthieu et Luc et celle de leur source commune. Du moins dans la rédaction, la réponse à Jean double le sens des deux miracles de Marc, et la double prématurément.

L'épisode de Luc rappelle celui d'Elisée (II Reg. IV, 8-37), d'autant plus que Naïn n'est pas très loin éloigné de Sunem. Par ailleurs, le contexte Elie-Elisée appartenant à la période de la retraite, on peut se demander si Luc ne l'y a pas trouvé.

Il est probable que Matthieu et Luc ont voulu replacer le « signe d'Isaïe » en Palestine.

dès l'Ancien Testament, car l'hébreu est une langue pauvre (du moins dans le domaine abstrait). La tendance s'exaspère dans les Évangiles. Pourquoi ? Parce que ces moyens proprement sémitiques doivent être employés dans une langue dont les Apôtres et les premiers rédacteurs sont loin de posséder toutes les ressources. Il ne faut donc conclure ni à une maladresse fondamentale (à ne pas confondre avec une maladresse formelle qui tient au passage de l'araméen au grec) ni à une invention de la matière. Il faut conclure à un type d'expression et apprendre à distinguer le niveau expressif, rédactionnel, et le niveau des faits.

En l'occurrence, les récits de Marc retiennent des traits concrets que ne posséderait guère un miracle symbolique. Un miracle construit à partir d'Isaïe aurait parlé d'un sourd et d'un muet, ou à la rigueur d'un sourd-muet, mais nous avons affaire ici à un sourd *mogilalos* c'est-à-dire « parlant avec difficulté », ce qui déforce l'allusion. De même, les guérisons ne sont pas subites comme on aurait pu s'y attendre. Celle de l'aveugle est graduelle. Quand Jésus lui demande s'il voit quelque chose, il répond avec toute la saveur populaire du concret : « Je vois les gens que c'est comme des arbres que je les vois marcher. » (VIII, 24.) L'usage de la salive n'indique ni la toute-puissance ni aucune référence scripturaire : elle est conforme aux idées du temps qui lui attribuait une vertu curative (éventuellement personnelle) [14]. De même pour l'introduction des doigts dans l'oreille et pour le mot araméen qui nous a été conservé : *Ephphata,* « ouvre-toi ».

Bref, nous n'avons pas affaire à des récits imaginés pour illustrer une thèse mais à des faits dont on souligne, par le récit même, la signification. Le fait est normal chez des Juifs habitués à interpréter les signes très concrets des prophètes.

Nous-mêmes, d'ailleurs, savons-nous toujours exactement où nous devons arrêter la signification que nous accordons aux détails concrets ?

Un cas-limite est par exemple celui du « soupir » que pousse

14. On la retrouve donc dans d'autres récits. On cite notamment le cas d'une guérison de Vespasien (Tacite et Suétone). Mais comme Josèphe, suivi par Suétone, rapporte les prophéties messianiques à Vespasien proclamé empereur en Judée, on peut se demander dans quel sens l'influence, s'il y en a une, a joué.

Jésus (VII, 34.) Convient-il de l'interpréter ou d'y voir un simple trait humain qui nous a été conservé ? Faut-il le rapprocher du « profond soupir » qu'il pousse devant les Pharisiens incrédules qui lui demandent un signe (VIII, 12) ? Il se pourrait, des parallèles juifs montrant que l'injonction de s'ouvrir n'est pas adressée à l'organe malade mais au malade lui-même. Jésus pense-t-il à ce moment-là à ceux qui ont des oreilles et n'entendent pourtant pas ?

Le fait est que bientôt Pierre va commencer à comprendre et que ses yeux vont s'ouvrir.

LA PROFESSION DE LA FOI DE PIERRE
(VIII, 27-30)

Elle clôt, nous le savons, la première partie de l'Évangile et ouvre la seconde. Elle se place vers la fin de la retraite. Jésus fait route vers les faubourgs de Césarée de Philippe, ville païenne où il n'entrera pas. Au terme d'une période de révélation qui va des paraboles et de la multiplication des pains aux miracles « isaïens » que nous venons de voir, après que les disciples, qui n'ont pas encore compris, se demandent quand même « qui est celui-là », Jésus, qui ne leur a jamais révélé directement sa messianité, leur demande : « Qui suis-je au dire des gens ? »

Ces gens ne peuvent être que les Galiléens qu'ils ont quittés. Jésus continue donc à faire réfléchir les apôtres sur les événements passés et déjà nous avons vu, à l'époque de la mission, quelle était l'opinion des gens. Ils la lui répètent : « Jean-Baptiste », d'après la plupart, « pour d'autres, Élie ; pour d'autres, un des prophètes ». C'est encore là le niveau des rapports au retour de mission. Mais depuis lors ils ont vécu seuls avec lui, ont été retirés de l'action et, dans cet environnement nouveau, inhabituel, en terre étrangère, ils ont pu réfléchir, se recueillir. Aussi leur pose-t-il à présent la question directe, capitale, devant laquelle il n'y aura pas d'échappatoire possible : « Mais vous, qui dites-vous que je suis ? »

On imagine un silence solennel. Jamais il n'a dit clairement « qui » il était, à part ce que tous savent, qu'il s'appelle Jésus et qu'il est de Nazareth. Jamais il n'a posé un des grands gestes glorieux, fait un des signes apocalyptiques qu'on attendait du Messie.

Jusqu'à présent, tous les apôtres ont parlé, chacun selon son expérience, de ce que les gens disaient ; par ailleurs, il est certain qu'ils ont discuté entre eux de leur maître. Ils se taisent à présent jusqu'à ce que Pierre, prenant la parole (au nom du groupe) lui dise, avec toute l'émotion sans doute qu'une voix juive pouvait mettre dans cette affirmation :

« Tu es le Messie. »

Il ne le niera pas, se contentant de leur défendre de parler de lui. « Et il commença à leur enseigner que le Fils de l'Homme devait beaucoup souffrir ... »

DEUXIÈME PARTIE

Toute la première partie de Marc, depuis le retour en Galilée, se dirige vers le départ au pays de Tyr et la Confession de Césarée ; toute la seconde partie part de la Transfiguration, comme d'une confirmation du Baptême, pour aboutir à la Passion et à la Résurrection. Tout l'évangile est ainsi ordonné autour de trois interventions transcendantes qui en forment le début, le milieu et la fin : Baptême, Transfiguration, Résurrection.

L'importance de la première annonce de la Passion (et de la Résurrection) est soulignée par le fait qu'elle est prise, incluse, entre la Confession et la Transfiguration. Et en effet, trois annonces de la Passion marquent la période qui va de Césarée de Philippe à Jérusalem, et qui est essentiellement un enseignement aux disciples. A cet enseignement succède, à Jérusalem, un ministère polémique qui est censé durer trois jours — ces trois jours ayant la valeur symbolique de la Journée de Capharnaüm ou de la Journée des Paraboles. Enfin, avant la Passion, la scène nocturne de Gethsémani fera pendant, en présence des trois mêmes témoins, à la Transfiguration comme les trois prières de Jésus devant la mort y reprendront la triple annonce de la Passion. Il ne restera plus, alors, qu'à dérouler le récit le plus ancien, celui de la Passion et de la Résurrection, auquel tout conduit dans les évangiles et d'où tout est parti avant qu'ils soient écrits.

Dans un cadre aussi évidemment composé, on ne peut guère s'attendre à un déroulement strictement chronologique des différents épisodes ; on croira bien plutôt que ce cadre a été composé pour contenir la diversité des épisodes et assurer leur signification. Et cependant, comme dans la première partie qui n'était guère moins « composée », ce cadre respecte suffisamment le déroulement général pour qu'on puisse lui faire confiance dans les grandes lignes.

A côté du cadre thématique, en effet, un cadre différent et moins rigide nous est donné, un cadre géographique et chronologique dont la concordance avec le premier — et ceci est précieux — n'est pas parfaite : de la première à la deuxième annonce de la Passion, tout semble situé hors Galilée, sauf l'épisode du démoniaque épileptique ; vient alors la mention d'un voyage secret à travers la Galilée (IX, 30) dont le caractère répond bien aux conditions du départ de Galilée. (Ce caractère est plus ou moins contredit par la mention d'un séjour à Capharnaüm.) Il y a surtout la mention d'un séjour « dans la Judée et au-delà du Jourdain » (X, 1) et d'un enseignement qui y est donné à la foule. Cette notice, contraire au thème général, et non liée à une annonce de la Passion, inspire particulièrement confiance. On peut enfin souligner que les paroles de l'arrestation (« Chaque jour j'étais parmi vous dans le Temple à enseigner... » [XIV, 49]) supposent un ministère jérusalémite plus long que les trois jours du cadre thématique.

Ce décalage est précieux. Rien n'était plus facile que de systématiser. Si Marc ne le fait pas et accepte de se contredire en apparence (mais non dans le fond car il s'agit de deux plans différents), c'est qu'il a des renseignements qu'il ne peut passer sous silence malgré sa construction, des renseignements historiques qui ne sont liés ni à la matière des péricopes ni à son cadre théologique et qui ne sont pas non plus « rédactionnellement » nécessaires.

Ces renseignements, peu nombreux, se répartissent sur l'espace de près d'un an qui s'écoule entre la scène de la multiplication « sur l'herbe verte » (VI, 39) et la Pâque sanglante de Jérusalem.

Suivant la composition de Marc, nous diviserons ainsi la deuxième partie :

1° De Césarée à Jérusalem : l'enseignement aux disciples (VIII, 27-X, 52).

2° Le ministère à Jérusalem (XI, I-XIII, 37).

3° La Passion et la Résurrection (XIV, I-XVI, 20).

Les subdivisions seront indiquées en tête de chapitres.

DE CÉSARÉE A JÉRUSALEM
(MARC VIII, 27 - x, 52)

« C'est maintenant seulement que commence, à proprement
parler, l'Évangile tel que les Apôtres l'ont annoncé » (Wellhausen).
A la foi des disciples en Jésus comme au Messie, qui est un
aboutissement, répond l'annonce du destin du Fils de l'Homme.
Cette annonce confirme cette foi, en ce sens qu'elle la suppose,
mais elle la corrige en s'opposant à ce qu'elle garde de trop humain. Elle est, en ce sens, un nouveau point de départ. Ce sera,
avant la Passion et y préparant, une première épreuve de la foi
des disciples. Aussi, à partir d'ici, n'y aura-t-il pratiquement plus
de controverses ni d'enseignement aux foules et même il n'y aura
plus de miracles sinon celui de l'épileptique et celui de l'aveugle
de Jéricho, le dernier miracle synoptique et le seul miracle judéen,
préludant à l'entrée messianique à Jérusalem. Encore le miracle
de l'épileptique et la controverse du divorce sont-ils suivis, comme
aussi l'épisode du jeune homme riche, d'une instruction particulière aux disciples.

C'est ici, particulièrement entre la 2e et la 3e annonce de la
Passion, qu'on trouverait dans une certaine mesure, chez Marc,
l'équivalent des groupements de *logia* chez les deux autres synoptiques et notamment du Sermon sur la Montagne : la béatitude
des pauvres se dégage de la rencontre du jeune homme riche comme
celle des cœurs purs de la bénédiction des enfants ou celle des
persécutés de VIII, 34-5. Et c'est encore ici (IX, 50) que la parole
sur le sel est le mieux en situation.

Nos subdivisions tâcheront de concilier le cadre thématique et
le cadre géographique :

A. La révélation aux disciples — Hors Galilée (VIII, 27-IX, 29).
   Transition : la question d'Élie et l'épileptique.
B. L'enseignement aux disciples (IX, 30-X, 31).
   1° Traversée de la Galilée.
   2° En Judée et au-delà du Jourdain.
   3° La montée vers Jérusalem (X, 32-XI, 11).

A. LA RÉVÉLATION AUX DISCIPLES
LE MESSIE ET LE FILS DE L'HOMME
(VIII, 27 à IX, 29)

A CÉSARÉE

La situation de la Confession est importante. Nul Juif n'aurait pu supporter que la révélation du Messie ait lieu ailleurs qu'en Terre Sainte. Luc, d'ailleurs, ne la situe pas et Jean semble la situer vers Capharnaüm. Il fallait que la tradition la plus ancienne fût bien établie pour que Matthieu, dont le public est judaïsant, confirme ici sans hésitation la situation de Marc.

Jésus, par une contrée assez déserte, monte vers les bourgs opulents qui environnaient Césarée de Philippe, capitale de l'Iturée Gaulanitide. C'était, au pied de l'Hermon et à la source du Jourdain, un lieu fort fréquenté de pèlerinage païen à la grotte du dieu Pan, d'où son ancien nom de Panéas. Philippe, qui l'avait rebâtie, l'avait nommée Césarée en l'honneur d'Auguste et, de fait, le temple d'Auguste, bâti par Hérode le Grand, dominait le paysage. Nul mot de l'Évangile ne le décrit ni ne souligne la grandiose antithèse : le Messie, futur maître du monde selon la pensée juive, est ici reconnu par quelques disciples errants, dans ce décor que domine le temple du « divin » César, maître de l'Empire. Et certes, la Rome du Christ était destinée à remplacer la Rome des Césars mais ce n'était guère chose faite à l'époque de Marc et moins encore à celle où Pierre et Paul vinrent y chercher le martyre. Le caractère grandiose de l'antithèse ne ressortira que d'une histoire de plusieurs siècles mais déjà, dès l'époque de

Jésus, il y avait bien une antithèse et cette antithèse n'était pas d'abord celle que ressentaient les disciples, celle du monde juif et du monde païen. Ce paysage était comme la matérialisation de la troisième tentation, la grande tentation juive et humaine, celle de la domination du monde. Mais Jésus ne dominera pas le monde, qui ne se domine que dans l'esprit du Prince du monde. Il les vaincra l'un et l'autre par la croix où le cloueront les soldats de Rome. Et la ville conquérante sera conquise de cette façon paradoxale qui va mettre à l'épreuve la foi des disciples : par un Messie juif crucifié, rejeté par les dirigeants de son peuple.

Cette opposition très johannique du monde de Dieu et du monde des hommes trouve appui dans nos textes. A comparer aux versets VIII, 33 et IX, 31 le verset VIII, 27, on doit traduire ainsi la question de Jésus : « Qui suis-je au dire des hommes ? » Sa seconde question séparera ses disciples de « ce monde » : « Mais pour vous, qui suis-je ? »

Ces questions sont remarquables à plusieurs points de vue. D'abord, c'étaient les disciples qui interrogeaient les rabbis, et non le contraire (auquel nous a habitué l'usage socratique). Ensuite, on interroge un rabbi sur sa doctrine ou sur un point de la Loi, non sur sa personne. Jésus, qui n'a jamais dit qui il était, mais enseignait « avec autorité » et non comme les docteurs, aide, par la suite et l'opposition des deux questions, la profession de foi de Pierre. Ces questions, dans leur ton « johannique », naturel dans un contexte de révélation, justifierait la réponse, fort johannique elle aussi, que donne le seul Matthieu (XVI, 17 sq.) : « Heureux es-tu, Simon Bar Iôna, car ce n'est pas la chair et le sang qui te l'ont révélé mais mon Père dans les cieux ! »

Jésus accepte la confession de Pierre. Mais il ne l'accepte qu'à titre provisoire au sens que lui donne les apôtres, leur enjoignant de ne pas parler de lui et commençant à leur parler des souffrances du Fils de l'Homme.

La consigne du silence n'a guère de sens en pays païen mais elle en a beaucoup en Galilée où la proclamation d'un Messie pouvait provoquer un soulèvement dont les disciples n'auraient peut-être été que trop disposés à prendre la tête, comme le fait supposer la séparation des disciples et du peuple à la multiplication, la discussion sur « le plus grand » parmi eux et la demande des fils de Zébédée. Ce peut être un motif pour la proclamation en pays païen (outre l'opposition des Pharisiens et des Hérodiens) et pour la traversée secrète de la Galilée.

Jésus n'y reviendra, d'ailleurs, qu'après avoir fait aux disciples des révélations déroutantes, leur parlant du Fils de l'Homme plutôt que du Messie. Le titre était moins courant, moins chargé d'associations inévitables et se prêtait mieux à l'expression d'un messianisme différent du messianisme populaire. « Et il commença à leur enseigner » — le verbe *commencer* a ici toute sa valeur — « que le Fils de l'Homme devait beaucoup souffrir, être rejeté par les anciens, les grands prêtres et les scribes, être mis à mort et ressusciter après trois jours. Et c'est ouvertement qu'il disait ces paroles. » (VIII, 31-2.)

La formulation est, semble-t-il, influencée par la connaissance des événements postérieurs dans le sens d'une plus grande précision. Cela semble surtout vrai pour la troisième, préludant à l'entrée à Jérusalem. (x, 32-4.) Les deux premières, à très peu de chose près, peuvent rendre *ad sensum* les paroles de Jésus. Pour le nier, il faudrait oublier la situation concrète et n'avoir pas aperçu la signification du départ de Galilée et de la retraite au pays de Tyr. Dans une synthèse sans précédent juif ni grec, Jésus a identifié la destinée du Fils de l'Homme-juge glorieux de Daniel et d'Hénoch à celle du Serviteur souffrant d'Isaïe. Et sans doute ces figures, surtout la première, ne s'entendaient-elles pas primitivement d'un individu — mais non plus celle du Messie des Apocalypses, pourtant nettement individualisée à l'époque. Et l'idée d'une substitution expiatoire, claire au chapitre 53 d'Isaïe, favorisait cette individualisation. Déjà Jésus a pu prendre secrètement la décision de monter à Jérusalem, d'où étaient descendus les scribes enquêteurs. « Convient-il qu'un prophète périsse hors de Jérusalem ? » (Lc. XIII, 33.) Il peut prévoir dès lors qu'il y sera condamné par le Sanhédrin et mis à mort.

Pourquoi affronter cette mort ? C'est tout le sens de la libre offrande expiatoire d'Isaïe LIII, 10. Il faut, d'une volonté divine (δεῖ) que le Fils de l'Homme souffre beaucoup (soit écrasé par la souffrance dit Isaïe). La libre volonté divine s'est liée dans l'Écriture à un accomplissement historique mais sans supprimer la liberté humaine. Jésus doit se soumettre à cette volonté particulière ainsi exprimée pour que la volonté générale de Yahvé s'accomplisse par lui, pour que vienne le Règne. Tout ceci peut se lire en Isaïe LIII, 10-2 et même, du moins depuis l'époque des Maccabées, on peut y lire la promesse de la résurrection du Serviteur. En somme, dans l'annonce de la Passion, il n'y a guère que la précision « après trois jours », si on l'entend au sens strict, qui doive apparaître comme une précision chrétienne. Mais l'expression pouvait s'entendre au sens général d' « un peu de temps » comme en ce passage d'Osée VI, 1-2, qui désignait Israël, (mais pouvait s'individualiser au sens du Serviteur) : « Yahvé a déchiré, il nous guérira ; il a frappé, il bandera nos plaies. Après deux jours, il nous rendra la vie, le troisième jour, il nous relèvera. » C'est dans le même sens que Jésus, dans Luc (XIII, 32-3), fait répondre à Hérode : « Voici que je chasse les démons et fais des guérisons aujourd'hui et demain et le troisième jour je suis accompli. Mais aujourd'hui, demain et le jour suivant, je dois poursuivre ma route. » Car ainsi en a-t-il été décidé.

Les disciples répugneront longtemps à admettre cette interprétation de l'Écriture. Messianiquement, ils étaient très peu « isaïens » et sans doute, même réduits au silence par Jésus, ont-ils secrètement espéré que son interprétation ne serait pas la bonne. Certes, on la retrouve dès le premier discours de Pierre mais c'est après la Résurrection. Jusqu'au dernier moment, celui des disciples d'Emmaüs, il y a un scandale des disciples. « Nous espérions, nous, que c'était lui qui délivrerait Israël » (Lc. XXIV, 21.) Et le Christ d'Emmaüs, avant la fraction qui distingue le pain de la Cène du pain ordinaire, devra encore insister sur ce point du paradoxe messianique prévu dans l'Écriture : « Esprits sans intelligence, lents à croire ce qu'ont annoncé les Prophètes ! Ne fallait-il pas que le Messie endurât ces souffrances pour entrer dans sa gloire ? Et, commençant par Moïse et parcourant tous les Prophètes, il leur interpréta toutes les Écritures en ce qui le concernait. » (*Id.* 25-7.)

DE CÉSARÉE A JÉRUSALEM

LE SCANDALE DES DISCIPLES ET CELUI DE JÉSUS

Au moment de la révélation de Césarée, les embarras d'interprétation sont secondaires. Les explications, même par l'Écriture, ne deviennent possibles qu'une fois le fait admis, ou du moins son hypothèse, et fût-ce avec une répugnance certaine. De prime abord — n'était l'autorité de Jésus — annoncer un Messie souffrant devait paraître à des Juifs quasi-blasphématoire, l'effet d'un déséquilibre mystique, quelque « exaltation hors de soi » comme celle qu'avaient invoquée les gens de Nazareth. La « gloire » du Messie n'est pas niée par Jésus. Mais elle n'est pas conçue par lui, comme par les disciples, en un sens littéral ennemi du sens spirituel. Ceci projette une lumière rétrospective sur l'opposition, johannique avant la lettre, du sens littéral (où les disciples ont pris le « pain » à distribuer à la multiplication et le « levain » dont il fallait se garder) et du sens spirituel vers lequel les orientait Jésus. C'est la même opposition qui explique ici leur résistance instinctive. Elle sera exprimée par Pierre de même qu'avait été exprimée par lui une reconnaissance du Messie en Jésus qui déjà allait plus loin que la simple vue humaine. Grandeurs et chutes de ce caractère spontané, primesautier.

« Alors Pierre, le prenant à part lui, commença à le reprendre fortement » (VIII, 32.) Car Jésus avait dit ces choses « sans ménagement » *(id.)* Le verbe ici traduit par « reprendre fortement » *(épitimaô)* exprimait au verset 30 une stricte injonction de Jésus aux apôtres et, ailleurs, au démon d'I, 25 ou au lépreux ; il va introduire son apostrophe à Pierre comme à un suppôt de Satan. Le sens est donc fort et exprime ici un « scandale » des disciples. Un parallélisme le souligne qui oppose Pierre « commençant » à reprendre Jésus à Jésus « commençant » à enseigner les souffrances du Messie.

Il reste à marquer le sens de *proslambanomai*, qui est « prendre à part soi ». Il implique une démarche de protection sinon de supériorité. Pierre prend Jésus à part « pour l'épargner » ajoute un manuscrit (SYR sin). Pour lui épargner un affront public et le protéger contre lui-même — ce qui était bien l'attitude des gens de Nazareth. Il lui aurait dit en substance, selon Matthieu : « Ne plaise à Dieu ! Cela ne sera pas ! » C'était exactement s'opposer en aveugle, humainement, à la volonté de Dieu. D'où la foudroyante riposte de Jésus :

« Mais celui-ci se retournant, face aux disciples, apostropha Pierre, disant : Passe derrière moi, Satan ! Car tu ne penses pas les pensées de Dieu mais celles des hommes ! » (VIII, 33.)

La rudesse de l'apostrophe est celle de la troisième Tentation, celle qui repousse définitivement la même tentation de Satan, celle d'un Messie dominateur du monde selon l'esprit du monde. Satan s'exprime ici par la bouche de Pierre refusant le scandale du Messie souffrant. L'opposition radicale des pensées « du monde », dont Satan est le prince, aux pensées de Dieu relie étroitement cette péricope à celle de la confession. Par ailleurs, la scène est vécue jusque dans le détail des attitudes. Toute création communautaire est ici exclue : quel chrétien, vers l'époque du martyre de Pierre, aurait osé imaginer de faire traiter de Satan le chef des apôtres s'il n'y avait été contraint par la tradition la plus sûre ?

Quelques indications moins directes affleurent encore dans l'épisode. Une perspective eschatologique, tout d'abord, qui oppose Satan, prince du monde, à Jésus, initiateur du Royaume selon des moyens tout opposés, incompréhensibles au monde. Une vue ensuite sur les rapports de Jésus et des disciples : ils ne sont pas fondés sur quelque sympathie humaine naturelle et un compagnonnage mais d'abord, comme lorsqu'il opposait famille charnelle et famille spirituelle, sur l'accomplissement de la volonté de Dieu ; c'est elle qui rend frères.

Enfin, la rapidité de la réaction de Jésus, son rejet des paroles de Pierre comme d'une brûlure nous montre, en même temps que son intransigeance au service de Dieu, la réalité de son humanité : « Tu m'es scandale ! (obstacle) » s'écrie-t-il selon Matthieu. Il faut admettre, ici, la réalité de la tentation (le Christ ayant tout partagé de la condition humaine sauf le péché) et penser à l'agonie de Gethsémani avant l'arrestation.

LA RÉSURRECTION ET LA VENUE D'ÉLIE

Ainsi réduits au silence et forcés d'admettre, malgré leur répugnance, un enseignement qui les choque, les disciples, déplaçant la discussion sur la base de l'Écriture et des traditions, font encore des objections qui portent surtout sur la résurrection du Messie et la venue d'Élie.

L'idée de résurrection était courante depuis de IIᵉ siècle A. C. Mais il s'agissait de la résurrection générale (des justes du moins), de la résurrection *des morts.* L'idée d'une résurrection particulière *d'entre les morts,* au contraire, ouvrait un mystère. On ne pouvait la lire aux derniers versets d'Isaïe LIII qu'avec des yeux de prophètes ou même ceux de Jésus. Il a dû pourtant, pour transcender la « gloire » humaine du Messie, montrer aux disciples un espoir au-delà de la mort et cet espoir n'a pu être que celui-là. Mais « ils se demandaient entre eux ce que signifiait *ressusciter d'entre les morts* » (IX, 10.) Il leur promettait la manifestation du Royaume dans le temps de leur vie, disant : « Amen, je vous le dis, il en est d'ici présents qui ne goûteront pas la mort avant d'avoir vu le Royaume de Dieu venu avec puissance [1]. » (IX, 1,)

D'autres difficultés leur venaient de traditions reçues en milieu juif et interprétées littéralement. Celle, notamment, d'un retour d'Élie (qui avait été enlevé au ciel) avant l'arrivée des temps messianiques. Malachie (III, 23) l'avait prédit : « Voici que je vais vous envoyer Élie le prophète avant que n'arrive mon Jour grand et redoutable. » On attendait parfois deux prophètes : Hénoch et Élie selon certains mais Moïse et Élie selon d'autres [2].

Comme le peuple et les scribes, les disciples attendent l'Élie historique, qui doit précéder le Messie et « restaurer toute chose ».

---

1. Cela ne doit évidemment pas se comprendre de la Transfiguration, qui n'est qu'un signe préalable de la venue « en puissance ». Du reste, promettre que certains seraient encore en vie dans six jours n'a pas de sens. Cela doit s'entendre de la Résurrection et de l'établissement du Royaume par la diffusion de l'Esprit.
2. Hénoch avait été ravi au ciel lui aussi, mais également Moïse selon des textes plus tardifs. La double attente d'Elie et de Moïse est attestée notamment par le *Midrash Deut. rabba* III, 10, I. Ceci aide à expliquer leur présence à la Transfiguration.

En confessant Jésus comme Messie, ils ont bien dépassé la conception de certains, pour qui Jésus est cet Élie, mais il reste la difficulté d'une non-correspondance avec les Écritures, d'une non-venue d'Élie. Jésus rencontre l'argument en deux moments. D'abord, il oppose à l'argument scripturaire un autre argument scripturaire, celui-là même qui les a scandalisés : « Oui, Élie doit venir d'abord et tout remettre en ordre. Et cependant, comment est-il écrit du Fils de l'Homme qu'il doit beaucoup souffrir et être méprisé ? » (IX, 12.) Comment cela serait-il possible si Élie avait « tout remis en ordre » au sens littéral ? L'Écriture doit être conciliée avec l'Écriture. Il la concilie en opposant à leur interprétation littérale une interprétation plus vraie, rencontrant mieux l'intention de Malachie : « Eh bien ! que je vous le dise : Élie est déjà venu et ils l'ont traité à leur guise, comme il est écrit de lui. » (IX, 13.)

Cet « ils » désigne « les hommes » dont les desseins aveugles et pervers s'opposent aux desseins de Dieu. Et, sans que Marc ait besoin de l'indiquer, cet Élie déjà venu et tué par les hommes est Jean-Baptiste, l'autre figure pour laquelle « les hommes » prennent Jésus. Jésus pense à Jean comme à son précurseur, mais comme à son précurseur jusque dans le martyre comme il ressort de la deuxième annonce de la Passion : « Le Fils de l'Homme va être livré aux mains des hommes et ils le tueront. » (IX, 31.) Le mot a une consonance religieuse explicite en Romains VIII, 32 (« Dieu n'a pas épargné son propre Fils mais l'a livré pour nous tous »). C'est ainsi déjà que Jean « avait été livré » (Mc. I, 14), en vertu d'une mystérieuse permission divine, d'un *dei* dont nous voyons mal où il est écrit mais auquel fait écho, outre notre passage, Luc XI , 49-51 et Matthieu XXIII, 34-5. Cet emprisonnement de Jean avait été le signal pour Jésus de la proclamation en Galilée ; par ailleurs, la mort de Jean aux mains d'Hérode avait été un des signaux de la retraite au pays de Tyr. Jésus interprète le destin de Jean en même temps et dans le même sens qu'il prévoit le sien. Et les disciples comprennent parfaitement à quel destin Jésus se soumet. Ce qui les déroute, c'est le sens de cette destinée qu'il accepte et cet espoir sans exemple d'une nouvelle vie après un peu de temps.

Marc situe la question sur le retour d'Élie après la Transfiguration, mais nous avons plusieurs raisons de la situer avant[3].

Tout d'abord, elle est liée par lui à l'interrogation des disciples entre eux sur le sens de cette mystérieuse résurrection. Or, il en a été question dès le verset VIII, 31 et il s'est passé six jours depuis lors. Les apôtres n'ont évidemment pas été sans se poser des questions durant tout ce temps. Ensuite, après la venue en vision de Moïse et d'Élie sur la montagne de la Transfiguration, la question est évidemment dépassée (à supposer même que cette vision n'y réponde pas) en tout cas pour les trois disciples qui redescendent de la montagne.

Il reste à nous demander pourquoi Marc aurait ainsi déplacé la question. Une première raison, qui serait bien dans ses habitudes, serait d'« inclure » par la mention d'Élie (VIII, 28 et IX, II-13) l'important groupe « annonce de la Passion-Transfiguration ». Une seconde raison serait que l'entretien de la descente lui fournit une transition vers le miracle de l'épileptique (qui doit se situer géographiquement au voisinage immédiat de la Galilée sinon en Galilée). Une troisième raison de composition littéraire, enfin, lui a fait situer une instruction sur la nécessité de « la croix » pour le chrétien immédiatement après l'annonce de la Passion. Le « thème » aura pris ici la priorité sur le déroulement normal.

SUIVRE JÉSUS (VIII, 34-8)

Marc appelle ici en même temps que les disciples une « foule » qui est évidemment impossible à rassembler aux environs de

---

3. Matthieu XI, 14 contient déjà cette assimilation de Jean-Baptiste à Élie revenu. Egalement, de façon implicite, le passage parallèle de Luc (voire la rédaction de Marc I, 2b et par.). Ce déplacement vers l'avant (jointe au même déplacement de la réponse à Jean par les miracles isaïens) garde trace d'une apologétique aux Juifs et peut-être d'une polémique avec les baptistes.

Sans doute peut-on se demander si notre passage lui aussi n'a pas été « rédigé » en ce sens. Je ne le pense pas. Tout d'abord, l'allusion à Jean y reste implicite. Ensuite, Marc ne le « double » pas. Enfin la situation, à ce moment-ci, est naturelle. Il est naturel que les disciples (Juifs aussi après tout, et parfois anciens disciples de Jean) se soient posé, au moment où ils reconnaissent Jésus pour le Messie, des questions qui ne se poseront aux autres que plus tard.

Césarée. Il ne s'agit pas ici d'une foule « historique » mais de la foule chrétienne ou en passe de le devenir que Marc, en dehors de la catégorie temporelle, amène ici au Christ pour qu'il lui enseigne à le suivre comme il l'a enseigné aux disciples.

Le paradoxe du Messie souffrant est ici appliqué aux disciples en une suite de *logia* que Matthieu et Luc répètent en d'autres endroits mais sous une forme étonnamment identique. La série commence par évoquer la mort du Fils de l'homme et se termine en évoquant sa venue comme juge.

On revient alors à la situation par le verset IX, 1.

Il est bon, à la suite de Marc, d'énumérer ici ces logia. Ce sont les grands paradoxes inconnus à la sagesse grecque et aux sagesses tout court, auxquels nous essayons d'échapper mais auxquels nous sommes toujours de nouveau confrontés :

« Si quelqu'un veut venir à ma suite, qu'il se renie lui-même, se charge de sa croix et me suive. » (34) Cette croix, dans l'Empire du premier siècle n'est pas une simple image, ni pour les premiers chrétiens ni déjà pour les zélotes et pour Jésus.

Qu'est-ce donc qui justifiera pareil mépris de sa propre vie, sinon l'amour d'une vie plus propre encore et plus haute ? « Qui voudra sauver sa vie la perdra mais qui perdra sa vie à cause de moi et de l'Évangile la sauvera. » Et ici, le mot d'Évangile est employé au sens absolu, comme dans la première communauté. Mais si Jésus exige dorénavant l'attachement à sa personne autant qu'à son message, il n'a pas perdu de vue ce dernier et a pu employer le mot au sens premier de la Bonne Nouvelle du Royaume.

Les versets suivants donnent, sous forme de commentaire sapiential, les motifs de refuser la « troisième tentation », celle qui vient d'être rappelée par la bouche de Pierre : « Que sert à l'homme de gagner le monde entier et de ruiner sa propre vie ? Que donnera-t-il donc en échange de cette vie ? » (36-7)

Le dernier verset du chapitre se termine sur l'évocation de la venue finale, de la Parousie que la première génération chrétienne a cru toute proche. Le sujet, toutefois, a légèrement changé : il s'agit ici de la confession de bouche plutôt que du témoignage par le sang — mais dans le christianisme primitif l'un pouvait facilement conduire à l'autre. Il reste toutefois que cette parole appartient normalement à un autre contexte, de teinte eschatologique et probablement antérieur, une expression faisant penser à l'apostrophe aux Pharisiens : « Celui qui aura rougi de moi et de mes paroles dans cette génération adultère et pécheresse, le Fils de l'Homme à son tour rougira de lui quand il viendra dans la gloire de son Père avec les saints anges. » (38)

Placé immédiatement après cette évocation, le verset IX, qui nous fait réintégrer la situation historique — « il en est d'ici présents qui ne goûteront pas la mort avant d'avoir vu le Royaume de Dieu venu avec puissance » — est certainement entendu par Marc au sens de la Parousie. Ceci date son évangile car ce sens n'était possible qu'à un moment où vivaient encore des représentants de la première génération apostolique. Luc, écrivant plus tard, laissera tomber « venir en puissance ». Mais leur erreur d'interprétation provient toujours en somme de la première conception des apôtres, si humaine et si difficile à déraciner, d'une puissance spectaculaire. Il s'agissait, au sens de Jésus d'une puissance divine, constatable et profondément transformante mais non pas humainement spectaculaire.

LA TRANSFIGURATION (IX, 2-8)

Le récit reprend après la parenthèse de l'instruction « à la foule » en même temps qu'aux disciples : « Et après six jours, Jésus prend avec lui Pierre et Jacques et Jean et il les emmène vers une haute montagne, seuls, à l'écart. »

Ces six jours doivent être comptés soit à partir de la confession de Pierre, soit à partir de la scène d'après l'annonce de la Passion. Ce chiffre précis peut faire penser aux six jours pendant lesquels Moïse attendit, sur le Sinaï, que Dieu l'appelât du sein de la nuée (Ex. XXIV, 16) pour lui parler de la Tente de l'Alliance et de la Loi. On jeûne aussi six jours avant les grandes fêtes et notamment avant la fête des Tentes, qui était devenue significative des temps messianiques. Mais les deux significations ne sont pas exclusives et font penser à un temps préparatoire avant une grande révélation.

La « haute montagne » — lieu ordinaire des révélations et de l'adoration — ne peut guère être, aux environs de Césarée de Philippe, que l'Hermon. Si elle n'est pas nommée, c'est pour qu'elle ne paraisse pas s'opposer au Sinaï ou à Sion. Comme Jésus le dira à la Samaritaine, « l'heure vient où ce n'est ni sur cette montagne [le Garizim] ni à Jérusalem que vous adorerez le Père... Mais l'heure vient — et nous y sommes — où les vrais adorateurs adoreront le Père en esprit et en vérité. » (Jo. IV, 21 ; 23.) Cette parole est liée à la reconnaissance du Messie (v. 26). D'autre part, « en esprit et en vérité » rappelle Jean I, 14 qui, lui-même renvoie à la Transfiguration : « Nous avons vu sa gloire » — nous avons été témoins de sa *doxa*, manifestation visible de la divinité — « gloire du Fils unique du Père » (cf. la voix de la Transfiguration), « plein de grâce et de vérité ». Le mot de grâce *(Xaris)* n'intervient chez Jean que dans le Prologue mais les deux mots forment expression dans l'Exode (XXXIV, 6), et cela dans le contexte de la « gloire » divine (XXXIII, 22). Si donc on ne trouve pas, dans Jean, le récit de la Transfiguration, ce n'est pas qu'il l'ignore (nous en relèverons d'ailleurs des traces chez lui) et ce n'est pas non plus qu'il en sous-estime l'importance. C'est au contraire parce que l'idée que Jésus est le Fils de Dieu incarné transparaît dans tout son évangile, ne laissant place à aucun récit particulier.

Le récit synoptique encadre la Transfiguration de façon à faire souvenir du Sinaï : la montée avec les témoins après six jours, puis la descente vers une « génération incrédule et pervertie » dont Jésus demande en langage biblique « jusqu'à quand il la supportera » (IX, 19). Cet élément rédactionnel ne doit pas détourner outre mesure l'attention non plus que les vêtements « d'une blancheur telle que nul foulon sur terre ne peut fouler de la sorte », qui sont du style de théophanie (novotestamentaire). Ces éléments stylistiques ne sont qu'une façon de communiquer l'incommunicable ou de l'interpréter. Car il y a à la fois dans ce récit du certain et de l'incommunicable, si bien qu'il est un de ceux qui embarrassent le plus les commentateurs.

Nous l'examinerons pas à pas.

1º Le fait essentiel tient en un mot : « Jésus fut transformé devant eux. » Et ses vêtements devinrent éblouissants. Matthieu (à partir de cet adjectif ?) attire justement l'attention sur le visage de Jésus : « son visage resplendit comme le soleil » (XVII, 2). Et Luc indique, ce qu'on n'imaginait pas autrement, que cette métamorphose indescriptible (sinon en style théophanique) s'est produite « tandis qu'il priait » (IX, 29). Le fait miraculeux essentiel, et peu exprimable parce qu'unique, touche le seul Jésus bien qu'il s'adresse aux trois témoins. Le reste passera par lui ou l'aura pour objet. Un voile s'est levé qui, dès avant la voix divine et bien mieux que la confession de Pierre, révèle « qui est » Jésus. Cette seule transformation suffirait à répondre au scandale des disciples : un tel être est au-delà des atteintes de la mort, est déjà le Fils de l'Homme glorieux [4].

2º « Élie leur apparut avec Moïse et tous deux s'entretenaient avec Jésus. » [4]

Le verbe ici employé *(ôphtê)* assigne à leur apparition le même degré de réalité qu'à celles du Ressuscité. Il n'est évidemment pas dit de Jésus qu'il les voit : il les a vus avant les disciples et appartient à la même sphère surnaturelle. C'est à travers lui en quelque sorte, par son intermédiaire et après la perception de sa métamorphose à lui, que ces deux personnages leur deviennent visibles, instantanément, et déjà en train de s'entretenir avec Jésus.

Élie et Moïse doivent venir avant le Messie et si Élie est cité le premier c'est que son rôle précurseur est plus nettement défini. Leur venue, attendue littéralement, inaugurait les temps eschatologiques. Cette venue est ici, en quelque sorte, « spiritualisée ». Les temps sont donc venus mais autrement que ne les attendaient les scribes : par Jésus et avec lui dans son œuvre. Élie et Moïse n'ont aucune relation directe avec les disciples béants mais seulement avec Jésus.

4. La Transfiguration est sans analogies réelles. Le visage de Moïse « rayonne » de façon constante après la descente du Sinaï. Chez Jésus, au contraire, il s'agit d'une transformation complète et momentanée. Il n'y a même pas d'analogie satisfaisante avec les apparitions du Ressuscité, plus familières — sinon peut-être (cf. la lumière aveuglante) avec l'apparition à Paul sur le chemin de Damas.

3° Ici, au beau milieu du récit, se place une intervention de Pierre, toute réaliste dans son égarement et rapportée dans un style «novellistique» qui contraste (comme celui du verset 8) avec le style nécessairement théophanique des autres versets. Ce verset intangible barre le chemin à toute exégèse qui ramènerait le récit à une pure construction théologique : « Alors Pierre, prenant la parole [litt. : répondant], dit à Jésus : Rabbi, il nous est bon d'être ici, faisons trois tentes : une pour toi, une pour Moïse et une pour Élie. » (Verset 5.) Le rédacteur ajoute, pour l'excuser : « C'est qu'il ne savait que dire [répondre] car ils étaient saisis de crainte. » (Verset 6.)

Pierre est dépassé par un événement hors mesure dont il sent bien qu'il sollicite d'eux une « réponse ». Sa réponse verbale instinctive prouve qu'il ne l'a compris qu'à moitié. Il ne perçoit pas que, si la présente glorification a une signification eschatologique, elle confirme en même temps le chemin nécessaire de cette eschatologie, ces souffrances et cette mort du Messie qui l'ont scandalisé. Luc fera ressortir ce sens en donnant le thème de l'entretien : « ils parlaient de son départ, qu'il allait accomplir à Jérusalem. » Mais cet entretien n'était évidemment pas « sténographiable ». Pierre pense que les temps eschatologiques peuvent dorénavant se réaliser autrement qu'en promesse et sa proposition éperdue voudrait retenir sur terre la présence qui les manifeste. Ces tentes qu'il propose de bâtir, selon l'usage oriental, rappellent celles de la fête des Tabernacles et celle où habitait, au désert, la présence divine. (Cf. Lév. xxvi, 11-2 ; Ez. xxxvii, 26 b-28 ; Zach. ii, 14-5 ; Apoc. xxi, 3.)

Pierre encore une fois, « littéralise ». D'où l'excuse du narrateur. Mais un nouvel événement, sous une double forme, ne laissera plus place à cette erreur.

4° Car son intervention, tout «humaine », n'a pas dissipé une vision qui ne serait qu'un songe. Elle en provoque la suite : « Une nuée survint qui les prit sous son ombre et de la nuée survint une voix : Celui-ci est mon Fils bien-aimé, écoutez-le. » (Verset 7.)

La nuée avait marqué la présence divine au Sinaï et reposé sur le Tabernacle. Elle était réapparue lors de la dédicace du premier Temple. Cette nuée qui voile la Gloire de Dieu est présente pour la révélation de Jésus. Elle répond à la confession insuffisante de Césarée comme à l'insuffisante proposition de Pierre, qui vient encore d'adresser à Jésus le titre, ici inadéquat (et employé pour la première fois par Marc) de *Rabbi*.

Plus précisément, la voix divine reprend les mots du Baptême mais les adresse cette fois aux disciples, ajoutant : « Écoutez-le. »

Ceci renvoie à l'avertissement de Moïse à Israël (Dt. xviii, 15) : « Yahvé ton Dieu suscitera pour toi, du milieu de toi, un prophète comme moi ; vous l'écouterez. » Et sans doute n'y a-t-il ici que trois témoins, mais ils sont les représentants du futur peuple eschatologique auquel ils seront envoyés quand tout sera accompli.

Mais encore, quel est le sens de cette parole adressée à des gens qui sont déjà des disciples ? Elle attire l'attention sur le fait que l'eschatologie qu'ils attendent se réalise dès maintenant dans l'enseignement de Jésus (et dans ses actes mais cette insistance sur la parole justement est assez peu « marcienne»). Plus précisément, Jésus a commencé à leur enseigner les souffrances et la mort du Fils de l'Homme et ils n'ont pas accepté cet enseignement sans heurt ni sans restrictions. Il faut donc penser ici, plutôt qu'au mot à mot des paroles, à un événement dont la signification surmonte, au moins jusqu'à l'arrestation, le scandale des disciples.

Le récit finit abruptement, non seulement parce que la vision prend fin mais parce que nous passons de nouveau du style théophanique inévitable au style du réalisme quotidien : « Soudain, regardant autour d'eux, ils ne virent plus personne que Jésus, seul avec eux. » (8) Mais le voile a été un court moment levé, révélant le secret de la personne de Jésus et montrant aux disciples que le plan sur lequel ils le voient tous les jours n'est ni le définitif ni de loin le seul vrai. Il ne leur resterait plus, hélas ! selon un mot de Keats, qu'à ne plus renier dans les ténèbres ce qu'ils ont entrevu à la lumière d'un éclair. Mais, comme Jésus le dira à Gethsémani, en avertissement à ces trois mêmes disciples, « l'esprit est prompt mais la chair est faible ».

Un parallèle avec l'évangile de Jean peut aider à assurer, non les faits, mais le sens de la Transfiguration. La suite des correspondances est assez impressionnante. Peu après la retraite à

Ephraïm, les « Grecs » qui demandent à voir Jésus (xii, 20) font souvenir que la Transfiguration se situe en territoire païen peu après la guérison de l'enfant d'une « Grecque ». Ensuite, aux deux disciples délégués auprès de lui, Jésus répond par tout autre chose, par l'annonce de sa Passion puis par un avertissement aux disciples, exactement comme chez les Synoptiques bien qu'en d'autres mots : « Qui aime sa vie la perd, et qui hait sa vie en ce monde la conservera pour la vie éternelle. » (xii, 25)

La prière de Gethsémani (mais ainsi une seconde annonce de la Passion) est ensuite rappelée. Elle se conclut par la prière : « Père, glorifie ton nom », qui signifie aussi bien l'acceptation par Jésus de faire l'œuvre du Père qu'une glorification proprement dite comme celle de la Transfiguration (la glorification commençant à la croix, pour Jean, qui rejoint beaucoup plus rapidement que Pierre le « second plan »). Interviennent alors les versets qui, chez Jean, correspondent librement à une Transfiguration dont le sens imprègne tout son évangile : « Une voix vint alors du ciel :

« Je l'ai glorifié et le glorifierai à nouveau.

« La foule qui se tenait là et avait entendu disait que c'était un coup de tonnerre ; d'autres disaient : C'est un ange qui lui a parlé. Jésus reprit : Ce n'est pas pour moi que cette voix s'est fait entendre mais pour vous. » (28-30)

Ce passage appelle quelques remarques.

La voix vient du ciel, comme au Baptême (que Jean ne raconte qu'indirectement). Cette voix, pourtant, est celle de la Transfiguration. Situant la scène à Jérusalem, où est centré tout son évangile, Jean ne pouvait évidemment faire mention de la montagne. Il lui était difficile de parler d'une transfiguration, le Fils de Dieu perçant suffisamment sous le Jésus historique dans les paroles et les actes de tout son évangile. Mais la glorification présente est bien celle de la transfiguration synoptique. Elle se relie à la glorification passée (le Baptême) et la glorification future (la Résurrection et l'exaltation à la Droite). Cette combinaison des trois temps rappelle la formule qui désigne le Christ dans l'Apocalypse : «Celui qui était, qui est là et qui vient. »

« La foule qui se tenait là » (alors que les paroles précédentes sont adressées aux deux disciples) pourrait être la foule à demi incrédule de la descente de la montagne. Bien que certains parlent de la voix d'un ange plutôt que du tonnerre, il est difficile d'admettre que ce soit pour cette foule que s'est fait entendre la voix (sinon au sens d'un « jugement », d'un discernement des esprits). Le « pour vous » se réfère plus naturellement aux disciples de la Transfiguration.

Jean revient ensuite à une annonce de la crucifixion, à quoi la foule oppose sa conception traditionnelle du Messie, se scandalisant de ce que le Fils de l'Homme puisse être « élevé » (en croix) et demandant quel est ce Fils de l'Homme (34). Ceci renvoie assez précisément à la première annonce de la Passion (où Fils de l'Homme était opposé à Messie) et au scandale de Pierre.

Jésus parle alors de lui-même comme de « la lumière ». Si johannique que soit le terme, il se trouve, dans ce contexte, en concordance particulière avec le récit de la Tranfiguration.

Dois-je continuer ? Jean pense si bien dans le contexte d'après la retraite au pays de Tyr qu'il cite, pour expliquer l'incrédulité juive, le premier verset du chapitre 53 d'Isaïe, celui du Serviteur souffrant (38). Et s'il n'a pu mentionner la montagne, ni donc l'apparition d'Élie et de Moïse, il dit d'Isaïe qu'il eut la vision de la gloire de Jésus (41) lors de sa vision du Temple.

Peut-on pousser la parallèle plus loin ? Dans le discours-conclusion (44-50), il assimile la « gloire » du Père et celle du Fils : « Qui me voit voit celui qui m'a envoyé. » (cf. Lc. IX, 26 b.) Enfin, comme un écho à la dernière parole de la voix de la nuée (« Écoutez-le ») et à son insistance sur l'enseignement de Jésus, il se tourne vers tous et non plus seulement vers les disciples (cf. v. 30) : « Qui me rejette et n'accueille pas mes paroles a son juge : la parole que j'ai fait entendre, voilà qui le jugera au dernier jour. »

LE DÉMONIAQUE ÉPILEPTIQUE (IX, 14-29)

Les scribes disputant avec les disciples situent l'épisode en Galilée — d'où sans doute la « stupéfaction » de la foule accourant pour « saluer » Jésus. Il semble d'ailleurs qu'au cours de son dernier voyage Jésus ait pris l'habitude d'envoyer des disciples en éclaireurs (Lc. ix, 52). Sur quoi porte la discussion ? Sans doute sur l'incapacité des disciples à guérir le jeune épileptique ; les scribes ont pu en profiter pour faire rejaillir l'échec sur le maître et revenir à la discussion doctrinale par ce biais.

Ce dernier miracle galiléen rappelle le premier, celui du démoniaque de la synagogue — mais aussi, dans sa deuxième partie, celui, avant le départ vers Tyr, de la fille de Jaïre. A ce double miracle encadrant le séjour hors Galilée correspond, dans l'ordonnance de Jean, le miracle de Lazare, situé entre deux « retraites ».

Nous n'analyserons pas le récit, particulièrement vivant et dramatique. Mais nous remarquerons que ce miracle, d'après la rédaction, apparaît comme un miracle de Jésus « préglorifié ». Son exclamation — « Engeance incrédule, jusques à quand serai-je parmi vous ? » — porte certes, en face de l'échec et des discussions, sur la foi à qui tout est possible mais elle est aussi l'exclamation d'un être qui appartient à une autre sphère quoique engagé dans celle-ci. Elle rend un son d'impatience et de majesté à la fois qui est bien dans le contexte de l'annonce de la Passion et de la Transfiguration. Jésus dit de lui-même ce que les Chants du Serviteur disent de Dieu (Is. xlii, 14 ; xlvi, 4 ; lxiii, 15).

Seules, la foi et la prière font communiquer les deux sphères et surmontent la radicale opposition entre le monde de Dieu et celui « des hommes », et cette foi passe par Jésus. L'émouvant cri du père, qui peut être celui de tout chrétien — « Je crois ! Viens en aide à mon peu de foi ! » — porte sur une foi en Jésus qui dépasse la croyance en un « pouvoir ».

La réponse aux disciples sur la nécessité de la prière correspondra à la réponse au père sur la nécessité et la toute-puissance de la foi. Elle est particulièrement bien en place après le miracle de la Transfiguration pendant la prière de Jésus.

B. L'ENSEIGNEMENT AUX DISCIPLES
(IX, 30 — X, 52)

A TRAVERS LA GALILÉE (IX, 30-50)

« Partant de là, ils faisaient route à travers la Galilée et il ne voulait pas qu'on le sût. » Le motif donné est qu'il « instruisait ses disciples », et ce motif ne fait aucun doute. Il suppose un renoncement à s'adresser aux foules, en Galilée du moins. Ceci est bien en accord avec la prédiction de la Passion mais n'exclut pas la nécessité de se dérober à la surveillance hérodienne et pharisienne.

Nous avons discuté déjà les termes de la deuxième annonce de la Passion mais la réaction des disciples mérite un mot de commentaire. « Ils ne comprenaient pas cette parole et ils craignaient de l'interroger. » (32) Le point de vue du rédacteur, qui est évidemment celui d'après la Résurrection, le conduit à être « en avance » sur le point de vue des disciples à ce moment-là. D'où, après qu'il a souligné la signification de la Transfiguration, cette sorte de retour en arrière, qui n'est pas une contradiction mais une mise au point historique.

Marc n'excepte pas Pierre, Jacques et Jean de l'incompréhension des disciples. La scène dont ils ont été témoins a pu leur inspirer plus de révérence. Elle ne signifie pas qu'ils aient dorénavant « compris ». L'intervention de Pierre à la Transfiguration l'a prouvé au moment même, mais aussi, avant l'entrée à Jérusalem, la demande de Jacques et de Jean.

Un point cependant a été gagné : les disciples n'osent plus protester et, s'ils ne comprennent toujours pas, ils craignent dorénavant d'interroger Jésus.

Dans la péricope suivante, la situation à Capharnaüm semble contredire le secret du voyage — bien que la scène ne se déroule qu' « à la maison » et porte sur une discussion tenue « en chemin ». En général il est difficile de dire jusqu'à quel point les péricopes de toute cette partie sont bien en situation. Aussi n'y insisterons-nous pas, bien que les paroles rapportées soient presque toujours d'une authenticité indubitable. Marc n'a pas de renseignements détaillés sur une période que les dramatiques événements de Jérusalem ont dû refouler au second plan dans le souvenir. Il sait qu'elle a duré un certain temps et a comporté un enseignement particulier aux disciples. Il sait aussi qu'ils n'ont pas « compris » et il le marque dans ce parallélisme : à la discussion sur « le plus grand » après la deuxième annonce de la passion correspond la demande des premières places après la troisième (comparer notamment IX, 35 et X, 43-5).

Plusieurs thèmes cependant reviennent dans les différentes péricopes :

1° L'opposition radicale entre les mœurs de « ce monde » et celles du Royaume. Qui veut être le premier doit se faire ici le serviteur de tous, de même que « le Fils de l'Homme lui-même n'est pas venu pour être servi mais pour servir », vocabulaire qui nous renvoie au Serviteur d'Isaïe, de même que la suite : « et pour donner sa vie en rançon pour une multitude » (Is. LIII, 11 b).

2° Jésus insiste dorénavant sur l'attachement à sa personne autant qu'à son message. Il incarne ce message. L'entrée dans le Royaume est liée à l'accueil fait à Jésus et à ses envoyés, comme à l'attitude envers les « plus petits », en qui il est présent de façon mystique : « Quiconque accueille un de ces petits à cause de mon Nom, c'est moi qu'il accueille, et quiconque m'accueille, ce n'est pas moi qu'il accueille mais Celui qui m'a envoyé. » (IX, 37.) Le scandale d'un de ces petits au contraire est le pire des crimes.

De même, à Jean, jaloux de préserver contre un exorciste étranger le monopole des disciples, Jésus répond en faisant passer l'attitude envers lui avant tout miracle et tout monopole.

EN JUDÉE ET AU-DELA DU JOURDAIN (X, 1-31)

« Partant de là, il vient dans la région de la Judée et au-delà du Jourdain. Et de nouveau les foules se rassemblent auprès de lui et de nouveau il se mit à les enseigner selon sa coutume. » (X, 1)

Pourquoi accueillir ces foules alors qu'il a évité les foules galiléennes ? Parce qu'il n'a pas encore enseigné celles-ci et qu'elles ont le droit d'être averties elles aussi. Mais immédiatement, avec cette reprise de l'enseignement public, la controverse renaît avec les Pharisiens.

Pourquoi ceux-ci le « mettent-ils à l'épreuve » sur la question du divorce ? Parce que nous sommes « au-delà du Jourdain », en Pérée, sur le territoire d'Hérode et que c'est son attitude envers Hérodiade qui a, selon les évangélistes, déterminé l'arrestation de Jean-Baptiste. Ce n'est pas ici la franche opposition de Galilée, c'est déjà le piège plus subtil des Pharisiens de Judée.

Vient ensuite l'épisode des enfants et celui du jeune homme riche, qui concernent tous deux la façon d'accueillir le Royaume. On n'y entre pas en accumulant les œuvres mais par une ouverture de tout l'être, le Royaume étant un don de Dieu qui dépasse les possibilités de l'action humaine. Il faut accueillir ce don comme un enfant ou comme un pauvre, avec une spontanéité et une « totalité » que n'entrave aucun des ordinaires soucis humains.

Mais ici, plutôt que de commenter, peut-être vaut-il mieux recopier simplement des versets qui sont dans toutes les mémoires (et le seul passage de l'Évangile où il soit parlé d'une indignation de Jésus) :

« On lui présentait des petits enfants pour qu'il les touchât mais les disciples les rabrouaient. Ce que voyant, Jésus s'indigna et leur dit :

« Laissez les petits enfants venir à moi ; ne les empêchez pas car c'est à leurs pareils qu'est le Royaume de Dieu. Amen, je vous le dis, qui n'accueille pas le Royaume de Dieu comme un petit enfant n'y entrera pas.

« Et, les embrassant, il les bénit en leur imposant les mains. » (x, 13-6)

LA MONTÉE VERS JÉRUSALEM (X, 32 - XI, 11)

« Ils étaient en route, montant à Jérusalem ; et Jésus marchait devant eux et ils étaient dans la stupeur et ceux qui suivaient étaient effrayés. » (32)

Ce verset est peut-être le plus dramatique de tout l'Évangile. Jésus marche en avant, résolument ; les disciples sont dans la stupeur et l'angoisse tandis que d'autres « qui suivaient » sont plus simplement effrayés. Il peut s'agir de sympathisants galiléens montant à Jérusalem pour la Pâque mais aussi de Judéens ou de Péréens gagnés à Jésus lors de son enseignement « en Judée et au-delà du Jourdain ». Sur quoi porte la frayeur de ces derniers ? Sur la crainte d'une répression par les Romains (cf. Luc XIII, 1 et XXIII, 19) ? De toute façon, la troisième prédiction de la Passion (trop détaillée pour être authentique sous cette forme) *suit* la mention de cette stupeur et de cet effroi et ne les motive donc pas. Par ailleurs, stupeur et effroi supposent la connaissance d'un danger évident. Pour les disciples, cette connaissance remonte à l'accusation formelle des « scribes venus de Jérusalem » (III, 22 ; VII, 1). Mais elle a dû se préciser depuis par l'intervention de tels éléments que Marc ne nous rapporte pas, comme la décision du Sanhédrin de Jean XI, 46-54, voire plus précisément encore tel ordre d'arrestation (Jo. X, 39) qui a causé une retraite « au-delà du Jourdain » c'est-à-dire précisément dans la région d'où monte maintenant Jésus.

Luc situe ce départ résolu au début de son long voyage vers Jérusalem et lui donne ce ton solennel et biblique (IX, 51) : « Or, comme s'accomplissaient les jours de son enlèvement (du monde), il affermit son visage vers Jérusalem. » Ce déplacement du verset vers l'avant, cette connaissance des temps contredite par Marc IX, 19, témoignent que la tradition postérieure a de plus en plus interprété ce départ en fonction, uniquement, des événements (essentiels) qui ont suivi. Et de fait, après l'accusation des scribes et l'hostilité des Pharisiens, monter à Jérusalem, citadelle du pharisaïsme et siège du grand Sanhédrin, où l'organisation du Temple était aux mains du haut clergé sadducéen, plus ou moins collaborateur, cette audace, venant après la prédiction des souffrances du Messie, identifié au Serviteur souffrant, concorde suffisamment avec l'interprétation simplifiée d'une « marche à la croix ». Il importe toutefois de ne céder à aucun anachronisme : le ministère à Jérusalem et les retraites à Béthanie montrent assez qu'il ne s'agissait pas tout uniment, pour Jésus, de se livrer à ses ennemis. De même, surtout pour les disciples, qui n'ont pas « compris », leur stupeur n'est pas provoquée par la certitude du Calvaire. Ils pensent plus humainement à une lutte dure, presque désespérée mais non pas sans espoir, à la lutte d'un roi messianique dont ils

partageraient les dangers mais ils en seraient d'autant mieux ré-
compensés par la suite. D'où la demande des fils de Zébédée à
ce moment et, plus tard, la précaution des deux glaives (Luc XXII,
38) et la demande : « Seigneur, faut-il frapper du glaive ? »
(Id. 49.) Pierre est sincèrement prêt à mourir avec son maître, et
il en eût été capable — mais il croit encore qu'il s'agit de mourir
en combattant.

C'est un peu l'état d'esprit qui nous est décrit au chapitre XI de
Jean, lors de la montée vers Béthanie à partir du Jourdain. « Ses
disciples lui dirent : Rabbi, les Juifs voulaient encore te lapider il
n'y a qu'un temps et tu retournes là-bas ! » Jésus persistant dans
son intention, Thomas, celui qui exprimera à la Résurrection le
scepticisme le plus déterminé, aura alors une parole digne d'un
desperado : « Alors Thomas, appelé Didyme, dit à ses compagnons : Allons-y nous aussi et mourons avec lui. »

Même s'il n'a pas prédit le détail de la Passion, Jésus sait évidemment mieux de quoi il s'agit. Quand les fils de Zébédée
viennent, au moment de partager ses dangers, lui demander de
siéger à sa droite et à sa gauche « dans son royaume » (Mt), il
commence par leur répondre : « Vous ne savez pas ce que vous
demandez. » Ils pensent encore à un royaume messianique de
conception traditionnelle et ne savent pas que leur demande, au
sens profond, réclame de participer à la souffrance expiatoire bien
plus qu'à des dangers. Jésus va le leur suggérer dans une double
image : « Pouvez-vous boire la coupe que je bois et être baptisés
de ce baptême où je dois être plongé ? »

Matthieu ne retient que l'image de la coupe mais on retrouve
l'image du baptême en Luc XII, 50 : « Je dois recevoir un baptême,
et quelle n'est pas mon angoisse jusqu'à ce qu'il soit consommé ! »,
ce qui relie exactement l'image du baptême à l'angoisse de la
montée vers Jérusalem. Il est possible qu'en unissant les deux
images Marc ait pensé à la coupe de la Cène et au baptême-
sacrement [5]. Mais cette association est secondaire. Cette coupe doit
être mise en rapport, non avec celle de la Cène mais avec celle

---

5. Cf. Rom. VI, 3 : « Nous avons été baptisés dans sa mort. » L'image, ici,
est inverse, et proche de la parole de Jésus, à laquelle elle pourrait remonter.

de Gethsémani, où Jésus prie qu'elle puisse passer loin de lui. Cette coupe est la coupe biblique de la colère de Yahvé, colère allumée sur l'Israël pécheur (et donc, ici, sur la victime expiatoire qui lui est substituée). Cette coupe que Yahvé force à boire exprime l'hébétude produite par une succession de catastrophes (cf. Is. LI, 17 ; 22. Ez. XXIII, 32-4). Le baptême — un baptême où l'on est plongé, submergé — évoque autrement la même idée d'être entièrement recouvert par la souffrance.

Que comprennent les fils de Zébédée à ces images ? Rien d'autre, sans doute, que la grandeur des épreuves qui les attendent. Or, ces « fils du tonnerre » sont de solide étoffe humaine. Les pires épreuves (mais les épreuves humaines du combat) ne les font pas sourciller. Qui d'ailleurs n'accepte plus facilement les pires dangers du combat politique ou militaire que la souffrance religieuse d'expiation ? « Nous le pouvons » répondent-ils fermement et, dans le sens où ils l'entendent, sans trop de présomption. Ce serait présomption s'ils avaient compris, mais il s'agit toujours, même s'il s'est atténué, du malentendu fondamental. Ils entendent bien qu'il s'agit de souffrances mais ils pensent à celles que tant d'hommes acceptent finalement quand ils préfèrent « mourir debout ». Ils ne parviennent pas au sens, à vrai dire unique, que Jésus entend leur donner. Ce sera la dernière chose qu'ils comprendront de son message — après que la Résurrection aura surmonté le scandale final de la croix.

Jésus leur dit : « Vous boirez en effet le calice que je bois et vous serez baptisé du baptême où je suis plongé. » Ceci n'est pas une allusion précise (à un martyre de Jacques et Jean qui serait rapporté par Papias — d'après un document du Ve siècle !). C'est le sort normal des disciples de Jésus, de ceux qui veulent le suivre, et il en avertit dès la première annonce de la Passion [6].

Ils boiront cette coupe, non comme ils l'entendent maintenant mais comme l'entend Jésus qui, en prévision de leur avenir de disciples, ne peut en somme les démentir. C'est pourquoi il leur doit un complément de réponse : « Mais pour ce qui est de siéger

6. Ce qu'on concède facilement, c'est que Marc, connaissant le martyre des premiers apôtres, formule la réponse de Jésus avec d'autant plus d'assurance, mais une assurance générale qui n'implique pas un renvoi précis au martyre particulier des deux frères.

à ma droite et à ma gauche, il ne m'appartient pas de l'accorder sinon à ceux auxquels cela est destiné. »

Cette réponse n'est pas exactement un refus, et elle n'implique même pas que cela ne sera pas donné par Jésus. Elle renvoie à Dieu (cf. xiii, 32). Cela sera donné à ceux qui, dans la suite, auront le plus totalement participé aux souffrances de la Rédemption.

Marc ajoute que les autres disciples s'indigneront de cette demande de Jacques et Jean. Cela prouve qu'ils ne savent pas mieux qu'eux ce qui au fond, à l'insu même des quémandeurs, a été demandé.

Si les plus proches n'ont pas mieux compris de quelle souffrance et de quelle gloire il est question, à plus forte raison la foule qui les accompagne au sortir de Jéricho, « une foule nombreuse », assemblée par la curiosité autant que par la sympathie. De quoi est-il question dans cette foule ? Du prophète de Nazareth sans doute, mais en quels termes ? Renseigné par elle, un mendiant aveugle du nom de Bar Timée (fils de Timée) poussera vers « Jésus le Nazaréen » le cri de « Fils de David, Jésus, aie pitié de moi ». Il était donc question du successeur messianique de David, et ceci répond bien à l'anxiété comme aux espoirs des disciples. De même le cri est d'une coloration judéenne plus que galiléenne.

Appelé près de Jésus, l'aveugle lui donnera un titre plus solennel que celui de rabbi : « *rabbouni* » c'est-à-dire (cf. Jo. xx, 16.) Mon Seigneur ou, plus simplement, Monseigneur. Jésus acceptera, chez l'aveugle, cette foi encore populaire. Le miracle est alors raconté d'un mot, ce qui prouve que ce n'est pas d'abord sur l'élément miraculeux qu'on insiste : « Et aussitôt il recouvra la vue et cheminait à sa suite », dans l'attitude du disciple.

Y a-t-il dans ce dernier miracle du Christ une intention symbolique qui le ferait correspondre, avant les événements de Jérusalem, à la guérison de l'aveugle de Bethsaïde avant la confesssion de Pierre et la Transfiguration ? Il est probable. Mais cette intention ne doit pas faire perdre de vue la vraisemblance et le concret des détails ni les points de repère qu'ils nous fournissent : nous retrouverons un cortège (moins nombreux) et l'équivalent du cri de l'aveugle dans l'entrée à Jérusalem.

L'ENTRÉE A JÉRUSALEM (XI, 1-11)

Topographie

Quelques indications topographiques aident à mieux situer cette entrée et à en préciser le caractère. Jéricho se trouve à une vingtaine de kilomètres au nord-est de Jérusalem. Il n'est éloigné du Jourdain que de huit kilomètres. Venant de Philadelphie transjordane (Amman), la route principale du sud de la Pérée traverse le fleuve en direction de Jéricho. Elle y rejoint la route nord-sud qui longe le Jourdain sur sa rive ouest et est une voie importante de pèlerinage. La foule de Jéricho et le cortège vers les Oliviers sont donc géographiquement plausibles.

De Jéricho, situé à — 350 mètres, la route monte vers le mont des Oliviers (818 mètres), une route assez déserte jusqu'aux environs de Bethphagé ou de Béthanie.

A vol d'oiseau, Bethphagé est plus proche de Jérusalem que Béthanie située trois kilomètres à l'est, au-delà des Oliviers mais la voie romaine passait d'abord par Bethphagé avant de contourner la pente vers le sud. Il est presque certain par ailleurs qu'un autre chemin menait de Béthanie à Jérusalem par Bethphagé, si bien qu'il est difficile de savoir si Jésus est passé d'abord par Bethphagé ou par Béthanie.

Le mont des Oliviers est une petite chaîne à trois sommets, de direction nord-sud, parallèle au torrent du Cédron qui le sépare de la Ville. Il est situé en face du Temple, qui bordait Jérusalem au nord-est en un vaste rectangle d'environ 500 mètres sur 300. Le mont domine le temple.

Du mont des Oliviers, on redescend vers la vallée du Cédron avant de remonter vers Jérusalem (740 mètres d'altitude). Le jardin de Gethsémani est situé au bas de la pente, entre le Cédron, qui reçoit en cet endroit un oued venant de Bézatha, et le point de rencontre de trois chemins descendant des Oliviers. Au-delà du Cédron, le chemin se redivise pour monter vers le Temple soit par la Porte Dorée, à l'est, soit par la Porte Probatique au nord. On débouche ainsi sous un portique qui entoure le quadrilatère, puis sur le parvis des Gentils, vaste cour bordant le Temple

proprement dit, le Sanctuaire, subdivisé lui-même successivement
en parvis des femmes, parvis d'Israël, puis en parvis des prêtres,
entourant l'autel. Au-delà de ce dernier parvis se trouvait le Saint
des Saints, fermé par un voile.

Les récits

Notre topographie assurée, quel est maintenant l'état des textes ?
Matthieu est seul à faire entrer « les foules » en ville comme il est
le premier à faire suivre l'entrée par la Purification du Temple, y
situant (lui seul de nouveau) des guérisons « isaïennes » et des
cris d'enfants reprenant ceux du cortège(en référence au ps. 8).
Cette insistance sur le Temple et sur le caractère messianique de
l'entrée tient au point de vue plus judaïsant de Matthieu. D'évidence, c'est là la relation la plus construite et la plus majorée.

Jean est d'accord avec Marc pour séparer entrée et Purification
comme pour situer le triomphe hors des portes. Luc non plus ne
parle pas de cortège dans la ville et il marque un arrêt, entre
l'entrée et la Purification, par la péricope des lamentations sur
Jérusalem. Tout ceci nous laisse en face de Marc, plus primitif
mais qui n'a encore rien d'un reportage (l'histoire de l'ânon, qui
n'est qu'une circonstance, y occupe la moitié des versets).

Cette circonstance réduite à son importance proportionnelle,
nous nous trouvons en face du récit suivant : « Comme ils approchent de Jérusalem, vers (Bethphagé et) Béthanie, en vue du
mont des Oliviers », Jésus envoie chercher un ânon au village.
« Ils mettent leurs manteaux dessus, et il le monta. Et beaucoup
étendirent leurs manteaux sur le chemin, d'autres coupant des
jonchées dans les champs. Ceux qui précédaient et ceux qui suivaient criaient. » Quoi ? Des paroles d'un psaume de fête, le dernier du « Hallel », chanté à la fête des Tabernacles et à celle de
Pâque : « Hosanna ! Béni soit celui qui vient au nom du Seigneur ! » (Ps. 118, 25-6.) Luc et Jean ajoutent « le Roi (d'Israël) »
et Matthieu « au fils de David », la triple adjonction équivalant
finalement, en le corrigeant, au verset ajouté par Marc : « Béni
soit le Royaume qui vient de notre père David ! »

Après quoi, au verset 11, nous retrouvons Jésus regardant autour de lui dans le Temple avant de rentrer à Béthanie avec les Douze, sans plus de rumeurs ni d'acclamations. Triomphe bien modeste et bien court, donc. Inutile de se demander pourquoi la garnison romaine ne s'est pas inquiétée, du haut de l'Antonia, à l'angle nord-ouest, du cortège tumultueux envahissant le Temple : il n'y en a pas eu. Commencé au plus tôt à Béthanie, le cortège triomphal était terminé avant l'entrée dans le Temple. Il se décrirait donc mieux comme une montée aux Oliviers que comme une entrée dans Jérusalem. C'est au sommet des Oliviers du reste que Luc situe les acclamations de la foule « des disciples » (génitif singulièrement restrictif) comme c'est aux Oliviers (à un peu moins d'un kilomètre des remparts) qu'il fait se retirer Jésus (XXI, 37) et qu'il situe l'Ascension (Act. I, 12.) Si nous pensons par ailleurs à la Purification du Temple et à la parole sur le Temple (admise par Jean et Etienne) qui servira d'accusation dans le procès, on peut se demander si ce modeste triomphe, où le messianisme de Jésus s'allie en le corrigeant au messianisme populaire, n'oppose pas aussi l'adoration « en esprit et en vérité » d'une authentique eschatologie au judaïsme officiel du Temple sadducéen.

Passons donc à l'examen point par point.

Le cortège

1° Le bref cortège triomphal apparaît d'abord comme une concession au messianisme imparfait mais totalement dévoué des disciples et des sympathisants. Comme Jésus le rétorque aux Pharisiens dans Luc (XIX, 40) : « Si eux se taisent, les pierres crieront. » Leur tension est extrême et doit trouver expression. Mais Jésus corrige le sens des acclamations davidiques par l'emploi de l'ânon et l'arrêt des manifestations avant le Temple.

Il a des amis à Béthanie où il va se retirer tous les soirs et où aura lieu l'épisode de l'onction. C'est là, « en vue du mont des Oliviers », qu'il envoie chercher un ânon qui semble préparé et qu'il renverra aussitôt (XI, 3b). On ne nous parle plus de l'ânon à l'entrée dans le Temple, et il ne l'y aura certainement pas introduit, lui qui allait bientôt débarrasser la cour des marchands de victimes. Il l'a renvoyé auparavant, et ç'aura été le signal de la fin de la manifestation, avant de franchir le Cédron.

Ce bref itinéraire n'est pas sans signification. D'après saint Jérôme, Béthanie est, étymologiquement « la maison de l'affliction » ou « la maison de l'obéissance » (comme Bethphagé est « la maison des figues », où se situe sans doute l'épisode (xi, 12) du figuier stérile). Par ailleurs, le mont des Oliviers a été avant le le Temple un lieu d'adoration, un haut-lieu encore connu comme tel au temps de David (II Sam. xv, 32.) Par la suite, le Temple avait été bâti par Salomon, en face, sur la colline de Morrya, où la tradition juive situait le sacrifice d'Isaac (II Chr. iii, 1) et la nuée avait rempli le sanctuaire au jour de la dédidace (*id.* v, 11-13.) Mais Ezéchiel avait vu la gloire de Yahvé *sortir du Temple et s'arrêter sur le mont des Oliviers*, et cela dans un contexte eschatologique remarquable. A cause d'hommes méditant le crime, craignant l'épée, mais Yahvé amènerait l'épée contre eux, promettant par ailleurs une nouvelle alliance : « Je mettrai en eux un esprit nouveau. J'extirperai de leur corps le cœur de pierre et je leur donnerai un cœur de chair. » (Ez. xi, 6-23.) De même, le prophète Zacharie, invoqué à propos de l'âne, avait situé sur les Oliviers le grand combat eschatologique : « Les pieds de Yahvé, en ce jour, se poseront sur le mont des Oliviers... Il se fendra par le milieu en direction est-ouest. » Il avait repris à Ezéchiel l'image des eaux vives, que reprendra saint Jean : « En ce jour-là, des eaux vives sortiront de Jérusalem », concluant : « Et Yahvé sera roi sur toute la terre... et il n'y aura plus de marchands dans le Temple de Yahvé Sabaot, en ce jour-là ». (Zach. xiv, *passim).*

La référence aux prophètes peut donc fournir la base d'une opposition entre le mont des Oliviers et la colline du Temple (et notamment, la référence à Zacharie qui conduit de l'âne à la purification du Temple en passant par les Oliviers).

Cette opposition n'est pas d'origine « chrétienne » : les premiers chrétiens n'ont pas eu une attitude unique envers le Temple, les « hellénistes » s'opposant sur ce point aux judéo-chrétiens. Sur le même point, bien que différemment, les Esséniens s'opposaient aux Pharisiens et, plus généralement, au 1er siècle, la croyance que le Messie apparaîtrait au mont des Oliviers était tout aussi répandue que celle qui attendait sa manifestation au Temple (cf. Josèphe *B. J.* ii, 13, 5 ; *Ant.* xx, 8,6.)

Mais cette opposition « topographique » exprime aussi deux messianismes différents dont nous retrouvons l'expression dans le récit.

Deux messianismes

2° Débordé par le messianisme de ses disciples, qui n'ont pas encore « compris » et auxquels se sont joints des sympathisants judéens, Jésus le canalise d'abord par le geste prophétique de l'ânon. Bien que Marc n'en souligne pas expressément la portée, elle est claire et a été exprimée par Matthieu et Jean telle qu'elle ressort d'une citation de Zacharie IX, 9 sq. : « Pousse des cris de joie, fille de Sion ! voici que ton Roi vient à toi. Il est juste et victorieux, humble *(àni)* et monté sur un âne, sur un ânon petit d'une ânesse... Il proclamera la paix pour toutes les nations. »

Si les disciples et les sympathisants conçoivent trop littéralement le royaume messianique, cet équipage doit leur montrer le roi humble et pacifique, le roi des *anawim,* plus semblable au Serviteur d'Isaïe qu'aux rois de ce monde. Mais ils ne le comprendront que plus tard (Jo. XII, 16.)

En attendant, les vêtements étendus sous son passage indiquent une intronisation semblable à celle qui est racontée de Jéhu (II Reg. IX, 13). Ils supposent un itinéraire relativement court qu'on situerait volontiers près du sommet des Oliviers, à l'approche duquel Luc fait éclater les acclamations — sommet d'où se découvre le panorama de la Ville Sainte, dominé par les impressionnantes constructions du Temple. Et c'est déjà miracle que Jésus, officiellement accusé en Galilée, monte ainsi au su de tous vers le Temple. Les cris éclatent : « *Hosanna ! Béni soit, au nom de Yahvé, celui qui vient !* »

L'acclamation rituelle ne vaut ici que pour le seul Jésus et son sens, avant le second hosanna, est précisé comme suit : « Béni soit le royaume qui vient de notre père David ! » C'est le roi davidique qu'on acclame en lui et un royaume qui, s'il est messianique, n'est pas celui des paraboles.

La fin du cortège

3° Marc ne dit pas un mot des sentiments de Jésus à s'entendre ainsi acclamer alors qu'il connaît si bien l'illusion de ces cris. Ces sentiments, qui donc les aurait devinés parmi ceux qui criaient ? Il ne nous dit pas non plus quel a été le signal de la fin de ce triomphe mais Luc nous montre Jésus pleurant « à la vue de la ville » (xix, 41). Cette tradition lucanienne prend toute sa vraisemblance dans notre perspective. Ces larmes du Maître, inattendues, ont dû être le signal du silence, voire d'une certaine désagrégation.

Marc, en effet, avec un hiatus évident (que la tradition de Luc peut combler) nous montre ensuite Jésus entrant « à Jérusalem dans le Temple », ce qui est strictement conforme à la topographie, « et, ayant tout regardé autour de lui, comme il se faisait déjà tard, il sortit vers Béthanie avec les Douze ». (11).

Ce dernier verset contraste de façon marquée avec les acclamations précédentes. Il s'est fait autour de Jésus une singulière solitude, mieux accordée à son messianisme qu'à celui de ceux qui l'acclamaient. Il y a du dégrisement dans cette phrase où lui seul désormais agit. Ce dénouement étrange ne peut guère être inventé alors que les modifications subséquentes s'expliquent facilement. Sortir de la Ville dans la seule compagnie des Douze parce qu'il se fait tard n'est guère d'un conquérant mais plutôt d'un homme menacé — peut-être aussi de quelqu'un qui désapprouve ou se sent étranger.

Mais ce n'est pas d'un fugitif : il reviendra le lendemain et a d'abord « tout regardé autour de lui. »

On aimerait savoir au juste de quel regard. A penser à l'action vigoureuse du lendemain — les vendeurs et les acheteurs chassés du Temple — qu'il ait examiné le spectacle et la disposition des lieux est probable. Mais ce sens probable suffit-il à expliquer ce regard autour de soi qui examine « toutes choses » ? Ce regard qui ne laisse rien échapper est-il celui du maître de doctrine qui va soutenir ici, sur cette place unique, les controverses suprêmes ? Est-ce le regard du Fils sur ce qu'on a fait de la vigne du Père ?

C'est ici, dans les Synoptiques, la première fois que Jésus pénètre dans le Temple — ce qui ne prouve pas qu'il y vient pour la première fois. Mais il reste significatif qu'aucun des trois Synoptiques ne mentionne un seul voyage à Jérusalem au cours de tout le ministère public. Et quand les disciples lui feront admirer les constructions du Temple, en effet monumental, ce sera pour s'entendre prédire sa destruction. Encore une fois, ceci n'implique pas, pas plus que chez Jérémie, une hostilité de principe à l'égard du Temple. Se fût-il préoccupé d'en chasser les vendeurs, sinon ? Et verrions-nous les apôtres monter au Temple au début des Actes ?

Mais son hostilité est manifeste à l'égard de l'organisation du Temple et à l'égard de ses dirigeants. Par ailleurs, en dehors des textes qui nous occupent, les évangiles connaissent étonnamment peu de références au Temple, étonnamment peu pour une oreille juive. Sans doute ont-ils été écrits pour des chrétiens déjà séparés de la synagogue, mais cela ne les empêche pas de connaître des rites de purification non moins dépassés. Nous voyons Jésus observer la foule qui met de la monnaie dans le Trésor mais nous ne le voyons pas prier au Temple alors qu'on nous le montre plus d'une fois priant à l'écart ou sur une montagne.

Il faut se garder, certes, de trop argumenter à partir de silences et d'indices fragmentaires mais il faut aussi se souvenir que la tendance de Jésus, dans les controverses, est de remonter à la source et à l'esprit. Or, le Temple est absent de la Torah (sinon pour des allusions). Elle ne connaît que l'arche et l'adoration sur les hauts lieux. C'est même sous le nom d'El Shaddaï (Dieu des montagnes) que Dieu s'est révélé aux Patriarches jusqu'à l'époque de l'Exode, et ce nom est encore connu dans les Psaumes et dans Job. L'unicité du lieu de culte est tardive (et a d'ailleurs été nécessaire pour réagir contre la contamination des dieux étrangers, dont plusieurs étaient aussi adorés sur les hauteurs). Ce n'est nullement à dire que Jésus ait souhaité le moindre retour en arrière. Mais l'unité de la foi est désormais assurée par l'étude de la Torah et par l'institution synagogale, et la tendance prophétique que prolonge Jésus est bien de favoriser la religion « en esprit et en vérité » plutôt qu'une religion cultuelle (qui ne répond d'ailleurs plus aux besoins d'un Israël aux trois-quarts dispersé).

Jean exprimera une pensée implicite dans les Synoptiques, lui qui centre l'activité de Jésus autour des fêtes du Temple, quand, peu après la purification du Temple (qu'il place au début pour des motifs théologiques), il fait poser cette question par la Samaritaine : « Nos pères ont adoré sur cette montagne et vous, vous dites que c'est à Jérusalem que l'on doit adorer. » Elle se réfère à une rivalité qui va être dépassée [7]. Jésus lui dit : « Femme, crois-moi, l'heure vient où ce n'est ni sur cette montagne ni à Jérusalem que vous adorerez le Père. Vous, vous adorez ce que vous ne connaissez pas ; nous, nous adorons ce que nous connaissons, car le salut vient des Juifs. Mais l'heure vient — et c'est maintenant — où les vrais adorateurs adoreront le Père en esprit et en vérité, car ce sont là les adorateurs tels que les veut le Père. Dieu est esprit, et c'est en esprit et en vérité que ceux qui adorent doivent adorer. » (IV, 20-24).

---

7. Elle s'y réfère sur la base de Deutéronome XII, 5, 11 (ou d'un passage équivalent du Pentateuque samaritain).

LE MINISTÈRE A JÉRUSALEM
MARC XI, 1 A XIII, 37

La période de Jérusalem est peut-être, dans le ministère public, la plus difficile à reconstituer. Cela peut paraître surprenant à première vue : les événements et les paroles d'avant la Passion n'étaient-ils pas plus proches dans le souvenir que ceux du ministère galiléen ? Et ne leur consacre-t-on pas proportionnellement plus d'espace ?

Ce n'est là qu'une évidence de première vue : dès avant la rédaction des évangiles, les uns et les autres souvenirs commencent à appartenir au même passé que ne restituent d'abord de façon ferme que les affirmations kérygmatiques. En outre, sauf pour un ou deux faits saillants, les souvenirs du ministère à Jérusalem se sont trouvés, psychologiquement, en position faible entre les événements décisifs de la Passion et des souvenirs galiléens répartis sur une durée relativement longue, suffisante pour avoir créé un *habitus*. Qu'on me passe cette comparaison philologique : le ministère à Jérusalem s'est trouvé dans la position de la syllabe prétonique non initiale en phonétique historique [1].

Un fait de sens apparemment contraire est venu renforcer la difficulté : l'importance historique et théologique de ce même ministère lui a fait accorder un espace correspondant à peu près (chez Marc) au quart de l'espace accordé à la Galilée alors que la durée du ministère jérusalémite, d'après la tradition synoptique, n'a pas dû correspondre à plus du 1/50 peut-être de la durée du ministère galiléen (soit deux semaines contre deux ans par exemple

---

1. Pour en prendre un exemple dans le vocabulaire évangélique, c'est ainsi que, du latin en français, *parabola* est devenu *parole* la prétonique s'effondrant entre deux accents.

ou à l'avenant). Littérairement aussi, un « raccord » était nécessaire entre un ministère galiléen raconté à larges traits et une
Passion narrée de façon beaucoup plus détaillée. D'où la tendance
à grossir le plan. Il n'est donc nullement étonnant, à l'analyse,
que la texture de la composition apparaisse ici plus lâche ou moins
ordonnée.

Ajoutons que ces jours de Jérusalem ont été des jours de tension
et d'agitation, au milieu d'une bien autre foule que celle des villages galiléens. Ces disciples provinciaux, reconnaissables à leur
accent, et qui n'ont pas compris encore la portée des affirmations
de Jésus, comment n'auraient-ils pas été débordés, en dehors de
leur milieu, par des controverses judéennes plus subtiles que la
rude opposition de Galilée et par des manœuvres politiques plus
complexes ? D'autant plus que le ministère à Jérusalem porte
moins, cette fois, sur le message de Jésus et sa conformité aux
traditions que sur la personne même de Jésus, l'origine de son
autorité et la véritable conception du messianisme.

Dans ces conditions, nous sommes d'autant plus embarrassés
pour « reconstruire » le ministère à Jérusalem que nos sources,
bien plus encore que pour le ministère galiléen, sont déjà une
construction sinon une reconstruction.

Il est donc plus impérieux que jamais d'examiner d'abord comment Marc a organisé sa matière.

Si on met à part le discours eschatologique (XIII) qui est visible-
ment une compilation, on distingue surtout deux groupements :
Le premier va de XI, 1 à XI, 33 ;
La parabole des vignerons fait transition (XII, 1-12) ;
Le second va de XII, 13 à XII, 37.
Restent une condamnation des scribes et l'anecdote de l'obole
de la veuve, de fort bon caractère historique mais isolés, que Marc
a glissés entre le deuxième groupement et le discours eschatolo-
gique.
Justifions-nous.

Le premier groupement présente en alternance :
a) Un récit en trois temps (entrée à Jérusalem — purification
du Temple — question sur l'autorité de Jésus) coupé par

b) L'épisode imagé du figuier stérile, sorte de parabole en action artificiellement coupée en deux parties (XI, 12-4 et XI, 20-1), la seconde s'adjoignant des *logia* qui sont hors situation (*id.* 22-5).

La purification du Temple, incluse dans l'épisode du figuier, occupe le centre du groupement. Par ailleurs, la parabole en action du figuier est incluse dans le récit suivi dont elle double suffisamment la signification. Nous obtenons donc ce tableau :

Entrée à Jérusalem

                                          Le figuier stérile
Purification du Temple

                                          Suite du figuier stérile
Les Sanhédrites et l'autorité de Jésus.

Cette section retrace la seule suite d'événements que Marc puisse situer avec quelque certitude. Aussi termine-t-il l'épisode central par cette conclusion qui vaut pour l'ensemble des trois sections : « (les grands-prêtres et les scribes) cherchaient à le faire périr. » (XI, 18).

La parabole des vignerons expose, dans une imagerie parallèle à celle du figuier stérile, la signification de la situation. Elle conclut ainsi le premier groupement. Elle le conclut d'autant plus visiblement :

a) Qu'elle se termine sur l'intention de tuer l'héritier (XII, 7-8 renvoyant à XI, 18)

b) Qu'elle se prolonge par une citation du psaume 118 (22-3) voisine de celle (25-6) qui exprimait les acclamations de la montée des Oliviers (nouvelle et dernière inclusion). « Et ils cherchaient à l'arrêter. » (XII, 12)

Cette position-clef de la parabole explique qu'elle ait été allégorisée dans la rédaction. Incluse entre une première controverse liée aux événements et les controverses suivantes qui y sont moins directement rattachées, elle sert de transition entre le premier groupement et le second.

Le second groupement, moins chronologique, s'ouvre par la question de l'impôt à César, qui est bien en situation à Jérusalem et porte finalement sur la conception messianique. Il se termine, à l'initiative de Jésus, cette fois, par la mise en question de la représentation traditionnelle du Messie comme fils de David. Ceci rejoint le thème du double messianisme, apparent à l'analyse dans l'entrée à Jérusalem, évident depuis Césarée et la Transfiguration mais latent dès le début du ministère galiléen.

Ce groupe (auquel on peut joindre pour le parallèle la question sur l'autorité) fait pendant au groupe des controverses galiléennes (ii, 21-iii, 6) mais il importe de noter la différence de thème.

Le troisième groupement mérite à peine ce nom étant uniquement composé, à part deux intercalations, du « discours eschatologique », placé là pour clore le ministère sur l'espoir d'une Parousie qui préoccupait la Communauté. Aussi Marc éprouvera-t-il le besoin de reprendre en la précisant, au début du cycle de la Passion, l'indication-conclusion qui marquait le premier groupement : « Les grands prêtres et les scribes cherchaient le moyen d'arrêter Jésus par ruse pour le mettre à mort. » (xiv, 1).

PREMIER GROUPEMENT

L'entrée à Jérusalem était un passage-pivot. Nous en avons parlé dans le chapitre précédent mais il aurait pu aussi bien trouver place dans celui-ci. Il ne faut donc pas le perdre de vue et se souvenir, par exemple, du regard examinateur de Jésus dans le Temple quand, dans la péricope suivante, il va examiner le figuier.

LE FIGUIER MAUDIT (xi, 12-4)

Cette parabole en action est en avance sur le récit. Elle est parallèle à celle des vignerons et toutes deux se réfèrent aux paraboles et images prophétiques de la vigne et du figuier. Elle doit être interprétée comme un de ces gestes incongrus, concrets et symboliques, dont les prophètes étaient coutumiers. Elle ne doit pas être interprétée en fonction de la suite composite (20-5), dont le but premier est de composition littéraire.

« Le lendemain, comme ils sortaient de Béthanie, il eut faim. » Les « trois jours » du ministère étant un cadre rédactionnel chargé de le faire correspondre aux trois annonces de la Passion et aux trois jours d'avant la Résurrection, il ne faut pas accorder trop d'importance à la précision de temps. Mais la motivation non plus (« il eut faim ») ne doit pas être prise au pied de la lettre. Elle est curieuse, du reste, à la sortie de Béthanie, où ils passent la nuit et, donc, se restaurent avant le départ. Nulle part ailleurs, sinon à la Tentation, on ne parle d'une faim de Jésus. Cette faim est symbolique, comme le reste, même si elle a d'abord été interprétée littéralement par des disciples (ou un rédacteur) encore « littéralistes ». Il serait contraire à tout le sens évangélique que celui qui a repoussé la première Tentation vînt maudire un figuier qui ne porte pas de fruit alors que ce n'est pas la saison. Car « ce n'était pas la saison ». Cette notation des témoins (qui ne doit pas être allégorisée) prouve bien qu'il s'agit ici d'un geste prophétique, d'un geste qui doit être pris au sens second — et qui doit si bien être pris en ce sens qu'il n'a, pris littéralement, aucun sens.

« Apercevant de loin un figuier qui avait des feuilles, il alla voir s'il y trouverait quelque fruit. » La comparaison peut s'appliquer plus spécialement à Jérusalem. « Mais s'en étant approché, il ne trouva rien que des feuilles (car ce n'était pas la saison des figues). » Il est clair que Jésus sait qu'il n'en trouvera pas. Pour qui, sinon, voudrait-on le faire passer ? « Et (répondant) il lui dit : Que personne à tout jamais (dans l'éon) ne mange de ton fruit. Et ses disciples l'entendirent. »

La dernière notation ne s'explique que dans le cas d'un geste prophétique. Les disciples entendirent ces paroles de leurs oreilles et virent le geste de leurs yeux mais ce n'est que plus tard, comme pour l'entrée à Jérusalem (Jo. xii, 16) qu'ils en comprirent le vrai sens [2].

C'est ici la seule malédiction de Jésus à un être inanimé, ses

---

2. Sens que Marc n'indique pas, mais qui est assez clair et embrouillé seulement par la suite (manifestement composite) sur la foi et la prière. Il est possible que Jésus ait parlé sur ce thème à propos du figuier mais non pour

seules autres malédictions concernant l'engeance incrédule ou les dirigeants d'Israël, Scribes et Pharisiens. Il est évident qu'il faut d'abord examiner si le même sens serait possible. Or, non seulement il est possible mais c'est le seul sens satisfaisant. Qu'on commense par accorder attention à la notation géographique : sortant de Béthanie pour aller à Jérusalem, ils sont à Bethphagé ou dans son voisinage. Or, Bethphagé est la « maison des figues ». Il faut donc penser à Jérémie VIII, 13 : « Je voudrais récolter chez eux, déclare Yahvé. Mais point de raisins à la vigne ni de figues au figuier. » (Cette association de la vigne et du figuier, qui en fait des images synonymes, se rencontre en d'autres endroits et notamment en Joël I, 7.) Pour le fond, il faut penser à la parabole d'Isaïe V, 1-7, qui va trouver son application dans la parabole des Vignerons meurtriers.

Il faut d'autant plus penser à une conjonction Jérémie-Isaïe que la purification du Temple sera justifiée par une citation de ces deux prophètes (citation qui, dans le cas de Jésémie, est toute proche de celle que nous invoquons).

Le sens est clair : Israël (mais sans doute Jérusalem en particulier) est, par le fait de ses dirigeants, le figuier qui ne porte que des feuilles, symbole d'une religion trop extériorisée.

Si le sens est clair, nous devons faire des réserves sur la situation de cette parabole en action. Nous l'attendrions plutôt à la fin du ministère à Jérusalem ou du moins à la fin du premier groupement, qui donne un fil chronologique. Mais plusieurs raisons de composition littéraire s'y sont opposées :

1° la place était déjà prise par la parabole similaire des vignerons, plus explicite et occupant une position-clef.

2° La place actuelle de la parabole en action du figuier était par ailleurs nécessaire dans le système d'inclusion (ou d'alternance) que nous avons décrit.

3° La proximité des citations de Jérémie à propos du Temple et du Figuier (Jér. VII, II et VIII, 13) a pu aider à faire voisiner les deux épisodes.

insister sur leur pouvoir miraculeux spectaculaire. Pour opposer par exemple la religion vraie, intérieure, à la religion de sacrifices et d'observances, celle des « feuilles ».

LES VENDEURS CHASSÉS DU TEMPLE (XI, 15-19)

« Ils arrivent à Jérusalem. Et, entré dans le Temple, Jésus se mit à chasser ceux qui vendaient et achetaient dans le Temple, il renversa les tables des changeurs et les sièges des marchands de colombes, et il ne permettait pas qu'on transportât d'instrument à travers le Temple. Et il enseignait et disait : N'est-il pas écrit : *Ma maison sera appelée maison de prière pour toutes les nations ?* Et vous, vous en avez fait *une caverne de brigands.* »

Il faut se représenter les choses dans le concret. D'abord, le lieu de l'action, le vaste parvis des Gentils, entourant le sanctuaire et bordé, vers l'extérieur, de magnifiques portiques, d'aspect plus grec qu'hébraïque : le grand portique de Salomon à l'est ou le portique Royal au sud, formé de cent soixante-deux colonnes corinthiennes sur quatre rangs. Le tout est dominé, à l'angle nord-ouest, par l'Antonia d'où, par deux escaliers, la garnison romaine « se répandait en armes le long des portiques, durant les fêtes, veillant à ce que le peuple ne tramât pas quelque surprise ». (B. J. V, 244)

Ce parvis des Gentils n'est déjà plus un endroit profane. La *Bérakoth* (IX, 5) défend de le traverser pour prendre un raccourci et même d'y entrer avec bâton et sandale. Par ailleurs, il n'est pas encore territoire sacré au sens plein, les païens méprisés y ayant accès comme sur le forum des villes méditerranéennes ; par contre, il leur est défendu par une inscription en trois langues, et sous peine de mort, de franchir la limite du sanctuaire. La présence de païens suffisant à souiller, on peut croire à une indécision concernant le respect dû au vaste plateau d'avant le sanctuaire, voire à l'opposition de deux tendances, rejoignant vraisemblablement l'opposition doctrinale entre Pharisiens et Sadducéens.

Outre le vin, la farine, l'encens, etc., les nombreux sacrifices du Temple (transformé en gigantesque abattoir les jours de fêtes) exigeaient chaque jour de nombreux animaux et notamment des colombes, l'offrande des pauvres (Lév. XII, 6 ; XIV, 22, 29). De même, l'impôt du Temple, dû chaque année par tout Israélite majeur, devait être payé en monnaie du Temple, d'où la présence des changeurs. Les emplacements de ce pieux et fructueux commerce étaient concédés par l'administration du Temple, aux mains du haut clergé sadducéen, qui y avait sa propre police. Ce haut clergé (ennemi des Pharisiens mais honni surtout par les Ésséniens) avait la main tendue. Il retirait de substantiels bénéfices de ces concessions où par ailleurs les pèlerins se sentaient volés. Mais il avait aussi la main rude. Un texte rabbinique parle en ces termes des grandes familles sacerdotales du Ier siècle :

« Maison de Boëthus, malheur à moi à cause de leur cravache ! Maison de Kantheras, malheur à moi à cause de leur plume [leurs édits]. Maison d'Anne, malheur à moi à cause de leur sifflement [de serpent] ! Maison d'Ismaïl ben Phiabi, malheur à moi à cause de leur poing ! Car ils sont grands prêtres, leurs fils sont trésoriers et leurs beaux-fils inspecteurs du Temple, et leurs valets frappent sur le peuple à coups de bâton. » *(Tos. Menahoth* XII, *21 ; Pesahim,* 57 a Bar.) Une autre tradition *(pal. Sukkah* IV, 54 d) rapporte ce cri de la foule exaspérée sur le Parvis des Gentils : « Hors d'ici, hors d'ici, fils d'Élie [3] ! Vous avez souillé la maison de notre Dieu ! »

L'action de Jésus aura donc l'assentiment et le soutien du peuple. Qu'il renverse tables et sièges et disperse le bétail à la tête d'une dizaine d'hommes décidés, il sera aidé bientôt, après un moment de stupeur, par une foule bigarrée aussi prompte à l'émeute que celle des souks arabes. La police des prêtres, vite débordée, a dû se replier et se contenter d'avertir les autorités du Temple. La garde romaine assiste impassible à cette bagarre entre Juifs : elle craint moins leurs disputes que leur réunion. En fait, ce « coup de main » de Jésus, ce raid de commando, témoigne à la fois d'une grande audace et d'un grand réalisme.

Car il ne s'agit pas, à l'évidence, d'une impulsion subite et Jésus sait fort bien quels intérêts il attaque et qu'il va s'aliéner

---

3. Allusion à I Sam. II, 12-17, parlant des prévarications des fils d'Eli au sanctuaire de Silo. Ce sanctuaire sera livré aux Philistins par Yahvé, comme Jérémie le rappelle dans sa diatribe contre le Temple (Jér. VII). reprise ici par Jésus.

le puissant parti sadducéen. Il est déjà assuré de l'hostilité implacable des Scribes pharisiens — plus populaires que les riches Sadducéens collaborateurs [4]. Veut-il donc faire contre lui l'union des partis hostiles ? Court-il donc au suicide ? Non pas. Les vrais mystiques sont en même temps des réalistes et l'audace de cette action ne doit pas empêcher d'évaluer son opportunité. S'il a pu compter sur un soutien populaire en Galilée, Jésus n'est guère connu du petit peuple de Jérusalem, qui se trouve sous l'influence pharisienne. Le coup d'éclat du Parvis des Gentils, suivi d'un enseignement d'abord dirigé contre les dirigeants du Temple, lui assure momentanément un soutien populaire à Jérusalem, et cela malgré les Pharisiens. Ce soutien sera augmenté, aux environs de la Pâque, par l'arrivée des pèlerins galiléens. Mais en attendant il a gagné, d'un seul coup, une audience populaire qui permettra le ministère à Jérusalem en empêchant de penser à son arrestation publique. Cependant que, « le soir venu, il s'en allait hors de la ville ». Loin d'être le fait d'un illuminé ou d'un désespéré, la purification du Temple serait au contraire, si Jésus avait accepté un messianisme terrestre, le fait d'un grand politique. Son coup d'œil, ici, est d'un homme d'État ou d'un grand capitaine. N'ayant plus rien à ménager depuis l'opposition pharisienne déclarée, il sort d'une retraite où on croyait l'avoir réduit pour réapparaître à l'endroit même où bat le cœur du judaïsme. Et il réussit, d'un seul coup, à s'en faire une plate-forme d'où répandre son enseignement, dans le Temple sadducéen, parmi la clientèle pharisienne ! On conçoit, devant ce coup de maître, que les disciples aient pu nourrir encore leur illusion malgré les avertissements répétés de Jésus.

Car il s'agit bien d'un coup de maître. Cette action, qui lui attire la faveur populaire, est justifiée par des principes tellement inattaquables que nul, en effet, ne les attaquera. On l'attaquera sur son autorité à faire cela ou sur l'origine de cette autorité.

---

4. Et plus proches de Jésus sur plus d'un point (la doctrine de la résurrection par exemple). D'où leur opposition plus acharnée, plus « de principe », de même que la guerre civile idéologique est plus acharnée que la guerre étrangère. D'où l'insistance de l'Évangile sur l'opposition pharisienne, d'autant plus qu'elle était seule présente en Galilée et que les missionnaires chrétiens continueront à la rencontrer dans la diaspora.

Mais c'est bien là ce qu'il veut, cela pose la question comme il entend qu'elle soit posée : sur le plan du messianisme, ce qui lui permet d'exposer son messianisme. Car depuis Ézéchiel (XL-XLVIII), la rénovation du Temple est attendue à l'époque messianique, du moins selon un courant de messianisme plus proprement religieux, proche des conceptions du Fils de l'Homme (cf. I Hén. XC, 28 sq. ; Ps. Sal. XVII, 33 sq.). Marc est donc parfaitement justifié et à situer la Purification du Temple à ce moment-ci et à la placer au centre de son premier groupement.

Cette action opportune et significative à la fois, est un point de départ. Elle comporte des arrière-plans qui seront développés dans l'enseignement de Jésus et dans les controverses.

Dès le récit, il faut remarquer à ce sujet la succession des aoristes (passés simples) et des imparfaits. L'action de chasser les marchands et de renverser tables et sièges est rapportée à l'aoriste et un autre aoriste indique que grands prêtres et scribes en eurent (presqu'aussitôt) connaissance. Le reste du récit est à l'imparfait et suppose une action continue. Elle a pu durer un ou plusieurs jours dans le cas de « il ne laissait personne transporter d'instrument à travers le Temple » mais certainement plusieurs jours dans le cas de « et il les instruisait », de « et ils cherchaient comment le faire périr, car ils le craignaient parce que tout le peuple était frappé par son enseignement » (comme les Galiléens de I, 22, parce qu'il enseignait avec autorité) et enfin de « Le soir venu, il s'en allait hors de la ville ». C'est là un imparfait d'habitude qui couvre tout l'enseignement à Jérusalem.

Le premier thème de cet enseignement justifie son action et en éclaire la portée. Il nous est rapporté en ces termes : « Il leur disait : N'est-il pas écrit : Ma maison sera appelée une maison de prière pour toutes les nations (Is. LVI, 7) ? Et vous, vous en avez fait une caverne de brigands (Jér. VII, 11). » (L'apostrophe s'adresse aux dirigeants.)

Il est déjà caractéristique que cette justification par l'Écriture soit une justification par les prophètes. Mais il faut se reporter au contexte pour en apercevoir toutes les implications et la portée.

Le contexte d'Isaïe est eschatologique et universaliste. « Ainsi parle Yahvé. Observez le droit et pratiquez la justice car mon salut est près d'arriver et mon salut de se révéler... Et les fils d'étrangers qui se sont attachés à Yahvé... je les conduirai à ma montagne sainte. Je les réjouirai dans ma maison de prière. Leurs holocaustes et leurs sacrifices seront acceptés sur mon autel, car ma maison s'appellera maison de prière pour tous les peuples. »

Cet universalisme s'applique parfaitement (quoique non pas d'une façon première) à la scène qui vient de se dérouler sur le « Parvis des Gentils ». Elle implique d'abord le respect du Temple. Mais aussi, dans ce cadre, c'est un peu comme si Jésus (qui revient du pays de Tyr) disait, dans une parabole en action : « Ne méprisez pas le parvis des Gentils et préparez la venue des nations, vous respecterez en même temps le sanctuaire. Ces choses ne s'opposent pas. Au contraire. »

L'universalisme du chapitre LVI rejoint celui du chapitre II, qui débouche sur la paix perpétuelle : Au Temple de Yahvé, « établi au sommet des montagnes », « toutes les nations y afflueront ». Yahvé « exercera son autorité sur toutes les nations... qui de leurs épées forgeront des socs et de leurs lances des faucilles » (2-4). Ce messianisme pacifique est celui du texte célèbre d'Isaïe XI, 1-9 et de l'épiphanie galiléenne de IX, 1-6 où naît le Prince de la Paix — celui qui vient d'entrer sur l'humble ânon de Zacharie.

Le contexte de Jérémie est encore plus net. Yahvé y rappelle à la vraie religion et menace de quitter le Temple si Israël ne se convertit pas. Il prédit la destruction du Temple de Jérusalem comme de celui de Silo. Et nous savons par ailleurs qu'Ézéchiel (XI, 6-23) a vu la nuée quitter le Temple pour s'établir sur le mont des Oliviers.

« Améliorez vos voies et vos œuvres et je resterai avec vous en ce lieu. Ne vous fiez pas aux paroles mensongères : C'est là le sanctuaire de Yahvé ! Sanctuaire de Yahvé ! Sanctuaire de Yahvé !... A vos yeux, est-ce une caverne de voleurs, ce Temple qui porte mon nom ? Moi, en tout cas, je ne suis pas aveugle — oracle de Yahvé.

« Allez donc à mon lieu de Silo, naguère, j'y fis habiter mon Nom. Regardez ce que j'en ai fait à cause de la perversité de mon peuple d'Israël. Et maintenant... je vais traiter ce Temple qui porte mon Nom et dans lequel vous placez votre confiance, et ce lieu que j'ai donné à vous et à vos pères, comme j'ai traité Silo. »

Il n'est pas étonnant, dans ce contexte, que la principale accusation contre Jésus soit d'avoir prédit la destruction du Temple [5].

PAR QUELLE AUTORITÉ ? (XI, 27-33)

Peu de temps après — le lendemain au plus tôt — la question est publiquement posée à Jésus de savoir « par quelle autorité il fait ces choses ou qui lui a donné autorité pour les faire ». Habilement, on ne lui reproche pas directement « ces choses », ce serait lui donner trop beau jeu. Mais par ailleurs les autorités, empêchées de l'arrêter publiquement, ne peuvent fermer les yeux. D'où cette question-piège, qui ne peut évidemment porter sur quelque délégation administrative et ne permet guère — ont-ils aperçu dans l'action de Jésus une revendication messianique ? — que la proclamation d'une mission divine. On pense ici à l'interrogation décisive du grand-prêtre au cours du procès : « Es-tu le Messie ? » Ou bien Jésus se dérobera et perdra son crédit ou bien il sera forcé à quelque affirmation dangereuse.

Selon un procédé admis dans les discussions rabbiniques, Jésus rencontre la question mûrement réfléchie des Sanhédrites par une contre-question : « Le baptême de Jean était-il du Ciel ou des hommes ? » Ils sont pris dès lors à leur propre jeu. Ils ne peuvent répondre « des hommes », ce qui est leur pensée, à cause du peuple auprès duquel Jean était resté très populaire. Et ils ne peuvent répondre « du Ciel » sans s'entendre reprocher leur incrédulité (et fournir à l'action de Jésus un début de justification). Ce sont eux, dès lors, qui doivent se dérober : « Nous ne savons pas. » Mais cette réponse les déclare incompétents dans la matière même dont ils entendaient juger et Jésus ne leur doit plus de réponse.

---

5. Il ne l'a peut-être pas prédite expressément en public (sinon l'accusation n'aurait pas eu de peine à être établie) mais il l'a prédite aux disciples au début du discours eschatologique (et Judas a pu le rapporter aux Sanhédrites dont plus d'un ne lui pardonnait pas la purification du Temple).

Il est peu d'exemples d'une dialectique plus vivante et plus originale et, de fait, on admire d'ordinaire l'habileté de la réplique. Mais elle ne doit pas faire oublier que Jésus met ici son ministère sous le signe de Jean dont le baptême était « du Ciel » (et le baptême de Jésus, avec la voix céleste, a bien été en effet le début de son ministère), de Jean qui fut Élie et que les hommes ont traité à leur guise. Ainsi, même son refus de répondre contient-il, pour ceux du moins qui ont une oreille pour les choses de Dieu, une revendication messianique implicite.

LES VIGNERONS MEURTRIERS (XII, 1-12)

Nous avons vu quelles raisons de composition avaient déterminé la situation de cette parabole. Elle débute dans les termes de la parabole d'Isaïe v, 2. Mais c'est le geste prophétique du figuier qui offre le plus grand parallélisme avec Isaïe (Jésus y jouant le rôle de Yahvé ou de son représentant, qui vient chercher du fruit, n'en trouve pas et condamne le figuier).

Dans la parabole actuelle, l'attention se déplace de la vigne (qui n'est plus ici responsable) sur les vignerons (les dirigeants d'Israël), les serviteurs (les prophètes) et le fils (Jésus). Il y a des traces de rédaction chrétienne, surtout dans le « fils bien-aimé », qui rappelle le Baptême et la Transfiguration. Jésus n'a guère pu employer cette expression pour parler à ses adversaires alors qu'il a imposé silence aux témoins de la Transfiguration. Par contre, un trait de fond est nettement archaïque : la mort du fils n'est pas essentiellement distinguée de celle des serviteurs et, du moins dans la parabole, aucune glorification ne vient effacer son scandale.

Du moins dans la parabole, car la citation qui la suit — « La pierre qu'avaient rejetée les bâtisseurs est devenue pierre de faîte » — introduit cette glorification. Mais cette citation a toute chance d'être rédactionnelle car il s'agit d'un argument scripturaire de la communauté (cf. Act. IV, 11) et cet emprunt au psaume 118, 22 termine fort à propos le premier groupement en rappelant l'usage du même psaume lors des acclamations de la montée aux Oliviers.

LE TRIBUT A CÉSAR (XII, 13-17)

Ce second piège est mis sur le compte de Pharisiens mais aussi d'Hérodiens dont la présence étonne à Jérusalem. Marc a-t-il des renseignements particuliers ? Veut-il rappeler la vieille collusion galiléenne qui aurait trouvé son pendant à Jérusalem ? Il veut surtout que parmi les interrogateurs se trouvent des partisans et des adversaires du pouvoir occupant pour faire ressortir le danger de toute réponse. La question posée est en effet la suivante : « Est-il ou non permis de payer le tribut à César ? » Répondre non publiquement serait prêcher l'insoumission et devenir justiciable de l'autorité civile, répondre oui serait s'aliéner la sympathie populaire.

La réponse est aussi admirablement imprévisible et définitive que lors de la question sur l'autorité. Jésus se fait apporter le denier du tribut, une monnaie qui se trouve dans nos collections numismatiques, avec la tête de Tibère et l'inscription : TI(berius) CAESAR DIVI AUG(usti) F(ilius) AUGUSTUS, qui usurpe le titre divin, comme l'effigie brave une défense de la Torah dirigée contre l'idolâtrie. Le voilà donc en face du Prince du royaume de ce monde, dont le temple dominait le paysage de Césarée. Il leur demande : « De qui est l'image et l'inscription ? — Ils répondirent : De César. — Alors Jésus leur dit : Rendez à César ce qui est à César et à Dieu ce qui est à Dieu. Et ils étaient stupéfaits à son sujet. »

Ici aussi, Jésus fait plus que d'éviter le piège et de répondre à la question. A cela, le premier membre de la phrase suffirait : « Rendez à César ce qui est à César. » Accepter sa monnaie soumet à lui (et à Mammon) plus que de la lui rendre, ce qui dévoile l'hypocrisie de leur zèle et renvoie à la nécessité du détachement. Mais la question et la préoccupation qui semble la motiver sont remises, vertigineusement, à leur place mesquine par la seconde partie de la réponse et son parallélisme : « et à Dieu ce qui est à Dieu ». Où s'arrêtera ce qui est à Dieu et ce que l'homme lui doit ? Il ne s'agit nullement ici de séparer des devoirs envers l'État du devoir envers Dieu. Ce serait limiter « ce qui est à Dieu » et fausser la pensée de Jésus. Dans la situation, si les interrogateurs étaient aussi entièrement dominés par la préoccupation des choses de Dieu qu'ils s'en donnent l'air — et l'homme se doit tout entier à Dieu — ils ne seraient pas occupés à lui tendre ce piège mais écouteraient sa parole. Car si le denier, objet du monde dont César est roi, porte son image, l'homme lui-même, d'après la Genèse, n'est-il pas à l'image de Dieu ? Une seule chose mérite donc de les préoccuper : rendre à Dieu ce qui est à Dieu, et ce n'est rien moins que l'être tout entier.

Nous n'analyserons pas le reste du chapitre, pour ne pas être entraînés dans des discussions de détails qui feraient perdre de vue notre propos principal. Il serait difficile toutefois de ne pas dire un mot du chapitre XIII.

LE CHAPITRE XIII

Il est presque entièrement occupé (à trois versets près) par un discours, le plus long, et de beaucoup, de tous ceux que rapporte Marc. On peut donc, à priori, le soupçonner d'être « composé ». C'est ce que confirme l'analyse, qui conclut à plusieurs sources. Au reste, la parenthèse du verset 14 est curieuse : « que celui qui lit comprenne ! » Elle ne prouve pas nécessairement (mais exclut encore moins) l'utilisation d'une source écrite mais elle avoue que l'attention du rédacteur est ici particulièrement dirigée vers un lecteur. Cette attention est plus tardive que l'attention à l'auditeur dans la tradition évangélique. Mais elle est plus ancienne dans le genre apocalyptique, qui est un genre « écrit ».

A cet avertissement « apocalyptique », nous pouvons comparer l'avertissement parénétique et eschatologique du dernier verset, adressé à tous les « auditeurs » chrétiens par delà les quatre disciples présents : « Et ce que je vous dis à vous, je le dis à tous : Veillez ! » (37). Il y a une tension entre l'aspect apocalyptique et l'aspect eschatologique du discours, et c'est tout le problème de sa composition (un des plus complexes de toute l'exégèse synoptique).

L'apocalyptique décrit les événements cosmiques de la fin des temps et cherche à en fixer la succession, voire la date. Elle a ses racines dans le judaïsme tardif et représente une déformation de l'eschatologie authentique dont elle n'était, chez les prophètes, qu'une expression. Elle est dans une certaine correspondance avec le messianisme populaire, étant dans le même rapport à l'eschatologie que le messianisme populaire au messianisme de Jésus. Apocalyptique et eschatologie sont mêlées dans ce chapitre XIII de même que les deux messianismes sont présents côte à côte dans l'Évangile. Seulement, alors que les deux messianismes se séparent relativement facilement grâce à une distinction des interlocuteurs (les foules, les Pharisiens ou les disciples d'une part et Jésus de l'autre), la distinction est ici moins apparente, l'ensemble du discours étant attribué à Jésus. La distinction existe cependant et on doit clairement opposer la demande initiale des quatre disciples — « Dis nous *quand* cela aura lieu et quel sera *le signe* que tout cela va s'accomplir »(4) — on doit opposer cette demande (où plus d'un chrétien des communautés primitives peut reconnaître la sienne) à la réponse finale de Jésus : « Quant à la date de ce Jour ou à l'heure, personne ne la connaît, ni les anges dans le ciel, ni le Fils, mais seulement le Père. » (32)

Ce verset est certainement authentique. Il refuse de satisfaire la curiosité apocalyptique et mentionne une ignorance, scandaleuse pour des chrétiens, du Fils. Elle n'a donc pu être créée par la communauté et a d'ailleurs causé des difficultés au temps de l'arianisme, si bien qu'on a généralement cherché à en atténuer le sens (sans toujours s'apercevoir que, plus on l'atténuait, plus on renforçait la note apocalyptique du discours). Notons par ailleurs qu'il est parlé du Fils au sens absolu, et pour la seule fois dans Marc. Authentifié par le contexte, et donc possible (sans l'adjectif « bien-aimé ») dans la parabole des vignerons, ce seul titre, au-dessus des anges, compense largement le scandale (peu historique) de l'ignorance de la date du Jour.

De même, le conseil de veiller et de se tenir sur ses gardes (v. 33) appartient à la plus sûre tradition évangélique. Il invite, contrairement à la recherche de signes et de dates, à porter son attention, non sur un avenir à attendre dont on serait spectateur, mais sur un présent dont on est responsable. L'avenir n'est là qu'à titre de promesse ou de menace, de jugement portant sur le présent, n'est là en somme qu'à titre de certitude — et non pas du tout en vue d'une suspension du présent, dans l'attente d'événements qui laissent passifs, dévalorisant toute activité. On aperçoit ici à quel point, malgré des ressemblances extérieures, la tendance apocalyptique est contraire à la tendance eschatologique et comme elles s'opposent dans les conséquences morales aussi bien que sur le plan doctrinal.

L'avertissement parénétique et eschatologique parcourt du reste tout le discours, tel un fil d'Ariane, et empêche qu'il soit pris au sens apocalyptique : que signifie « prendre garde » ou « veiller » devant des étoiles qui tombent ? Qu'on remarque la succession : « Prenez garde » (5), « prenez garde à vous » (9), « prenez garde à vous » (23) et la culmination de la fin : « prenez garde, veillez » (33), « veillez donc » (35) et enfin le dernier mot du discours : « Veillez ! » Quatre avertissements sur huit sont ainsi dans les derniers versets, les plus sûrement authentiques. Le verbe « veiller » y domine, employé au sens absolu et motivé par l'ignorance de l'heure. Le « prenez garde », par contre, ne se rapporte pas aux signes apocalytiques mais aux faux prophètes (5) ou aux persécutions (9) (encore s'agit-il en ce cas de veiller « à soi-même »). L'attention n'est donc pas attirée sur les signes apocalyptiques, et c'est en quoi cette apocalypse est chrétienne même s'il fallait y déceler des éléments plus proprement juifs.

Restent, bien sûr, ces signes apocalyptiques. Une exégèse embarrassée, trop attachée à la lettre, veut que Jésus ait prédit pêlemêle — voire dans un désordre voulu ! — destruction de Jérusalem, fin du monde et Jour du Jugement. C'est adopter un point de vue apocalyptique implicite et ce point de vue accumule plus de difficultés qu'il n'en écarte.

L'alternative ne permet qu'une autre voie, qui n'est d'ailleurs pas facile, mais est la seule raisonnable. Elle consiste à expliquer la « composition » du discours. Jésus (nous y reviendrons) a prédit la destruction de Jérusalem. Après lui, dès avant les événements (et à leur approche et pendant le siège) des prédictions apocalyptiques ont circulé (et circulaient dès avant le Christ) en Palestine et dans la Diaspora. Or, l'évangile de Marc a été écrit à peu de distance de la première grande persécution, celle de Néron, où Pierre et Paul et des centaines d'autres trouvèrent la mort. Les événements confirmant les paroles du Maître et sur les souffrances des disciples et sur les faux prophètes, le rédacteur a pu, de fort bonne foi, mêler les paroles authentiques de Jésus de phrases apocalyptiques courantes en milieu judéo-chrétien, phrases apparemment de même sens et de même objet et cela tout en préservant la leçon primitive de « veiller » et le refus de préciser le moment. Il l'a pu d'autant plus facilement que l'attente chrétienne de la Parousie (attente encourageante, eschatologique de sens) sensibilisait la communauté aux « signes » pendant des persécutions qui « criaient vengeance au ciel » et faisaient demander à Dieu, comme dans la grande Apocalypse : « Jusques à quand ? » [6]

Telle est la genèse la plus probable d'une « composition » reconnue par tout le monde.

Un autre contrôle est possible qui arrive à des conclusions fort voisines. Il consiste à comparer le discours avec les conceptions générales de l'Évangile sur les rapports du présent et du futur.

Le messianisme juif est tout entier orienté vers l'avenir et vers une « réalisation » tangible. Par un héritage psychologique bien naturel, les premiers chrétiens, tout en croyant à une réalisation des promesses, sont orientés encore vers une proche Parousie, une venue « en puissance ». On aspire, comme dans l'évangile de Marc, à passer d'une révélation totale mais encore cachée au monde à une révélation « ouverte », victorieuse du monde. C'est chez Jean seulement que la foi est « déjà » entièrement victorieuse. Mais l'insistance de Jésus, de même, portait davantage sur le présent, l'avenir étant laissé à Dieu. Cet abandon total est le signe d'une confiance et d'une soumission absolues. N'appartenant qu'à Dieu, l'avenir est sous sa garantie. « L'avenir est *salut* pour qui saisit dans l'instant présent la présence de Dieu et l'heure du salut ; il est *jugement* pour celui qui refuse l'aujourd'hui de Dieu et se cramponne à son propre présent, son propre passé et son propre

---

6. La tendance est nettement attestée en Luc XXI, 28 : « Quand cela commencera d'arriver, redressez-vous et relevez la tête car votre délivrance est proche. » De même à la fin de la parabole du juge inique, concluant une « apocalypse » précédente (XVIII, 7-8).

rêve de l'avenir ». Se convertir, c'est passer de l'une à l'autre attitude. « L'avenir divin est appel de Dieu au présent (humain) et le présent est le temps de la décision à la lumière de l'avenir divin [7]. » C'est pourquoi il faut veiller et prendre garde, dans ce présent, et ne pas s'enquérir avec curiosité ou angoisse — ce qui serait encore « dormir ». Veiller, c'est garder l'attitude de celui qui s'est éveillé à la lumière divine et lui a ouvert son être, c'est l'état correspondant à l'acte de la conversion (se convertir voulant dire, en milieu juif, se tourner vers Dieu). C'est pourquoi, quand Jésus parle de l'avenir, il n'entend pas faire une révélation apocalyptique mais une promesse eschatologique. (Kümmel)

LA DESTRUCTION DU TEMPLE
(XIII, 1-2)

Même si elle donne occasion d'introduire le discours eschatologique, la prédiction de la destruction du Temple est en fait une péricope séparée à l'origine. Ce que marque bien le changement de lieu et d'interlocuteurs.

« Comme Jésus sortait du Temple, un de ses disciples lui dit : « Maître, regarde, quelles pierres ! quelles constructions ! » De fait, c'était un imposant spectacle et la mention des pierres s'explique. Josèphe rapporte (*Ant.* xv, II, 3) que ces pierres, blanches, avaient 28 coudées de long, 8 de haut et 12 de large. « Et Jésus lui dit : Tu vois ces grandes constructions ? Il n'en restera pas pierre sur pierre (qui ne soit détruite). »

Cette importante prédiction se rattache d'une part à la purification du Temple (cf. le contexte de la citation de Jérémie et Jean II, 19) et d'autre part à l'accusation la plus substantielle au cours du procès (XIV, 57-8). Toutefois, il manque ici la seconde partie de l'accusation, la promesse d'un nouveau Temple — sauf dans deux manuscrits grecs et la plupart des manuscrits de la vieille version latine qui ajoutent : « et en trois jours un autre (Temple) s'élèvera sans mains d'homme ». Cette leçon ne peut être retenue sur base de la critique textuelle mais elle a son intérêt et la question historique reste posée : la prédiction de Jésus a-t-elle

---

7. G. BORNKAMM. *Jesus von Nazareth*, Stuttgart, 1959 (3ᵉ éd.) p. 85.

été suivie de la promesse d'un autre Temple ? Cette promesse, Marc peut difficilement la rapporter à cet endroit et cela pour deux raisons : 1° il veut introduire le discours eschatologique et cette seconde partie briserait le caractère introductif de la prédiction.

2° Un motif plus important a pu le guider, l'attitude envers l'ancien Temple étant un des principaux points de friction entre chrétiens juifs et chrétiens hellénistes.

Il reste notable par ailleurs que la destruction du Temple ait été prédite à « un de ses disciples » (en présence des autres ?) tandis que le discours eschatologique se fera sur le mont des Oliviers (où Ezéchiel avait vu se transporter la Présence) devant quatre disciples — quatre étant un chiffre cosmique et apocalyptique (cf. Ez, ı, 5 sq. ; x, 21 Apoc. ıv, 6-8, etc.).

Comment le Sanhédrin aura-t-il eu des échos déformés de la prédiction ? Dans le contexte de Matthieu, la parole de Jésus aurait pu être surprise par des tiers. Mais ce contexte est secondaire. C'est moins possible dans Marc, où Jésus répond à « un disciple », n'étant guère entendu que des autres. La « fuite », ici, ne peut être le fait que de Judas, et le renseignement, étayant l'accusation, a pu être une des façons, et peut-être la principale, dont il a livré son maître. Car quelle apparence y a-t-il qu'il n'ait servi que de guide et qu'on n'ait pas pris soin de l'interroger sur l'enseignement de Jésus en privé ? Qui sait ? S'il était bien « de Kérioth » et le seul Judéen parmi les Douze, il a pu être plus choqué que les Galiléens par la prédiction. Les « faux témoins » de xıv, 57-8 seraient bien de faux témoins en deux sens : parce qu'ils ne sont pas des témoins directs et parce qu'ils déforment en un sens accablant les paroles réelles. Mais il y a bien eu une parole de Jésus sur le Temple, celle qu'admet Jean ıı, 19 et que suppose Actes vı, 14. Ce qui concilie ces deux passages et les « faux témoins » de Marc et de Matthieu.

On peut encore remarquer, pour soutenir l'hypothèse, que le discours eschatologique est intercalé. Or, à le mettre entre parenthèses, nous enchaînons par le complot contre Jésus et (après l'inclusion de l'onction à Béthanie) par la trahison de Judas.

LA PASSION
MARC XIV-XV

La relation de la Passion (et de la Résurrection) forme, dans les évangiles, le groupe le plus continu et le plus détaillé. C'est qu'il fut, de l'avis unanime, le groupe le plus anciennement fixé. N'était-il pas, plus que tout autre, immédiatement lié au kérygme ? D'où l'accord étendu des quatre évangiles. Si bien qu'on est tenté, ici, de renvoyer purement et simplement à un texte que « déforcent » trop de commentaires et dont l'évidence globale déborde largement les nombreuses questions de détails qu'il peut poser.

La Passion débute, chez Marc et Matthieu, par une sorte de lever de rideau ou de prologue délimité par deux dates : « La Pâque et les Azymes allaient avoir lieu dans deux jours » (Mc. xiv, 1) et « Le premier jour des Azymes, où l'on immolait la Pâque » (Mc. xiv, 12), indication approximative qui renvoie à la veille de Pâque.

Ce prologue encadre l'onction de Béthanie par le complot des dirigeants et la trahison de Judas. Complot et trahison sont simplement mentionnés tandis que la scène de Béthanie est rapportée avec quelque détail. Et cela tient sans doute à ce que les disciples ont eu moins de renseignements sur les tractations des adversaires que sur les gestes de Jésus mais aussi à ce que, dans cette histoire centrale du salut, les « pécheurs » auxquels Jésus est « livré » ne sont que des instruments du Mal, qui s'agitent vainement dans une victoire apparente. Ceci illustre bien le point de vue théologique des récits de la Passion. L'onction de Béthanie est moins importante, historiquement, que le complot et la trahison. C'est elle pourtant qui est mise en lumière. Parce que c'est la signification théologique de la Passion, la réalisation du dessein divin immuable, qui intéresse le narrateur plus que le jeu des causes humaines, contingentes. La femme qui oint Jésus d'« un nard pur de grand prix » donne au Messie, à l'insu des protestataires, la seule onction visible dont il sera sacré sur terre — avant de monter sur quel trône ! Mais c'est bien cette onction qui convient au Fils de l'Homme qui prédit ici sa mort et accepte cet hommage de l'amour comme un geste d'ensevelissement, lui qui dépose volontairement sa vie et nul ne la lui prend.

Ce point de vue est certes une interprétation, mettant en évidence le sens du fait, mais un sens parfaitement légitime dès que sont acquises les vérifications historiques (qui ne faisaient aucun doute pour les évangélistes, proches des témoins). Nous sommes tenus plus qu'eux à les mettre en évidence, utilisant tous les recoupements et scrutant ce qu'ils mentionnent plus que ce qu'ils développent.

LES DATES

L'onction de Béthanie a lieu, chez Marc, deux jours avant la Pâque — mais six jours avant chez Jean (qui contredit, plus généralement, la date de la Cène chez les Synoptiques). Apparemment, il y a contradiction. Mais cette contradiction apparente peut être tenue pour pratiquement résolue depuis le livre d'Annie Jaubert sur *La Date de la Cène* [1]. On y établit clairement l'existence d'un ancien calendrier sacerdotal, à base solaire, décalé par rapport au calendrier du Temple (au temps de Jésus). Il était employé notamment en milieu essénien et supposé par de très anciennes traditions chrétiennes. Je renvoie à ce livre pour les données et l'argumentation, me contentant ici de conclure :

L'onction de Béthanie a eu lieu deux jours avant la Pâque, mais la Pâque calculée selon le calendrier ancien, ce qui peut s'accorder avec les six jours d'avant la Pâque du Temple.

1. Paris, 1957.

Ceci illustre de façon absolument imprévue l'importance de la Parole sur le Temple. Mais, surtout, ceci lève la principale difficulté des récits synoptiques qui était l'étonnante accumulation de tant d'événements en moins de vingt-quatre heures. Tout se tient au contraire dès qu'on prend en considération le calendrier ancien. L'onction de Béthanie (où la trahison de Judas) a lieu le dimanche soir, premier jour de la semaine juive (ou le lundi pendant la journée). La Cène a lieu le mardi soir (début du mercredi juif) et l'arrestation intervient la même nuit. Le procès devant le Sanhédrin se tient le mercredi. Le verdict est prononcé le jeudi matin (ce qui est conforme à ce que nous pouvons savoir du droit juif) et est suivi du procès devant Pilate. Le vendredi, c'est la condamnation à mort, la crucifixion à la troisième heure (contradictoire dans la datation habituelle) et la mort six heures plus tard (plus normalement qu'après trois heures).

Il y a un dernier avantage qui constitue lui aussi une preuve : la Passion, commencée le dimanche soir (avec l'onction à Béthanie ou la trahison de Judas) s'étend assez exactement sur une semaine jusqu'à la Résurrection, le dimanche matin). Or, la tradition d'une « semaine sainte » est des plus primitives, et tellement que Marc, qui a perdu la notion du calendrier ancien (qui n'était pas en usage dans la Diaspora), se cramponne à cette tradition primitive d'« une semaine ». Ne pouvant plus la concevoir comme le cadre de la seule Passion, il en fait, contre l'évidence, le cadre du ministère à Jérusalem *et* de la Passion. Ce qui prouve, par les embarras mêmes où il se met, sa fidélité aux traditions.

A l'intérieur de ce cadre chronologique, plus satisfaisant et plus sûr, voyons quels faits nous parvenons à atteindre.

LA SITUATION DES SANHÉDRITES

La date de « deux jours avant la Pâque » (de l'ancien calendrier) ne porte pas sur les projets des grands-prêtres et des scribes mais sur la démarche de Judas, et secondairement sur l'onction de Béthanie. Les versets 1 et 2 de Marc XIV sont en effet liés aux versets 10-11, mais par ailleurs conjugués à l'imparfait. Ils ne nous rapportent pas une décision prise à une date déterminée par le Sanhédrin mais un projet nourri par ses membres les plus influents et ce projet ne porte pas tant sur une arrestation déjà décidée que sur son mode. Il s'agit d'arrêter Jésus « par ruse ».

Pourquoi ? Le motif est donné par Marc sous la forme suivante : « Pas dans la fête, de crainte d'un tumulte du peuple. » (2) Mais encore, quelle est exactement cette crainte ? On ne dit pas qu'ils craignent que le peuple tout entier prenne fait et cause pour Jésus mais qu'il y ait « un tumulte », ce qui laisse place pour des partisans et des adversaires. Que craignent-ils dans ce tumulte ? L'intervention brutale de la garnison romaine ? C'est possible. Ce serait, plus précise, la crainte plus générale exprimée dans Jean peu avant l'onction de Béthanie précisément : « Les Romains viendront et détruiront notre Lieu (le Temple). » (Jo. xi, 48)

Qu'est-ce qui provoquerait ce tumulte « pendant la fête » plutôt qu'à tout autre moment ? Évidemment la présence des nombreux pèlerins. Mais l'énormité du rassemblement et les espoirs messianiques liés à la Pâque sont une cause générale de troubles qui ne peuvent suffire à expliquer leur crainte particulière cette année-là. Alors ? Alors, il faut d'abord penser à la présence de ces Galiléens, prompts à la bagarre, dont le soutien avait rendu impossible une arrestation de Jésus dans la « Galilée des Gentils » et qui avait déjà provoqué l'intervention de Pilate à la Pâque précédente (Luc xiii, 1). Peut-on se souvenir aussi de ces « Grecs », de « ceux qui montaient pour adorer », qui demandent à voir Jésus après l'entrée à Jérusalem (Jo. xii, 20) ? C'est le groupe « helléniste » en tout cas qui interprétera de la façon la plus radicale le mot de Jésus sur le Temple (Act. vi, 8-14). Les dirigeants de Jérusalem ont pu craindre que certains groupes de la Diaspora ne fassent cause commune avec les Galiléens et ne se laissent gagner au message du prophète. Ils sont plus sûrs de la foule judéenne. Nous ne trouvons plus Jésus en contact avec cette foule depuis Marc xii, 37. Elle ne réapparaît qu'au procès devant Pilate, où elle se laisse gagner par les grands prêtres et réclame Barabbas. Entre-temps, Jésus ne parle plus qu'aux disciples et ne monte plus à Jérusalem que pour la dernière Cène. Il y eut un échec jérusalé-mite après l'échec galiléen.

S'ils craignent un tumulte « pendant la fête », les dirigeants ont repris suffisamment leur emprise à Jérusalem. C'est toujours la parabole du grain reçu avec empressement mais qui ne porte pas de fruit. Le Sanhédrin, selon Jean XI, 57, a lancé un ordre d'arrestation mais la disparition de Jésus en a empêché l'exécution, si bien que « les grands-prêtres et les Pharisiens avaient donné des ordres : si quelqu'un savait où il était, il devait le faire savoir afin qu'on l'arrêtât ». Ces ordres restent sans résultat provisoirement, mais la guerre ainsi ouverte rend plus probable le « tumulte pendant la fête ». Jésus peut ameuter les pèlerins montant à la Ville Sainte, venir les braver sous cette protection et peut-être procéder à une nouvelle purification du Temple qui serait pire que la première. N'avait-il pas déjà prouvé son audace diabolique ? Il faudrait, pour opérer l'arrestation, réprimer une véritable émeute — ou se laisser braver à la face de tout Israël, envisager un soulèvement messianique ou au minimum la diffusion du message galiléen à travers la Diaspora.

D'où leur désir fiévreux de s'emparer de Jésus « par ruse » avant la fête (« par appât », littéralement). Ils promettront de l'argent à Judas ? Ils en eussent promis à n'importe qui et sans doute, publiquement ou non, ont-ils effectivement mis sa tête à prix.

JUDAS L'ISCARIOTE

C'est alors que se produit un fait qui justifie la datation précise et est comme l'envers de l'onction de Béthanie. Deux jours avant la Pâque du calendrier ancien, soit le dimanche soir ou le lundi pendant la journée. « Judas Iscarioth, un des Douze, alla trouver les grands-prêtres pour le leur livrer. En l'entendant, ils se réjouirent et promirent de lui donner (de) l'argent. Et il cherchait comment il le livrerait de façon opportune. » (Mc. XIV, 11)

La trahison par un des plus proches n'a pu être inventée. Elle a frappé d'horreur et d'étonnement, si bien que la mention « un des Douze » reviendra chaque fois qu'il sera question de Judas (versets 20 et 43). Cette trahison était restée incompréhensible. La motivation finale sera théologique : « Satan entra dans Judas »

(Luc XXII, 3) ou encore « il fallait que s'accomplît l'Écriture » (Act. I, 16). Ceci ne laisse place qu'à l'hypothèse quant au motif psychologique.

La motivation par l'avarice semble à première vue justifiable à cause de l'argent promis. Mais elle est contredite dans une mesure importante par le suicide précédé du rejet de l'argent (Mt. XXVII, 3-10). Un seul fait, négatif, est certain : alors que les Sanhédrites n'auraient été que trop heureux de produire son témoignage, Judas n'a pas témoigné contre son maître. A-t-il vraiment pu croire (cf. Mt.) que Jésus échapperait à la condamnation à mort ? Le lui avait-on promis ? Quand l'heure presse, une promesse ne coûte guère dans ces sombres marchandages. E. Stauffer voit en Judas un fils de la Synagogue qui s'est senti lié par l'obligation de livrer un rabbi accusé par les autorités religieuses. Il a pu — nous l'avons dit — être choqué par une parole sur le Temple qu'il aurait mal interprétée (car comment expliquer sans son intermédiaire le rappel de cette parole au procès ?). Pris entre deux loyalismes, il se serait trouvé devant une sorte de cas de conscience. Il aurait essayé de les concilier et sa mort, inexplicable par l'avarice, témoignerait de son écartèlement.

LES PRÉPARATIFS DE LA CÈNE

Le lendemain, Jésus va manger la Pâque (à la date ancienne, soit le mardi soir, début du mercredi). Il est on ne sait où hors de Jérusalem. La Pâque doit normalement se manger à Jérusalem (étendue jusqu'à Bethphagé au jour officiel de la fête, à cause de l'impossibilité d'y héberger tous les pèlerins). La question des disciples — « Où veux-tu que nous allions préparer pour que tu manges la Pâque ? » — ne doit pas nécessairement s'entendre de Jérusalem. Dans la situation de Jésus, le « où » peut s'entendre de façon plus générale. Les disciples étaient assez effrayés lors de la montée à Jérusalem pour que leur question suppose la prudence. Cette prudence n'est-elle d'ailleurs pas supposée par le début de la réponse de Jésus : « Allez à la ville » ?

Elle se traduit aussi dans les précautions de la suite : « Vous rencontrerez un homme portant une cruche d'eau. Suivez-le et, là où il entrera, dites au maître de la maison : le rabbi te fait dire : Où est ma salle où je pourrai manger la Pâque avec mes disciples ? Et il vous montrera, à l'étage, une grande pièce garnie de coussins, toute prête ; faites-y pour nous les préparatifs. — Les disciples partirent et vinrent à la ville et trouvèrent tout comme il avait dit, et ils préparèrent la Pâque. »

Plutôt qu'un geste prophétique dont on ne voit guère la signification, il faut voir ici un signe convenu. Qu'on pense aux consignes à suivre pour aborder un émissaire qu'on ne connaissait pas de vue au temps de la Résistance. Un homme portant une cruche d'eau est chose remarquable en Orient. Ils le suivront sans l'aborder (du reste, peut-être ce serviteur ne sait-il rien). Et ils aborderont le propriétaire par une phrase prévue. Jésus connaît, pour sa part, la maison où il les envoie : il leur décrit la pièce. Par ailleurs, on ne voit pas que les deux disciples qui devaient tout préparer [2] soient revenus auprès de Jésus. Il n'arrivera qu'une fois le soir venu. Ce sont là les précautions d'un proscrit.

L'ANNONCE DE LA TRAHISON (17-21)

« Le soir venu, Jésus arrive avec les Douze. Et tandis qu'ils étaient à table et mangeaient, Jésus dit : Amen, je vous le dis, un de vous me livrera, *un qui mange avec moi.* »

Judas est-il avec eux à ce moment-là ? Le mot de « Douze » est une expression à ne pas prendre au sens strictement arithmétique. Ni dans Marc ni dans Luc sa présence n'est signalée expressément. « Un qui mange avec moi » ne doit pas non plus être pris au sens d'un présent strict. C'est une allusion au psaume XLI, 10 : « Celui qui mangeait mon pain hausse le talon à mes dépens. » Elle exprime l'incroyable. On rencontre de même équivalemment au

---

2. Préparatifs normalement assez longs : tuer et préparer l'agneau, les azymes, le vin, l'eau, les herbes amères, la sauce de fruits (Haroseth), la table, les divans...

verset 20 : « Un des Douze » et « qui met la main au plat avec moi ». (Il serait évidemment enfantin de croire ici à une désignation expresse de Judas faisant justement ce geste. Mais la tentation a existé dans la tradition postérieure de l'identifier d'une façon quelconque sans toutefois le dévoiler clairement.)

Judas était-il présent à la Cène ? Ce n'est que chez Jean (qui ne raconte pas la Cène) que nous le voyons quitter la table. Chez Matthieu, il s'associe à l'interrogation des autres disciples et s'attire, de la part de Jésus un « tu l'as dit » difficile à justifier. Mais rien dans Marc, qui est primitif, ne permet de prouver sa présence. Son absence sous un prétexte quelconque (cf. Jo. XIII, 29) n'a pas dû nécessairement paraître suspecte aux autres. Mais elle confirme, si l'on ne veut pas recourir à la prescience de Jésus, les soupçons du Maître, qui a pu remarquer l'absence précédente (celle de l'offre aux Sanhédrites) ou même être prévenu d'une démarche de Judas (par Joseph d'Arimathie par exemple).

« Oui, le Fils de l'Homme s'en va selon qu'il est écrit de lui. » L'expression est johannique avant la lettre. On ne voit pas pourtant à quel passage particulier de l'Écriture il est fait allusion, à moins de supposer une identification du Fils de l'Homme et du Serviteur d'Isaïe. Le mot doit être un des plus textuellement authentiques de l'Évangile. Quant au reste, qui concerne Judas, j'y vois moins l'expression d'une malédiction que celle d'une poignante tristesse : « Mais malheur à cet homme par qui le Fils de l'Homme est livré [3] ; il lui eût mieux valu de n'être pas né. »

LA CÈNE (XIV, 22-5)

Nous prendrons ces quatres versets au ras du texte, sans prétendre en épuiser la théologie.

Quelles sont les circonstances ? Le début rappelle le verset 18 : « Et tandis qu'ils mangeaient... » A moins de voir là une simple

---

3. Noter le présent. Possible en présence de Judas, il l'est mieux encore en son absence.

juxtaposition, le verset 18 se situera au début du repas, quand se mangent les herbes amères trempées dans le vinaigre ou le *Haroseth*. Après quoi, avant de passer au repas principal, on rappelait la délivrance d'Égypte et on récitait les psaumes 113 et 114, première partie du *Hallel*. Ici se situerait le verset 22 : le père de famille bénissait et rompait les pains et les distribuait aux convives (au nombre minimum de dix). On mangeait l'agneau (nous ne savons pas s'il y en eut un à la Cène) puis on apportait la troisième coupe, la « coupe de la bénédiction », ainsi nommée parce qu'on rendait grâces à ce moment. Suivaient le chant de la 2e partie du *Hallel* c'est-à-dire les psaumes 115 à 118 — ce dernier, cité lors de l'entrée à Jérusalem et de la parabole des vignerons, accompagne ainsi Jésus jusqu'à Gethsémani ; l'intention de l'évangéliste a pu être de mener ainsi le Messie de son triomphe à sa véritable intronisation dans la souffrance (il mentionne expressément « le chant des psaumes » avant le départ pour les Oliviers).

C'est dans le cadre de cette Pâque juive, qui devait être terminée à minuit, qu'il faut situer une dernière Cène qui va inaugurer, comme en surimpression sur la première, la Pâque chrétienne.

Pendant le repas de fête inauguré dans la tristesse, Jésus donc, « prenant le pain et ayant prononcé la bénédiction, le brisa et le leur donna en disant : Prenez, ceci est mon corps — et prenant la coupe et ayant rendu grâces, il la leur donna et ils en burent tous. Et il leur dit : Ceci est le sang de l'alliance, le mien, qui va être répandu pour beaucoup. Amen, je vous le dis, je ne boirai plus désormais du fruit de la vigne avant de le boire nouveau dans le Royaume de Dieu. »

Ces paroles sont proprement inouïes. Elles sont « dures » au sens des disciples de Capharnaüm (Jo. vi, 60) qui « reculèrent » ce jour-là. Et jusqu'à quel point les Douze purent-ils alors les comprendre ? Ils ne pourraient vraiment les comprendre que dans le proche avenir auquel (dans une tension caractéristique de tout le Message) se réfère ce présent. Le sang présent est celui qui est répandu, qui va être répandu « pour beaucoup » (hébraïsme qui ne comporte pas d'exclusion mais désigne la multitude par opposition à l'homme isolé). Cette référence au proche avenir est également implicite à propos du pain, Luc et Paul l'exprimeront : « Ceci est mon corps donné pour vous. » (Luc XXII, 19.) *Ceci* est déjà le corps livré et le sang versé le Vendredi, aussi réellement que le Royaume qui vient est déjà présent parmi eux, aussi réellement que Jésus est déjà le Messie et le Fils avant d'avoir été glorifié. *Ceci* ne peut être « hellénisé », symbolisé, sans être vidé de toute substance et tomber au rang de simple prédiction. Aussi bien cette parole est-elle strictement unique. Si elle n'est pas « hellénique », elle n'a rien non plus que d'extraordinaire en contexte juif, où l'usage du sang, âme et vie des êtres animés, est chose abominable et sacrilège sinon dans les sacrifices à Yahvé. (Lév. III, 17 ; XVII, 10 sq.)

Par un renversement sans précédent, c'est le sens symbolique, cette fois, qui serait « naturel » et c'est le sens réel qui est difficile, surnaturel (je ne dis pas le sens littéral : à proprement parler, il n'y a pas, pour une parole aussi inouïe, de sens littéral possible).

Le « Repas du Seigneur » sera le point de départ du culte chrétien dès le premier moment, celui où les disciples fréquentent encore assidûment le Temple (Act. II, 46). Dès 57, dès avant l'évangile de Marc, un texte de Paul évoque la dernière Cène et son sens (I Cor. XI, 23-8) : « Pour moi, j'ai reçu du Seigneur ce qu'à mon tour je vous ai transmis : le Seigneur Jésus, la nuit où il fut livré, prit du pain et, ayant rendu grâces, le rompit et dit : Ceci est mon corps, pour vous. Faites ceci en mémoire de moi. De même, après le repas, il prit la coupe en disant : Cette coupe est la nouvelle alliance en mon sang. Toutes les fois que vous en boirez, faites-le en mémoire de moi.

« Chaque fois en effet que vous mangez ce pain et buvez cette coupe, vous annoncez la mort du Seigneur jusqu'à ce qu'il vienne. C'est pourquoi quiconque mange le pain ou boit la coupe du Seigneur indignement aura à répondre du corps et du sang du Seigneur. Que donc chacun s'éprouve et mange alors de ce pain et boive cette coupe. Car celui qui mange et boit sans discerner le Corps mange et boit sa propre condamnation. »

L'absolue nouveauté de la Cène ne prend tout son sens qu'appuyée d'une part sur l'idée du Fils de l'Homme souffrant et d'autre part sur les plus importantes traditions juives.

A. SENS DANS LA VIE DE JÉSUS

Savoir comment cette initiative a jailli de la liberté du Fils de l'Homme est, trop évidemment, en dehors des prises de l'histoire. Elle ne se conçoit pourtant qu'à la veille de son « départ », qui transforme cette Pâque en un repas d'adieu. Mais cet adieu et cette mort sont transcendés par le présent geste. Parce que cette mort est une mort rédemptrice marquant non la fin mais l'ouverture des temps eschatologiques.

Comme la Pâque juive d'alors ne se bornait pas à rappeler la délivrance passée mais aspirait à la future délivrance, de même la Pâque présente, soutenue par l'idée du banquet messianique (cf. verset 25), sera destinée non seulement à rappeler la mort de Jésus mais, dans les termes de saint Paul, à « annoncer la mort du Seigneur jusqu'à ce qu'il vienne ». Cette Pâque nous installe dans le temps chrétien, qui part de la Rédemption et est tendu vers la Venue du Fils de l'Homme. Cela ne signifie pas pour autant — nous avons noté l'insistance de Jésus sur le présent — que ce présent soit évacué de toute réalité, soit seulement le temps « du monde ». La dernière Cène fait de la communauté apostolique la dépositaire d'une *réalité eschatologique*. « Qui prend part au Repas du Seigneur est assis déjà à la table où il sera convive dans le Royaume. Le même Seigneur y est déjà présent (ou encore présent) dont on implorait la venue en gloire dans les prières eucharistiques [4]. »

B. SENS A PARTIR DE L'ANCIEN TESTAMENT

La parole du verset 24 — « Ceci est le sang de l'alliance, le mien, répandu pour une multitude » — si elle ne se comprend pas en dehors de la Passion, ne se comprend pas non plus en dehors

---

4. Sasse. Cité par J. SCHMID, *Das Ev. nach Markus,* Regensburg, p. 268.

d'une référence à l'alliance ancienne, à la Nouvelle Alliance promise par Jérémie et attendue aux temps messianiques, et enfin à la prophétie du Serviteur souffrant. L'indissolubilité de cette triple référence et la nécessité par ailleurs de sa relation à la Passion suffiraient à prouver l'authenticité de la parole, jaillie d'une situation et de la vue que Jésus avait de son destin. Les analyses formelles ont suffisamment montré ce qu'était une composition théologique. Ce n'est pas ainsi qu'elle se forme.

Il suffit ici d'aligner les références pour qu'elles parlent d'elles-mêmes assez clairement.

La première renvoie à l'Exode xxiv, 4-11 : « Moïse bâtit un autel au bas de la montagne et douze stèles pour les douze tribus d'Israël. Puis il chargea de jeunes Israélites d'offrir des holocaustes et d'immoler à Yahvé de jeunes taureaux en sacrifices de communion. Il recueillit la moitié du sang, la mit dans des bassins et projeta l'autre moitié contre l'autel. Il prit le livre de l'Alliance et en fit la lecture au peuple... Ayant alors pris le sang, il en aspergea le peuple et dit : Ceci est le sang de l'alliance que Yahvé à conclue avec vous selon toutes ces paroles.

« Moïse monta, accompagné d'Aaron, de Nadab, et de soixante-dix anciens d'Israël... ils purent contempler Dieu. Ils mangèrent et ils burent. » On pourrait signaler tant de parallélismes qu'ils risqueraient d'égarer. Je me contente d'indiquer (pensant à la citation de Zacharie xiii, 7 en Marc xiv, 27) que le Targoum de Zacharie xi, 11 met en rapport le sang de l'agneau pascal et ce sang de l'alliance, ce qui met sur le chemin du symbolisme johannique.

La seconde référence renvoie à Jérémie xxxi, 31-4 : « Voici venir des jours — oracle de Yahvé — où je concluerai avec la maison d'Israël une nouvelle alliance... Je mettrai ma Loi au fond de leur être et l'écrirai dans leur cœur. Alors je serai leur Dieu et ils seront mon peuple. Ils n'auront plus à s'instruire mutuellement, disant : Ayez la connaissance de Yahvé ! Mais ils me connaîtront tous, des plus petits aux plus grands — oracle de Yahvé — parce que je vais pardonner leur crime et ne plus me souvenir de leur péché. »

Jusqu'à quel point cette Nouvelle Alliance était-elle liée à la dissolution de l'ancienne (même si elle devait l'accomplir) ? Et jusqu'à quel point à la destruction de l'ancien Temple ? Jusqu'à quel point aussi l'une et l'autre étaient-elles nécessaires pour que l'Alliance s'étendît à la « multitude » de toutes les nations ? Jusqu'à quel point enfin le départ d'après la Cène pour la montagne eschatologique des Oliviers, où Ezéchiel avait vu transférer la gloire du Temple, comporte-t-il un sens symbolique ? Il faudrait, pour répondre, toute une étude. Mais les premières questions ont causé, comme on sait, une tension entre « hellénistes » et judaïsants.

Jean, pour sa part, n'hésite pas à relier Cène et Passion à la purification du Temple en avouant cette parole : « Détruisez ce sanctuaire ; en trois jours, je le relèverai... Il parlait du sanctuaire de son corps. » (ii, 19, 21) C'est pourquoi Jean place la Purification du Temple au début, comme première action de Jésus à Jérusalem et immédiatement après les noces de Cana (où l'allusion eucharistique est évidente) : ce début de son évangile en donne le sens à l'avance, et il n'aura pas besoin, dès lors, de raconter la dernière Cène.

La Nouvelle Alliance prophétisée par Jérémie ne devenait possible qu'après un pardon divin permettant l'oubli du péché d'Israël. Cette alliance était si bien attendue à l'époque du Christ que les sectateurs de Qumrân parlent d'eux-mêmes, on le sait, comme de la Communauté de la (Nouvelle) Alliance. Et le baptême de Jean était un baptême « pour la rémission des péchés » — des péchés d'Israël et non des péchés individuels (voyez le scandale causé par la remise de ses péchés au paralytique).

Ce pardon, toutefois, comment serait-il obtenu ? Serait-ce par l'eau seulement ? Non mais aussi par le sang, au témoignage de l'Esprit (cf. i, Jo. v, 6-8). C'est ici que l'identification du Fils de l'Homme au Serviteur souffrant d'Isaïe fait de Jésus la victime substituée à Israël pour le pardon du péché et pour la conclusion, dans son sang, de la nouvelle alliance. L'idée n'est pas étrangère depuis la retraite au pays de Tyr. Mais elle est nettement présente, contrairement au messianisme courant, dans le sang « répandu pour une multitude ».

Ce sang est celui du Serviteur du chant liii d'Isaïe, « transpercé à cause de nos péchés, écrasé à cause de nos crimes ». C'est celui de l'« agneau conduit à la boucherie ... et n'ouvrant pas la bouche », qui rassemblera la multitude « errant comme des brebis, chacun selon sa voie ». Selon les versets de la fin :

« Par ses souffrances, mon Serviteur justifiera des multitudes en s'accablant lui-même de leurs fautes.

C'est pourquoi je lui attribuerai des foules ...

Parce qu'il s'est livré lui-même à la mort et fut compté parmi les pécheurs

Alors qu'il portait les fautes des multitudes et intercédait pour les pécheurs. »

GETHSÉMANI (xiv, 32-42)

« Après le chant des psaumes, ils partirent pour le mont des Oliviers. » (26) Sur le chemin, Jésus prédit leur dispersion et leur « scandale » qui, au-delà de leur apeurement, fera vaciller leur foi. Il prédit le reniement de Pierre, bientôt, de Pierre qui parle enore, comme Thomas dans Jean, de « mourir avec lui » de Pierre qui est encore une fois porte-parole car «tous disaient de même» (31). «Ils arrivent en cet endroit appelé Gethsémani » c'est-à-dire en hébreu « pressoir à huile ». Ce pouvait être un ancien domaine, clôturé et contenant un pressoir à olives — « un jardin » dit Jean — au bas des Oliviers. Le mont des Oliviers était compris dans la limite « pascale » de Jérusalem. En respectant cette limite, en ne s'enfuyant pas dans la nuit vers Béthanie et le Jourdain, Jésus, qui se sait « livré », se livre volontairement. D'où l'angoisse de cette heure, ce hérissement de toute son humanité devant cette approche dans l'ombre de la troupe qui va descendre du Temple.

Le récit de Gethsémani est le plus tragique peut-être de l'Évangile. Mais il ne doit pas être vu uniquement sous cet aspect. Il combine de façon unique cet aspect vécu de l'agonie avec des traits de composition qui en soulignent la signification. Un de ces traits est la triple répétition de la prière et du retour vers les disciples. Il est donc vain de « romancer » ces allées et venues en agitation ou en besoin de compagnie et il est non moins vain de refuser l'historicité sous le prétexte de témoins endormis. Il suffit de quelques minutes d'éveil pour pouvoir témoigner des versets

35-36, les seuls où soit rapportée la prière de Jésus. Le reste est une stylisation d'insistance.

Laissant le groupe des autres disciples, Jésus prend avec lui Pierre, Jacques et Jean. Ainsi, les témoins de la Transfiguration seront aussi les témoins de l'agonie. Devant eux, avant de s'éloigner de quelques pas pour prier, il est — et ceci est unique — « saisi d'effroi et d'angoisse ». « Et il leur dit : Mon âme est triste jusqu'à la mort. » (33-4) L'expression du psalmiste lui est montée aux lèvres, mais prolongée « jusqu'à la mort » : « Pourquoi es-tu triste, mon âme, et me troubles-tu ? » (Ps. 42, 6)

Le contexte de cette citation est remarquable. Le verset 8 évoque des angoisses mortelles sous l'image de « l'abîme appelant l'abîme », des cataractes et des flots passant sur celui qui implore. Mais aussi, au verset 7, est évoqué, comme très rarement dans la Bible, le pays de la Transfiguration, « pays du Jourdain et de l'Hermon, du mont Miçar », évoqué « quand mon âme est triste ».

« S'étant éloigné quelque peu, il tomba (face) contre terre et priait que, s'il était possible, l'heure passât loin de lui. Et il disait : *Abba*, Père ! Tout t'est possible. Éloigne de moi cette coupe — mais non pas ce que je veux mais ce que tu veux. » (35-6)

Cette « heure » est celle où « le Fils de l'Homme est livré aux mains des pécheurs ». Son rappel jalonne l'évangile de Jean, où cette heure de l'angoisse est en même temps celle de la glorification, au point que ce verset « gethsémanien » est inséré dans un passage parallèle à la Transfiguration synoptique : « Maintenant mon âme est troublée. Et que dire ? Père, sauve-moi de cette heure ! Mais je suis arrivé à cette heure pour cela. » (XII, 27) Pour l'accomplissement dans la souffrance et la mort. L'onction du vrai sacre messianique, en ce « pressoir à huile », sortira de son âme broyée.

« *Abba*, Père ». Cette invocation directe de Jésus est la seule que rapporte Marc. Elle correspond ainsi à l'appellation de *Fils*, au Baptême et à la Transfiguration. Et nous sommes bien à l'heure décisive, correspondant à la mission qui lui fut alors révélée puis confirmée, où le Fils-Serviteur « offre sa vie en expiation » et « se livre lui-même à la mort ». Car, si tout est en effet possible à Dieu, même l'éloignement de cette heure, la prière de Jésus reste conditionnelle et maintient la primauté de la volonté divine à travers l'épreuve suprême.

Pouvons-nous préciser la nature de cette épreuve ? La part humaine, ce mouvement de recul devant l'horreur de la croix, en est suffisamment évidente. Et cette agonie devant l'imagination de la souffrance et dans l'attente anxieuse est déjà une agonie morale. Mais cette « coupe » aussi devant le Fils est celle que, dans l'Ancien Testament, Dieu force vers les pécheurs. La simple logique affirme que, si pour Jésus la liaison au Père tient lieu de tout, sa pire souffrance serait celle d'un rejet par Dieu, à l'image de ces pécheurs pour lesquels il consent à expier. La logique, ici, passe vite notre imagination et ouvre sur un mystère que la relation évangélique elle-même ne peut nous découvrir. Mais elle le fait pressentir dans cette image biblique de la coupe que, toute théologie dogmatique mise à part, l'exégèse ne peut ignorer. La seule autre coupe symbolique que je voie dans l'Ancien Testament est « la coupe du salut (élevée) en invoquant le nom de Yahvé », dont parle un psaume du *Hallel*, le psaume 116, 13. Cette coupe, la coupe de la bénédiction, a été élevée à la Cène. Mais pour pouvoir — et même, au mépris de la catégorie de temps, la situation nous oblige à cette conjugaison — pour *avoir pu* élever cette coupe de la Nouvelle Alliance (comme pour *avoir pu* être transfiguré sur l'Hermon) cette autre coupe maintenant doit être bue jusqu'à la lie.

Et bue par lui seul car ni Jacques ni Jean ne sont encore capables de la boire, ni Pierre. « Il revient et les trouve endormis et dit à Pierre » — à Pierre appelé ici Simon, car il n'est pas Pierre à ce moment-là — « Simon, tu dors ? Tu n'a pas été capable de veiller une heure ? Veillez et priez pour que vous n'entriez pas en tentation. » (37-8)

Pourquoi les disciples doivent-ils veiller ? Certes, il y a là une convenance évidente (surtout pour nous, qui connaissons la suite) mais ce n'est sûrement pas pour faire un guet inutile et ce n'est guère pour « tenir compagnie à Jésus », au moins au sens humain. Ils doivent veiller comme ils doivent prier, veiller pour ainsi dire « de l'âme », comme on les y invitait pour l'heure eschatologique (XIII, 33). « Pour ne pas entrer en tentation », selon un mot qui, comme celui de 36 b et de XI, 25, rappelle chez Marc un Pater qu'il ne rapporte pas. Car, comme au désert de la Tentation et comme à Césarée, ces compléments du Baptême et de la Transfiguration, l'Adversaire est présent à l'heure de l'épreuve suprême, celle du « jugement de ce monde » et de son Prince. Les disciples vont s'enfuir bientôt, en abandonnant Jésus. Ils vont ainsi, pratiquement, perdre foi en lui et Pierre, qui le suivra de loin, va être contraint tout à l'heure, en le reniant trois fois comme il a dormi trois fois, d'abandonner son rôle de témoin prudent pour celui de renégat. S'ils avaient « veillé et prié », s'appuyant non sur leur propre faiblesse mais sur la force de Dieu, qui sait s'ils n'auraient pas pu surmonter cette épreuve, le témoignage étant de Dieu à travers les martyrs et non de la présomption humaine. Il faut relire ici l'annonce du reniement dans le texte de Luc (XXII, 31-3) : « Simon, Simon, voici que Satan vous a réclamés pour vous cribler comme du froment. Mais j'ai prié pour toi afin que ta foi ne défaille pas ; et toi, une fois revenu (retourné), affermis tes frères. »

Jésus ajoute ce mot (qui n'est pas exactement paulinien) : « L'esprit est ardent mais la chair est faible. » L'esprit est prompt à acquiescer, même aux choses de Dieu, mais, comme pour les auditeurs de la parabole, cette promptitude ne sert de rien si l'esprit ne rejoint l'Esprit et ne pénètre jusqu'à la chair pour l'entraîner. C'est pourquoi il faut veiller et prier. Sans être mauvaise de soi, la chair est terrain de lutte qui, laissé à lui-même, est abandonné à l'Adversaire en ces heures du plus profond de la nuit où Satan, entré en Judas, amène vers Gethsémani où dorment les disciples les hommes de main des grands-prêtres.

« Une troisième fois il revient et leur dit : Continuez-vous à dormir et à vous reposer ? La fin est là. L'heure est venue. Voici que le Fils de l'Homme est livré aux mains des pécheurs. » (41)

Ne sera-t-il plus question des autres disciples ? Marc ne les mentionne pas expressément mais la répétition que contient le dernier verset peut indiquer que c'est à eux tous qu'il s'adresse : « Levez-vous. Allons. Voici que celui qui me livre est tout proche. » (42)

« Tout proche », « aux portes », comme le Royaume dans la première proclamation. Mais rien n'oblige Dieu, en effet, et le Royaume va arriver jusque par les mains des pécheurs.

L'ARRESTATION (XIV, 43-52)

Ce récit est composite mais parce qu'il n'est pas composé, ou à peine. Il accumule plusieurs témoignages et quelques inférences.

Les versets 48-9 suspendent le récit. Plutôt qu'à la bande, ils sont adressés à ceux qui l'ont envoyée. C'est pourquoi Luc les suppose sur les lieux mais leur présence y est bien improbable et le reproche de Jésus, le seul et portant sur le procédé de l'arrestation, se situerait mieux au début de son interrogatoire.

L'épisode du verset 51 n'a pas été repris par les autres évangélistes. Il apparaît en effet comme une adjonction après la fuite générale. Mais cette adjonction du narrateur est si inutile théologiquement et littérairement qu'elle doit reposer sur un témoin direct connu de lui (comme il connaît Alexandre et Rufus, fils de Simon de Cyrène). Quant aux motifs pour lesquels il tait son nom, ils ne peuvent être que supposés.

Ces remarques faites, nous nous trouvons devant le récit suivant. « Et aussitôt, comme il parlait encore, apparaît Judas (un des Douze) » — ceci est vu du côté des Apôtres — « et avec lui une bande armée de glaives et de bâtons », venant comme on a pu le savoir ou l'inférer par la suite « de chez les grands-prêtres, les scribes et les anciens », les trois groupes déjà signalés auparavant et dont on précise la responsabilité dans l'arrestation. « Celui qui le livrait leur avait donné ce signal : Celui que je baiserai, c'est lui ; emparez-vous de lui et emmenez-le sous bonne garde. » (44) Ceci est une autre inférence — à moins, comme le croit Lohmeyer, que toute cette partie du récit ne soit vue du côté de la bande. Il appuie son affirmation sur le mot, plus loin, de « un des assistants » pour désigner un de ceux qui entourent Jésus. Et le mot, en effet, ne peut guère être d'un témoin-disciple. « Et aussitôt arrivé, il s'approcha de lui en disant : Rabbi, et il le baisa. » Le geste du baiser de salutation au rabbi, sur la main ou le visage, est un geste normal (au moins si Judas est absent depuis un certain temps et, par exemple, s'il n'a pas assisté à la Cène).

« Les autres jetèrent les mains sur lui et s'en emparèrent mais l'un des assistants, tirant son glaive, frappa le serviteur du grand-prêtre, lui tranchant l'oreille. » (46-7)

Il s'en prend au « serviteur du grand-prêtre » parce que celui-ci joue dans l'arrestation un rôle particulier qui ne nous est pas indiqué. C'est sans doute l'homme de confiance de Caïphe qui commande la troupe guidée par Judas. Sans doute signifie-t-il à Jésus son arrestation ou commande-t-il de l'arrêter, à moins encore qu'il ne mette le premier la main sur lui. Faut-il interpréter le geste qui lui tranche l'oreille comme un début de résistance armée aussitôt avorté ? Comme un coup de bataille rangée dévié par le casque ? C'est peu probable. Les disciples ont été surpris. Ils n'ont pas compris l'enseignement de Jésus ni sa présente attitude. Ils ne savent pas encore « de quel esprit ils sont ». Cette oreille coupée comme dans quelque punition barbare est une réaction instinctive, brutale, qui « marque » l'adversaire nocturne pour le reconnaître (ou le désigner au mépris) avant une fuite non moins instinctive devant le nombre. « Et, l'abandonnant, ils s'enfuirent tous. » (50).

LE PROCÈS DEVANT LE SANHÉDRIN ET LE RENIEMENT (53-4 ; 66-72)

La tradition de Luc-Jean situe le procès le lendemain matin. C'est nettement la plus vraisemblable. Marc et Matthieu situent le procès pendant la nuit puis parlent d'une seconde réunion « aussitôt le matin », dont ils ne savent visiblement rien dire. Cet embarras de présentation reflète un embarras de chronologie. Cet embarras pourrait venir d'abord de leur ignorance du double calendrier et de l'obligation où ils se trouvent, en conséquence, de comprimer au maximum les événements. Mais cette cause objective n'est pas la seule. Une autre cause est la condensation quasi nécessaire des faits dans le souvenir ou dans la représentation, non seulement à cause de leur éloignement mais parce que nul témoin apostolique n'était présent après le reniement de Pierre. Dès lors, à disposer même d'autres témoignages, les souvenirs plus directs et plus vivants de Pierre ont fait reporter le procès dans la nuit et cela d'autant plus volontiers que ce déplacement permettait d'opposer, au disciple qui renie, le maître qui confesse ce qu'il est.

LA PASSION

Ce groupement en deux tableaux contrastants est préparé par les deux premiers versets : « Ils emmenèrent Jésus chez le grand-prêtre (et tous les grands-prêtres, les anciens et les scribes se rassemblent). — Pierre l'avait suivi de loin jusqu'à l'intérieur du palais du grand-prêtre ; il était assis avec les valets et se chauffait à la flambée. » La présence de « tous » les Sanhédrites est peu vraisemblable, même pour un premier interrogatoire, mais était rendue nécessaire par la situation du procès. Que la liaison procès-reniement soit artificielle apparaîtra à la suture, quand les valets frappent Jésus au verset 65 alors qu'ils sont dans la cour au verset 56 et que nous les y trouvons de nouveau dans la scène du reniement, mal déguisés en « ceux qui se tenaient là » (v. 70). Il y a là une impossibilité chronologique dont Marc a dû être conscient mais qu'il n'avait pas les moyens de corriger.

Nous placerons donc le reniement avant le procès mais sans doute pendant l'interrogatoire dont parle Jean.

Bien que la gradation du triple reniement puisse contenir des éléments rédactionnels, le récit, pour le fond, doit remonter à Pierre lui-même. Nul fidèle de la première communauté (et personne après son martyre) n'aurait admis sans son propre témoignage un tel abaissement de l'apôtre-fondateur. Et certains traits en effet sont parmi les plus concrets des récits de la Passion. Comme le détail du lieu : « en bas, dans la cour » alors que l'interrogatoire a lieu dans les salles de l'étage, le feu des fraîches nuits de printemps, l'intervention de la servante et sa désignation méprisante, naturelle dans la domesticité du grand-prêtre : « Toi aussi tu étais avec le Nazaréen, avec Jésus », la demi-retraite vers le vestibule, le fait qu'on le reconnaisse (à son langage) pour un Galiléen.

« Et aussitôt, un coq chanta pour la seconde fois. Et Pierre se ressouvint de la parole de Jésus... Et il éclata en sanglots. » En se vérifiant, cette parole dont il était déjà si loin le « retourne » et le prépare à croire au-delà de la défaite et de la mort, spiritualisant, dans les larmes d'un cœur brisé, la foi de Césarée.

On doit ici un mot d'avertissement. Si les évangélistes consi-
dèrent avec raison les récits de la Passion (et de la Résurrection)
comme un tout, ici commence, historiquement, une seconde partie
de la Passion, celle où manque le témoignage apostolique direct.
Mais non tout témoignage et, de ce point de vue, la seconde
partie se divise elle-même en deux : aux procès, les témoins directs
n'ont pu être que quelque rare sympathisant comme Joseph d'Arimathie ou des adversaires (convertis ou non par la suite) ; à partir
du moment où réapparaît la foule mais en tout cas à partir du
Calvaire, les femmes mentionnées en xv, 40-1.

Cette division ne serait évidemment pas venue à l'esprit des
évangélistes, qui écrivent une histoire sacrée où le témoignage de
Dieu compte plus que celui des hommes. Ils ne font pas « de l'histoire » et ne se préoccupent donc ni de citer leurs sources ni de
rapporter les circonstances générales (les circonstances politiques
notamment) qui pourraient éclairer certains comportements.

Il importe de le remarquer : pour regrettables qu'elles soient
aux yeux de l'historien, ces lacunes, apologétiquement, ne sont pas
importantes. S'il est un fait dont personne n'a douté, c'est bien
la mort de Jésus, quels qu'aient été les détails du procès et du
supplice. Elle est tellement indubitable qu'elle fut le grand scandale à surmonter : comment croire à un Messie qui meurt ? Cette
mort n'a donc pas à être « défendue » [5] et j'irais bien jusqu'à dire
qu'elle est d'autant plus sûre que sa constatation a été réservée aux
adversaires, dans la totale absence des disciples. Ce qui importe
à partir d'ici, c'est le point primordial auquel nous avons consacré
le premier chapitre, c'est de savoir si Jésus est ou non ressuscité.
Les multiples discussions sur le détail des récits ne doivent pas
faire perdre le sens des proportions.

Si les évangélistes insistent à leur manière sur la Passion, c'est
qu'elle a été le grand scandale, pour les Juifs comme pour les
païens, et un obstacle apparent sur le chemin de la conversion.

5. Sauf contre l'indéfendable position de quelques mythologues et la romanesque supposition d'une mort apparente, que Renan lui-même estime suffisant
de réfuter en une phrase (*Vie de Jésus*, p. 353).

Il s'agit de prouver aux Juifs que le Messie a pu mourir. Et même : qu'il s'est prouvé le Messie jusque dans sa mort. D'où le rappel des Écritures et en particulier d'Isaïe. Non pour « créer » la Passion — on eût plus facilement fait accepter un récit glorieux — mais pour aider au contraire à surmonter, à Jérusalem même, le scandale des faits en en dégageant le sens.

Les récits de la Passion sont donc plus importants théologiquement qu'historiquement. L'historicité est « donnée » en quelque sorte, et si bien qu'elle fait difficulté. Mais la signification théologique n'était pas donnée, sinon dans un enseignement que les disciples n'avaient pas saisi. L'Évangile la donnera dans le récit même, dont elle déterminera le point de vue. D'où la pauvreté des renseignements « historiques ». Les procès n'ont rien de chroniques judiciaires. Le procès juif est tout entier ramassé autour de la question du Temple et de la prétention messianique. L'interrogatoire de Pilate tient en deux lignes et porte sur la question du grand prêtre posée cette fois sous une forme politique « laïcisée » : « es-tu le roi des Juifs ? » Si l'épisode de Barabbas est plus développé, c'est qu'il rapporte un choix du peuple, de ce peuple qui a été le premier enjeu apparent du ministère, et que ce choix sera typique.

Nous interrogerons donc les textes selon leur nature.

DEVANT LE SANHÉDRIN (XIV, 55-64)

Les grands-prêtres sadducéens, seuls à être cités nommément au v. 55, sont les plus acharnés à la perte de Jésus et le rôle décisif sera tenu par Caïphe. Ceci s'accorde parfaitement avec le récit de la purification du Temple et avec l'importance accordée à la parole sur le Temple.

Il semble pourtant qu'ils aient respecté les formes, puisqu'ils ont des difficultés pour trouver des témoignages suffisants [6]. Le droit juif était strict : il fallait une parfaite concordance, formelle, des témoignages. Et les Pharisiens ont pu veiller à ce que tout se

---

6. Un trait apologétique chrétien est possible, mais curieux, tournant en hommage à l'adversaire. Au total, la relation doit être objective, sauf pour l'insistance sur le faux témoignage.

passât dans les règles. Si les témoignages ne concordent pas, c'est donc que le procès, sur ce point important, n'a pas été « truqué » (et des procès contemporains ont témoigné de plus de cynisme et de mise en scène). La haine des adversaires de Jésus est certaine mais l'accusation marcienne de « faux témoignage » ne doit pas être prise, en tout cas, au sens de témoignage arrangé.

Finalement (l'adverbe est de Matthieu), quelques-uns se lèvent pour porter ce témoignage : « Nous l'avons entendu dire : Je détruirai ce Temple fait de main d'homme et en trois jours j'en bâtirai un autre non fait de main d'homme. » (58) Mais ces dépositions non plus ne concordent pas suffisamment, au dire de Marc, et ce témoignage aussi serait faux. Que le Sanhédrin l'ait rejeté ferait donc honneur à ses scrupules juridiques.

Mais est-il certain qu'il l'ait rejeté ? Matthieu ne parle pas d'un rejet. Il fait suivre immédiatement le témoignage par une question du grand-prêtre à l'accusé, ce qui est tout différent. De son côté, Marc a une fort curieuse expression : « Mais *même ainsi* leurs témoignages ne concordaient pas. » Pourquoi « même ainsi » ? Qu'y a-t-il dans ce témoignage qui le rend différent des autres dans la manière ? Au minimum, il a été plus près de l'acceptation. Qui juge ici de la concordance ? Marc ou le Sanhédrin ? Ce témoignage, aussi, est plus près d'une parole réelle de Jésus. En quoi ce témoignage est-il faux ? Uniquement en ce que leurs témoignages ne s'accordent pas ? Mais Marc ne le rapporte que sous une forme (et Matthieu sous une autre ! Les évangélistes ne sont donc pas excessivement scrupuleux à cet égard). Finalement, nous nous trouvons en face d'une certitude, d'une quasi-certitude et d'une hypothèse :

La certitude est qu'il y a eu une parole de Jésus sur le Temple dont l'interprétation a divisé la communauté.

La quasi-certitude est que cette parole a été déformée devant le Sanhédrin (ce qui peut suffire à justifier le « faux témoignage » de Marc). Elle est rapportée sous une forme agressive : « *Je détruirai* ce Temple ... j'en bâtirai *un autre.* » Sous cette forme, la parole prête à l'accusation de blasphème, celle que le grand-prêtre tâchera de faire confirmer. Dans la forme de Jean, la même parole devient au contraire édifiante : « *Détruisez* ce Temple et en trois jours je *le* relèverai. » Ce sera bien un autre — son corps — d'après le commentaire, mais non pas un autre-concurrent, ce sera un autre-le même.)

L'hypothèse enfin est que la fausseté du témoignage serait surtout préjudicielle, portant, avant tout examen des termes, sur « nous l'avons entendu ». Les témoins ne connaîtraient les paroles de Jésus que de seconde main, par Judas par exemple. Précisément, ils semblent venir les derniers, semblent avoir été gardés en réserve. On objectera leur manque d'accord. Mais nous avons vu, à propos du *même ainsi* (qui pourrait soutenir l'hypothèse) que cette non-concordance a au moins été majorée par Marc.

Prédire la destruction du Temple, la prédire de la part de Yahvé, n'est pas nécessairement blasphématoire, bien qu'une même prédiction ait failli coûter la vie à Jérémie et qu'il pérît en effet de mort violente. En 62, Jésus Bar Ananias se mit à crier : « Voix de l'Orient et voix de l'Occident, voix des quatre vents ! Voix contre Jérusalem et contre le Temple ! » Il proférait dans les rues ses sombres menaces malgré les mauvais traitements. Les Sanhédrites le mèneront au gouverneur (lui aussi). Il sera soumis au fouet mais finalement relâché comme simple d'esprit. (Josèphe. B. J. vi, 5, 3)

Sans être un blasphème, une prophétie contre le Temple lancée par un campagnard sans influence pouvait donc provoquer l'intervention des autorités. Mais dans le cas de Jésus de Nazareth, il s'agit de bien plus. Le témoignage l'accuse de vouloir détruire le Temple de sa propre autorité. Établir un autre temple ne suscite guère moins d'horreur. Yahvé seul peut vouloir détruire son Temple pour punir Israël de ses péchés. Et un seul nouveau Temple est attendu dans certains cercles : celui qu'établirait le Messie et qui, d'après certains textes, descendrait du ciel. (Cf. I Hén. xc, 29 ; 4 Ezra ix, 38-X, 27 ; Targ. Is. liii, 5 et Apoc. xxi, 2.)

C'est à partir de là qu'il faut entendre l'intervention du grand-prêtre. Elle ne suppose pas du tout l'abandon du témoignage. Au contraire. Caïphe interroge l'accusé silencieux, muet comme l'agneau d'Isaïe. Il lui demande s'il a quelque chose à dire pour sa défense, pour repousser l'accusation de blasphème : « Tu ne réponds rien ? Qu'est-ce que ceux-ci attestent contre toi ? »

Le silence continue. Caïphe lui demande alors de façon méprisante (cf. le *su* emphatique) si par hasard il se prétendrait le seul qui puisse sans blasphème dire cette parole du Temple : « Es-tu le Messie, le fils du Béni ? » L'apposition, dans sa bouche, doit être entendue en un sens très général, comme une sorte de doxologie qui n'affirme nullement une filiation au sens chrétien.

Bien qu'elle ne soit pas attestée par ailleurs, l'archaïsme de la forme est vraisemblablement primitif par delà Marc. Très tôt, le terme a dû être interprété chrétiennement indépendamment de Caïphe qui le prononce. Déjà Matthieu parle de « Fils de Dieu », en un sens anachronique. Luc de même (xxii, 70). Dès lors, l'interprétation ordinaire ne voit plus guère dans l'intervention de Caïphe qu'une provocation, en désespoir de cause, parce que le témoignage serait insuffisant, une adjuration solennelle avec l'intention de tendre un piège. Cette interprétation courante respecte moins bien l'unité de la péricope (de Marc, dont Matthieu et Luc procèdent). De plus, elle soulève une difficulté : « Fils du Béni » prend dès lors une nuance chrétienne mais reste difficile à expliquer comme une glose, «Fils de Dieu» étant plus naturel en ce cas. Il faut alors supposer Caïphe déjà au courant du messianisme particulier de Jésus, ce qui ne serait guère possible que par Judas. Il faut encore supposer que Caïphe lui-même n'a pas craint le blasphème à employer l'expression en ce sens. C'est accumuler les difficultés.

La réponse de Jésus passe l'attente du grand-prêtre : « Je (le) suis. Et vous verrez le Fils de l'Homme *siéger à la droite de la Puissance* (allusion au ps. 110) et *venir avec les nuées du ciel* [Dan. vii, 13]. »

Sauf une réponse de deux mots à Pilate, ce seront les seules paroles de Jésus. Mais comme elles suffisent ! Non seulement elles affirment ce qui niait implicitement la question mais elles révèlent, de façon mortelle ici, un Messie qui dépasse celui dont parlait Caïphe. Ce Messie est plus que le fils de David, il est le Fils de l'Homme de Daniel revendiquant dans une allusion au psaume 110 (celle de xii, 36) un rang divin. S'affirmer Messie pouvait n'être pas blasphématoire. S'affirmer *ce* Messie au lieu de nier la parole du Temple, le devenait. Et d'autant plus qu'au voisinage de cette affirmation sans exemple l'oreille des Scribes a dû saisir dans

« Je (le) suis » une allusion supplémentaire au « Je suis » (*Ego eimi. Ani Hu*) de la révélation à Moïse, forme de révélation qui revient à plusieurs reprises dans le quatrième évangile [7].

C'est ici la parole la plus claire sur lui-même, la seule révélation aux adversaires du secret messianique et, comme telle, le sommet du deuxième évangile. Jésus, par elle, « se livre » à ses ennemis en confessant la vérité à son sujet à ceux qui le lui demandent et qui ont un droit officiel à le lui demander, car ils sont chefs de son peuple. Il devient ainsi, au moment où Pierre le renie, le premier martyr et les premiers chrétiens ont dû avoir cette scène devant les yeux au moment de déposer eux-mêmes leur témoignage.

Je ne vois aucune raison sérieuse de douter de l'entière authenticité. Jésus ne peut laisser de doute sur le sens qu'il donne à sa mort. Par ailleurs, l'appel au proche futur eschatologique pour garantir le présent et le dévoiler est une caractéristique des paroles de Jésus. Enfin, qu'il se serve ici d'un substitut (« la Puissance ») pour éviter de désigner Dieu est en bonne situation devant le Sanhédrin et constitue un trait archaïque.

« Alors le grand-prêtre déchira ses tuniques et dit : Qu'avons-nous encore besoin de témoins ? Vous avez entendu le blasphème. » Inutile désormais de vérifier le premier, le second le confirme à suffisance. « Que vous en semble ? » ne demande pas s'il leur semble que c'est un blasphème. C'est le *Quid vobis videtur, judices ?* Président du tribunal, Caïphe passe immédiatement aux voix. A preuve la phrase qui suit : « Tous prononcèrent qu'il méritait la mort. »

LES OUTRAGES

« Puis quelques-uns se mirent à lui cracher dessus, à lui voiler la face et à le gifler, lui disant : « Prophétise ! » Et les valets le couvraient de coups. »

7. Cf. Jean VIII, 58, etc. Là-dessus : STAUFFER, *Jésus,* Berne, 1957 ; p. 130 sq.
L'affirmation correspondante de Matthieu et Luc n'est pas sans restriction. Assimilation à la réponse parallèle à Pilate. A mettre en rapport avec l'interprétation Matthieu-Luc de l'intervention du grand-prêtre.

Ces outrages où sont mêlés les valets ne sont hélas ! que trop
vraisemblables, mais ils se situeraient mieux après le procès que
comme conclusion de celui-ci. C'est ce qu'a compris Luc (xxii,
63-4). Aussi bien, si Marc n'a pas saisi l'occasion d'un parallèle
plus poussé avec le couronnement d'épines, c'est d'abord parce
qu'il en est empêché par un reniement de Pierre situé ici. Reste
qu'il n'est pas impossible que quelques Sanhédrites surexcités
n'aient pas craint de se livrer à des voies de fait.

A comparer ces outrages à ceux des soldats, ceux-ci se situent
nettement dans un contexte juif. « Prophétise », dit-on au Messie
bafoué ; c'est-à-dire : toi qui prophétises (la destruction du Temple
et ta venue en gloire), tâche seulement de nous dire qui t'a frappé.
Jusque dans la dérision, c'est toujours la demande juive d'un
signe !

JÉSUS DEVANT PILATE (XV, 1-5)

Le lendemain matin (le jeudi), le Sanhédrin se réunit de nouveau au complet, toujours sous la direction des grands-prêtres.
Il s'agit de prononcer ou de confirmer la condamnation et d'aviser
aux voies et moyens de son exécution. Seul le procurateur possé-
dait le droit du glaive. Ce fait a parfois été contesté mais sans
arguments bien nets et nous venons de voir dans Josèphe que, pour
une cause moindre, Jésus fils d'Ananias avait été conduit devant
le gouverneur. Peut-être aussi les Sanhédrites n'étaient-ils pas
fâchés de compromettre Pilate ou de lui forcer la main. Leur
tactique arrêtée — car un procurateur romain ne pouvait évidemment connaître d'une accusation de blasphème contre
Yahvé — « après avoir ligoté Jésus, ils l'emmenèrent et le livrèrent
à Pilate ». Comme Pilate lui-même va le livrer à la foule pour être
crucifié (v. 15). Ce verbe « livrer », qui réapparaît comme un
leitmotiv depuis X, 33, est en quelque sorte un terme technique
pour la Passion et ce terme est théologique. Il a été employé déjà,
non sans intention, à propos du Précurseur, exprimant de même
que le dessein de Dieu s'accomplissait sur lui (de sorte qu'on
pourrait parler d'une passion de Jean-Baptiste).

Le récit de l'interrogatoire est fort bref et parallèle à celui du procès juif. « Pilate l'interrogea : Tu es le roi des Juifs ? Jésus lui répond : Tu le dis. Et les grands-prêtres l'accusaient de beaucoup de choses [ou : beaucoup]. Et Pilate le réinterrogea : Tu ne réponds rien ? Vois tout ce dont ils t'accusent ! — Mais Jésus ne répondit plus rien, de sorte que Pilate s'étonnait. »

Visiblement, Marc n'a pas de renseignements bien détaillés sur ce qui s'est passé dans le prétoire mais la notice inspire confiance par sa sobriété même et rapporte l'essentiel. Le parallélisme de la rédaction se fonde sur le parallélisme de l'accusation et de l'attitude de Jésus. Au reste, il n'est pas complet. Devant Pilate, c'est l'accusation qui est placée en tête, comme il est normal, tandis que l'étonnement devant le silence se situe après.

Ce sont les grands-prêtres — toujours eux — qui mènent l'accusation. L'accusent-ils « beaucoup » ou « de beaucoup » ? Le grec ne permet pas de trancher. Luc mentionne plusieurs chefs d'accusation (excitations à la révolte, refus de l'impôt et prétentions à la royauté) mais tous peuvent se ramener finalement sous le même chef, celui de la question de Pilate et de l'inscription de la croix : il se prétend « le roi des Juifs ».

Jésus ne le nie pas mais il ne l'affirme pas non plus sans restriction. « Tu le dis » est un acquiescement conditionnel. Il fait devant Pilate la seule confession qui soit accessible au Romain. Oui, dans la mesure dérisoire où tu peux comprendre ce que cela signifie. Les commentaires de Jean (XVIII, 36-8) ne feront pas comprendre davantage un Pilate qui ne s'en soucie guère et le silence, ici, de Jésus « l'étonne » davantage — d'un étonnement sans doute tout profane mais qui a pu être conçu par le narrateur comme « l'étonnement » des foules devant la prédication et les signes de Jésus.

La notice se termine sur cette note et l'épisode de Barrabas ne lui était pas primitivement lié. Il se passe devant la foule et est raconté dans un autre registre, avec d'autres intentions.

Revenons au personnage de Pilate et à son attitude selon les récits évangéliques. A première vue, cette attitude contredit ce que nous savons de l'homme par ailleurs. Josèphe et Philon le peignent violent, brutal, méprisant, sans scrupules. Le portrait est sans doute chargé, mais le fait est que Pilate, procurateur depuis 26, était antisémite comme son protecteur, Séjan, grâce à qui il avait reçu le titre officiel d'*Amicus Caesaris*. « Quiconque était ami de Séjan obtenait l'amitié de César. » (Tacite. *Ann.* VI, 8.) On connaît les provocations de Pilate au début de son gouvernement : les emblèmes introduits à Jérusalem et les monnaies portant l'instrument symbolique du culte impérial.

Mais Séjan venait d'être arrêté et exécuté à l'automne 31 et il semble que des influences juives aient pu jouer pour causer sa perte. Ne les avait-il pas fait éloigner de Rome ? Les mesures affolées prises par le tyran soupçonneux de Capri s'étendirent aux amis de Séjan et à toute apparence de conspiration ou de prétention. Pilate cesse aussitôt de faire circuler les monnaies provocatrices [8]. A placer le procès de Jésus en 32 ou 33, le changement d'attitude de Pilate s'explique pour les seuls motifs concevables, les motifs politiques. Il se sent menacé et doit ménager des Juifs qu'il continue à mépriser. L'accusation politique choisie par les Sanhédrites, même s'il en perce à jour la fausseté, ne peut être repoussée par lui. Une dénonciation sur ce point, à ce moment et compte tenu de son passé d'ami de Séjan, pourrait lui coûter non seulement sa place mais sa tête. D'où sa hargne impuissante, et la formulation, par lui, de l'accusation juive sous cette forme méprisante : « Le roi des Juifs ».

Ce n'était pas là, en effet une formulation juive et le Sanhédrin a dû parler du « roi d'Israël ». Mais Pilate, s'il doit céder sur le fond, n'est tenu à rien sur ce point de détail et il y prend revanche de l'humiliation qu'il subit. Il n'a rien à craindre là-dessus : « *Quod scripsi, scripsi.* » On conçoit dans ce contexte le laconique « Tu le dis » de Jésus.

Pour accuser Jésus devant Pilate, les Sanhédrites, évidemment au courant des circonstances, ont « traduit » la revendication messianique de Jésus en langage politique. Une fois trouvée, la clef ouvrait toutes les serrures. Sa prédication pouvait être présentée comme une excitation à la révolte : Hérode n'avait-il pas eu de lui-même ce soupçon à propos de Jean ? La purification du Temple ? Une tentative d'émeute, etc. D'où sans doute le « *polla* »

8. Cf. STAUFFER, *Christus und die Cäsaren*, 1952, p. 128 sq.

(v. 3). Mais pour se débarrasser de Jésus et faire pression sur Pilate, les dirigeants juifs, au moins hypocritement, sont ainsi amenés à renier le grand espoir de leur peuple. Dès ce moment et par leur faute (dans une perspective religieuse que l'histoire confirmera), le Temple était bien, en effet, condamné.

Pilate lit évidemment dans leur jeu. Si peu qu'il connaisse leur religion, il en sait assez, par sa police, pour douter qu'ils viennent lui livrer le libérateur qu'ils attendent. Ils renient si peu l'opposition à Rome qu'ils appuieront tantôt la libération de Barabbas. Il est clair dès lors que leur accusation vise à les débarrasser d'un « concurrent ». Cela suffirait à expliquer que Pilate ait voulu « sauver » Jésus. Mais non pas au point de prendre un risque personnel. Et c'est bien à César — à la situation politique et à sa crainte de Tibère — que Jésus sera par lui sacrifié. En ce sens, la scène présente conclut celle de Césarée où, à la confession de Pierre, avait répondu, non loin du Temple de César, l'annonce des souffrances du Fils de l'Homme. Mais déjà l'annonce de Césarée répondait elle-même à la troisième tentation.

JÉSUS DEVANT LA FOULE (XV, 6-15)

Ce récit est fermé sur lui-même, forme un tout. L'introduction des versets 6-8 le sépare de l'interrogatoire devant Pilate et le verset final anticipe par rapport à l'épisode suivant.

Comme les récits de la Passion en général, celui-ci rentre mal dans les catégories de la *Formgeschichte*. Il est stylisé à partir d'une base historique. La triple question de Pilate (en gradation descendante) peut se comparer à la triple prière et au triple retour de Gethsémani [9]. Ces questions ne doivent donc pas être prises pour textuellement historiques et il n'est pas nécessaire de les justifier psychologiquement.

La foule n'a plus été mentionnée depuis le verset XII, 37, où l'indication est isolée et rédactionnelle. Il faut remonter plus haut

---

9. Ou encore aux trois annonces de la Passion. Alors que le procédé d'inclusion domine dans la première partie de l'Évangile, le procédé principal est celui de la triple répétition dans la seconde, et particulièrement dans la Passion (ou en rapport avec elle). Ce sera le procédé de la Tentation, chez Matthieu et Luc.

encore pour retrouver sa présence « naturelle ». La popularité de
Jésus à Jérusalem n'a dû être ni bien longue ni bien solide, et la
foule qui réapparaît ici ne vient pas à sa rescousse.

« A chaque fête [de Pâque], il leur délivrait un prisonnier,
celui qu'ils demandaient. » (6) Pour la Palestine, le fait n'est
guère attesté qu'ici mais pour l'Égypte un papyrus de 86 atteste
que C. Septimius Vegetus a renoncé en faveur du peuple à la
flagellation d'un coupable. Il semble d'ailleurs d'après une phrase
de Pline le jeune (*Ep.* x, 40) que le droit d'*abolitio* ou de suspension d'un procès ait pu être exercé par les proconsuls et les légats.

« Or un nommé Barabbas était dans les chaînes avec les émeutiers qui au cours de l'émeute avaient commis un meurtre. » (7)
L'émeute est désignée comme connue et Luc précise en effet (xxiii,
19) qu'elle était survenue à Jérusalem. Il présente par ailleurs
Barabbas comme le chef de l'émeute. Émeute politique sans doute,
vraisemblablement d'inspiration zélote, et qui devait rendre le
personnage populaire. La foule ne montera pas pour délivrer Jésus
mais pour exercer son droit et peut-être plus particulièrement
pour l'exercer en faveur de Barabbas, sans doute Jérusalémite ou
du moins Judéen. Il pouvait compter sur la présence de ses rudes
amis pour orchestrer la manifestation et menacer aux besoins les
partisans de Jésus, beaucoup moins nombreux et moins décidés,
s'il y en avait.

Pilate « se rendait bien compte que c'était par jalousie que les
grands prêtres avaient livré Jésus » (10). Il peut donc croire que
Jésus est populaire. Ceci lui donne l'idée d'une manœuvre : jouer
la foule, principal appui des accusateurs, contre ces accusateurs
eux-mêmes. Il pourrait ainsi triompher d'eux sans prendre de
responsabilités et relâcher Jésus, qui n'est visiblement pas dangereux. Mais Pilate est peu au courant des dispositions de la foule
juive et peu habitué à son maniement. Il n'est d'ailleurs pas populaire. Même si ses propositions n'ont pas été aussi maladroites
que celles que rapporte Marc, la seule indication de sa préférence
risquait d'indisposer la foule. Par ailleurs, les grands-prêtres ont
vu le danger, surtout si nous situons l'épisode au lendemain de
l'interrogatoire c'est-à-dire au vendredi matin veille de Pâque,
comme il serait normal. Les Sanhédrites, si même ils se méfient
des zélotes et des émeutiers, ont pu mobiliser leurs partisans et

appuyer les amis de Barabbas. Ils démentent ainsi leur accusation devant Pilate mais aussi ils sont forcés de démentir le motif qui justifiait aux yeux de Caïphe la perte de Jésus (Jo. xi, 48-50) : la crainte d'un grand mouvement zélote attirant une intervention en force des Romains.

Même si la foule n'est pas uniquement composée de partisans des Sanhédrites et de Barabbas, elle est encadrée et entraînée par eux. L'insistance de Pilate l'indispose par ailleurs. Pour mieux s'en débarrasser comme pour assurer la libération de Barabbas, elle a fort bien pu finalement, même sans véritable hostilité préalable, pousser des cris de mort à l'égard du pacifiste de l'impôt à César, de ce protégé du gouverneur. Barabbas était un tout autre homme.

La stylisation du récit en fait une sorte de jugement par la foule, sous la seule forme, sommaire, dont ce juge aux milliers de têtes soit susceptible : celui d'un choix par acclamations ou huées. La foule prendra ainsi sa part de responsabilité dans la mort de Jésus [10].

Son choix réel de ce jour prend une signification symbolique soulignée par ce nom de Barabbas (de Bar Abba, le fils du père. S final par grécisation). Certains manuscrits de Matthieu lui donnent même le prénom de Jésus. Ceci est presque « trop beau pour être vrai » [11]. Mais après enquête le nom comme le prénom n'a rien que de courant. Le Talmud connaît un Samuel Bar Abba, un Nathan Bar Abba, etc. (Cf. *Corp. inscr. sem.* 1, 346 ; *Lidzbarski, Ephemeris* 1, 204 sq. ; *Billerbeck* 1, 1031 ; Swete, Mark, 370.)

Ainsi donc, au moment suprême, un hasard significatif oppose à Jésus fils de Marie, Fils de l'Homme, Fils de Dieu, prédicateur de la Bonne Nouvelle et de l'amour du Père, offrant sa vie en expiation pour les multitudes — un émeutier visant à prendre le

---

10. Ce sens est dégagé plus explicitement par Matthieu XXVII, 24-5. Il ne faut pas l'interpréter d'une malédiction permanente de Dieu sur le peuple juif. La foule de Jérusalem n'est pas tout le peuple juif, elle est symbolique de toutes les foules de « ce monde » aussi bien. Et voici longtemps que les foules, toujours les mêmes, ne sont plus juives.

11. Il peut s'agir de la glose allégorisante d'un scribe. Mais cette glose fait ressortir un contraste qui, pour l'essentiel, est bien impliqué par le texte.

pouvoir par la force et le meurtre, Jésus Bar Abba, fils d'un tout autre père, « homicide dès l'origine ». Et la foule, césarienne d'instinct même contre César, la foule qui est « de ce monde » et de l'esprit de son Prince, comme ses grands-prêtres et comme Pilate, ces adversaires si semblables, la foule choisit Barabbas et envoie Jésus à la mort. Et par une cruelle dérision, sa mort ici, sera sa mort à la romaine, celle des esclaves et des émeutiers, celle, plus tard, de la forêt de croix autour de Jérusalem assiégée. Il expiera pour Barabbas et les foules qui le suivent. Quant à ceux qui le suivront, lui, au moment du siège de Jérusalem, ils auront déjà commencé à expier dans les jardins de Néron.

« Pilate, voulant satisfaire la foule, leur délivra Barabbas et livra Jésus, l'ayant fait flageller, pour être crucifié. » (15)

LE COURONNEMENT D'ÉPINES (XV, 16-20)

La crucifixion est fixée par Marc à « la troisième heure » c'est-a-dire neuf heures du matin. La justice romaine étant fort matinale, cette heure n'a rien d'invraisemblable et par ailleurs l'indication nous est donnée dans un contexte historiquement excellent, composé de courtes notations sans aucune composition ni intention symbolique. Le couronnement d'épines se situerait donc mieux avant la flagellation. Précisément, le cadre chronologique d'Annie Jaubert permet de le reporter (ce qu'elle ne fait pas elle-même) au jour précédent, après l'interrogatoire de Pilate. Il suffit de lire à la suite les versets 15 et 20 b pour s'apercevoir que l'épisode a été inséré.

La scène fait pendant aux outrages d'après la séance du Sanhédrin et la soldatesque se moque ici du « roi des Juifs » comme la valetaille, le jour avant, insultait le « prophète ». Avec une couronne d'épines, une casaque rouge et un roseau, elle en fait le roi d'un carnaval cruel. Il est inutile, ici, de justifier à coup d'érudition une cruauté qui n'est que trop croyable et dont l'occasion est évidente. A vrai dire, la moquerie des soldats semble moins chargée de haine que les insultes des valets. Pour brutaux et grossiers qu'ils soient, ils n'ont pas les mêmes motifs de détestation (ces soldats sont des recrues, non juives, des provinces d'Orient).

Dans une dérision plus grande qu'eux-mêmes n'imaginent, ils rendent l'hommage à César au Messie qui a refusé la royauté selon le monde.

LE CHEMIN DE CROIX (XV, 20b-22)

Si Pilate a fait flageller Jésus, c'est que la chose allait de soi avant la crucifixion. Le *flagellum* était un fouet à queues de cuir alourdies de métal à leur bout ou armées de pointes. Si les Juifs connaissaient un maximum de 39 coups, les Romains n'en connaissaient pas et d'autant moins, en ce cas, que la flagellation devait abréger l'agonie en croix, souvent fort longue. Et les soldats qui servaient de bourreaux ne devaient pas tenir à allonger les tours de garde. Fréquemment, le flagellé s'évanouissait. Il mourait parfois sous les coups, meurtri et déchiré. Les bourreaux de Pilate donnèrent ainsi une vérification littérale au premier verset de la Passion du Serviteur : « Des multitudes ont été épouvantées tant son aspect était défiguré. Il n'avait plus apparence humaine. »

« Ils le conduisirent dehors pour le crucifier. »Entendez « hors ville », comme c'était la coutume tant romaine que juive pour les exécutions. Le cortège devait descendre par des ruelles et sortir des remparts pour monter au Golgotha, à la colline « du Crâne », située au nord-ouest, dans un angle rentrant du second rempart septentrional, qui l'avait évitée.

Les condamnés portaient eux-mêmes la lourde poutre transversale et le plus souvent, à moins qu'il ne les précédât, l'écriteau portant le motif de la condamnation. Celui de Jésus était libellé : « Le roi des Juifs », en grec, en latin et en hébreu [12].

Jésus s'est sans doute écroulé sous le *patibulum*. « On requiert pour porter sa croix Simon de Cyrène, le père d'Alexandre et de Rufus, qui revenait des champs. » Il y avait à Cyrène une importante colonie juive. Simon était venu pour la Pâque ou même,

---

12. Dans le cas d'une inscription trilingue, la formule la plus courte est la plus probable. Quant à l'usage des trois langues, il était normal pour les inscriptions officielles.

comme d'autres, était revenu finir ses jours à Jérusalem, où il y avait une synagogue des Cyrénées. Ses deux fils sont connus dans la communauté (un Rufus, sans doute le même, est cité dans Rom. xvi, 13). La réquisition est faite par le centurion qui commande l'escorte et est chargé de constater la mort. Assez curieusement, les centurions sont régulièrement présentés favorablement dans les évangiles et les Actes. Qui sait ? Celui-ci, qui s'écriera que cet homme était vraiment fils de Dieu, était peut-être pitoyable. Mais la supposition n'est pas nécessaire car il s'agissait d'abord d'avancer.

LE CRUCIFIEMENT (XV, 23-7)

On arrive au lieu du supplice « Et on voulut lui donner du vin mêlé de myrrhe », coutume juive destinée à estomper quelque peu la souffrance (cf. Prov. xxxi, 6). « Mais il n'en prit pas. » La pitié des hommes vaut leur cruauté et toutes deux sont aveuglement. Il a accepté une autre coupe, celle de Gethsémani. Il la boira tout entière, refusant l'étourdissement dégradant sur lequel se jettent ses deux compagnons et il y a dans ce muet refus du condamné qui « n'a plus forme humaine » une inexprimable dignité.

« Puis ils le crucifient... C'était la troisième heure. » La notice est d'un laconisme extrême. Et sans doute n'était-il pas nécessaire d'en dire davantage, à l'époque, pour évoquer l'affreux spectacle qui n'était que trop courant. Mais surtout aucun mot ne veut évoquer une pitié trop uniquement humaine. C'est sur un autre plan, plus essentiel, que se joue ce drame sanglant. Et c'est cet autre plan qui doit retenir d'abord notre attention. Mais dans la mesure où la croix n'est plus pour nous que le crucifix, il est bon toutefois de rappeler, au moins sobrement, la réalité antique.

Les pieux verticaux sont déjà en place, munis en leur milieu du *sedile,* grossière saillie cornue destinée à soutenir un poids qui autrement arracherait les mains clouées. D'où l'expression latine qui a la vigueur vulgaire de l'argot : *inequitare cruci.* Ces pieux n'étaient pas très haut, les pieds crucifiés arrivant à peine à hauteur d'homme. Dépouillés de tout vêtement, les condamnés sont couchés à terre, les bras étendus sur la poudre transversale où on leur cloue les mains. Ils sont alors hissés en place (au moyen sans doute d'une corde glissant sur une poulie ou dans une rainure au sommet du poteau). D'où *ascendere crucem*, puis *requiescere in cruce*. On cloue enfin les pieds (de deux clous) et on fixe l'inscription.

Réduit à cet état, exposé dans la douleur à tous les regards, le crucifié attend la mort de longues heures, distendu, pris de crampes, suffoquant et torturé de soif.

Les soldats-bourreaux cependant se partagent les vêtements, les *panicularia*, leur pourboire. Un décret d'Hadrien confirmera qu'ils y avaient droit. Mais, au-delà du fait-divers, l'expression de Marc — « Ils se partagent ses vêtements et les tirent au sort » — évoque le psaume 22, qui décrit les souffrances et l'espoir du Juste.

Deux « brigands » ont été crucifiés avec Jésus — peut-être deux compagnons de ce Barrabas qu'il remplace. Ils ont été crucifiés à sa droite et à sa gauche, la place demandée par Jacques et Jean, pour faire une cour au « roi des Juifs ».

LA RAILLERIE (XV, 29-32)

Le verset 24b (le partage des vêtements avec allusion au psaume 22) présente toutes les apparences d'une insertion de Marc. D'où la choquante répétition du verbe crucifier à si peu de distance : « Et ils le crucifient... et ils le crucifièrent. » Le texte primitif probable antérieur à Marc était plus simplement : « Et ils le crucifient. C'était la troisième heure. » L'insertion s'est faite à partir des versets 29-32 et 34, qui se réfèrent également au psaume 22.

Le chemin de croix et le crucifiement, en effet, sont formés d'un ensemble de notations brèves, fort sobres. Les versets suivants, par contre, sont plus « composés » et on dresserait une liste impressionnante (mais qu'il serait vain d'allonger) de tous les passages de l'Ancien Testament qui, de près ou de loin, peuvent s'y rapporter. « Hocher la tête » est un geste biblique de mépris. On le rencontre dans le psaume 22, 8 mais aussi dans les Lamentations (II, 15), dans II Rois XIX, 21, Job XVI, 4, etc. Davantage : le livre de la Sagesse (II, 16 sq.) donne une esquisse générale de la situation. « Il proclame heureux le sort final des justes et se vante d'avoir Dieu pour Père. Voyons si ses dires sont vrais, examinons quelle sera sa fin. Si le juste est fils de Dieu, Dieu l'assistera, il le délivrera de la main de ses adversaires. Éprouvons-le par des outrages et des tourments... Condamnons-le à une mort infâme puisqu'à l'entendre le secours lui viendra. »

Concordance frappante ? Oui. Mise en question de l'historicité ? Non. Mais la question se pose de son mode. La raillerie à l'égard des suppliciés est chose si courante que nous serions amenés à la supposer si même l'évangéliste ne nous en parlait pas. Et par ailleurs la raillerie des impies envers le juste est un lieu commun de la littérature sapientielle et prophétique. Ses expressions reviennent donc facilement à l'esprit de gens qui en sont nourris et on pourrait même indiquer tels rapprochements que les évangélistes ont négligé de faire. Cette coloration biblique ne prouve donc pas la non-historicité de l'épisode. Presque au contraire. Cette mort a été un scandale et le reste pour les gens encore à convertir. En milieu juif, ce scandale n'a pu être surmonté qu'en montrant dans cette mort un accomplissement des Écritures. C'est pourquoi ce centre de la Passion, cette agonie en croix, est présenté à la lumière de textes prophétiques (ou interprétés prophétiquement) ce qui est bien, et particulièrement à cette époque, dans la ligne de la pensée juive. Cette présentation de la Passion se rattache donc à la toute première prédication, ce qui, historiquement, est un *Sitz im Leben* excellent, tout proche des faits et de la pensée de Jésus.

Il reste à établir le sens actuel de la raillerie et le degré de son historicité textuelle.

La scène est stylisée en trois groupes de railleurs : passants, grands-prêtres et scribes, et même — ce qui montre bien la totale, l'inhumaine solitude de Jésus — compagnons de supplice. Marc ne rapporte toutefois aucune parole de ces derniers.

Quant aux paroles des deux autres groupes, elles sont de sens voisin et d'un sens qui sera repris au verset 36. « Les passants l'insultaient [litt. le blasphémaient], hochant la tête et disant : Hé ! Celui qui détruit le sanctuaire et le bâtit en trois jours, sauve-toi toi-même en descendant de la croix ! » Les passants (et plusieurs chemins passaient en effet à proximité) reprennent la parole sur le Temple, ce qui prouve encore une fois son importance. Toutefois, la trop évidente raillerie mise à part, quel rapport mettent-ils entre cette parole et le « sauve-toi toi-même » ? Ceci renvoie nettement à la prétention messianique implicte dans la parole sur le Temple. Le Messie est le sauveur d'Israël à la fin des temps : que celui-ci commence donc par se sauver lui-même. Qu'il se sauve en « descendant » de la croix pourrait même préciser l'allusion. L'expression n'a rien de courant, trop évidemment. Elle est sans doute l'inverse exact de l'expression *ascendere crucem*, mais cette expression est latine et ne se rencontre pas dans nos textes. Il est donc possible de penser, en rapport avec la parole du Temple, à une autre antithèse, à celle du Temple messianique « descendant » du ciel (voire au Fils de l'homme venant sur les nuées).

Le cas des grands-prêtres est un peu différent. Tout d'abord (et cette différenciation est d'un réalisme remarquable), leur dignité leur interdit de s'adresser directement au supplicié : « Les grands-prêtres se gaussaient pareillement entre eux avec les scribes, disant : Il en a sauvé d'autres et n'est pas capable de se sauver lui-même ! Que le Messie, le roi d'Israël, descende maintenant de la croix pour que nous voyions et que nous croyions ! »

L'allusion aux miracles de guérison est curieuse de la part des grands-prêtres, Jésus n'en ayant pas accompli pendant le ministère à Jérusalem. Ou bien l'allusion aux miracles galiléens est de Marc ou bien la haine des grands-prêtres (mais surtout, dans ce cas, des scribes qui les accompagnent si nous pensons à III, 22) date en effet d'avant Jérusalem. De toute façon, ils insistent eux aussi, sur la *Selbsthilfe*, le salut de lui-même par lui-même, comme preuve de ses prétentions. C'est ne pas mieux comprendre le sens des miracles que les Pharisiens de VIII, 11. Jésus n'a fait aucun miracle pour lui-même. Il l'a refusé à la première tentation et a évité les miracles spectaculaires. Mais en cela même il s'est prouvé d'un autre esprit que les dirigeants du Temple.

Les grands-prêtres ne reprennent pas la parole sur le Temple, et ce pourrait être un signe que la raillerie, de thème unique, a été répartie « stylistiquement » entre deux groupes (d'où les deux formes différentes du « sauve-toi toi même »). Mais c'est bien la prétention messianique qui reste au centre de la raillerie. Fût-ce en moquerie, ils réclament le signe d'une eschatologie spectaculaire, celui de leur messianisme, le signe de la « descente » devant la foule, celui de la deuxième tentation, de la descente du haut du Temple précisément (que Luc place en troisième position, au lieu de la tentation « césarienne », ajoutant que l'Adversaire « s'éloigna pour revenir au temps marqué ».) Ce temps est venu et les deux messianismes ennemis sont face à face. Mais c'est celui apparemment qui est au-delà de tout espoir (humain) qui va triompher et déjà des signes vont en être donnés mais interprétables seulement dans la foi.

LA MORT DE JÉSUS (XV, 33-39)

« Et à partir de la sixième heure, l'obscurité se fit sur tout le pays jusqu'à la neuvième heure. »

Il faut penser ici à Amos VIII, 9 sq. : « En ce jour-là — oracle du Seigneur Yahvé — je ferai coucher le soleil en plein midi, je couvrirai la terre de ténèbres en plein jour, je changerai vos fêtes en deuil ... Je ferai de ce deuil un deuil de fils unique. » On doit d'autant plus y penser que peu après est décrite la chute du sanctuaire, ce qui renvoie au verset 38 de Marc : « Le rideau du sanctuaire se déchira en deux du haut en bas. » Ce signe confirme la parole sur la destruction du Temple. Il laisse donc prévoir l'accomplissement de la seconde partie de la prédiction : l'érection surhumaine d'un nouveau Temple, au sens johannique, où ne seront plus offert de sacrifices. Et l'épître aux Hébreux, comme on sait, développera l'allégorie.

Bien que les portes orientales du Temple se soient mystérieusement ouvertes d'elles-mêmes d'après Josèphe, une quarantaine d'année avant la destruction selon le *j. Yoma* VI, 431, ces « signes » ne doivent pas être pris au pied de la lettre. Le premier, celui des ténèbres, malgré les dimensions que lui prête Marc, ne suffit pas à troubler les spectateurs (v. 35-6). Il est probable d'ailleurs que ces lignes viennent d'une tradition postérieure et que les autres versets étaient en place avant eux : les versets 35-6 continuent ceux de la raillerie et le verset 38 sépare deux versets manifestement

successifs. Il est donc inutile de supposer un « sirocco », possible
d'après Dalman et Lagrange. Une nuée d'orage suffirait. Cette
obscurité est un signe, mais seulement pour la foi, et rappelle
discrètement Marc xiii, 24. Par ailleurs, la mention particulière
de la sixième heure, qui n'est permise que par ce signe, suffit peut-
être à l'expliquer. Que Jésus, crucifié à la troisième heure, meure
à la neuvième décrit la mort rapide d'un crucifié, en des notices
fort sobres qu'il n'existe aucun motif de refuser. Mais que Marc
y intercale une sixième heure introduit la typique division en trois
des « compositions » de la Passion (et généralement de la deuxième
partie). Or, celle-ci est centrale et entourée de la mention des trois
groupes de railleurs et des trois femmes seules citées au verset 40.
Cette composition est marcienne et de symbolisme chrétien [13].
Outre Amos viii, 9, on peut penser ici à Joël iii, 4, invoqué dans
le discours de la Pentecôte.

« Et à la neuvième heure, Jésus cria d'une grande voix : *Elôi,
Elôi, lamma sabachthani,* ce qui signifie : Mon Dieu, mon Dieu,
pourquoi m'as-tu abandonné ? »

C'est le vers initial du psaume 22. A le prendre seul, c'est le cri
du plus profond désespoir, la déréliction suprême de celui qui
expie les péchés d'Israël et de l'humanité, le fond de la coupe
tendue à Gethsémani. Mais une déréliction finale jusqu'à la mort
seulement — en quoi nous rejoignons l'interprétation qui voit ici le
début d'une prière continuée muettement jusqu'à l'espoir réalisé
de la fin du psaume.

Jésus a pu parler en hébreu, la forme hébraïque expliquant
mieux le quiproquo des spectateurs. « Certains des assistants dirent
en l'entendant : Voilà qu'il appelle Élie. » Or, Élie passait dans
la tradition juive pour le sauveur dans les cas désespérés. « Quelqu'un courut tremper une éponge dans du vinaigre et, l'ayant mise
au bout d'un roseau, il lui donnait à boire, disant : Attendez voir

---

13. On pourrait presque en donner une présentation graphique, celle que
figurent sur nos cadrans les chiffres 9, 12, 3, formant triangle (ou, en joignant
le point 12, perpendiculairement, à la transversale, le dessus d'une croix). Les
trois positions correspondantes du soleil (évidemment seul en cause pour les
anciens) rend la présentation plus facilement cosmique. Le soleil voilé à partir
de la sixième heure s'accorde avec Amos pour signifier la mort du Fils. L'anachronisme ne serait pas plus grand que pour la formule trinitaire du baptême
à l'avant-dernier verset de Matthieu.

si Élie va venir le descendre. » C'est toujours le signe de la moquerie qui est attendu. Ce signe ne sera évidemment pas donné mais il y aura bien un signe, un signe qui n'est pas de rédaction marcienne cette fois, un signe qui passera inaperçu de Matthieu (qui surcharge Marc) mais qui sera souligné à sa manière par Jean et peut-être par Luc. Cet autre signe est le moins spectaculaire mais peut-être le plus important, et d'une historicité que j'estime littérale.

Il s'agit de ce signe fort peu souligné dans les commentaires : ce « grand cri » du crucifié qui meurt aussitôt après, ce grand cri en mourant qui provoque la stupéfaction du centurion. « Le centurion qui se tenait en face de lui, voyant qu'il était mort en poussant ce grand cri, dit : Vraiment cet homme était fils de dieu. » Le centurion a vu mourir pas mal d'autres crucifiés et vérifier leur mort fait partie de sa mission. Un terme latin est prévu pour le désigner dans cette fonction officielle : *exactor mortis*. Et Pilate, étonné par cette mort rapide, le fera appeler pour faire son rapport avant d'« accorder le cadavre » (autre terme traduit du latin officiel) à Joseph d'Arimathie. Le centurion sait qu'un crucifié peut agoniser deux jours entiers, voire davantage. Mais il sait aussi ce que nous avons heureusement l'occasion d'ignorer : c'est que, rapidement ou non, un crucifié meurt épuisé, étouffé, dans un râle peu audible. L'extension des bras et le tassement du corps tendaient la cage thoracique, diminuant ainsi la capacité respiratoire, si bien que le supplicié doit faire sur ses membres déchirés un horrible effort pour remonter respirer, aussi longtemps du moins que la crampe tétanique ne lui broie pas la poitrine. D'où l'étonnement du centurion et comme son respect devant cet homme qui meurt comme librement, à son heure, « dans un grand cri ».

Dans la bouche d'un païen, le mot de « fils de dieu » n'a pas le sens que sans doute Marc a voulu y lire. La mythologie connaissait assez de demi-dieux, de « héros », pour que l'incarnation d'un « fils de dieu » ne lui répugnât guère. Mais ce témoin non suspect a bien vu un signe en effet, même s'il l'a interprété selon ses catégories. Il s'étonne de cette mort comme de celle d'Hercule allumant son propre bûcher sur le mont Oeta. Il admire le caractère de liberté de cette mort « dans un grand cri » libérateur, répondant au cri précédent. Luc aussi dans sa dernière parole de Jésus, empruntée au psaume 31, 6, souligne cette liberté de la mort de Jésus: « Père, entre tes mains je remets mon esprit. » Et c'est bien le sens de la dernière parole selon Jean : « Tout est accompli. — Il baissa la tête et rendit l'esprit. » (xix, 30)

Mais la constatation du centurion païen [14] nous est historiquement plus précieuse. Et la légende l'a deviné, qui lui a donné le nom de Longin et l'a converti. Mais pas seulement la légende. Jean lui aussi a un témoignage sur la véracité duquel il insiste, celui du soldat qui, pour « vérifier » la mort de Jésus, « lui perça le côté avec sa lance et il en sortit du sang et de l'eau ». (xix, 34.) Ce « soldat » exécutait les ordres du centurion ou était le centurion lui-même. Et Jean, par lui, répond à l'incrédulité des grands-prêtres moqueurs demandant à « voir pour croire » : « Celui qui a vu en rend témoignage pour que vous aussi vous croyiez — un témoignage authentique et celui-là sait qu'il dit vrai. »

LES GALILÉENNES AU CALVAIRE (XV, 40-1)

« Il y avait aussi des femmes qui regardaient à distance, parmi lesquelles Marie la Magdalénienne, Marie (mère) de Jacques le petit et de Joset, et Salomé. Elles le suivaient et le servaient quand il était en Galilée, et beaucoup d'autres qui étaient montées avec lui à Jérusalem. »

Cette brève notice éclaire les lacunes de nos évangiles. Marc mentionne ici pour la première fois des femmes qui étaient présentes, sans que nous en ayons jamais eu conscience, dès le ministère galiléen. Combien étaient-elles dans la montée de Jéricho

---

14. C'est le seul centurion que Marc connaisse. Matthieu n'a pas saisi le sujet de son étonnement ou il ne lui a pas suffi, mais il connaît un centurion dont la foi émerveille dès Capharnaüm : « Chez personne je n'ai trouvé aussi grande foi en Israël », verset suivi de l'annonce d'un rejet des Juifs et d'une acceptation des Gentils. (VIII, 10 sq.)

Dans les Actes (X), c'est le centurion Corneille, de la Cohorte italique, qui est le premier converti païen et son cas fournit l'occasion d'une section importante, où Pierre, après la vision de Joppé, fait admettre les Gentils dans la première communauté.

Ce n'est pas le lieu de discuter des relations possibles entre ces récits. Mais la notice de Marc est sûrement première par rapport à Matthieu.

au mont des Oliviers ? Et leur présence au Calvaire n'est pas mentionnée avant ce moment de l'ensevelissement où on ne peut plus se passer d'elles pour assister à l'ensevelissement et expliquer leur retour au tombeau, pour oindre le corps, le dimanche matin.

Marc, dira-t-on, ne les introduit que parce qu'il en a besoin. Oui et non. Il n'en a pas parlé jusqu'à présent parce qu'il y avait les disciples et que le témoignage des femmes n'est pas recevable en droit juif. Mais cette fois, il n'a plus qu'elles à mentionner et il faut qu'il y soit contraint car leur présence au Calvaire souligne cruellement l'absence des disciples, depuis chefs des églises. Sans doute couraient-elles moins de dangers. Il n'empêche.

Au reste, un passage de l'épître aux Corinthiens (I Cor. ix, 5) garantit indirectement la fidélité historique de cette notice. C'est celle où Paul fait remarquer aux gens de Corinthe tous les renoncements que Barnabé et lui-même ont acceptés pour ne pas leur être à charge, contrairement au principe que l'ouvrier mérite son salaire et donc que le missionnaire peut vivre de la prédication : « N'avons-nous pas le droit de nous faire accompagner dans nos tournées d'une femme croyante (litt. sœur), comme les autres apôtres et les frères du Seigneur et Céphas ? Ou sommes-nous les seuls, Barnabé et moi, à devoir travailler ? »

L'ENSEVELISSEMENT (XV,42-7)

« Déjà le soir tombait et comme c'était la Parascève, c'est-à-dire la veille du sabbat, Joseph d'Arimathie, membre notable du Conseil, qui attendait lui aussi le Royaume de Dieu, alla courageusement trouver Pilate et lui demanda le corps de Jésus. »

Et il y fallait certes du courage de la part du conseiller, « homme droit et juste », dit Luc, « qui ne s'était associé ni au dessein ni aux actes des autres ». Jean en fait un disciple secret de Jésus. Il est en tout cas inconnu des femmes galiléennes qui observent sans intervenir, voient qu'on n'a pas mis d'aromates, regardent où on le met ce corps misérable qui est tout ce qui leur reste et sur lequel elles n'osent même pas venir pleurer.

Le conseiller ne peut avoir été seul, du reste, pour cette besogne faite hâtivement, avant la nuit complètement tombée où commençait le sabbat. « Ayant acheté un linceul, il le descendit, l'enveloppa dedans et le déposa dans une tombe creusée dans le roc et roula une pierre à l'entrée. »

Cette tombe était située dans le jardin voisin du lieu de l'exécution. C'était une tombe d'homme aisé, car les pauvres n'en ont pas de pareilles et d'autres se contentaient d'une cavité naturelle. Quant aux cercueils, ils n'existaient guère. Mais cet ensevelissement à la sauvette évitait au moins à la dépouille de Jésus la fosse commune des condamnés.

Où était allée Salomé ? Raconter à Pierre l'affreuse journée du Maître qu'il pleurait d'avoir renié ? Le dernier verset du vendredi ne la mentionne plus et se termine, avant la rentrée pour le début du sabbat par ce double regard fixé sur un tombeau inconnu : « Or, Marie la Magdaléenne et Marie de Joset regardaient où il était mis. »

DU SABBAT PASCAL AU PREMIER DIMANCHE

Le grand repos sabbatique tomba sur Jérusalem surpeuplée et le même grand silence tombe dans les évangiles avec la nuit venue, cette nuit où on mangeait la Pâque de l'ancienne Alliance. Qu'étaient devenus les disciples dispersés et que se passait-il dans leur âme ? Mais nous savons du moins, sans qu'on ait besoin de nous le dire, que les femmes du Calvaire gardaient le cœur tordu par la vision du corps tragique qui reposait dans la nuit. Tout au long de ce jour où Israël fêtait l'ancienne délivrance et attendait la venue du Messie, s'accomplissait en elles, à la suite de quelle tragique méprise, la prophétie d'Amos qui ne leur était pas destinée :

« Je changerai vos fêtes en deuil...
Je ferai de ce jour un deuil de fils unique. »

Mais au bout de ce deuil allait se lever l'aube du premier jour de la semaine et d'une Pâque qu'elles ne savaient pas, au-delà de tout désespoir et de tout espoir humains mais gageant désormais toute notre espérance.

INDICATIONS BIBLIOGRAPHIQUES

Les spécialistes n'auront guère besoin d'une bibliographie sur le sujet et de trop longues listes rebuteraient sans profit le grand public. Je choisis donc une voie moyenne, forcément imparfaite mais sans doute plus utile : signaler, à divers niveaux, des livres français qui introduisent à la Bible — puis énumérer les principaux ouvrages dont la lecture est supposée pour un travail du genre de celui-ci.

INTRODUCTION A LA BIBLE

Dom C. Charlier, *La lecture chrétienne de la Bible,* Casterman. Dit l'essentiel sans technicité.

Robert et Tricot, *Initiation biblique,* Desclée et Cie. S'adresse à un public déjà intéressé.

Introduction à la Bible I et II, Desclée et Cie. Ouvrage collectif des meilleurs spécialistes catholiques de langue française. Plus approfondi, plus technique. Constitue surtout un instrument de travail et de consultation.

A. *Ancien Testament*

S. de Diétrich, *Le dessein de Dieu,* Delachaux et Niestlé.

G. Auzou, *La tradition biblique,* Éd. de l'Orante.

A. Gelin, *Les idées maîtresses de l'Ancien Testament,* Éd. du Cerf.

P. L. Bouyer, *La Bible et l'Évangile, id.*

Donnent les vues synthétiques nécessaires pour comprendre quoi que ce soit à l'Ancien Testament.

B. *Nouveau Testament*

L. Cerfaux, *La communauté apostolique,* Éd. du Cerf.

L. Cerfaux, *La voix vivante de l'Évangile,* Casterman.

E.-B. Allo, *Évangiles et évangélistes,* Éd. du Cerf.

De façon générale, des collections entières mettent ainsi l'exégèse à portée du public à un niveau sérieux. Citons les collections « Témoins de Dieu » et « Lectio Divina » (Éd. du Cerf), « Bible et Vie chrétienne » (Casterman), « Études religieuses », « Verbum salutis », etc.

INDICATIONS BIBLIOGRAPHIQUES

Dans le domaine de l'histoire de Jésus, je rappelle ou je signale, dans l'ordre chronologique :

M.-J. LAGRANGE, *L'Évangile de Jésus-Christ*, Paris 1928.
L. DE GRANDMAISON, *Jésus-Christ*, Paris 1928.
J. LEBRETON, *La vie et l'enseignement de J.-C. N.-S.*, Paris 1931.
M. GOGUEL, *Vie de Jésus*, Paris 1932. (Nouv. éd. en 1950 : *Jésus.*)
F. PRAT, *Jésus-Christ*, Paris 1933.
J. HUBY et X. LÉON-DUFOUR, *L'Évangile et les évangiles*, Paris 1954.

On trouvera une mise au point des problèmes actuels dans :
F. M. BRAUN, *Jésus, histoire et critique*, Paris 1947.
La Formation des évangiles synoptiques, Bruges-Paris, 1957.
B. RIGAUX, *L'historicité de Jésus devant l'exégèse récente*, Revue bliblique, Paris 1958, p. 481-522.

BIBLIOGRAPHIE SOMMAIRE

Sur le temps et le milieu :

E. SCHURER, *Geschichte des jüdischen Volkes im Zeitalter J,-C.*, 3 vol. Leipzig 1911.
STRACK und BILLERBECK, *Kommentar zum N. T. aus Talmud und Midrash*, 4 vol. Munich 1928.
BOUSSET-GRESSMANN, *Die Religion des Judentums im späthellenistischen Zeitalter*, Tübingen 1926.
W. FOERSTER, *Neutestamentliches Zeitalter*, Halle 1957.
FESTUGIÈRE et FABRE, *Le monde gréco-romain au temps de N-S*, 2 vol. Paris 1935.
K. PRÜMM, *Religionsgeschichtliches Handbuch für den Raum der altchristlichen Umwelt*, Rome 1954.

A ces ouvrages généraux, il convient d'ajouter les travaux sur les apocryphes (par exemple J. BONSIRVEN, *La Bible apocryphe*, Paris 1953) et les travaux (toujours en cours) sur les textes de Qumrân et de Nag Hammadi. Je rappelle ceux de BURCHARD, DUPONT-SOMMER, BURROWS, MILIK, etc.

Sur les synoptiques et leur interprétation :

A. SCHWEITZER, *Geschichte der Leben-Jesus Forschung*, Tübingen 1913.
M. DIBELIUS, *Die Formgeschichte des Evangeliums*, 1919, 3e éd. Tübingen, 1929. Trad. anglaise, Londres 1934).
R. BULTMANN, *Die Geschichte der synoptischen Tradition*, Göttingen, 1921. (Trad. anglaise, Londres 1935.)
V. TAYLOR, *The formation of the Gospel tradition*, London 1933.
E. SCHICK, *Formgeschichte und Synoptikerexegese*, Münster 1940.
E. OSTY, *Les Évangiles synoptiques*, Paris 1948.
Synoptische Studien für A. Wikenhauser, Munich 1953.
Recueil L. CERFAUX : *Autour des Évangiles*, Gembloux 1954.
La formation des évangiles synoptiques, Ouv. coll. Bruges Paris 1957.

INDICATIONS BIBLIOGRAPHIQUES

Sur les problèmes que pose une histoire de Jésus :

C. H. DODD, *History and the Gospels,* London 1938.
J. M. ROBINSON, *Das Geschichtsverständnis des Mk-Evangeliums,* Zürich 1956.
J. M. ROBINSON, *A new quest of the historical Jesus,* London 1959.
V. TAYLOR, *The life and Ministry of Jesus,* London 1954.
G. BORNKAMM, *Jesus von Nazareth,* Stuttgart 1956.
E. STAUFFER, *Jesus : Gestalt und Geschichte,* Berne 1957.
W. GRUNDMANN, *Die Geschichte Jesus Christi,* Berlin 1957.

Commentaires et études.

On ne peut songer à énumérer les dizaines de commentaires en toutes langues écrits sur chacun des évangélistes. De l'un à l'autre, il y a d'ailleurs de nombreuses répétitions. Parmi les commentaires anciens, ceux de LAGRANGE et de LOISY doivent encore être retenus. Pour Marc, le meilleur commentaire et le plus complet est à l'heure actuelle : V. TAYLOR. *The Gospel according to St Mark,* London 1952. (696 p.)

On pourra lire encore les commentaires sur Marc de WOHLENBERG (Leipzig 1930), HAUCK (Leipzig 1931), SCHLATTER (Stuttgart 1935), KLOSTERMANN (Tübingen 1950), LOHMEYER (Göttingen 1951) etc.

On pourra lire aussi comme études sur Marc (à distinguer des commentaires) :
J. SUNDWALL, *Die Zusammensetzung des Mk. Evangeliums,* Münster 1936.
G. HARTMANN, *Der Aufbau des Mk. Evangeliums,* Münster 1936.
M. ZERWICK, *Untersuchungen zum Mk.-Stil,* Rome 1937.
W. MARXSEN, *Der Evangelist Markus,* Göttingen 1956.

La liste serait aussi impressionnante, à s'en tenir même à l'essentiel, pour les autres évangélistes.

Points particuliers

L'exégèse étant science minutieuse, des livres importants sont consacrés à des points particuliers de la vie de Jésus ou à l'étude de thèmes ou de notions. C'est ainsi qu'à propos des paraboles, on ne peut guère ignorer les thèses de :
J. JEREMIAS, *Die Gleichnisse Jesus,* Göttingen 1952
ou de C. H. DODD. *The Parables of the Kindom,* London 1935.

Ou encore, à propos de la notion de « justice » :
A. DESCAMPS, *Les justes et la justice dans les évangiles et le christianisme primitif,* Louvain 1950.

En ce qui concerne le procès de Jésus, on pourra lire :
J. BLINZLER, *Der Prozess Jésu,* 3ᵉ éd., Regensburg 1960.

Pour la résurrection :
H. VON CAMPENHAUSEN, *Der Ablauf der Osterereignisse und das leere Grab,* Heidelberg 1958.
H. GRASS, *Ostergeschehen und Osterberichte,* Göttingen 1956.
Etc.

J'aimerais terminer ces indications bibliographiques sommaires par une remarque : il est moins important de lire tout sur un sujet aussi vaste que de lire les livres essentiels et de garder l'esprit critique. Aussi, même après les meilleurs commentaires, le retour direct au texte original continue-t-il à s'imposer.

RÉFÉRENCES BIBLIQUES

ANCIEN TESTAMENT

PENTATEUQUE

Genèse : I, 26 : *142.* IV, 23-24 : *191.*

Exode : IV, 6-7 : *171.* 22-23 : *137.* XVII, 7 : *147.* XVIII : 20, 30 : *56.* XXIV, 4-11 : *370.* 16 : *316.* 18 : *141.* XXXIII, 22 : *317.* XXXIV, 6 : *317.* 28 : *141.*

Lévitique : III, 17 : *368.* XII, 6 : *345.* XIV, 1-32 : *170.* 2 : *171.* 22, 29 : *345.* XV, 27 : *244.* XVI, 21 : *141.* XVII, 10 : *368.* XXVI, 11-12 : *319.*

Nombres : VI, 22 s. : *77.* XI, 24-30 : *129.* XII, 1-15 : *171.* XV, 30-36 : *214.* 37-41 : *75.* 38-41 : *76.* XX : *147.* XXI, 5-6 : *147.* XXVII, 15-21 : *266.*

Deutéronome : VI, 4-9 : *75-76.* 16 : *147.* VII, 1-9 : *271.* VIII, 3 : *144.* IX, 25 : *141.* X, 16-19 : *150.* XI, 13-21 : *75.* XII, 5, 11 : *338.* XIII : *116, 121.* 2-17 : *258.* 13 : *221.* XVIII, 15 : *129, 193, 320.* 18 : *172.* 22 : *172.* XIX, 15 : *246.* XXIII, 26 : *213.* XXIV, 1 : *180.* XXXII, 47 : *145.*

LIVRES HISTORIQUES

I Samuel : II, 12-17 : *346.* III : *250.* XXI, 1-7-27 : *214.*

II Samuel : VII, 12 s. : *87.* XV, 32 : *334.*

I Rois : XIX, 8 : *141.* 20-21 : *158.*

II Rois : IV, 8-37 : *297.* 42-44 : *272.* V, 6-8 : *171.* 27 : *171.* IX, 13 : *335.* XIX, 21 : *395.*

II Chroniques : III, 1 : *334.* V, 11-13 : *334.* XXVI, 16-23 : *171.*

I Macchabées : I, 41-42 : *62.*

II Macchabées : VI, 26 : *62.* VII, 9-14 : *62.*

LIVRES SAPIENTIAUX

Job : IX, 8 : *275.* XVI, 4 : *395.*

Psaumes : II : *88.* 90. *121.* 135. *136.* 219. VIII : *332.* XVI : *38.* XXII : *394.* 398. *395.* XXXI, 6 : *400.* XXXVII, 11 : *183.* 16 : *183.* 19 : *183.* XLI, 10 : *365.* XLII, 6, 7, 8 : *373.* XLVII : *178.* L, 3 : *91.* LXV, 8 : *276.* LXXVII, 20 : *275.* LXXXI, 17 : *272.* XCI : *146.* 151. XCIII : *178.* XCV, 8-9 : *287.* XCVI : *178.* CIII : *178.* CV, 25-30 : *276.* 40 : *272.* CVI, 16 : *161.* CX : *17.* 19. 87. *383.* CXIII : *367.* CXIV : *367.* CXV à CXVIII : *367.* CXVI, 13 : *374.* CXVIII, 22 : *351.* 22-23, 25-26 : *332, 341.* CXXXVII : *57.* CXLV : *178.*

Proverbes : XXXI, 6 : *393.*

Sagesse : II, 16-20 : *42.* 16 sq. : *395.* IV, 17-19 : *43.* V, 1 : *43.*

Ecclésiaste : XXXIX, 10 : *77.*

Les chiffres en italiques renvoient aux pages.

RÉFÉRENCES BIBLIQUES

NOUVEAU TESTAMENT

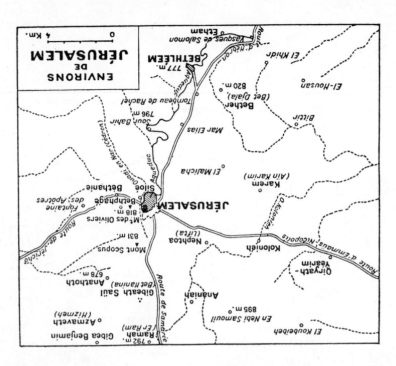

ENVIRONS
DE
JÉRUSALEM

0   4 Km.

El Koubeibeh

Gibea Benjamin   Ramah
Azmaveth   Er Ram
(Hizmeh)   792 m.
                    Gibeath Saül   En Nebi Samouil
Anathoth   895 m.
(Bet Hanina) 678 m.
                              Anânin
                    Mont Scopus
Qiryath-   831 m.
Yearim   Nephtoa
                              (Lifta)   Route d'Emmaüs-Nicopolis
Route de Jéricho   Kolonieh
                    Mt des Oliviers
                    818 m.   O. Kelt(on)
Fontaine   JÉRUSALEM   Karem
des Apôtres   Bethphagé   (Ain Karim)
        Béthanie   Siloé
                Aqueduc   El Malicha
Oued el Qelt (ar. Nar Gelton)   Mar Elias
                796 m.   Bittir
Jour Bahir   Bether
                Tombeau de Rachel   (Bet Djala)
                              820 m.   El-Housan
        777 m.   Vasques de Salomon
        BETHLÉEM   Etham   El Khidr
                Aqueduc   Route
                d'Hébron

ENVIRONS
DU
LAC DE TIBÉRIADE

0   5 Km.

Safed
        Jourdain Fl.
                El Araj   Bethsaïde Julias
        Corozaïn
                El Mesadieh   Capharnaum
        Kefr Harib   Es Samr   Semak
Hippos   208 m.
        Kefr Harib   Sennabris
                Hammath
        Koursi
                LAC DE TIBÉRIADE
                OU DE TIBÉRIADE
                GÉNÉSARETH
        Magdala
                Plaine de
                Génésareth
        Ain Tabgah   Khan Minieh
                        Kourn Hattin
                        316 m.
                Hattin
        Loubieh
        Rimmon   Cana
SEPPHORIS
        Nazareth   Mt Thabor
                        562 m.
        Jotapata

Djaulan   El Jaulan   Jourdain

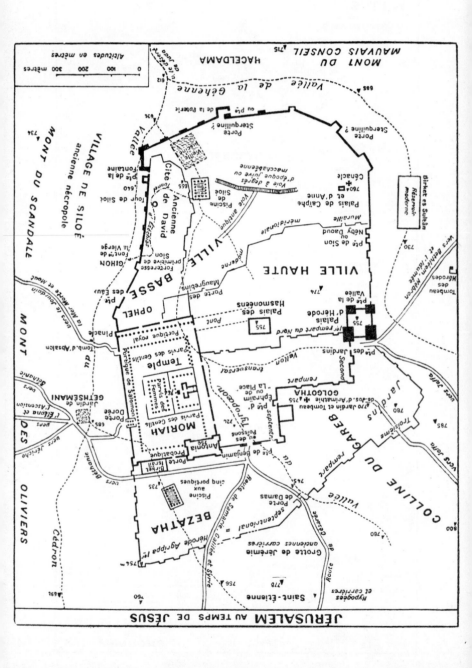

JÉRUSALEM au temps de Jésus

MONT DES OLIVIERS

Cédron

MONT DU SCANDALE 734

MONT DES OLIVIERS

vers Béthanie et Jéricho

vers le Jourdain (la Mer Morte et Moab)

Tomb. d'Absalon

VILLAGE DE SILOÉ ancienne nécropole

Pte de la Fontaine 660

Pte des Eaux?

OPHEL

Tour de Siloé 655

VILLÉ BASSE

Cité Ancienne de David

CITÉ de David

Ancienne Église

GIHON Fontaine de la Vierge

Forteresse primitive de Sion

l'Éléona et l'Ascension

Jardin de GETHSÉMANI

vers Béthanie

Porte Dorée

Portique de Salomon

TEMPLE
parvis des Gentils
parvis des prêtres 744

MORIAH
Parvis des Gentils

Portique royal

Pinacle

Parvis des Gentils

Pont

Portique de Salomon

Antonia

Porte Israël

Porte Probatique

Piscine aux cinq portiques 735

Birket Israël

Pte de Benjamin

Pte des Poissons

au pu. des Poissons?

BEZATHA

Hérode Agrippa Ier 754 m

Route de Samarie Galilée et Syrie

vers Béthanie

Route de Samarie, Galilée et Syrie

Porte des Maugrebins

Palais des Hasmonéens

Pte du Tyropéon

Pte du Ephraïm ou de La Place

Saint-Étienne 756

778

760

691

Grotte de Jérémie anciennes carrières

Hypogées et carrières

Route de Damas Césarée

septentrional

Porte de Damas 745

Vallée du Césarée

vers Jaffa

GOLGOTHA 755

270 Jardin et Tombeau de Jos.d'Arimathie 755

VILLE HAUTE

Pte de la Vallée 774

Pte de Sion ou Neby Daoud

Muraille méridionale

Muraille moderne

Palais de Caïphe et d'Anne 760

Cénacle 760 ✴

Voie à degrés d'époque juive ou meccabéenne

Voie antique

Voie Piscine de Siloé 655

Porte Sterquiline? 612

au pu. de la Poterie?

Vallée de la Géhenne

Vallée du Cédron. Val de Josaphat vers le Cédron de Judo

Palais d'Hérode 755

1er rempart du Nord 755

Pte des Jardins

Vallon

Second

rempart

transversal

Pte d' Ephraïm 755

Jardins

Troisième rempart

785

780

800 760

COLLINE DU GAREB

vers Béthléem Hébron 730

Tombeau des Hérodes

Réservoir moderne

Birket es Sultân moderne

HACELDAMA

MONT DU MAUVAIS CONSEIL 715

589

Altitudes en mètres
0 100 200 300 mètres

Les cartes ici reproduites sont extraites de l'*Introduction à la Bible,* tome II, publiée sous la direction de Robert et Feuillet, aux Éditions Desclée et Cie. Les cartes « Palestine au temps de Notre-Seigneur », et « Jérusalem au temps de Jésus », avaient été réalisées d'après le livre de M. J. Lagrange, *l'Évangile de Jésus-Christ,* planches 31 et 30, Éditions Gabalda.

XV, 3 : *283*. 24 : *292*. 30-31 : *296*.

XVI, 1 : *282*. 4 : *287*. 17 sq. : *307*. 28 : *254*.

XVII, 2 : *318*.

XVIII, 12-14 : *267*. 19 : *188*. 21 sq. : *190*. 21-22 : *191*.

XIX, 9 : *180*.

XX, 2 sq. : *268*.

XXI, 32 : *130*.

XXIII, 13-32 : *283*. 34-35 : *313*. 37-38 : *227*.

XXVI, 41 : *154*.

XXVII, 3-10 : *364*. 24-25 : *390*.

XXVIII, 9-10 : *38*.

MARC

I, 2b : *314*. 5 : *103*. 9-10 : *130*. 12-13 : *140, 142*. 14 : *155, 198. 313, 317*. 14-15 : *156*. 15 : *176, 181*. 16-18 : *44*. 21 : *215*. 21-22 : *159*. 22 : *176, 348*. 23-26 : *159*. 25 : *174, 310*. 27-28 : *159*. 29-31 : *164*. 32-34 : *165*. 34b : *174*. 35-38 : *166*. 40 : *158*. 40-45 : *169*. 45b : *200*.

II, 1 : *200*. 1-12 : *200*. 1-III, 12 : *200* 10 : *205*. 13-14 : *44, 208*. 13b : *208*. 15-17 : *208*. 15-27 : *200*. 18b : *211*. 19b-20 : *212*. 21 : *342*. 21-22 : *212*. 23-28 : *213*. 28 : *205*.

III, 1-5 : *200*. 1-6 : *215*. 2 : *201*. 6 : *198, 199, 219, 246, 260, 282, 342*. 7 : *198, 200*. 7-9 : *220*. 7-12 : *200*. 9 : *218*. 10 : *244*. 11-12 : *174*. 13 : *223*. 13-21 : *249*. 13-35 : *218, 220*. 14-15 : *201*. 20-21 : *115*. 20-31 : *158-159*. 22 : *215, 281, 327, 396*. 23 : *285*. 23-27 : *223*. 23b-26 : *224*. 28-30 : *222, 223, 224* 31-35 : *249*. 34-35 : *118*.

IV, 1-2 : *220*. 1-32 : *248*. 1-34 : *228*. 3-9 : *232*. 8 : *235*. 9 : *230*. 11 : *225*. 11-12 : *230*. 12 : *222*. 13-20 : *232, 235*. 16-19 : *236*. 20-24 : *338*. 21-23 : *237*. 23 : *230*. 24-25 : *238*.

26-29 : *234*. 27 : *162*. 33 : *230*. 33-34 : *238*. 35 : *228*. 35-41 : *240, 273*. 35-43 : *239*. 36 : *274*. 39-40 : *276*.

V, 1-20 : *241*. 21-43 : *243*. 26 : *317*. 31 : *268, 276*. 36 : *240*. 42 : *207*.

VI, 1 : *159*. 1-6a : *256*. 3 : *114, 120*. 6 : *198*. 7 : *228, 251*. 8 : *253*. 11 : *253*. 12 : *252*. 13 : *250*. 14 : *257*. 14-16 : *218, 259, 260*. 30, 31 : *252, 257, 260, 270*. 32-44 : *263, 265, 266*. 34 : *178, 266, 292*. 35-37 : *268, 269, 276*. 35-44 : *288*. 38 : *268*. 39-44 : *170, 304*. 41 : *296*. 42 : *292*. 44 : *288*. 45 : *260, 263, 273, 274*. 45-51 : *240, 273*. 47, 56 : *263*. 49 : *48*. 51b-52 : *275*. 52 : *289*. 53 : *277*. 53-56 : *277, 278*.

VII, 1 : *327*. 1-13 : *281*. 1-23 : *199, 263, 279, 280, 281*. 2 : *280*. 3-4 : *281*. 5 : *283*. 5-13 : *261*. 14-16 : *285*. 15 : *288*. 17-23 : *281*. 21b-22 : *281*. 24 : *261, 278, 289*. 24-30 : *264, 289*. 24b-29 : *291*. 27 : *241, 280, 290*. 31 : *264*. 31-37 : *294, 295*. 31-57 : *263*. 34 : *299*.

VIII, 1-9a : *263*. 1-10 : *265*. 4 : *268*. 9 : *288*. 9b : *263*. 9-10 : *274*. 10 : *263, 264, 275, 277*. 11 : *201, 396*. 11-13 : *261, 263, 286*. 11-21 : *280*. 12 : *287, 299*. 13 : *218, 263, 278*. 14-21 : *264, 287*. 15 : *199, 260, 280*. 22 : *218, 263, 278*. 22-26 : *263, 294, 295*. 24 : *298*. 27 : *304, 305, 306, 307*. 27-30 : *299*. 28 : *249*. 30 : *198, 262, 310*. 31 : *314*. 31-32 : *308*. 32 : *310*. 33 : *307, 311*. 34 : *149, 315*. 34-35 : *305*. 34-38 : *314*. 36-37 : *315*. 38 : *256, 316*.

IX, 1 : *312, 315*. 2-8 : *316*. 5 : *319*. 10 : *312*. 11-13 : *314*. 12 : *313*. 13 : *313*. 19 : *256, 317, 327*. 29 : *306*. 30 : *264, 304, 306, 324*. 31 : *307, 313*. 32 : *324*. 35 : *325*. 37 : *325*. 49 : *91*. 50 : *305*.

X, 1 : *304, 325*. 1-31 : *325*. 2 : *201*. 13-16 : *326*. 17 : *185*. 23 : *184*. 31 : *306*. 32 : *306, 326*. 32-34 :

308. 33 : *385.* 43-45 : *325.* 45 : *180.* 51 : *40.* 52 : *304, 305, 324.*

XI, 1 : *304, 339.* 1-11 : *331.* 1-33 : *340.* 3b : *333.* 11 : *306, 326, 333.* 12 : *334.* 12-14 : *341, 342.* 15-19 : *345.* 18 : *341.* 20-21 : *341.* 20-25 : *342.* 22-25 : *341.* 25 : *374.* 27-33 : *350.* 54 : *282.*

XII, 1-12 : *340, 351.* 7-8 : *341.* 12 : *341.* 13 : *352.* 13-17 : *352.* 13-37 : *340.* 21 : *43.* 27 : *373.* 28 sq. : *192.* 33 : *186.* 36 : *383.* 37 : *362, 388.*

XIII : *340.* 1-2 : *357.* 4 : *354.* 5 : *355.* 9 : *355.* 14 : *353.* 24 : *398.* 32: *330, 354.* 33 : *354, 355, 374.* 35 : *355.* 36b : *374.* 37 : *304, 339, 353, 522.*

XIV : 1 : *304, 342, 359.* 1-2 : *361.* 10-11 : *362.* 11 : *362.* 12 : *359.* 17-21 : *365.* 18 : *366.* 20 : *363, 366.* 22 : *367.* 22-25 : *366.* 24 : *369.* 25 : *370.* 26 : *372.* 31 : *372.* 32-42 : *372.* 33-34 : *373.* 35-36 : *373.* 37-38 : *374.* 41-42 : *375.* 43 : *363.* 43-52 : *376.* 44 : *376.* 46-47 : *377.* 48-49 : *376.* 50 : *377.* 51 : *376.* 53-54 : *377.* 55-64 : *380.* 56 : *378.* 57-58 : *359.* 58 : *381.* 65 : *378.* 66-72 : *377.* 70 : *378.*

XV, 1-5 : *385.* 3 : *388.* 6 : *389.* 6-15 : *388.* 7 : *389.* 10 : *389.* 15 : *385, 391.* 16-20 : *391.* 20b-22 : *392.* 21 : *262, 359.* 23-27 : *393.* 24b : *394.* 29-32 : *394.* 31b : *396.* 33-39 : *397.* 34 : *394.* 35-36 : *397.* 36 : *395.* 38 : *397, 398.* 40-41 : *379, 398, 400.* 42-47 : *401.*

XVI, 1 : *282.* 6 : *30.* 7 : *30, 35, 41.* 8 : *35.* 9 : *39, 207.* 20 : *304.*

LUC

I, 48 sq. : *184.* 76 : *93.* 76-77 : *104.*

II, 10-14 : *102.* 19 : *119.* 48-49 : *227.*

III, 51 : *119.*

IV, 29 : *258.* 33-37 : *168.* 39 : *165.*

V, 1-11 : *44.* 6 : *46.* 15-16 : *170.*

VI, 13-14 : *219.*

VII, 11-17 : *297.* 22 : *171.* 29-30 : *106.*

IX, 22, 27 : *36.* 26b : *322.* 29 : *318.* 51 : *261, 327.* 52 : *323.* 61-62 : *158.*

X, 2 : *234.* 9 : *252.* 18 : *255.*

XI, 11 : *151.* 13 : *151.* 21-22 : *162.* 27-28 : *119.* 30, 32 : *287.* 49-51 : *313.*

XII, 49 : *91.* 50 : *328.*

XIII, 1 : *71, 327, 362.* 1-3 : *272.* 3 : *71.* 31-33 : *261, 279.* 32-33 : *309.* 33 : *308.*

XVII, 20-21 : *178.*

XVIII, 6-8 : *255.* 7-8 : *356.*

XIX, 40 : *333.* 41 : *336.* 44 : *74.*

XXI, 28 : *356.* 37 : *333.*

XXII, 3 : *354.* 19 : *368.* 31-33 : *375.* 38 : *328.* 49 : *328.* 63-64 : *385.* 70 : *383.*

XXIII, 19 : *327, 389.*

XXIV, 6-7 : *30.* 11 : *43.* 12 : *33.* 34, 35, 37, 44. 21 : *309.* 24 : *34.* 25-27 : *309.* 34 : *34-41.* 41 : *37.*

JEAN

I, 11-13 : *118.* 14 : *317.* 28 : *145.* 32 : *105.* 34 : *135.*

II, 19 : *357, 358.* 19, 21 : *371.*

III, 5-6 : *147.* 14 : *147.* 22 sq. : *131.*

IV, 1-2 : *131.* 14 : *147.* 20-24 : *338.* 21 : *317.* 22b : *292.* 23 : *317.* 26 : *317.* 31-34 : *269, 153.* 35 : *269.* 35-38 : *234.*

V, *206.* 24-25 : *207.* 36 : *207.* 47 : *224.*

VI, 4 : *271.* 9a-13b : *272.* 15 : *261.* 26-27 : *153.* 27 : *146, 264.* 28 : *181.* 48-58 : *271.* 60 : *367.* 69 : *163.*

VII, 19-23 : *222.* 27 : *124.* 35 : *280.*

TABLE

DANS LA MÊME COLLECTION

HANS URS VON BALTHASAR, Le chrétien Bernanos
ALBERT BÉGUIN, Bloy, mystique de la douleur
      L'Ève de Péguy
HENRI BOUILLARD, Blondel et le christianisme
W. DIRKS, La réponse des moines
GEORGES GARGAM, L'amour et la mort
GRAHAM GREENE, Esais catholiques
ROMANO GUARDINI, De la mélancolie
      La fin des temps modernes
      Liberté, grâce et destinée
      Le monde et la personne
      La mort de Socrate
      Pascal ou le drame de la conscience chrétienne
      La puissance
MICHEL HAYEK, Le Christ de l'Islam
HENI DE LUBAC, Paradoxes, *suivi de* Nouveaux paradoxes
JACQUES MARITAIN, Pour une philosophie de l'Histoire
PÈRE PARIS, Écrits spirituels
K. STERN, La troisième révolution, essai sur la psychanalyse et la
      religion
M. M. TEILHARD DE CHARDIN, Énergie spirituelle de la souffrance
C. TRESMONTANT, La doctrine morale des prophètes d'Israël

IMPRIMERIE SAVERNOISE. D. L. 3ᵉ TR. 1961 Nᵒ 1226